한국 남동발전

통합기본서

시대에듀

2026 최신판 시대에듀 한국남동발전 통합기본서

Always **with you**

사람의 인연은 길에서 우연하게 만나거나 함께 살아가는 것만을 의미하지는 않습니다.
책을 펴내는 출판사와 그 책을 읽는 독자의 만남도 소중한 인연입니다.
시대에듀는 항상 독자의 마음을 헤아리기 위해 노력하고 있습니다. 늘 독자와 함께하겠습니다.

머리말 PREFACE

글로벌 스마트 에너지 리더로 도약하기 위해 노력하는 한국남동발전은 2025년 하반기에 신입사원을 채용할 예정이다. 한국남동발전의 채용절차는 「원서접수 → 서류전형 → 필기전형 → 면접전형 → 수습임용」으로 진행되며, 채용예정인원의 30배수에게 필기전형 응시 기회를 부여한다. 필기전형은 직무능력검사와 인성검사로 구성되는데, 직무능력검사는 공통으로 의사소통능력, 자원관리능력, 문제해결능력을 평가하고, 직렬별로 수리능력, 정보능력, 기술능력(전공)을 평가한다. 따라서 반드시 확정된 채용공고를 확인하여 지원하는 직렬에 맞춰 학습하는 것이 필요하다.

한국남동발전 필기전형 합격을 위해 시대에듀에서는 한국남동발전 판매량 1위의 출간 경험을 토대로 다음과 같은 특징을 가진 도서를 출간하였다.

도서의 특징

❶ 기출복원문제를 통한 출제경향 확인!
- 주요 공기업 2025년 상반기 NCS 및 2025~2024년 전공 기출복원문제를 수록하여 공기업별 출제경향을 파악할 수 있도록 하였다.

❷ 한국남동발전 필기전형 출제영역 맞춤형 문제를 통한 실력 상승!
- 직무능력검사(NCS) 대표기출유형&기출응용문제를 수록하여 유형별로 대비할 수 있도록 하였다.
- 직무능력검사(전공) 적중예상문제를 수록하여 필기전형에 완벽히 대비할 수 있도록 하였다.

❸ 최종점검 모의고사를 통한 완벽한 실전 대비!
- 철저한 분석을 통해 실제 유형과 유사한 최종점검 모의고사를 수록하여 자신의 실력을 점검하고 향상시킬 수 있도록 하였다.

❹ 다양한 콘텐츠로 최종 합격까지!
- 한국남동발전 채용 가이드와 면접 기출질문을 수록하여 채용 전반에 대비할 수 있도록 하였다.
- 온라인 모의고사를 무료로 제공하여 필기전형을 준비하는 데 부족함이 없도록 하였다.

끝으로 본 도서를 통해 한국남동발전 채용을 준비하는 모든 수험생 여러분이 합격의 기쁨을 누리기를 진심으로 기원한다.

SDC(Sidae Data Center) 씀

한국남동발전 기업분석 INTRODUCE

◇ 미션

깨끗하고 안전한 **에너지를 안정적으로 공급**하고,
지속가능한 미래성장을 선도하여 **국가발전과 국민복지에 기여**한다.

◇ 비전

Clean & Smart Energy Leader

◇ 핵심가치

Real;ationship(Real & Relationship)

안전	상생	신뢰

Add;vanced(Add & Advanced)

도전	변화	혁신

Deep;erence(Deep & Difference)

선도화	전문화	차별화

◇ 전략방향 & 전략과제

전략방향	전략과제
"탄소중립" 기반의 안정적 전력 생산	▸ 안정적 · 친환경 발전전환 본격화 ▸ 탄소중립 실행력 강화 ▸ 新전력시장 대응력 강화
미래성장 발판의 "에너지신사업" 강화	▸ 해상풍력 중심 신재생에너지 선도 ▸ 청정수소 밸류체인 구축 ▸ 분산전원 기반 융복합사업 개발
혁신기반 효율화로 "경쟁우위" 확보	▸ 핵심사업 효율화로 경쟁우위 확보 ▸ 안정적 재무기반 혁신성장 ▸ 디지털기반 경영효율화 달성
신뢰 · 상생의 "책임경영" 실현	▸ 안전동행 가치경영 실현 ▸ 혁신성장형 동반생태계 구축 ▸ 미래대응 조직문화 구축

◇ 인재상

명확한 목표를 향해 스스로 행동하고 성과를 만들어 내는 **실행형 인재**

남다른 생각과 학습을 통해 새로운 기회를 만드는 **학습형 인재**

다양하게 소통하고 협업하는 **개방형 인재**

신입 채용 안내 INFORMATION

◇ 지원자격

❶ 자격 : 일반 제한 없음
보훈 보훈관련법에 의한 취업지원대상자

❷ 학력 · 전공 : 제한 없음

❸ 외국어 : 일반 TOEIC 700점 이상
보훈 TOEIC 500점 이상

❹ 연령 : 제한 없음[단, 한국남동발전 취업규칙 제59조상 정년(만 60세) 초과자 제외]

❺ 병역 : 병역법 제76조에서 정한 병역의무 불이행 사실이 없는 자

❻ 인사관리규정 제11조 결격사유에 해당하지 않는 자

❼ 입사일부터 정상근무가 가능한 자

◇ 전형절차

◇ 필기전형

구분	직렬	내용	문항 수
직무능력검사 (100점)	사무	의사소통능력, 자원관리능력, 문제해결능력, 수리능력, 정보능력	50문항
	기술	의사소통능력, 자원관리능력, 문제해결능력, 기술능력(전공)	55문항 (기술능력 25문항)
인성검사(적부판정)	인성검사 종합결과, 부적응성 검사, 응답신뢰도 등 인성 전반		

◇ 면접전형

직무면접(50점) + 종합면접(50점)으로 진행

❖ 위 채용 안내는 2025년 채용공고를 기준으로 작성하였으므로 세부사항은 확정된 채용공고를 확인하기 바랍니다.

2025년 상반기 기출분석 ANALYSIS

총평

한국남동발전 필기전형은 전반적으로 난이도가 평이했다는 의견이 지배적이었다. 공통으로 출제되는 의사소통능력, 자원관리능력, 문제해결능력은 모듈형 섞인 피듈형으로 출제되었다. 사무직렬의 수리능력과 정보능력은 난이도는 평이했지만, 짧은 시간 내에 문제를 풀어야 하므로 시간 안배가 중요한 영역 중 하나였다. 기술직렬에서 출제되는 기술능력의 경우 난도가 높았다는 후기가 많았다. 기술능력은 평소 영역별 이론에 대한 학습을 꼼꼼하게 해둔다면 합격에 도움이 될 것이라고 판단된다.

◇ 영역별 출제 비중

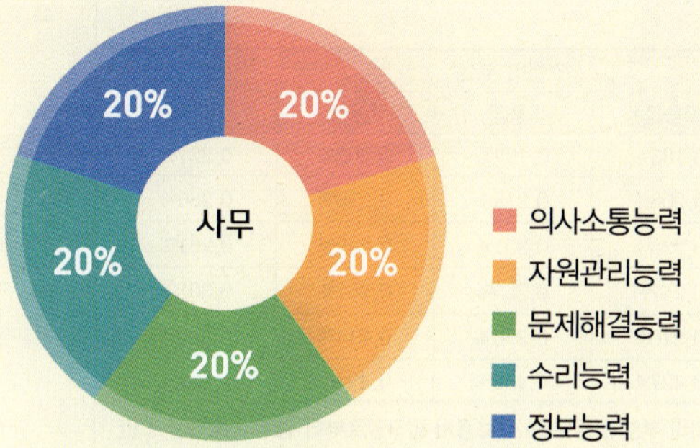

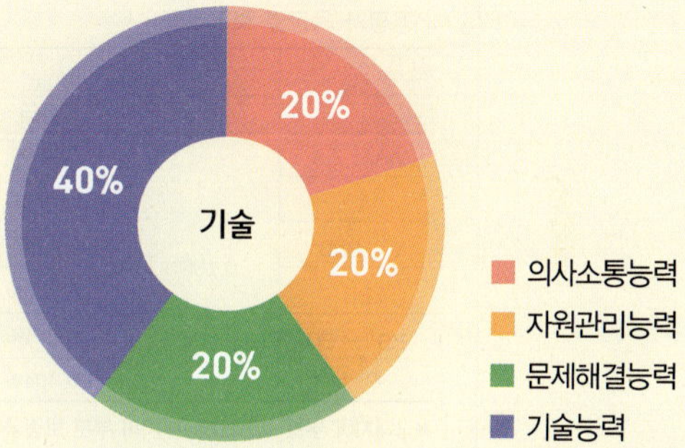

구분	출제 특징	출제 키워드
의사소통능력	• 문서 내용 이해 문제가 출제됨 • 경청 문제가 출제됨 • 글의 제목 찾기 문제가 출제됨 • 맞춤법 문제가 출제됨 • 빈칸 삽입 문제가 출제됨	• 지구온난화, 바느질, 야경증/몽유병/렘수면 등
자원관리능력	• 시간 계획 문제가 출제됨 • 비용 계산 문제가 출제됨	• 재료비/시설비/인건비, 화재, 계약의 성립 등
문제해결능력	• 명제 추론 문제가 출제됨 • 자료 해석 문제가 출제됨	• 시네틱스, 휘발유/경유, SNS, TV, 라디오 등
수리능력(사무)	• 거리 · 속력 · 시간 문제가 출제됨 • 경우의 수 문제가 출제됨 • 자료 이해 문제가 출제됨	• 강물, 테이블, 끈 길이, 참석 등
정보능력(사무)	• 정보 이해 문제가 출제됨 • 엑셀 함수 문제가 출제됨	• 함수(AND, NOT), 단축키, 데이터보안, 데이터 베이스 등
기술능력(기술)	• 기계 : 처짐량, 외팔보 모멘트, 흑연화, 기체상수, 전단응력, 스텔라이트 등 • 전기 : mg=qE, 5가 반도체, 직렬전동기, 초고압 케이블, 병렬어드미턴스, 태양광 등 • 화학 : 전향도, 회수율, 아세트산, 카르노 냉동기관, 석탄, 수소결합 등	

PSAT형

| 수리능력

04 다음은 신용등급에 따른 아파트 보증률에 대한 사항이다. 자료와 상황에 근거할 때, 갑(甲)과 을(乙)의 보증료의 차이는 얼마인가?(단, 두 명 모두 대지비 보증금액은 5억 원, 건축비 보증금액은 3억 원이며, 보증서 발급일로부터 입주자 모집공고 안에 기재된 입주 예정 월의 다음 달 말일까지의 해당 일수는 365일이다)

• (신용등급별 보증료)=(대지비 부분 보증료)+(건축비 부분 보증료)
• 신용평가 등급별 보증료율

구분	대지비 부분	건축비 부분				
		1등급	2등급	3등급	4등급	5등급
AAA, AA	0.138%	0.178%	0.185%	0.192%	0.203%	0.221%
A^+		0.194%	0.208%	0.215%	0.226%	0.236%
A^-, BBB^+		0.216%	0.225%	0.231%	0.242%	0.261%
BBB^-		0.232%	0.247%	0.255%	0.267%	0.301%
BB^+ ~ CC		0.254%	0.276%	0.296%	0.314%	0.335%
C, D		0.404%	0.427%	0.461%	0.495%	0.531%

※ (대지비 부분 보증료)=(대지비 부분 보증금액)×(대지비 부분 보증료율)×(보증서 발급일로부터 입주자 모집공고 안에 기재된 입주 예정 월의 다음 달 말일까지의 해당 일수)÷365
※ (건축비 부분 보증료)=(건축비 부분 보증금액)×(건축비 부분 보증료율)×(보증서 발급일로부터 입주자 모집공고 안에 기재된 입주 예정 월의 다음 달 말일까지의 해당 일수)÷365

• 기여고객 할인율 : 보증료, 거래기간 등을 기준으로 기여도에 따라 6개 군으로 분류하며, 건축비 부분 요율에서 할인 가능

구분	1군	2군	3군	4군	5군	6군
차감률	0.058%	0.050%	0.042%	0.033%	0.025%	0.017%

〈상황〉

• 갑 : 신용등급은 A^+이며, 3등급 아파트 보증금을 내야 한다. 기여고객 할인율에서는 2군으로 선정되었다.
• 을 : 신용등급은 C이며, 1등급 아파트 보증금을 내야 한다. 기여고객 할인율은 3군으로 선정되었다.

① 554,000원
② 566,000원
③ 582,000원
④ 591,000원
⑤ 623,000원

특징
▸ 대부분 의사소통능력, 수리능력, 문제해결능력을 중심으로 출제(일부 기업의 경우 자원관리능력, 조직이해능력을 출제)
▸ 자료에 대한 추론 및 해석 능력을 요구

대행사
▸ 엑스퍼트컨설팅, 커리어넷, 태드솔루션, 한국행동과학연구소(행과연), 휴노 등

모듈형

ㅣ문제해결능력

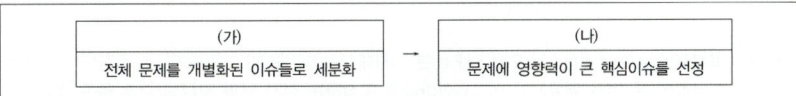

41 문제해결절차의 문제 도출 단계는 (가)와 (나)의 절차를 거쳐 수행된다. 다음 중 (가)에 대한 설명으로 적절하지 않은 것은?

(가)	→	(나)
전체 문제를 개별화된 이슈들로 세분화		문제에 영향력이 큰 핵심이슈를 선정

① 문제의 내용 및 영향 등을 파악하여 문제의 구조를 도출한다.
② 본래 문제가 발생한 배경이나 문제를 일으키는 메커니즘을 분명히 해야 한다.
③ 현상에 얽매이지 말고 문제의 본질과 실제를 봐야 한다.
④ 눈앞의 결과를 중심으로 문제를 바라봐야 한다.
⑤ 문제 구조 파악을 위해서 Logic Tree 방법이 주로 사용된다.

특징
- 이론 및 개념을 활용하여 푸는 유형
- 채용 기업 및 직무에 따라 NCS 직업기초능력평가 10개 영역 중 선발하여 출제
- 기업의 특성을 고려한 직무 관련 문제를 출제
- 주어진 상황에 대한 판단 및 이론 적용을 요구

대행사
- 인트로맨, 휴스테이션, ORP연구소 등

피듈형(PSAT형 + 모듈형)

ㅣ자원관리능력

07 다음 자료를 근거로 판단할 때, 연구모임 A ~ E 중 세 번째로 많은 지원금을 받는 모임은?

〈지원계획〉

- 지원을 받기 위해서는 한 모임당 5명 이상 9명 미만으로 구성되어야 한다.
- 기본지원금은 모임당 1,500천 원을 기본으로 지원한다. 단, 상품개발을 위한 모임의 경우는 2,000천 원을 지원한다.
- 추가지원금

등급	상	중	하
추가지원금(천 원/명)	120	100	70

※ 추가지원금은 연구 계획 사전평가결과에 따라 달라진다.

- 협업 장려를 위해 협업이 인정되는 모임에는 위의 두 지원금을 합한 금액의 30%를 별도로 지원한다.

〈연구모임 현황 및 평가결과〉

특징
- 기초 및 응용 모듈을 구분하여 푸는 유형
- 기초인지모듈과 응용업무모듈로 구분하여 출제
- PSAT형보다 난도가 낮은 편
- 유형이 정형화되어 있고, 유사한 유형의 문제를 세트로 출제

대행사
- 사람인, 스카우트, 인크루트, 커리어케어, 트리피, 한국사회능력개발원 등

한국남동발전

비행기 시각 ▶ 유형

2025년 적중

03 K부장은 2024년 8월 5일 오전 8시 40분 인천에서 비행기를 타고 적도기니로 출장을 가려고 한다. K부장이 두 번째 경유지인 아디스아바바에 도착하는 현지 날짜 및 시각으로 옳은 것은?

① 2024. 08. 05 PM 10:35
② 2024. 08. 05 PM 11:35
③ 2024. 08. 06 AM 00:35
④ 2024. 08. 06 AM 01:35

지구 온난화 ▶ 키워드

2025년 적중

08 다음 글의 빈칸에 들어갈 내용으로 가장 적절한 것은?

> 오존층 파괴의 주범인 프레온 가스로 대표되는 냉매는 그 피해를 감수하고도 사용할 수밖에 없는 필요악으로 인식되어 왔다. 지구 온난화 문제를 해결할 수 있는 대체 물질이 요구되는 이러한 상황에서 최근 이를 만족할 수 있는 4세대 신냉매가 새롭게 등장해 각광을 받고 있다. 그중 온실가스 배출량을 크게 줄인 대표적인 4세대 신냉매가 수소불화올레핀(HFO)계 냉매이다.
> HFO는 기존 냉매에 비해 비싸고 불에 탈 수 있다는 단점이 있으나, 온실가스 배출이 거의 없고 에너지 효율성이 높은 장점이 있다. 이러한 장점으로 4세대 신냉매에 대한 관심이 최근 급격히 증가하고 있다. 지난 2003 ~ 2017년 중 냉매 관련 특허 출원 건수는 총 686건이었고, 온실가스 배출량을 크게 줄인 4세대 신냉매 관련 특허 출원들은 꾸준히 늘어나고 있다. 특히 2008년부터 HFO계 냉매를 포함한 출원 건수가 큰 폭으로 증가하면서 같은 기간의 HFO계 비중이 65%까지 증가했다. 이러한 출원 경향은 국제 규제로 2008년부터 온실가스를 많이 배출하는 기존 3세대 냉매의 생산과 사용을 줄이면서 4세대 신냉매가 필수적으로 요구되었기 때문으로 분석된다.
> 냉매는 자동차, 냉장고, 에어컨 등 우리 생활 곳곳에 사용되는 물질로서 시장 규모가 대단히 크지만, 최근 환경 피해와 관련된 엄격한 국제 표준이 요구되고 있다. 우수한 친환경 냉매가 조속히 개발될 수 있도록 관련 특허 동향을 제공해야 한다. 4세대 신냉매 개발은 ______________________

① 인공지능 기술의 확장을 열게 될 것이다.
② 엄격한 환경 국제 표준을 약화시킬 것이다.
③ 또 다른 오존층 파괴의 원인으로 이어질 것이다.
④ 지구 온난화 문제 해결의 열쇠가 될 것이다.

한국전력공사

IF 함수 ▶ 키워드

2025년 적중

06 다음은 J공사에 지원한 지원자들의 PT면접 점수를 정리한 자료이며, 각 사원들의 점수 자료를 통해 면접 결과를 정리하고자 한다. 이를 위해 [F3] 셀에 〈보기〉와 같은 함수식을 입력하고, 채우기 핸들을 이용하여 [F6] 셀까지 드래그 했을 경우, [F3]~[F6] 셀에 나타나는 결괏값으로 옳은 것은?

	A	B	C	D	E	F
1						(단위 : 점)
2	이름	발표내용	발표시간	억양	자료준비	결과
3	조재영	85	92	75	80	
4	박슬기	93	83	82	90	
5	김현진	92	95	86	91	
6	최승호	95	93	92	90	

보기

=IF(AVERAGE(B3:E3)>=90,"합격","불합격")

	[F3]	[F4]	[F5]	[F6]
①	불합격	불합격	합격	합격
②	합격	합격	불합격	불합격
③	합격	불합격	합격	불합격

성과급 ▶ 키워드

2025년 적중

03 다음은 4분기 성과급 지급 기준이다. 부서원 A~E에 대한 성과평가가 다음과 같을 때, 성과급을 가장 많이 받을 직원 2명은?

〈성과급 지급 기준〉

• 성과급은 성과평가등급에 따라 다음 기준으로 지급한다.

등급	A	B	C	D
성과급	200만 원	170만 원	120만 원	100만 원

• 성과평가등급은 성과점수에 따라 다음과 같이 산정된다.

성과점수	90점 이상 100점 이하	80점 이상 90점 미만	70점 이상 80점 미만	70점 미만
등급	A	B	C	D

• 성과점수는 개인실적점수, 동료평가점수, 책임점수, 가점 및 벌점을 합산하여 산정한다.
 – 개인실적점수, 동료평가점수, 책임점수는 각각 100점 만점으로 산정된다.
 – 세부 점수별 가중치는 개인실적점수 40%, 동료평가점수 30%, 책임점수 30%이다.
 – 가점 및 벌점은 개인실적점수, 동료평가점수, 책임점수에 가중치를 적용하여 합산한 값에 합산한다.
• 가점 및 벌점 부여기준
 – 분기 내 수상내역 1회, 신규획득 자격증 1개당 가점 2점 부여
 – 분기 내 징계내역 1회당 다음에 따른 벌점 부여

징계	경고	감봉	정직
벌점	1점	3점	5점

주요 공기업 적중 문제 TEST CHECK

한국수력원자력

에너지원 ▸ 키워드

2025년 적중

03 다음은 2024년도 신재생에너지 산업통계에 대한 자료이다. 이를 토대로 작성한 그래프로 옳지 않은 것은?

〈신재생에너지원별 산업 현황〉

(단위 : 억 원)

구분	기업체 수(개)	고용인원(명)	매출액	내수	수출액	해외공장매출	투자액
태양광	127	8,698	75,637	22,975	33,892	18,770	5,324
태양열	21	228	290	290	0	0	1
풍력	37	2,369	14,571	5,123	5,639	3,809	583
연료전지	15	802	2,837	2,143	693	0	47
지열	26	541	1,430	1,430	0	0	251
수열	3	46	29	29	0	0	0
수력	4	83	129	116	13	0	0
바이오	128	1,511	12,390	11,884	506	0	221
폐기물	132	1,899	5,763	5,763	0	0	1,539
합계	493	16,177	113,076	49,753	40,743	22,579	7,966

① 신재생에너지원별 기업체 수(단위 : 개)

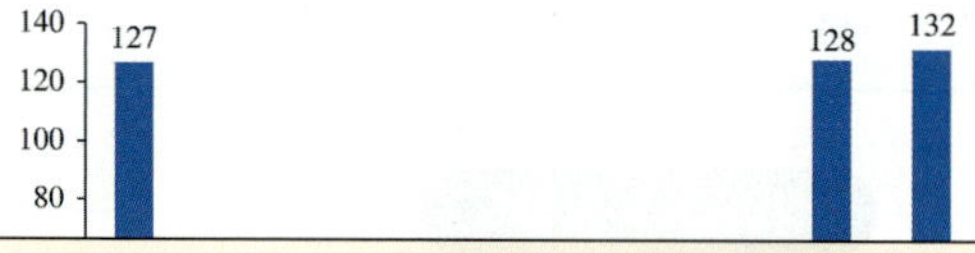

접속어 ▸ 유형

2025년 적중

20 다음 글의 빈칸에 들어갈 접속어를 순서대로 바르게 나열한 것은?

> 각 시대에는 그 시대의 특징을 나타내는 문학이 있다고 한다. 우리나라도 무릇 사천 살이 넘는 생활의 역사를 가진 만큼 그 발전 시기마다 각각 특색을 가진 문학이 없을 수 없고, 문학이 있었다면 그 중추가 되는 것은 아무래도 시가문학이라고 볼 수밖에 없다. ________ 대개 어느 민족을 막론하고 인간 사회가 성립하는 동시에 벌써 각자의 감정과 의사를 표시하려는 욕망이 생겼을 것이며, 삼라만상의 대자연은 자연 그 자체가 율동적이고 음악적이라고 할 수 있기 때문이다. 다시 말하면 인간이 생활하는 곳에는 자연적으로 시가가 발생하였다고 할 수 있다. ________ 사람의 지혜가 트이고 비교적 언어의 사용이 능란해짐에 따라 종합 예술체의 한 부분으로 있었던 서정문학적 요소가 분화·독립되어 제요나 노동요 따위의 시가의 원형을 이루고 다시 이 집단적 가요는 개인적 서정시로 발전하여 갔으리라 추측된다. ________ 다른 나라도 마찬가지이겠지만, 우리 문학사상에서 시가의 지위는 상당히 중요한 몫을 지니고 있다.

① 왜냐하면 – 그리고 – 그러므로
② 그리고 – 왜냐하면 – 그러므로
③ 그러므로 – 그리고 – 왜냐하면
④ 왜냐하면 – 그러나 – 그럼에도 불구하고
⑤ 그러나 – 왜냐하면 – 그러므로

한국중부발전

불량 ▶ 키워드

2025년 적중

03 자동차 부품을 생산하는 H사는 반자동과 자동 생산라인을 하나씩 보유하고 있다. 최근 일본의 자동차 회사와 수출계약을 체결하여 자동차 부품 34,500개를 납품하였다. 다음 H사의 생산조건을 고려할 때, 일본에 납품할 부품을 생산하는 데 소요된 시간은 얼마인가?

〈자동차 부품 생산조건〉

- 반자동라인은 4시간에 300개의 부품을 생산하며, 그중 20%는 불량품이다.
- 자동라인은 3시간에 400개의 부품을 생산하며, 그중 10%는 불량품이다.
- 반자동라인은 8시간마다 2시간씩 생산을 중단한다.
- 자동라인은 9시간마다 3시간씩 생산을 중단한다.
- 불량 부품은 생산 후 폐기하고 정상인 부품만 납품한다.

① 230시간 ② 240시간
③ 250시간 ④ 260시간

비트코인 ▶ 키워드

2025년 적중

18 다음 중 김대리가 보낸 메일의 빈칸에 포함될 주의사항으로 보기 어려운 것은?

① 모바일 OS나 인터넷 브라우저 등을 최신 버전으로 유지하십시오.
② 출처가 명확하지 않은 앱이나 프로그램은 설치하지 마십시오.
③ 비트코인 등 전자 화폐를 구입하라는 메시지는 즉시 삭제하고, 유사 사이트에 접속하지 마십시오.
④ 파일이 랜섬웨어에 감염되면 복구 프로그램을 활용해서 최대한 빨리 복구하십시오.

글의 제목 ▶ 유형

2025년 적중

01 다음 글의 제목으로 가장 적절한 것은?

기온이 높아지는 여름이 되면 운전자들은 자동차 에어컨을 켜기 시작한다. 그러나 겨우내 켜지 않았던 에어컨에서는 간혹 나오는 바람이 시원하지 않거나 퀴퀴한 냄새가 나는 경우가 있다. 이러한 증상이 나타난다면 에어컨 필터를 점검해 봐야 한다. 자동차에서 에어컨을 켜게 되면 외부의 공기가 냉각기를 거쳐 차량 내부로 들어오게 되는데, 이때 에어컨 필터는 외부의 미세먼지, 매연, 세균 등의 오염물질을 걸러주는 역할을 한다. 이 과정에서 필터 표면에 먼지가 쌓이는데 필터를 교체하지 않고 오랫동안 방치하면 먼지에 들러붙은 습기로 인해 곰팡이가 생겨 퀴퀴한 냄새의 원인이 된다. 이를 방치하여 에어컨 바람을 타고 곰팡이의 포자가 차량 내부에 유입되면 알레르기나 각종 호흡기 질환의 원인이 된다. 그러므로 자동차 에어컨 필터는 주기적으로 교체해 주어야 한다. 일반적인 교체 주기는 봄·가을처럼 6개월마다 교체하거나, 주행거리 10,000km마다 하는 것이 적당하다. 최근에는 심한 미세먼지로 인해 3개월 주기로 교체하기도 하며, 운전자가 비포장 도로 등의 먼지가 많은 곳을 자주 주행한다면 5,000km에 한 번씩 교체해야 한다.
자동차 에어컨 필터 교체는 정비소에 가서 교체하거나, 운전자 스스로 교체할 수 있다. 운전자가 셀프로 교체하는 경우 다양한 필터를 자신의 드라이빙 환경에 맞춰 선택할 수 있고, 비용도 1만 원 안팎으로 저렴하게 교체할 수 있다. 제품 설명서나 교체 동영상 등을 참고하면 혼자서도 쉽게 에어

도서 200% 활용하기 STRUCTURES

1 기출복원문제로 출제경향 파악

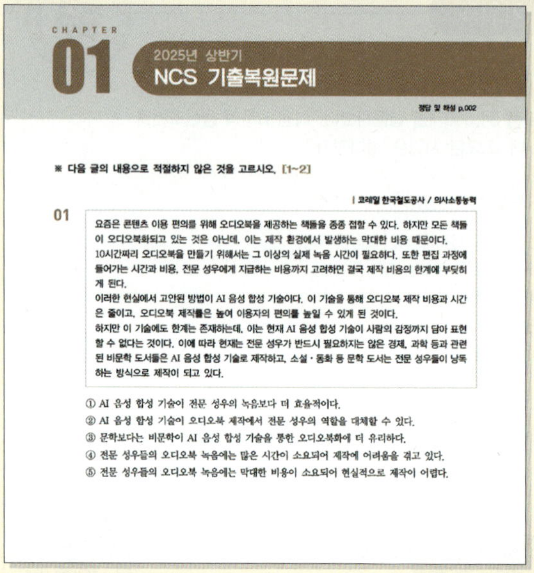
CHAPTER 01 2025년 상반기 NCS 기출복원문제

정답 및 해설 p.002

※ 다음 글의 내용으로 적절하지 않은 것을 고르시오. [1~2]

| 코레일 한국철도공사 / 의사소통능력

01 요즘은 콘텐츠 이용 편의를 위해 오디오북을 제공하는 책들을 종종 접할 수 있다. 하지만 모든 책들이 오디오북화되고 있는 것은 아닌데, 이는 제작 환경에서 발생하는 막대한 비용 때문이다. 10시간짜리 오디오북을 만들기 위해서는 그 이상의 실제 녹음 시간이 필요하다. 또한 편집 과정에 들어가는 시간과 비용, 전문 성우에게 지급하는 비용까지 고려하면 결국 제작 비용의 한계에 부딪히게 된다.
이러한 현실에서 고안된 방법이 AI 음성 합성 기술이다. 이 기술을 통해 오디오북 제작 비용과 시간은 줄이고, 오디오북 제작률은 높여 이용자의 편의를 높일 수 있게 된 것이다.
하지만 이 기술에도 한계는 존재하는데, 이는 현재 AI 음성 합성 기술이 사람의 감정까지 담아 표현할 수 없다는 것이다. 이에 따라 현재는 전문 성우가 반드시 필요하지는 않은 경제, 과학 등과 관련된 비문학 도서들은 AI 음성 합성 기술로 제작하고, 소설·동화 등 문학 도서는 전문 성우들이 낭독하는 방식으로 제작이 되고 있다.

① AI 음성 합성 기술이 전문 성우의 녹음보다 더 효율적이다.
② AI 음성 합성 기술이 오디오북 제작에서 전문 성우의 역할을 대체할 수 있다.
③ 문학보다는 비문학이 AI 음성 합성 기술을 통한 오디오북화에 더 유리하다.
④ 전문 성우들의 오디오북 녹음에는 많은 시간이 소요되어 제작에 어려움을 겪고 있다.
⑤ 전문 성우들의 오디오북 녹음에는 막대한 비용이 소요되어 현실적으로 제작이 어렵다.

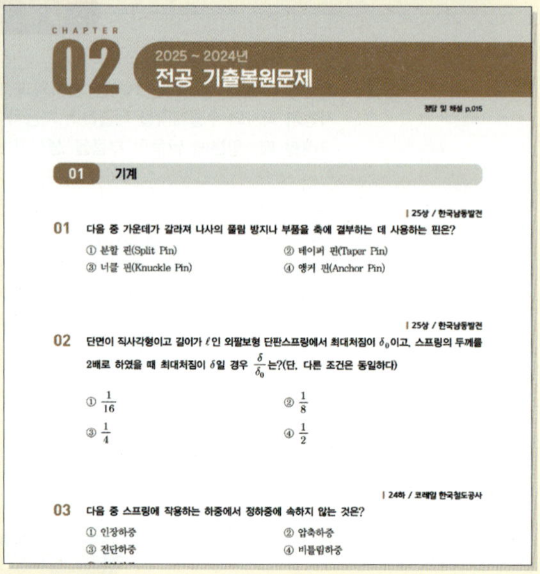
CHAPTER 02 2025 ~ 2024년 전공 기출복원문제

정답 및 해설 p.015

01 기계

| 25상 / 한국남동발전

01 다음 중 가운데가 갈라져 나사의 풀림 방지나 부품을 축에 결부하는 데 사용하는 핀은?
① 분할 핀(Split Pin) ② 테이퍼 핀(Taper Pin)
③ 너클 핀(Knuckle Pin) ④ 앵커 핀(Anchor Pin)

| 25상 / 한국남동발전

02 단면이 직사각형이고 길이가 ℓ인 외팔보형 단판스프링에서 최대처짐이 δ_0이고, 스프링의 두께를 2배로 하였을 때 최대처짐이 δ일 경우 $\frac{\delta}{\delta_0}$는?(단, 다른 조건은 동일하다)
① $\frac{1}{16}$ ② $\frac{1}{8}$
③ $\frac{1}{4}$ ④ $\frac{1}{2}$

| 24하 / 코레일 한국철도공사

03 다음 중 스프링에 작용하는 하중에서 정하중에 속하지 않는 것은?
① 인장하중 ② 압축하중
③ 전단하중 ④ 비틀림하중

▸ 주요 공기업 2025년 상반기 NCS 및 2025~2024년 전공 기출복원문제를 수록하여 공기업별 출제경향을 파악할 수 있도록 하였다.

2 출제영역 맞춤형 문제로 필기전형 완벽 대비

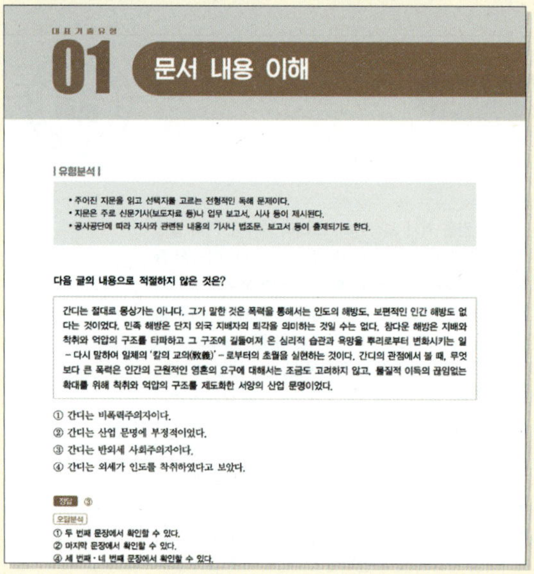
대표기출유형 01 문서 내용 이해

| 유형분석 |
• 주어진 지문을 읽고 선택지를 고르는 전형적인 독해 문제이다.
• 지문은 주로 신문기사(보도자료 등)나 업무 보고서, 시사 등이 제시된다.
• 공사공단에 따라 자사와 관련된 내용의 기사나 법조문, 보고서 등이 출제되기도 한다.

다음 글의 내용으로 적절하지 않은 것은?

간디는 절대로 몽상가는 아니다. 그가 말한 것은 폭력을 통해서는 인도의 해방도, 보편적인 인간 해방도 없다는 것이었다. 민족 해방은 단지 외국 지배자의 퇴각을 의미하는 것일 수는 없다. 참다운 해방은 지배와 착취와 억압의 구조를 타파하고 그 구조에 길들여져 온 심리적 습관과 욕망을 뿌리로부터 변화시키는 일 – 다시 말하여 일체의 '칼의 교의(敎義)' – 로부터의 초월을 실현하는 것이다. 간디의 관점에서 볼 때, 무엇보다 큰 폭력은 인간의 근원적인 영혼의 요구에 대해서는 조금도 고려하지 않고, 물질적 이득의 끝없는 확대를 위해 착취와 억압의 구조를 제도화한 서양의 산업 문명이었다.

① 간디는 비폭력주의자이다.
② 간디는 산업 문명에 부정적이었다.
③ 간디는 반외세 사회주의자이다.
④ 간디는 외세가 인도를 착취하였다고 보았다.

정답 ③

오답분석
① 두 번째 문장에서 확인할 수 있다.
② 마지막 문장에서 확인할 수 있다.
④ 세 번째·네 번째 문장에서 확인할 수 있다.

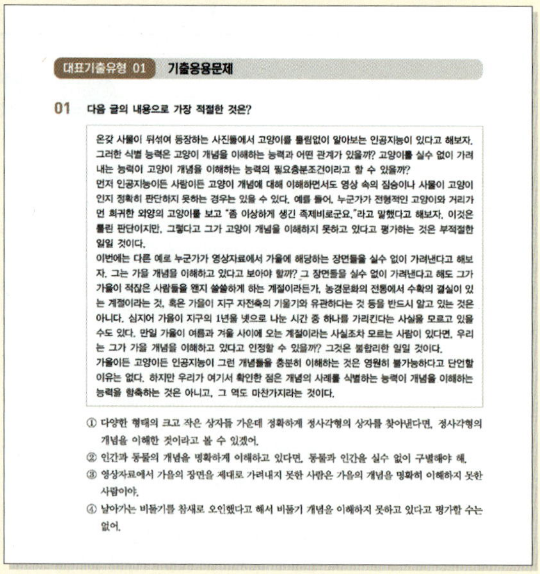
대표기출유형 01 기출응용문제

01 다음 글의 내용으로 가장 적절한 것은?

온갖 사물이 뒤섞여 등장하는 사진들에서 고양이를 틀림없이 알아보는 인공지능이 있다고 해보자. 그러한 식별 능력은 고양이 개념을 이해하는 능력과 어떤 관계가 있을까? 고양이를 실수 없이 가려내는 능력이 고양이 개념을 이해하는 능력의 필요충분조건이라고 할 수 있을까?
먼저 인공지능이든 사람이든 고양이 개념에 대해 이해하면서도 영상 속의 짐승이나 사물이 고양이인지 정확히 판단하지 못하는 경우는 있을 수 있다. 예를 들어, 누군가가 전형적인 고양이와 거리가 먼 희귀한 외양의 고양이를 보고 "좀 이상하게 생긴 족제비로군요."라고 말했다고 해보자. 이것은 틀린 판단이지만, 그렇다고 그가 고양이 개념을 이해하지 못하고 있다고 평가하는 것은 부적절한 일일 것이다.
이번에는 다른 예로 누군가가 영상자료에서 가을에 해당하는 장면들을 실수 없이 가려낸다고 해보자. 그는 가을 개념을 이해하고 있다고 보아야 할까? 그 장면들을 실수 없이 가려낸다고 해도 그가 가을이 적잖은 사람들을 왠지 쓸쓸하게 하는 계절이라든가, 농경문화의 전통에서 수확의 결실이 있는 계절이라는 것, 혹은 가을이 지구 자전축의 기울기와 유관하다는 것 등을 반드시 알고 있는 것은 아니다. 심지어 가을이 지구의 1년을 넷으로 나눈 시간 중 하나를 가리킨다는 사실을 모르고 있을 수도 있다. 만일 가을이 여름과 겨울 사이에 오는 계절이라는 사실조차 모르는 사람이 있다면, 우리는 그가 가을 개념을 이해하고 있다고 인정할 수 있을까? 그것은 불합리한 일일 것이다.
가을이든 고양이든 인공지능이 그런 개념들을 충분히 이해하는 것은 영원히 불가능하다고 단언할 이유는 없다. 하지만 우리가 여기서 확인한 점은 개념의 사례를 식별하는 능력이 개념을 이해하는 능력을 함축하는 것은 아니고, 그 역도 마찬가지라는 것이다.

① 다양한 형태의 크고 작은 상자들 가운데 정확하게 정사각형의 상자를 찾아낸다면, 정사각형의 개념을 이해한 것이라고 볼 수 있겠어.
② 인간과 동물의 개념을 명확하게 이해하고 있다면, 동물과 인간을 실수 없이 구별해야 해.
③ 영상자료에서 가을의 장면을 제대로 가려내지 못한 사람은 가을의 개념을 명확히 이해하지 못한 사람이야.
④ 날아가는 비둘기를 참새로 오인했다고 해서 비둘기 개념을 이해하지 못하고 있다고 평가할 수는 없어.

▸ 직무능력검사(NCS) 대표기출유형&기출응용문제를 수록하여 유형별로 대비할 수 있도록 하였다.
▸ 직무능력검사(전공) 적중예상문제를 수록하여 빈틈없이 학습할 수 있도록 하였다.

3 최종점검 모의고사 + OMR을 활용한 실전 연습

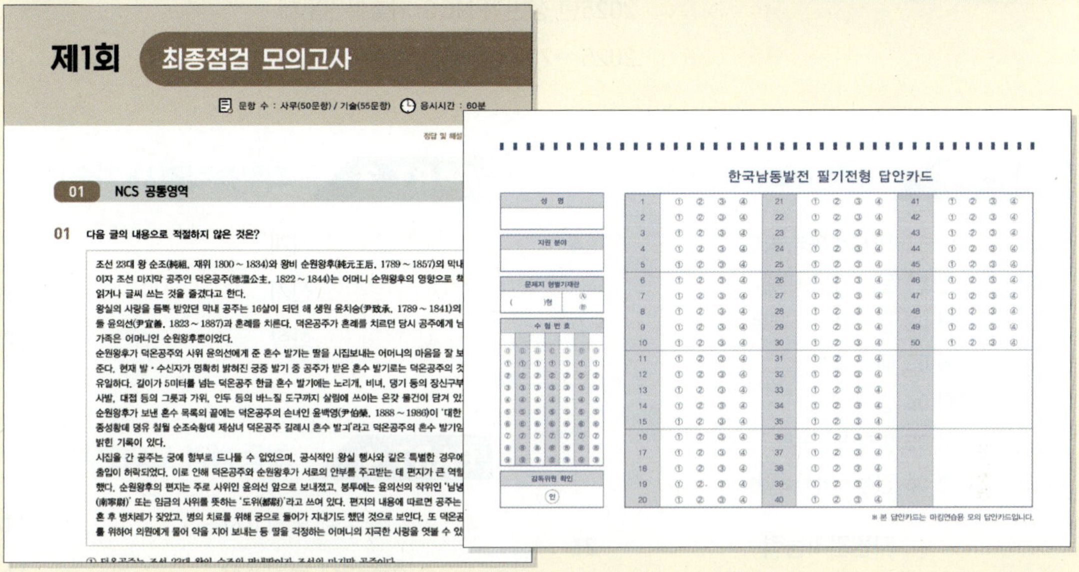

▸ 최종점검 모의고사와 OMR 답안카드를 수록하여 실제로 시험을 보는 것처럼 마무리 연습을 할 수 있도록 하였다.

▸ 모바일 OMR 답안채점/성적분석 서비스를 통해 필기전형에 대비할 수 있도록 하였다.

4 인성검사부터 면접까지 한 권으로 최종 마무리

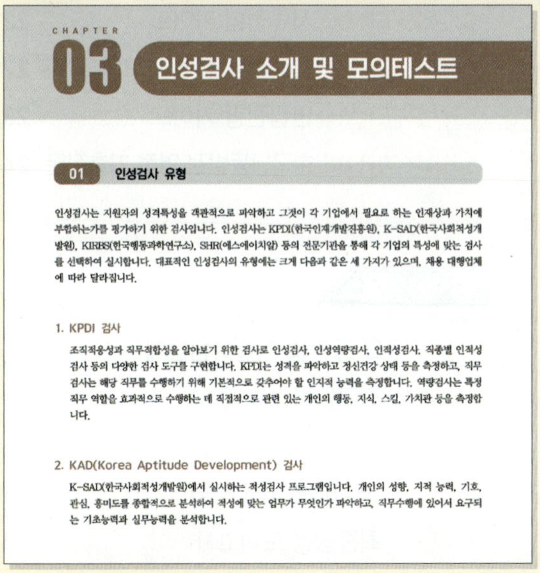
CHAPTER 03 인성검사 소개 및 모의테스트

01 인성검사 유형

인성검사는 지원자의 성격특성을 객관적으로 파악하고 그것이 각 기업에서 필요로 하는 인재상과 가치에 부합하는가를 평가하기 위한 검사입니다. 인성검사는 KPDI(한국인재개발진흥원), K-SAD(한국사회적성개발원), KIRBS(한국행동과학연구소), SHR(에스에이치알) 등의 전문기관을 통해 각 기업의 특성에 맞는 검사를 선택하여 실시합니다. 대표적인 인성검사의 유형에는 크게 다음과 같은 세 가지가 있으며, 채용 대행업체에 따라 달라집니다.

1. KPDI 검사

조직적응성과 직무적합성을 알아보기 위한 검사로 인성검사, 인성역량검사, 인적성검사, 직종별 인적성검사 등의 다양한 검사 도구를 구현합니다. KPDI는 성격을 파악하고 정신건강 상태 등을 측정하고, 직무검사는 해당 직무를 수행하기 위해 기본적으로 갖추어야 할 인지적 능력을 측정합니다. 역량검사는 특정 직무 역할을 효과적으로 수행하는 데 직접적으로 관련 있는 개인의 행동, 지식, 스킬, 가치관 등을 측정합니다.

2. KAD(Korea Aptitude Development) 검사

K-SAD(한국사회적성개발원)에서 실시하는 적성검사 프로그램입니다. 개인의 성향, 지적 능력, 기호, 관심, 흥미도를 종합적으로 분석하여 적성에 맞는 업무가 무엇인가 파악하고, 직무수행에 있어서 요구되는 기초능력과 실무능력을 분석합니다.

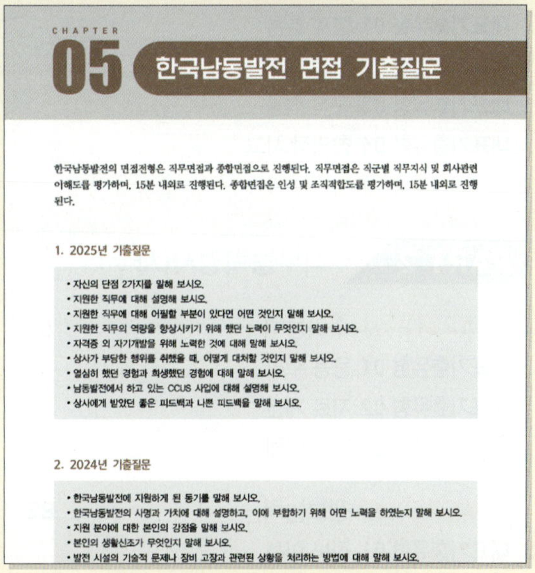
CHAPTER 05 한국남동발전 면접 기출질문

한국남동발전의 면접전형은 직무면접과 종합면접으로 진행된다. 직무면접은 직군별 직무지식 및 회사관련 이해도를 평가하며, 15분 내외로 진행된다. 종합면접은 인성 및 조직적합도를 평가하며, 15분 내외로 진행된다.

1. 2025년 기출질문

- 자신의 단점 2가지를 말해 보시오.
- 지원한 직무에 대해 설명해 보시오.
- 지원한 직무에 대해 어필할 부분이 있다면 어떤 것인지 말해 보시오.
- 지원한 직무의 역량을 향상시키기 위해 했던 노력이 무엇인지 말해 보시오.
- 자격증 외 자기개발을 위해 노력한 것에 대해 말해 보시오.
- 상사가 부당한 행위를 취했을 때, 어떻게 대처할 것인지 말해 보시오.
- 열심히 했던 경험과 희생했던 경험에 대해 말해 보시오.
- 남동발전에서 하고 있는 CCUS 사업에 대해 설명해 보시오.
- 상사에게 받았던 좋은 피드백과 나쁜 피드백을 말해 보시오.

2. 2024년 기출질문

- 한국남동발전에 지원하게 된 동기를 말해 보시오.
- 한국남동발전의 사명과 가치에 대해 설명하고, 이에 부합하기 위해 어떤 노력을 하였는지 말해 보시오.
- 지원 분야에 대한 본인의 강점을 말해 보시오.
- 본인의 생활신조가 무엇인지 말해 보시오.
- 발전 시설의 기술적 문제나 장비 고장과 관련된 상황을 처리하는 방법에 대해 말해 보시오.

▸ 인성검사 모의테스트를 수록하여 인성검사 유형 및 문항을 확인할 수 있도록 하였다.

▸ 한국남동발전 면접 기출질문을 수록하여 면접에서 나오는 질문을 미리 파악하고 연습할 수 있도록 하였다.

이 책의 차례 CONTENTS

Add+

주요 공기업 기출복원문제

2025년 상반기 NCS 기출복원문제

정답 및 해설 p.002

※ 다음 글의 내용으로 적절하지 않은 것을 고르시오. [1~2]

| 코레일 한국철도공사 / 의사소통능력

01

> 요즘은 콘텐츠 이용 편의를 위해 오디오북을 제공하는 책들을 종종 접할 수 있다. 하지만 모든 책들이 오디오북화되고 있는 것은 아닌데, 이는 제작 환경에서 발생하는 막대한 비용 때문이다. 10시간짜리 오디오북을 만들기 위해서는 그 이상의 실제 녹음 시간이 필요하다. 또한 편집 과정에 들어가는 시간과 비용, 전문 성우에게 지급하는 비용까지 고려하면 결국 제작 비용의 한계에 부딪히게 된다.
> 이러한 현실에서 고안된 방법이 AI 음성 합성 기술이다. 이 기술을 통해 오디오북 제작 비용과 시간은 줄이고, 오디오북 제작률은 높여 이용자의 편의를 높일 수 있게 된 것이다.
> 하지만 이 기술에도 한계는 존재하는데, 이는 현재 AI 음성 합성 기술이 사람의 감정까지 담아 표현할 수 없다는 것이다. 이에 따라 현재는 전문 성우가 반드시 필요하지는 않은 경제, 과학 등과 관련된 비문학 도서들은 AI 음성 합성 기술로 제작하고, 소설·동화 등 문학 도서는 전문 성우들이 낭독하는 방식으로 제작이 되고 있다.

① AI 음성 합성 기술이 전문 성우의 녹음보다 더 효율적이다.
② AI 음성 합성 기술이 오디오북 제작에서 전문 성우의 역할을 대체할 수 있다.
③ 문학보다는 비문학이 AI 음성 합성 기술을 통한 오디오북화에 더 유리하다.
④ 전문 성우들의 오디오북 녹음에는 많은 시간이 소요되어 제작에 어려움을 겪고 있다.
⑤ 전문 성우들의 오디오북 녹음에는 막대한 비용이 소요되어 현실적으로 제작이 어렵다.

02

민족의 대명절인 설날과 추석은 가족과 친지를 만나기 위해 전국 각지로 이동하는 사람들이 급증하는 시기다. 이때 코레일의 기차 이용률은 평소보다 훨씬 높아진다. 예매가 시작되면 몇 분 만에 전 노선의 승차권이 매진되고, 예매 경쟁률이 수십 배에 달하는 경우도 흔하다. 그만큼 명절 기간 기차는 국민들의 중요한 이동 수단으로 자리 잡았지만, 최근에는 '노쇼' 문제로 인해 심각한 어려움을 겪고 있다. 이 문제는 명절 기간에 더욱 두드러지며, 해마다 노쇼 비율이 증가하는 추세이다.
2024년 설 연휴 기간 코레일이 판매한 승차권은 약 408만 매에 이른다. 추석 연휴 역시 약 120만 매가 판매되어 명절에 기차 이용 수요가 얼마나 폭발적인지 알 수 있다. 하지만 이 중 상당수가 실제 탑승하지 않아 공석으로 남는 일이 반복되고 있다. 2024년 설날 노쇼 비율은 무려 46%에 달했으며, 이 중 약 19만 매 이상의 좌석이 재판매되지 못해 빈 좌석으로 운행되었다. 추석 연휴에도 비슷한 수준의 노쇼와 공석 운행 문제가 발생했다. 이는 단순히 좌석이 비어 있는 것 이상의 심각한 문제를 야기한다.
공석 운행은 여러 측면에서 부정적인 영향을 끼친다. 우선 실제로 기차를 타고자 하는 실수요자들이 좌석을 구하지 못하는 상황이 발생한다. 예매 경쟁이 매우 치열한 명절 기간에 노쇼로 인해 좌석이 비어 있음에도 불구하고, 다른 승객들이 그 좌석을 이용하지 못하는 것은 매우 불합리하다. 결국 노쇼는 국민들의 이동권을 제한하는 결과를 낳는다. 두 번째로 공석 운행은 철도 운영의 효율성을 떨어뜨린다. 빈 좌석을 채우지 못한 채 열차를 운행하는 것은 불필요한 에너지와 인력, 비용 낭비로 이어진다. 이는 코레일뿐 아니라 국가적으로도 큰 손실이다. 세 번째로 노쇼 문제는 사회적 비용 증가로 연결된다. 노쇼를 줄이기 위한 정책 마련과 시스템 개선에 투입되는 비용 그리고 이에 따른 환불 정책 변경 등은 모두 국민의 부담으로 돌아올 수밖에 없다.
이러한 문제를 해결하기 위해 코레일은 다양한 대책을 시행하고 있다. 2025년부터 명절 특별수송기간에 출발 후 20분까지의 위약금을 기존 15%에서 30%로 상향 조정하는 등 노쇼 억제에 나서고 있으며, 취소·반환 기준 시점을 앞당겨 승객들이 불필요한 예약을 조기에 취소할 수 있도록 유도하고 있다. 이와 함께 좌석 재판매율을 높이기 위한 시스템 개선 작업도 진행 중이다.
하지만 노쇼 문제는 단순히 코레일의 노력만으로 해결되기 어렵다. 근본적인 제도 개선과 국민 인식 변화가 함께 이루어져야 한다. 예매 시스템의 투명성 강화, 노쇼에 대한 법적 제재 강화 그리고 국민들의 책임감 있는 예약 문화 정착이 필요하다. 또한 실수요자 중심의 예약 정책과 더불어 노쇼 발생 시 불이익을 명확히 하는 제도적 장치도 마련되어야 한다. 이러한 종합적인 접근이 이루어질 때 비로소 명절 노쇼 문제를 효과적으로 줄이고, 국민 모두가 편리하고 공정하게 기차를 이용할 수 있을 것이다.

① 명절에는 승차권 예매 경쟁이 평소보다 수십 배에 달한다.
② 노쇼로 인해 발생하는 비용은 결국 국민의 부담으로 돌아온다.
③ 2024년 설날에 판매된 승차권 중 46%는 노쇼로 인해 공석으로 운행되었다.
④ 2025년부터 명절 특별수송기간에는 승차권 취소 위약금이 평소보다 높아진다.
⑤ 노쇼 문제를 해결하기 위해서는 코레일의 노력뿐만 아니라 국민 의식 변화와 정부의 제도 개선이 필요하다.

03 다음 제시된 표현법에 대한 사례로 가장 적절한 것은?

관용의 격률이란 자신의 이익은 최소화하고 부담은 최대화하여 말하는 표현법이다. 관용의 격률에 따르면 자신의 부담이 커질수록 상대에게는 예의 있는 표현으로 여겨지기 때문에 어떠한 문제를 자신 탓으로 돌려 말하는 것이라고도 해석된다.

① 민재 : 조은 씨는 좋겠네요. 아들이 훤칠한데 공부까지 잘해서요.
② 지우 : 설명이 너무 어려워서 이해가 되지 않아요. 더 쉽게 설명해 주시겠어요?
③ 다예 : 제가 다음 주에 발표가 있으니, 이번 주까지 자료 정리해서 보내줄 수 있나요?
④ 동현 : 짐을 옮겨야 되는데 너무 무거워서, 미안한데 잠깐 도와 줄 수 있을까요?
⑤ 선주 : 제가 시력이 안 좋아서 잘 보이지가 않네요. 조금 더 크게 보여주실 수 있나요?

| 코레일 한국철도공사 / 수리능력

04 다음 수식을 계산한 결과는 $\frac{q}{p}$의 기약분수 형태로 나타낼 수 있으며, p와 q는 서로소이다. 이때, $p+q$의 값은?

$$\frac{18\times(15^2+12+3)}{90^2-2\times45\times4}+1$$

① 90
② 100
③ 110
④ 120
⑤ 130

| 코레일 한국철도공사 / 수리능력

05 K시의 전철 요금은 1회 탑승 시 1,500원이며, 오전 6시 30분 이전에 탑승할 경우 20%의 할인이 적용된다. K시에 사는 A씨는 전철을 이용하여 한 달간 총 22일의 출근과 퇴근을 할 예정이다. 한 달 전철 요금을 62,000원 이하로 유지하려면 A씨가 할인을 받아야 하는 날은 최소 며칠이어야 하는가?(단, A씨는 오후 6시에 회사에서 퇴근한다)

① 12일
② 13일
③ 14일
④ 15일
⑤ 16일

| 코레일 한국철도공사 / 수리능력

06 K공사의 사내 보안시스템은 숫자 1부터 6까지를 사용해 4자리 비밀번호를 설정할 수 있다. 이때, 다음 〈조건〉을 만족하는 4자리 비밀번호는 모두 몇 가지인가?

조건
- 각 자릿수에는 1부터 6까지의 숫자 중 하나가 들어간다.
- 같은 숫자는 최대 2번까지만 사용할 수 있다.

예 1123, 2331, 4455 가능 / 1112, 2122, 4444 불가능

① 1,170가지 ② 1,196가지
③ 1,236가지 ④ 1,241가지
⑤ 1,296가지

| 코레일 한국철도공사 / 수리능력

07 다음은 K쇼핑몰에서 판매된 상품에 대한 월별 리뷰 수와 반품 및 환불률을 조사한 자료이다. 상품을 구매한 사람이 모두 1건씩 리뷰를 작성하였다고 가정할 때, 조사기간 동안 발생한 반품 건수와 환불 건수를 모두 합하면?

〈K쇼핑몰 월별 리뷰 수 및 반품 · 환불 비율〉

(단위 : 건, %)

구분	리뷰 수	반품률	환불률
1월	1,000	3	2
2월	1,200	2	3
3월	1,500	4	1
4월	1,300	3	2

① 240건 ② 246건
③ 248건 ④ 250건
⑤ 252건

| 코레일 한국철도공사 / 수리능력

08 다음은 서울시 전철 3개 주요 역사에서 시간대별 탑승 및 하차 인원수를 정리한 자료이다. 이에 대한 설명으로 옳은 것은?

〈서울시 전철 3개 주요 역사 시간대별 탑승 및 하차 인원수〉

(단위 : 명)

구분	역삼역		시청역		구로디지털단지역	
	탑승	하차	탑승	하차	탑승	하차
07:00 ~ 09:00 (출근시간)	1,150	350	620	870	2,300	400
12:00 ~ 14:00 (점심시간)	480	520	530	500	900	950
17:00 ~ 19:00 (퇴근시간)	390	1,250	420	1,480	280	2,150

① 역삼역은 모든 시간대에서 탑승 인원이 하차 인원보다 많다.
② 시청역은 점심시간대보다 퇴근시간대에 탑승 인원이 더 많다.
③ 역삼역은 전 시간대를 통틀어 탑승보다 하차 인원이 많은 유일한 역이다.
④ 시청역은 출근시간대 대비 퇴근시간대 하차 인원의 증가 폭이 역삼역보다 크다.
⑤ 구로디지털단지역은 퇴근시간대 하차 인원이 출근시간대 하차 인원의 5배 이상이다.

| 코레일 한국철도공사 / 문제해결능력

09 다음 사례에서 나타나는 창의적 사고 개발방법으로 가장 적절한 것은?

> 3개의 노선이 교차하는 환승역인 K역은 복잡한 역사 구조로 인해 승객들이 길을 헤매는 문제가 있다. A주임은 이러한 문제를 창의적으로 해결하기 위해 지하철역과 비슷하게 사람이 많고 구조가 복잡한 쇼핑센터의 사례를 탐색하였다. 탐색 결과 쇼핑센터에서 입점 가게 위치를 스마트폰 증강현실 지도로 보여주는 기술이 있음을 확인하고, 이를 바탕으로 K역에 적용하여 QR코드를 찍고, 환승구역이나 나가는 곳을 입력하면 그 위치를 스마트폰 증강현실을 통해 안내하는 서비스를 기획하였다.

① NM법
② Synectics
③ 체크리스트
④ SCAMPER
⑤ 브레인스토밍

| 코레일 한국철도공사 / 문제해결능력

10 다음 사례에서 나타나는 A씨의 논리적 오류로 가장 적절한 것은?

> 매일 지하철을 이용하여 출퇴근하는 A씨는 혼잡해진 지하철 상황에 불만을 가지고 있다. 어느 날 혼잡한 출근시간에 지하철이 흔들려 어떤 학생이 A씨와 부딪히게 되었다. 부딪힌 학생은 즉시 A씨에게 사과하였지만, A씨는 화를 내며 요즘 젊은이들은 전부 조심성도 없고 남을 배려하지도 않는다고 학생을 비난하였다.

① 무지의 오류
② 결합의 오류
③ 애매성의 오류
④ 과대 해석의 오류
⑤ 성급한 일반화의 오류

| 코레일 한국철도공사 / 문제해결능력

11 다음은 철도사업을 수행하는 K공사에 대한 SWOT 분석 결과이다. 기회(Opportunity)요인에 해당하는 사례를 〈보기〉에서 모두 고르면?

> 보기
> ㄱ. 신재생 관련 법안 개정으로 인한 철도 이용객 수 증가
> ㄴ. 높은 국내 철도망 운영 노하우
> ㄷ. 도시철도에 대한 민간투자의 확대
> ㄹ. 정부의 교통요금 동결 정책 지속
> ㅁ. 직원 수 부족으로 인해 저조한 고객 만족도
> ㅂ. 글로벌 공동 철도 프로젝트 참여

① ㄱ, ㄴ, ㅁ
② ㄱ, ㄷ, ㅂ
③ ㄴ, ㄷ, ㄹ
④ ㄴ, ㅁ, ㅂ
⑤ ㄷ, ㅁ, ㅂ

12 다음은 한국철도공사의 문제해결 사례이다. 〈보기〉의 사례와 문제해결 방법을 바르게 연결한 것은?

보기

ㄱ. 한국철도공사는 65세 이상의 노인을 위한 복지 정책으로 노인 무임승차제도를 실시하고 있다. 그러나 한국철도공사의 재정문제와 더불어 이용자 세대별 형평성 문제로 인해 무임승차 혜택에 대해 이용자들의 갈등이 첨예해졌다. 이 문제를 해결하기 위해 A차장은 노인 이용자 대표를 한국철도공사에 초청하여 노인 무임승차제도 혜택 축소를 목적으로 합의점을 찾기 위한 토론회를 개최하였다.

ㄴ. 최근 한국철도공사의 고객센터에는 노인들이 매표 키오스크를 사용하기 불편하다는 불만이 자주 들어오고 있다. A센터장은 직원들에게 이 사실을 알리고, 노인 이용자가 편하게 키오스크를 사용할 수 있는 방법을 모색하기 위해 노인 역할극 및 브레인스토밍을 통해 아이디어를 모으도록 유도하였다. 그 결과 직원들의 아이디어를 결합하여 키오스크를 조작하는 동안 잠시 기대어 앉을 수 있는 간이 의자와 주요 기능을 크게 강조하는 방안이 채택되어 노인 이용자들이 편하게 이용할 수 있게 되었다.

ㄷ. 신입사원 B는 철도회사 업무에 익숙하지 않아 발생하는 실수로 팀 내부에서 갈등을 일으키고 있다. 이를 해결하기 위해 A팀장은 B사원에게 철도업무에서 실수가 있을 때, 어떤 상황이 일어날 수 있는지 넌지시 이야기하며 헷갈리는 일이 있을 때는 팀원들의 도움을 받는 것이 좋다고 조언하였고, 다른 팀원들에게는 신입사원 시절에는 모두가 실수가 많았다며 B사원이 업무에 빨리 적응할 수 있도록 도와달라고 격려하였다. 이후 B사원과 다른 팀원들의 노력으로 B사원은 빠르게 업무에 적응하게 되었다.

	ㄱ	ㄴ	ㄷ
①	소프트 어프로치	하드 어프로치	퍼실리테이션
②	소프트 어프로치	퍼실리테이션	하드 어프로치
③	하드 어프로치	소프트 어프로치	퍼실리테이션
④	하드 어프로치	퍼실리테이션	소프트 어프로치
⑤	퍼실리테이션	소프트 어프로치	하드 어프로치

13 다음 중 제시된 단어와 가장 비슷한 어휘는?

된서리

① 타계(他界)
② 타격(打擊)
③ 타점(打點)
④ 타락(墮落)
⑤ 타산(打算)

14 다음 중 빈칸에 들어갈 단어로 가장 적절한 것은?

정조는 애민주의를 ______하며 백성들을 위한 정책을 펼쳤다.

① 표징(表徵)
② 표집(標集)
③ 표방(標榜)
④ 표류(漂流)
⑤ 표리(表裏)

※ 다음 글의 주제로 가장 적절한 것을 고르시오. [15~16]

| 한국전력공사 / 의사소통능력

15

온실가스를 적게 배출하면서도 높은 경제성을 가진 원자력 발전소는 원전에서 나오는 방사성 물질의 차단이나, 외부 오염물질의 유입을 방지하기 위한 강력한 공기조화시스템(공조시스템)이 필요하다. 특히 공기 중으로 떠다닐 수 있는 에어로졸 형태의 방사성 물질 크기는 1 ~ 10㎛ 정도의 아주 작은 물질이지만, 높은 밀도의 방사성 기체는 인체에 치명적일 수 있으며, 환경 오염문제 또한 발생할 수 있다. 따라서 원자력 발전소의 공조시스템에는 이러한 미립자를 걸러내기 위하여 헤파필터(HEPA Filter)를 사용하고 있다.

헤파필터는 'High Efficiency Particulate Air Filter'의 약자로, 공기 중의 아주 미세한 입자까지 효과적으로 걸러내는 고성능 필터이다. 일상 생활에서는 주로 공기청정기, 진공청소기, 에어컨 등에 사용되며, 0.3㎛ 크기의 입자(MPPS; Most Penetrating Particle Size)를 99.97% 이상 포획할 수 있는 고성능 필터이다. 헤파필터는 주로 유리섬유나 폴리프로필렌 같은 합성섬유로 만들어지는데, 0.5 ~ 2.0㎛의 섬유가 불규칙하게 얽혀 있는 거미줄 구조로 구성되어 있다. 오염물질이 포함된 공기가 헤파필터를 통과할 때, 헤파필터의 간격보다 큰 오염물질은 걸러지고 그보다 작은 오염물질은 공기 흐름을 따라 진행하다 섬유에 닿아 달라붙게 된다. 헤파필터는 등급에 따라 E10(85%), E11(95%), E12(99.5%), H13(99.75%), H14(99.975%) 등으로 나뉘며, 등급이 높을수록 더 작은 입자까지 더 많이 걸러낼 수 있다. 특히 H13 이상을 트루 헤파필터라고 부르며 원자력 발전소의 경우 H13 이상의 트루 헤파필터를 사용하는 등 일반적인 산업용 필터보다 더욱 엄격한 기준을 충족해야 한다.

이처럼 헤파필터는 원자력 발전소의 안전을 지키는 핵심 장치로 방사성 입자와 미세먼지, 바이러스까지도 효과적으로 제거하는 중요한 역할을 한다. 특히 헤파필터의 정화 성능을 보장하기 위하여 ASME AG-1이나 KEPIC-MH 등 국내외에서 기술기준을 정해 시설, 유지, 보수 등 관리법의 기준을 제시하고 있으며, 엄격한 안전관리가 필요한 원자력 발전소 특성상 없어서는 안 될 중요한 안전 설비이다.

① 헤파필터의 여과 원리
② 헤파필터의 등급별 성능
③ 방사성 물질의 위험과 대처 방법
④ 원자력 발전소에서의 헤파필터의 역할
⑤ 원자력 발전소의 발전 효율과 미래 전망

16

결핵은 기원전 7000년경 석기 시대의 화석에서도 흔적이 발견될 만큼 인류와 오랜 시간을 함께 해온 질병이다. 결핵균(Mycobacterium Tuberculosis)에 의해 발병하는 결핵은 치료법이 없던 시기에는 수많은 사람의 생명을 앗아가 백색 페스트라고 불릴 정도로 전염성과 치명률이 높은 질병이다.
그러나 결핵균에 감염된다 하더라도 모든 사람이 즉시 결핵이 발병하지는 않는다. 상당수의 감염자는 결핵균에 노출된 후에도 바로 증상을 보이지 않는데, 이를 일컬어 잠복결핵감염(LTBI; Latent TuBerculosis Infection)이라 한다. 잠복결핵감염은 결핵균에 감염되어 있지만, 몸속에 들어온 결핵균이 활동하지 않아 결핵 증상이 없고, 몸 밖으로 균이 배출되지 않아 전염성 또한 없는 상태이다. 증상과 전염성이 없어 잠복결핵감염은 별것 아닌 것 같아 보이지만, 이는 면역체계가 결핵균을 억제하고 있기 때문이며, 면역력이 약해지는 경우 언제든지 결핵으로 이어질 가능성이 있음을 의미한다.
잠복결핵감염이 결핵으로 악화되는 경우는 약 5 ~ 10% 수준으로 특히 고령자, 당뇨병 환자, 면역억제 치료를 받는 환자 등 면역력이 저하된 사람들에게서 더욱 빈번하게 발생한다. 잠복결핵감염이 활동성 결핵으로 진행된 경우 이미 다른 요인에 의해 면역력이 떨어진 상황이므로 독성이 더욱 강력하며, 본인은 물론 주변 사람들에게도 광범위하게 결핵을 전파할 수 있어 공중보건상의 심각한 문제를 야기한다.
잠복결핵감염은 증상이 없기 때문에 본인이 감염 사실을 인지하지 못하는 경우가 많다. 따라서 결핵 발생률이 높은 국가에서는 결핵 환자와 밀접하게 접촉한 사람, 면역 저하자, 의료업계 종사자 등 고위험군을 대상으로 잠복결핵감염 검사를 권고하고 있다. 대표적인 검사 방법으로는 투베르쿨린 피부반응 검사(TST)와 인터페론 감마 분비 검사(IGRA)가 있다. 만일 잠복결핵감염에 양성 반응이 있을 경우 3 ~ 9개월 동안 꾸준한 투약 치료가 필요하며, 적절한 치료를 받을 경우 결핵 발병 확률의 60 ~ 90%까지 예방할 수 있다.
잠복결핵감염의 위험성은 단순히 개인의 건강 문제를 넘어 사회 전체의 공중보건과 직결되는 문제이므로 무증상이라고 방치할 것이 아니라, 적극적인 검사와 예방적 치료를 통해 결핵의 확산을 차단하는 노력이 필요하다. 특히 우리나라의 경우 보건소나 가까운 의료 기관에서 잠복결핵감염 치료를 전액 무료로 치료받을 수 있으므로 평소에 잠복결핵감염에 관심을 가지고, 미연에 예방하는 것이 가장 중요할 것이다.

① 잠복결핵감염의 위험성
② 잠복결핵감염의 치료 과정
③ 잠복결핵의 증상과 전염성
④ 효과적인 결핵의 억제 방법
⑤ 잠복결핵감염이 활동성 결핵으로 이어지는 과정

17 다음은 J식당의 메뉴에 따른 판매가격과 재료비 및 고정비용에 대한 정보이다. 손익분기점을 넘기 위해 필요한 판매량이 가장 많은 메뉴는?

〈J식당 메뉴의 판매가격·재료비·고정비용〉

(단위 : 원)

구분	판매가격	재료비	고정비용
제육볶음	10,000	2,000	2,800,000
오징어볶음	12,000	2,000	3,300,000
돈가스	9,000	1,500	2,600,000
라면	6,000	800	1,800,000
고등어구이	11,000	2,000	3,100,000

※ 판매가격과 재료비는 1인분당 비용임

※ 손익분기점을 넘기기 위해서는 순이익(판매가격－재료비)이 고정비용을 초과해야 함

① 제육볶음
② 오징어볶음
③ 돈가스
④ 라면
⑤ 고등어구이

18 **K주임이 다음 〈조건〉에 따라 출장을 갈 때, K주임이 C지점에 도착한 시각과 A지점에서 C지점까지 이동할 때의 평균 속력이 바르게 연결된 것은?(단, 평균 속력에는 B지점에서의 업무 시간을 포함하지 않으며, 가속·정차 등 제시된 조건 이외의 사항은 고려하지 않는다)**

조건

- K주임은 A지점에서 정오에 회사 차량을 이용하여 출장을 간다.
- K주임의 이동 경로는 A지점 → B지점 → C지점 순서이다.
- A지점에서 B지점까지 시속 100km로 이동하였다.
- B지점에서 C까지는 시속 80km로 이동하였다.
- A지점에서 C지점까지의 거리는 190km이다.
- A지점에서 B지점까지의 거리는 B지점에서 C지점까지의 거리보다 110km 길다.
- K주임은 B에 도착하여 1시간 업무를 수행하였다.

	도착 시각	평균 속력
①	오후 2시	90km/h
②	오후 2시	92km/h
③	오후 2시	95km/h
④	오후 3시	90km/h
⑤	오후 3시	95km/h

19 다음 중 J공사 직원들이 본회의를 시작할 수 있는 가장 빠른 시각은?

J공사의 직원들은 공사 프로젝트 회의를 1시간 동안 진행하려고 한다. 회의 시작 30분 전에는 반드시 회의실에서 회의 준비를 해야 하며, 본회의 이후 30분 동안 회의록을 작성해야 한다. 회의 준비, 본회의, 회의록 작성은 다음 조건에 따라 연속적으로 이루어져야 한다.

- 회의실은 오전 9시부터 오후 6시 사이에 사용할 수 있다.
- J공사의 점심시간은 12:00 ~ 13:00로 이 시간에는 회의 및 준비, 회의록 작성이 불가능하다.
- 참석자 중 1명은 15:00 ~ 16:00에 외부 미팅이 있어 이 시간에는 회의 및 준비, 회의록 작성이 불가능하다.
- 현재 회의실은 10:00 ~ 10:30, 14:00 ~ 14:30에 이미 예약되어 사용할 수 없다.

① 오전 9시 30분
② 오전 11시
③ 오후 1시
④ 오후 4시
⑤ 오후 4시 30분

20 다음은 J국가자격 필기시험 결과이다. 이를 토대로 할 때 합격한 사람은 모두 몇 명인가?

〈J국가자격 필기시험 결과〉

(단위 : 점)

구분	필기시험				가점
	객관식 1과목	객관식 2과목	논술형	약술형	
A	85	52	61	57	6
B	75	71	67	81	–
C	67	81	72	54	2
D	87	72	57	48	5
E	66	82	58	78	–

※ 한 과목이라도 50점 이하 득점 시 과락 처리
※ 전체 평균 점수에 가점을 합하여 70점 이상 득점 시 합격

① 1명
② 2명
③ 3명
④ 4명
⑤ 5명

21 다음 중 SSD와 비교했을 때 HDD의 특징으로 옳은 것은?

① 무게가 가볍다.
② 전력 소모가 적다.
③ 가격이 저렴하다.
④ 데이터 접근 속도가 빠르다.
⑤ 외부 충격에 대한 내구력이 높다.

22 다음 중 점수(참조 대상)가 90점 이상이면 '합격'을, 그렇지 않으면 '불합격'을 출력하는 엑셀 함수식으로 옳은 것은?

① =IF(참조 대상>90,"합격","불합격")
② =IF(참조 대상>=90,"불합격","합격")
③ =IF(참조 대상>=90,"합격","불합격")
④ =CHOOSE(참조 대상<=90,"불합격","합격")
⑤ =CHOOSE(참조 대상>=90,"합격","불합격")

23 다음 글의 주제로 가장 적절한 것은?

> 일생에 한 번쯤 누구나 경험할 수 있는 건강 문제인 허리 통증은 다양한 원인으로 인해 발생한다. 허리 통증은 나이 증가에 따른 허리 근력 약화, 허리에 무리를 주는 취미생활, 임신과 출산을 경험한 여성 등 개인적 요인으로 인해 발생할 수 있지만 가장 큰 원인은 바로 직업적 요인이다.
> 첫 번째 직업적 요인은 중량물 취급이다. 중량물을 한 번만 들어도 급성 요통이나 추간판탈출증이 발생할 수 있으며, 이러한 작업을 반복하면 허리 통증의 위험이 더욱 높아질 뿐 아니라 척추와 추간판의 퇴행성 변화가 촉진되어 추간판탈출증과 척추협착증의 위험도 증가한다. 특히 10kg 이상의 물건을 들어야 할 때는 허리를 구부려 드는 것이 아니라, 물건을 몸에 밀착시키고 다리의 힘으로 들어 올려야 한다는 점에 유의해야 한다.
> 두 번째 직업적 요인은 허리의 자세이다. 허리를 앞으로 혹은 옆으로 구부리거나 비트는 동작은 허리가 구부러지는 각도가 커질수록 추간판에 가해지는 압력이 증가해 허리 부상의 위험이 높아진다. 특히 구부린 자세로 장시간 작업할 경우 허리 통증과 추간판탈출증이 유발될 수 있다. 실제로 건설 노동자나 조선업 노동자처럼 허리 구부림이 많은 업종에서 타 업종보다 허리 통증 관련 산재 신청률과 승인율이 높은 것으로 알려져 있다.
> 마지막 직업적 요인은 전신 진동이다. 전신 진동은 몸 전체가 상하로 흔들리는 상태로 주로 버스, 트럭, 건설용 차량 운전자가 경험한다. 이러한 진동은 척추와 추간판에 자극을 가해 퇴행성 변화를 일으키고, 결국 추간판탈출증과 척추협착증의 위험을 높인다. 최근 도로 노면이 개선되고 버스 운전석 의자에 진동 흡수 기능이 도입되면서 위험성이 줄었으나, 트럭이나 건설장비 운전자는 여전히 허리 질환에 노출되어 있다.

① 허리 통증의 직업적 요인
② 허리 질환별 통증 관리 방법
③ 직업에 따라 다르게 유발되는 허리 질환
④ 직업 환경에 따라 다른 허리 통증 관련 산재 신청 빈도

24 다음은 보건의료 빅데이터 심포지엄의 발표 순서이다. 이를 참고할 때, 각 발표자의 자료 준비로 적절하지 않은 것은?

〈2024년 보건의료 빅데이터 활용 성과공유 심포지엄〉

1부 : 빅데이터 · AI 기반 건강보험 서비스 혁신

1. 인공지능(AI) 기술을 통해 공단이 어떻게 데이터 기반의 가입자 맞춤형 서비스를 제공하고, 보험자의 역할을 보다 강화할 수 있을지에 대한 비전
   – ○○대병원 A교수
2. 'sLLM(소형 언어 모델)을 활용한 건강보험 내 · 외부 서비스 향상'을 주제로 인공지능(AI) 기술을 통한 고객 서비스와 업무 효율성 증대 사례
   – ○○대 B교수
3. 공단이 보유한 방대한 건강보험 데이터를 어떻게 인공지능(AI)을 통해 분석하고 활용할 수 있는지에 대한 방안
   – 공단 C실장(빅데이터연구개발실)

2부 : 건강보험 빅데이터를 활용한 우수 연구 성과

1. 야간 인공조명이 인간의 건강에 미치는 영향에 대한 분석 결과
   – ○○대 D교수
2. 결핵 빅데이터인 국가결핵통합자료원(K–TB–N Cohort) 구축을 통해 국가 결핵 관리 정책 · 사업의 효과를 평가, 정책을 수립 · 보완할 근거를 생산
   – ○○청 E과장
3. 병원 내에서 발생하는 폐렴 데이터의 분석을 통해, 이를 예방하기 위한 실효성 있는 병원 내 감염관리 체계 마련 필요성 제시
   – 공단 F팀장(빅데이터연구개발실)

① A교수 : 사람과의 직접 대면이 아닌 인공지능 기술로 대체할 수 있는 공단의 서비스에 대한 자료가 필요하겠군.

② B교수 : 인공지능 기술을 활용해 건강보험 서비스를 이용한 고객과 공단 근로자에게 편리성 및 효율성에 대한 설문조사를 진행해야겠군.

③ D교수 : 자연광에만 주로 노출된 사람과 자연광과 더불어 인공조명에 많이 노출된 사람의 건강 상태를 비교할 수 있는 자료가 필요하겠군.

④ F팀장 : 병원 내 병동별 폐렴 발생 현황과 주로 발병하는 연령대에 대한 조사가 필요하겠군.

25 다음 글을 읽고 추론한 내용으로 적절하지 않은 것은?

> 만성질환이란 증상이 극심하지는 않지만 오래 지속되는 질환인 탓에 삶의 질을 저하시키고, 관리를 소홀히 할 경우 합병증의 발생으로 사망까지 이를 수 있어, 운동이나 식이 등 꾸준한 관리가 필요한 질환을 말한다.
> 만성질환에는 당뇨·천식·심장병·허리통증 등이 있으며 만성질환이라 하더라도 모든 운동이 좋은 것은 아니며, 질환별로 또 환자의 상태에 따라 맞는 운동 방법과 강도는 천차만별이다.
> 당뇨병의 경우 인슐린 분비량이 없거나 또는 적어 인슐린이 혈당을 낮추는 기능을 정상적으로 수행할 수 없는 상태를 말한다. 따라서 혈당 조절에 효과적인 유산소 운동을 통해 인슐린이 더 효율적으로 사용되도록 하여 혈당 수치를 낮출 수 있다. 또한 규칙적인 유산소 운동은 심혈관계를 향상시켜 심장 건강을 개선시킬 수 있다.
> 운동 중 또는 운동 후에 호흡곤란과 반복적이고 발작적인 기침이 나타날 수 있는 천식의 경우 운동 시 각별히 주의하여야 한다. 특히 건조하거나 찬 공기가 있는 환경에서 운동하거나, 갑작스레 격렬한 운동을 할 경우 천식 발작이 일어날 수 있다. 따라서 수영과 같이 건조하지 않고, 심장 박동이나 호흡수가 급격히 증가하지 않는 환경에서 운동하는 것이 도움이 될 수 있다.
> 허리 통증의 경우는 유산소 운동보다는 코어 운동이 도움이 된다. 코어 운동을 통해 척추 주위의 근육이 강화되면서 척추를 지지하는 힘이 늘어나 허리 통증이 감소되는 것이다.

① 당뇨 환자는 달리기나 등산, 수영과 같은 운동을 하는 것이 혈당 개선에 도움이 된다.

② 규칙적인 걷기 운동은 당뇨 환자와 심장병 환자의 질환을 개선시킬 수 있다.

③ 천식 환자는 심장박동 및 호흡수를 증가시키는 달리기나 줄넘기보다는 등산이 좋다.

④ 허리 통증을 가진 환자에게는 허리의 중심 부위를 강화시키는 플랭크나 브릿지와 같은 운동이 좋다.

26 다음 제시된 서론에 이어질 문단을 논리적 순서대로 바르게 나열한 것은?

> 국민건강보험공단은 담배 소송 제12차 변론에서 직접 손해배상 청구권을 포함해 지금까지의 주요 쟁점에 관련한 전반적 입장을 적극적으로 표명했다.
>
> (가) 또한 흡연과 암 발생의 인과관계를 과학적 근거에 따라 분명히 하기 위해 대상 암종을 소세포암과 편평세포암으로 흡연 기간이 30년 이상이고, 하루 한 갑의 담배를 20년 이상 흡연한 대상자로 구분하였기에 이번 변론에서는 흡연과 암 발생의 인과관계를 의학적으로 또 국민 상식에 부합하도록 인정하여야 한다고 강조했다.
>
> (나) 공단은 담배 회사들이 담배라는 제품에 대한 중독성과 건강 위해성을 인지하고 있음에도 수십 년 동안 이를 소비자에게 정확히 알리지 않고 막대한 이득을 취한 것은 소비자를 기만한 것이자 기업의 사회적 책임을 다하지 않은 중대한 문제임을 지적하며, 특히 담배 회사가 흡연 중독 피해를 개인의 선택으로 치부한 것은 소비자를 두 번 기만한 것이라며 비판했다.
>
> (다) 마지막으로 공단은 이번 변론을 준비하면서 국민들의 보험료가 주요 재원인 건강보험 재정이 담배로 인해 발생되는 질병으로 재산상 손해가 발생한 점에 대해 당연히 담배 회사에 법적으로 책임을 물어야 한다고 주장하며, 이에 대한 국민들의 관심과 지지가 필요하다고 호소했다.
>
> (라) 아울러 공단은 이 주장을 입증하기 위한 뒷받침 자료로 대한폐암학회와 호흡기내과 전문의 의견서, 담배 중독에 대한 한국중독정신의학회와 정신건강의학과 전문의 의견서, 대한금연학회에서 실시한 담배 중독 감정서와 이들 중 일부에 대한 흡연 경험 심층 사례 분석 결과, 공단 내부 연구 결과 등을 추가 증거로 제출하였다.

① (가) – (나) – (라) – (다)
② (가) – (라) – (나) – (다)
③ (나) – (가) – (라) – (다)
④ (나) – (라) – (가) – (다)

※ 다음은 K국의 지역별 및 5대 업종별 기업 현황이다. 이어지는 질문에 답하시오. [27~28]

〈K국의 조사 지역별 기업 현황〉

(단위 : 개소)

구분	대기업	중소기업	5인 미만	법인			기타	합계
					사단법인	재단법인		
수도권	5,000	10,000	200,000	60,000	50,000	( )	5,000	( )
강원권	500	2,000	10,000	1,000	500	( )	500	( )
충청권	2,000	3,000	30,000	2,500	( )	800	500	( )
호남권	3,000	5,000	30,000	3,000	( )	1,000	1,000	( )
영남권	3,000	5,000	20,000	2,500	1,500	( )	500	( )
전체	13,500	25,000	290,000	69,000	55,700	13,300	7,500	405,000

※ 조사 기업 종류는 대기업, 중소기업, 5인 미만, 법인, 기타만 존재함

※ 조사 지역은 수도권, 강원권, 충청권, 호남권, 영남권으로만 구성함

〈K국의 5대 업종별 기업 현황〉

(단위 : 개소)

구분	대기업	중소기업	5인 미만	법인			기타
					사단법인	재단법인	
IT업	6,000	5,000	30,000	3,000	2,000	1,000	500
건설업	2,000	5,000	70,000	4,000	3,000	1,000	300
운송업	1,000	9,000	100,000	7,000	5,000	2,000	200
마케팅업	1,000	1,000	30,000	7,000	5,000	2,000	500
제조업	1,000	2,000	5,000	8,000	5,000	3,000	500
합계	11,000	22,000	235,000	29,000	20,000	9,000	2,000

27 **다음 중 자료에 대한 설명으로 옳지 않은 것은?**

① 조사 지역별 법인 기업에서 사단법인이 차지하는 비율이 세 번째로 높은 지역은 영남권이다.
② 5대 업종의 대기업 중 IT업에 속하지 않는 기업의 수는 수도권 지역 기타 기업의 수와 같다.
③ 조사 지역에서 대기업이 20% 증가하고, 중소기업이 10% 감소한다면 전체 기업 수는 증가한다.
④ 조사 지역의 재단법인 중 강원권 재단법인이 차지하는 비율은 조사 지역의 대기업 중 강원권 대기업이 차지하는 비율보다 크다.

28 **다음은 자료를 토대로 작성한 보고서이다. 이에 대한 내용으로 옳지 않은 것은?**

〈기업 현황 보고서〉

① 조사 지역의 전체 기업 중 5인 미만인 기업은 70% 이상을 차지하고 있으며, 이는 중소기업 수의 10배 이상이다. 특히, 5인 미만인 기업은 수도권에 밀집되어 있는데 ② 조사 지역의 5인 미만 기업 중 수도권이 차지하는 비율 또한 60% 이상이다.
모든 지역에 걸쳐 대기업보단 중소기업이, 중소기업보단 5인 미만 기업의 수가 많았는데, 5인 미만 기업 수 대비 대기업의 수는 영남권이 가장 높았다. 5대 업종만을 분석했을 때 역시 대기업보단 중소기업이, 중소기업보단 5인 미만 기업이 많았으며, 사단법인이 재단법인보다 많았다. ③ 이에 따라 자료의 조사 지역의 전체 기업 중 5대 업종에 해당하지 않는 기업도 앞선 순서와 동일하였다. 또한 ④ 조사 지역의 전체 기업 중 운송업에 해당하는 기업 비율은 5인 미만 기업이 중소기업보다 높았다.

※ 다음은 K국의 연도별 7대 주요 범죄 발생 현황과 교도소별 복역자 현황에 대한 자료이다. 이어지는 질문에 답하시오. **[29~30]**

〈K국의 연도별 7대 주요 범죄 발생 현황〉

(단위 : 건)

구분	살인	사기	폭행	강도	절도	성범죄	방화
1989년	500	2,000	5,000	4,000	25,000	3,000	500
1990년	600	2,500	7,000	8,000	20,000	2,500	600
1991년	700	3,000	10,000	5,000	23,000	2,000	800
1992년	800	2,000	15,000	8,000	18,000	2,500	700
1993년	900	3,000	10,000	10,000	20,000	3,000	1,000
1994년	1,000	2,000	20,000	10,000	27,000	5,000	900
1995년	1,100	3,500	17,000	9,000	34,000	2,000	1,100

※ 현 시점은 2025년임

〈K국 교도소의 잔여 형량별 복역자 수〉

(단위 : 명)

구분	A교도소	B교도소	C교도소	D교도소	E교도소	F교도소
1년 미만	3,000	4,000	5,000	6,000	7,000	8,000
1년 이상 3년 미만	1,500	1,000	2,000	3,000	2,000	2,500
3년 이상 5년 미만	400	400	500	600	800	1,000
5년 이상 10년 미만	350	250	250	300	400	50
10년 이상 20년 미만	30	35	40	60	55	35
20년 이상	20	15	10	40	45	15
합계	5,300	5,700	7,800	10,000	10,300	11,600

※ K국의 교도소는 A～F 6개만 존재함

29 다음 중 자료에 대한 설명으로 옳지 않은 것은?

① 살인이 가장 많이 발생한 해에는 절도 역시 가장 많이 발생하였다.
② 모든 교도소에서 잔여 형량이 많을수록 복역자 수는 감소한다.
③ 범죄가 가장 많이 발생한 해는 폭행도 가장 많이 발생하였다.
④ 잔여 형량이 1년 미만인 경우가 가장 많은 교도소는 전체 복역자 수가 가장 많다.

30 다음 중 자료를 계산하여 해석한 내용으로 옳지 않은 것은?

① 1990년부터 1995년까지 전년 대비 살인 사건 발생 변화율은 매년 감소한다.
② K국 전체 교도소 복역자 수 중 D교도소 복역자 수의 비율은 20% 이하이다.
③ 1993년부터 1995년까지 7대 주요 발생 범죄 중 절도가 차지하는 비율은 45% 이하이다.
④ 교도소별 잔여 형량이 1년 미만인 복역자 수 대비 3년 이상 5년 미만인 복역자 수의 비율은 F교도소가 가장 높다.

※ 다음은 2025년 2월 10일 기준 국내 월평균 식재료 가격이다. 이어지는 질문에 답하시오. [31~32]

〈월평균 식재료 가격(2025.02.10 기준)〉

구분	세부항목	2024년						2025년
		7월	8월	9월	10월	11월	12월	1월
곡류	쌀 (원/kg)	1,992	1,083	1,970	1,895	1,850	1,809	1,805
채소류	양파 (원/kg)	1,385	1,409	1,437	1,476	1,504	1,548	1,759
	배추 (원/포기)	2,967	4,556	7,401	4,793	3,108	3,546	3,634
	무 (원/개)	1,653	1,829	2,761	3,166	2,245	2,474	2,543
수산물	물오징어 (원/마리)	2,286	2,207	2,267	2,375	2,678	2,784	2,796
	건멸치 (원/kg)	23,760	23,760	24,100	24,140	24,870	25,320	25,200
축산물	계란 (원/30개)	5,272	5,332	5,590	5,581	5,545	6,621	9,096
	닭 (원/kg)	5,436	5,337	5,582	5,716	5,579	5,266	5,062
	돼지 (원/kg)	16,200	15,485	15,695	15,260	15,105	15,090	15,025
	소_국산 (원/kg)	52,004	52,220	52,608	52,396	51,918	51,632	51,668
	소_미국산 (원/kg)	21,828	22,500	23,216	21,726	23,747	22,697	21,432
	소_호주산 (원/kg)	23,760	23,777	24,122	23,570	23,047	23,815	24,227

※ 주요 식재료 소매가격 : 물오징어는 냉동과 생물의 평균 가격, 계란은 특란의 평균 가격, 돼지는 국내 냉장과 수입 냉동의 평균 가격, 국산 소고기는 갈비, 등심, 불고기의 평균 가격, 미국산 소고기는 갈비, 갈빗살, 불고기의 평균 가격, 호주산 소고기는 갈비, 등심, 불고기의 평균 가격

※ 표시 가격은 주요 재료의 월평균 가격이며, 조사 주기는 일별로 조사함

31 다음 중 자료를 이해한 내용으로 옳지 않은 것은?

① 2024년 8월 대비 9월 쌀 가격의 증가율은 2024년 11월 대비 12월 무 가격의 증가율보다 크다.
② 소의 가격은 국산, 미국산, 호주산 모두 2024년 7월부터 9월까지 증가하다가 10월에 감소한다.
③ 계란 가격은 2024년 7월부터 2025년 1월까지 꾸준히 증가하고 있다.
④ 쌀 가격은 2024년 8월에 감소했다가 9월에 증가한 후 그 후로 계속 감소하고 있다.

32 K식품회사에 재직 중인 A사원은 국내 농수산물의 동향과 관련한 보고서를 쓰기 위해 자료를 토대로 2024년 12월 대비 2025년 1월 식재료별 가격의 증감률을 구하고 있으며, 다음은 A사원이 작성한 보고서의 일부이다. 다음 중 증감률이 가장 큰 재료는?(단, 소수점 셋째 자리에서 버림한다)

〈국내 농수산물 가격 동향에 따른 보고서〉

식품개발팀 A사원

저희 개발팀에서 올해 기획하고 있는 신제품 출시를 위하여 국내 농수산물 가격 동향을 조사하였습니다. 하단에 월평균 식재료 증감률을 첨부하였으니 신제품 개발 일정을 수립하는 데 참고하시면 될 것 같습니다. 자세한 사항은 식품개발팀 B과장님께 문의하십시오.

〈월평균 식재료 증감률(2025.02.10 기준)〉

구분	세부항목	2024년 12월	2025년 1월	증감률(%)
곡류	쌀(원/kg)	1,809	1,805	
채소류	양파(원/kg)	1,548	1,759	
	무(원/개)	2,474	2,543	
수산물	건멸치(원/kg)	25,320	25,200	

… 생략 …

① 쌀
② 양파
③ 무
④ 건멸치

33 다음은 K사의 신입사원 선발 조건이다. 〈보기〉의 지원자 중 최고득점자와 최저득점자를 바르게 연결한 것은?

〈K사 신입사원 선발 조건〉

• 다음과 같은 항목에 따른 점수를 합산하여 최종점수(100점 만점)을 산정하여 점수가 가장 높은 지원자 2명을 신입사원으로 선발한다.

– 학위점수(30점 만점)

학위	학사	석사	박사
점수(점)	18	25	30

– 어학점수(20점 만점)

어학시험점수 (300점 만점)	0점 이상 50점 미만	50점 이상 150점 미만	150점 이상 220점 미만	220점 이상
점수(점)	8	14	17	20

– 면접점수(30점 만점)

면접	미흡	보통	우수
점수(점)	18	24	30

– 실무경험점수(20점 만점)

총 인턴근무 기간	4개월 미만	4개월 이상 8개월 미만	8개월 이상 12개월 미만	12개월 이상
점수(점)	12	16	18	20

보기

(단위 :점)

구분	학위	어학시험점수	면접	총 인턴근무 기간
A	학사	228	우수	8개월
B	석사	204	보통	11개월
C	학사	198	보통	9개월
D	박사	124	미흡	3개월

	최고득점자	최저득점자
①	A	B
②	A	D
③	B	C
④	C	D

34 다음 글과 가장 관련 있는 한자성어는?

> A씨는 대학 졸업 후 창업에 도전하기로 결심했다. 그는 자신의 아이디어에 확신을 가지고 작은 카페를 열었지만, 예상치 못한 문제들이 끊임없이 발생했다. 위치 선정이 잘못되었고, 경쟁이 치열했으며 운영 경험 부족으로 인해 손님을 끌어들이지 못했다. 결국 1년 만에 카페는 문을 닫아야 했고, A씨는 큰 빚과 좌절감 속에서 실패를 받아들여야 했다.
> 하지만 A씨는 실패를 통해 얻은 교훈을 놓치지 않았다. 그는 자신이 부족했던 점들을 분석하며 경영과 마케팅에 대해 더 깊이 공부하기 시작했다. 또한 카페를 운영하며 쌓은 고객 관리 경험과 식음료 산업에 대한 이해를 바탕으로 새로운 방향을 모색했다. 그러던 중 그는 소규모 카페 운영자들이 겪는 어려움 해소를 돕기 위해 전문 컨설팅 서비스를 제공하는 사업 아이디어를 떠올렸다.
> A씨는 이전의 실패를 발판 삼아 철저히 준비한 끝에 컨설팅 회사를 설립했다. 그의 서비스는 소규모 카페 운영자들에게 실질적인 도움을 제공하며 빠르게 입소문을 탔고, 사업은 성공적으로 성장했다.

① 전화위복(轉禍爲福)
② 사필귀정(事必歸正)
③ 일취월장(日就月將)
④ 우공이산(愚公移山)

35 다음 중 밑줄 친 단어의 의미가 다른 것은?

① 인간은 네 번째 <u>차원</u>인 시간을 인식하며 살아간다.
② 그의 능력은 취미의 <u>차원</u>을 넘어 예술의 경지로 나아갔다.
③ 과도한 사탕발림이 예의의 <u>차원</u>을 넘어 불편하게 다가왔다.
④ 독창적인 아이디어가 한 <u>차원</u> 높은 수준의 품질을 이끌어 내었다.

36 **다음 글에 대한 설명으로 적절하지 않은 것은?**

큐비트(Qubit)는 양자 컴퓨터에서 정보를 저장하고 처리하는 기본 단위다. 기존의 컴퓨터가 정보를 0과 1로 이루어진 비트(Bit)로 표현하는 것과 달리, 큐비트는 양자역학의 특성을 활용해 더 복잡하고 강력한 방식으로 정보를 다룬다.

큐비트는 0과 1의 상태를 동시에 가질 수 있는 양자 중첩 특성을 가지고 있다. 양자 중첩이란 빛이 입자와 파동 2가지 상태를 가진 것과 마찬가지로 미시적 세계에서 여러 양자 상태가 동시에 존재할 수 있는 현상을 뜻하며, 측정하기 전까지는 양자 상태를 정확히 파악할 수 없고 관측과 동시에 상태가 결정되는 것을 의미한다. 이처럼 큐비트 또한 측정하기 전까지 0과 1의 상태를 동시에 가진 중첩 상태가 유지되며 측정 시에는 0 또는 1 중 하나의 값으로 확정된다. 이를 통해 큐비트는 병렬 계산을 가능하게 만들어 복잡한 문제를 빠르게 해결할 수 있다.

또한 두 개 이상의 큐비트가 양자 얽힘 상태에 있으면 한 큐비트의 상태가 다른 큐비트의 상태와 즉각적으로 연결된다. 이에 따라 한 큐비트가 측정되면 얽혀 있는 다른 큐비트의 상태 또한 자동으로 결정되므로 큐비트 간의 빠른 정보 전달과 협력 계산을 가능하게 한다.

양자 컴퓨터에 사용되는 큐비트는 다양한 방식으로 개발되고 있으며 대표적인 방식은 초전도 회로, 이온 트랩, 광자, 스핀 등이 있다. 초전도 회로는 전기적 초전도체를 활용해 양자 상태를 생성하고, 이온 트랩은 전기장으로 이온을 가두고 조작한다. 광자는 빛 입자를 이용한 정보 저장 및 전송에 사용되며, 스핀은 전자의 스핀 상태를 활용한다.

큐비트는 기존 컴퓨터보다 훨씬 더 많은 정보를 처리할 수 있다. 예를 들어, 20개의 큐비트를 활용하면 2^{20}, 즉 약 100만 개의 상태를 동시에 표현할 수 있다. 이는 암호 해독이나 복잡한 시뮬레이션 같은 문제에서 기존 컴퓨터보다 월등히 빠른 성능을 발휘한다. 하지만 현재 기술로는 큐비트를 안정적으로 유지하고 제어하는 데 한계가 있다. 환경적 요인으로 인해 양자 상태가 쉽게 붕괴되기 때문에 이를 극복하기 위한 연구가 활발히 진행 중이다.

큐비트는 양자역학의 원리를 기반으로 기존 컴퓨터와는 완전히 다른 방식으로 정보를 처리한다. 중첩과 얽힘 같은 특성 덕분에 복잡한 계산 문제를 해결하는 데 강력한 도구가 될 수 있지만, 기술적 도전 과제도 많다. 앞으로 양자 컴퓨팅 기술이 발전하면 큐비트를 활용한 혁신적인 응용이 더욱 확대될 것으로 기대된다.

① 큐비트의 값은 측정과 동시에 정해진다.

② 큐비트는 정보를 0와 1의 2진수로 나타내는 것이다.

③ 큐비트는 측정하기 전까지는 양자 중첩 상태로 존재한다.

④ 4개의 큐비트를 활용하면 16번의 상태를 동시에 표현할 수 있다.

37 다음 글에 대한 설명으로 가장 적절한 것은?

> 소형 모듈 원전(SMR; Small Modular Reactor)은 기존 대형 원자로와는 다른 설계와 운영 방식을 가진 차세대 원자력 발전 기술이다. SMR은 전기 출력이 300MWe 이하로 소형화된 원자로를 의미하며, 크기가 작고 유연한 설계 덕분에 다양한 환경에서 활용 가능하다. 주요 특징 중 하나는 모듈화된 설계로, 주요 기기를 모듈화하여 공장에서 제작한 뒤 현장으로 운송해 조립한다. 이로 인해 건설 기간이 단축되고 초기 투자 비용을 줄일 수 있다.
> SMR은 기존 원전에 비해 안정성 또한 높다. 자연 순환 냉각 방식을 채택해 전력 공급 없이도 중력과 밀도 차, 자연 대류를 활용해 원자로를 냉각할 수 있다. 이는 사고 발생 시 노심 용융 가능성을 낮추며, 방사성 물질의 저장 및 관리 측면에서도 유리하다. 또한 다양한 입지 조건에서 설치가 가능하여 전력망이 없는 지역이나 해상에서도 활용할 수 있다. 이는 탄소 배출이 적은 에너지원으로서 기후 변화 대응에도 기여할 수 있다.
> SMR의 경제성도 강점이다. 공장에서 미리 제작된 모듈을 현장에서 조립하는 방식은 전통적인 대형 원전보다 건설 비용과 기간을 줄인다. 그러나 단위 출력당 건설 비용이 높아질 수 있어 대량 생산과 표준화를 통해 비용을 절감해야 한다. 기술적 검증도 중요한 과제로, 안전성과 경제성을 동시에 만족시켜야 한다. 기후 변화에 따른 환경적 취약성도 고려해야 하며, 이를 극복하기 위해 각국 정부와 민간 기업들은 협력하여 연구 개발에 투자하고 있다.
> SMR은 탄소 중립 시대를 맞아 중요한 에너지원으로 주목받고 있으며, 다양한 분야에서 활용 가능성이 높다. 한국을 포함한 여러 국가가 SMR 개발에 적극적으로 나서고 있으며, 이를 통해 글로벌 에너지 시장에서 새로운 패러다임을 제시할 것으로 보인다. SMR은 단순히 기존 원전을 대체하는 것을 넘어 안전하고 지속 가능한 에너지 시스템 구축에 기여할 핵심 기술로 자리 잡아가고 있다.

① SMR은 방사성 폐기물이 발생하지 않는다.
② SMR은 기존의 원전보다 다양한 환경에서 건설이 가능하다.
③ SMR은 원전 부지에서 모듈을 생산하여 조립하는 방식으로 건설된다.
④ 선진국에서는 기존 원전 대부분이 SMR로 전환되어 탄소 중립을 실천하고 있다.

| 한국중부발전 / 문제해결능력

38 다음은 J공사의 컴퓨터 비밀번호 규칙에 대한 글이다. 〈보기〉 중 J공사 비밀번호 규칙에 맞지 않는 것은 모두 몇 개인가?

> J공사의 직원들은 업무를 시작하기 위해 컴퓨터에 직원별 비밀번호를 입력해야 한다. 직원들의 비밀번호는 9자리의 숫자와 문자로 구성되어 있다. 첫 번째 자리는 직원 종류별 코드로 정직원은 1, 계약직은 2, 파견직은 3이 부여된다. 두 번째 자리부터는 직원별 입사일이 YYMMDD 방식으로 부여된다. 이후 데이터의 진위 여부를 확인하기 위해 체크데이터로 앞의 숫자를 모두 더한 뒤, 2를 뺀 값에 해당하는 알파벳이 대문자로 부여된다. 마지막으로 비밀번호 식별의 용이성을 위해 첫 번째 자리의 숫자와 동일한 숫자가 부여된다.

보기

- 3011210F3
- 2981111U2
- 3051231M3
- 1241215N2
- 4200817T4
- 1942131S1
- 1840624W1
- 1211014H1
- 2210830P2
- 2191229Z2

① 2개　　② 3개

③ 4개　　④ 5개

| 한국중부발전 / 문제해결능력

39 다음 사례에서 나타나는 논리적 오류로 가장 적절한 것은?

> A씨는 오랜만에 고향 친구를 만났다. 약속 장소에서 A씨는 고향 친구가 말끔한 정장을 입고 나온 것을 보고, 그가 부자일 확률보다 부자이면서 좋은 차를 끌고 다닐 확률이 높다고 생각하였다.

① 결합의 오류

② 무지의 오류

③ 연역법의 오류

④ 과대해석의 오류

※ 다음은 J기업의 본사와 부속 공장 간의 도로에 대한 자료이다. 이어지는 질문에 답하시오. [40~41]

〈본사와 부속 공장 간 도로〉

(단위 : km)

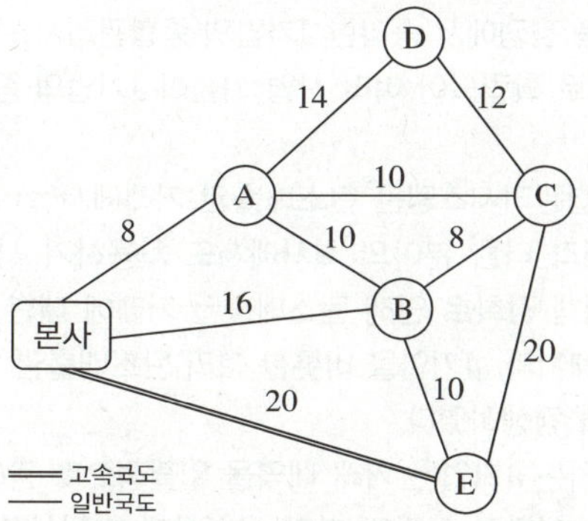

▎한국중부발전 / 자원관리능력

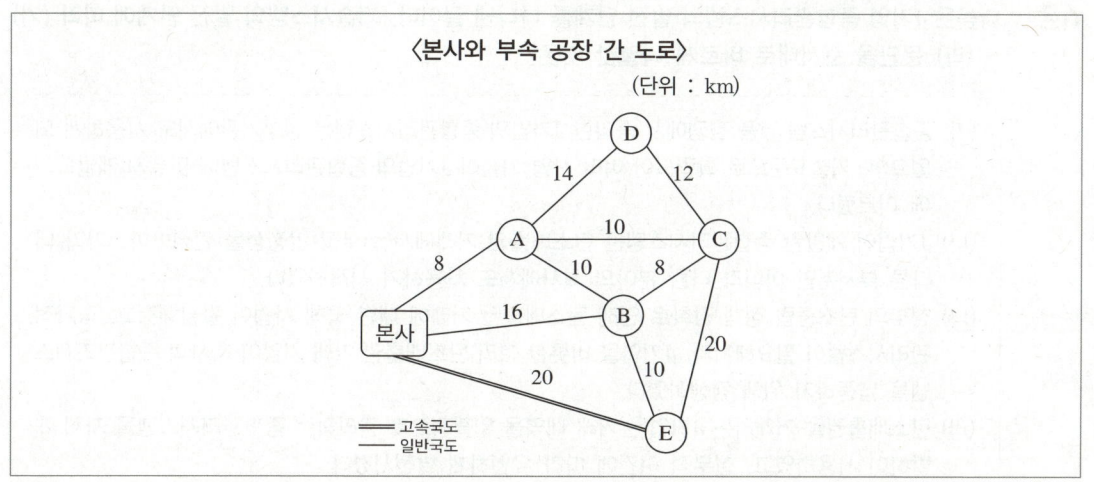

40 S대리는 본사에서 출발하여 모든 부속 공장을 방문한 뒤, 본사로 복귀하려고 한다. S대리가 일반국도만을 이용한다면, 최단거리는 몇 km인가?(단, 한 번 방문한 공장은 다시 방문하지 않는다)

① 72km ② 76km

③ 80km ④ 84km

▎한국중부발전 / 자원관리능력

41 S대리는 회사로부터 교통비를 지원받아 고속국도를 이용할 수 있게 되었다. S대리가 고속국도를 이용하여 모든 부속 공장을 방문한 뒤, 본사로 복귀할 때의 최단거리는 고속국도를 이용하지 않을 때의 최단거리와 몇 km 차이가 나는가?(단, 한 번 방문한 공장은 다시 방문하지 않는다)

① 6km ② 8km

③ 10km ④ 12km

| 한국중부발전 / 기술능력

42 **다음은 J기업 종합관리시스템의 발전 단계를 나타낸 글이다. 기술시스템의 발전 단계에 따라 (가) ~ (라) 문단을 순서대로 바르게 나열한 것은?**

> (가) 종합관리시스템 납품 경쟁에서 승리한 J기업의 종합관리시스템은 정부기관에서도 사용하게 되었으며, 기술표준으로 확립되어 여러 산업 기술이 J기업의 종합관리시스템에 맞춰져 개발되기에 이르렀다.
> (나) J기업이 개발한 종합관리시스템은 탄소배출권 거래에서 실무적 안정성을 인정받아 J기업 내 다른 부서뿐만 아니라 다른 분야의 회사에서도 차용하기 시작하였다.
> (다) 정부의 탄소중립 정책 강화로 인해 탄소배출권 거래에 대한 국책 사업이 활발해졌고, 국가적 관리시스템이 필요해지자, J기업을 비롯한 여러 탄소배출권 거래 기업이 자사의 종합관리시스템을 납품하기 위해 경쟁하였다.
> (라) 탄소배출권을 거래하는 J기업은 거래 내역을 일괄적으로 관리하는 종합관리시스템을 자체 개발하여 사용하였고, 실무적 여건에 따라 유연하게 발전시켰다.

① (다) – (가) – (나) – (라)
② (다) – (라) – (나) – (가)
③ (라) – (나) – (다) – (가)
④ (라) – (다) – (나) – (가)

| 한국중부발전 / 정보능력

43 **다음은 A주임의 상사가 평소 엑셀을 능숙하게 다루는 A주임에게 요청한 내용이다. A주임이 상사의 요청을 수행하면서 사용한 엑셀 단축키가 아닌 것은?**

> A주임, 지금 회사 거래 내역이 담긴 엑셀 파일을 수정해야 하는데, 제 컴퓨터의 마우스가 고장이 나서 단축키로만 작업을 해야 합니다. A주임이 엑셀을 능숙하게 쓴다고 들어서 도와주셨으면 합니다. [F12] 셀에서 왼쪽에 있는 값을 모두 선택하여 차트를 만들고, [F13] 셀에는 오늘 날짜를 입력해 주세요.

① 〈Ctrl〉+〈1〉
② 〈Ctrl〉+〈;〉
③ 〈Alt〉+〈F1〉
④ 〈Shift〉+〈Home〉

| K-water 한국수자원공사 / 의사소통능력

44 다음 중 단어의 뜻이 나머지와 다른 것은?

① 호도(糊塗) ② 맹아(萌芽)
③ 무마(撫摩) ④ 은폐(隱蔽)

| K-water 한국수자원공사 / 의사소통능력

45 다음 중 밑줄 친 어휘가 나머지와 다른 의미로 사용된 것은?

① 건조한 환경으로 인해 쉽게 불이 붙었다.
② 새로운 소재로 불이 붙는 것을 방지하였다.
③ 토론은 양측이 첨예하게 대립해 불이 붙었다.
④ 들판에 불이 붙자 걷잡을 수 없이 퍼져 나갔다.

| K-water 한국수자원공사 / 수리능력

46 K고등학교의 운동장은 윗변이 20m, 밑변이 50m, 높이가 20m인 등변 사다리꼴 형태이다. 운동장의 가장자리에 2m마다 의자를 놓고 학생을 앉힐 때, 의자에 앉을 수 있는 학생의 수로 옳은 것은?

① 59명 ② 60명
③ 61명 ④ 62명

47 다음 중 제시된 자료를 그래프로 바르게 변환한 것은?

〈K-water 한강유역 대수력 발전소 연간 발전량〉

(단위 : GWh)

구분	2019년	2020년	2021년	2022년	2023년	2024년
소양강댐	347	551	314	600	430	490
충주댐	484	769	574	680	706	759

①
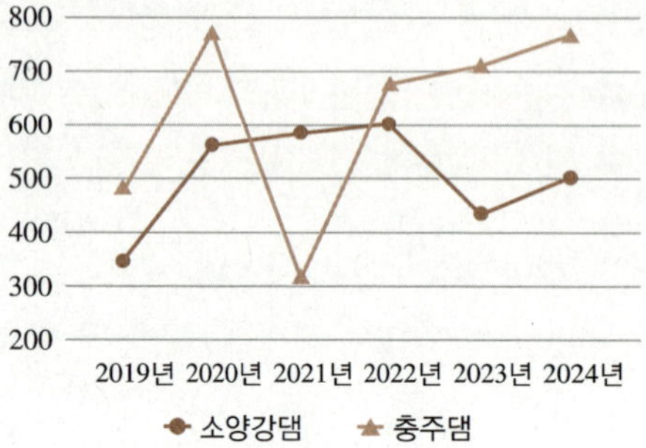

②
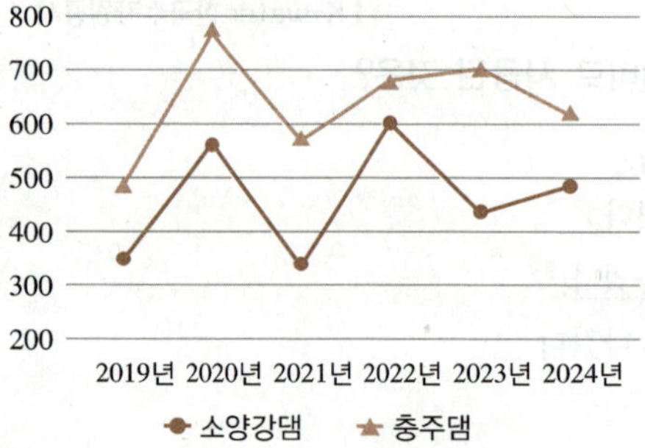

③
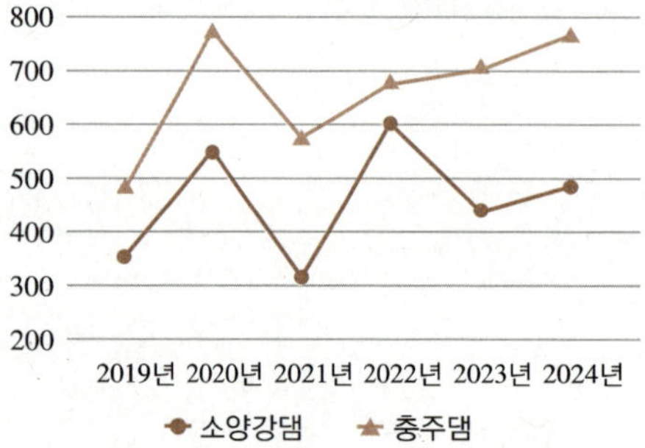

④
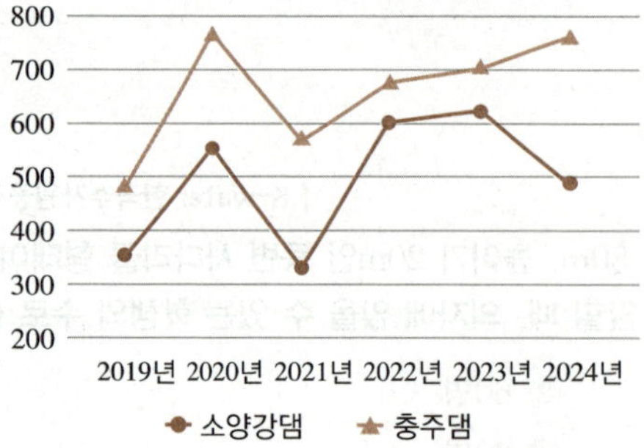

| K-water 한국수자원공사 / 자원관리능력

48 다음 중 효과적인 시간관리를 통하여 빠르고 효율적인 생산으로 작업 소요 시간을 단축시켰을 때, 기업의 입장에서 나타나는 효과로 옳지 않은 것은?

① 가격 인상
② 위험 감소
③ 정확한 예산 분배
④ 시장 점유율 증가

| K-water 한국수자원공사 / 자원관리능력

49 다음 중 효율적이고 합리적인 인사관리 원칙 중 해당 직무 수행에 가장 적합한 인재를 배치해야 한다는 원칙으로 옳은 것은?

① 단결의 원칙
② 공정 인사의 원칙
③ 종업원 안정의 원칙
④ 적재적소 배치의 원칙

| K-water 한국수자원공사 / 자원관리능력

50 다음 사례에서 나타나는 물적자원관리의 원칙으로 옳은 것은?

> 편의점 점장인 A씨는 상품의 판매량과 입고량을 파악하여 많이 팔리고, 많이 들어오는 상품은 출입구에 가깝게 위치시켰으며, 적게 팔려서 주문할 양이 적은 상품은 매장 안쪽에 배치하여 상품의 입·출하가 원활하게 이루어지도록 하였다.

① 동일성의 원칙
② 유사성의 원칙
③ 회전대응의 원칙
④ 기호화의 원칙

CHAPTER

02 2025 ~ 2024년 전공 기출복원문제

정답 및 해설 p.015

01 기계

| 25상 / 한국남동발전

01 다음 중 가운데가 갈라져 나사의 풀림 방지나 부품을 축에 결부하는 데 사용하는 핀은?

① 분할 핀(Split Pin)
② 테이퍼 핀(Taper Pin)
③ 너클 핀(Knuckle Pin)
④ 앵커 핀(Anchor Pin)

| 25상 / 한국남동발전

02 단면이 직사각형이고 길이가 ℓ인 외팔보형 단판스프링에서 최대처짐이 δ_0이고, 스프링의 두께를 2배로 하였을 때 최대처짐이 δ일 경우 $\frac{\delta}{\delta_0}$는?(단, 다른 조건은 동일하다)

① $\frac{1}{16}$
② $\frac{1}{8}$
③ $\frac{1}{4}$
④ $\frac{1}{2}$

| 24하 / 코레일 한국철도공사

03 다음 중 스프링에 작용하는 하중에서 정하중에 속하지 않는 것은?

① 인장하중
② 압축하중
③ 전단하중
④ 비틀림하중
⑤ 반복하중

| 24하 / 코레일 한국철도공사

04 외부에서 열에너지를 받아 일을 하는 열기관이 있다. 이 열기관에 20kJ의 열량을 더 가하여 열기관이 하는 일의 양이 20kJ 증가하였을 때, 기체의 내부에너지의 변화는?

① 40kJ 증가한다.
② 20kJ 증가한다.
③ 변하지 않는다.
④ 20kJ 감소한다.
⑤ 40kJ 감소한다.

| 24하 / 코레일 한국철도공사

05 다음 그림과 같이 양단고정보에 집중하중이 작용하였을 때, 발생하는 처짐량은?

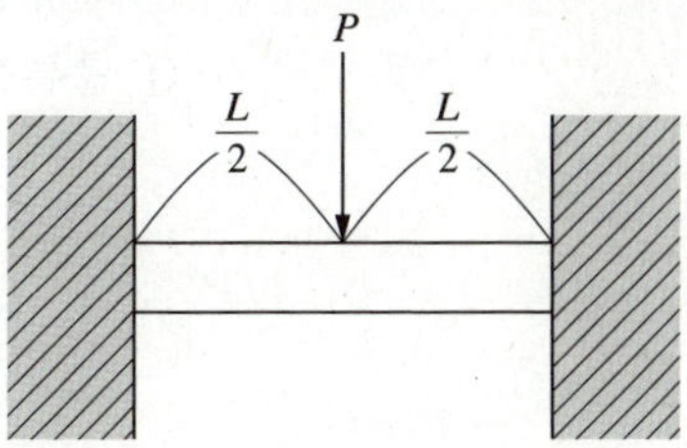

① $\frac{PL^3}{64EI}$　　② $\frac{PL^3}{192EI}$

③ $\frac{5PL^3}{192EI}$　　④ $\frac{5PL^3}{216EI}$

⑤ $\frac{5PL^3}{384EI}$

| 24하 / 코레일 한국철도공사

06 다음 중 합금에 대한 설명으로 옳지 않은 것은?

① 강도가 향상된다.
② 연성이 작아진다.
③ 전기전도도가 향상된다.
④ 구성비가 고정되어 있지 않다.
⑤ 탄소강은 대표적인 합금 중 하나이다.

| 24하 / 코레일 한국철도공사

07 다음 윤활유 공급방법 중 순환 급유방식에 해당하는 급유법은?

① 손 급유법　　② 패드 급유법
③ 제트 급유법　　④ 분무식 급유법
⑤ 적하 급유법

| 24하 / 코레일 한국철도공사

08 다음 중 평판의 하류 쪽으로 갈수록 난류가 발생하는 것은?

① 난류층　② 난류경계층
③ 천이영역　④ 층류경계층
⑤ 층류저층

| 24하 / 코레일 한국철도공사

09 다음 중 용매금속에 용질금속의 원자 또는 분자가 녹아 들어가 응고되어 만들어진 혼합물은?

① 공석　② 공정
③ 포정　④ 편정
⑤ 고용체

| 24하 / 코레일 한국철도공사

10 다음 중 흑연의 기본형상으로 옳지 않은 것을 〈보기〉에서 모두 고르면?

보기

ㄱ. 괴상흑연
ㄴ. 구상흑연
ㄷ. 국화상흑연
ㄹ. 장미상흑연
ㅁ. 편상흑연

① ㄱ, ㄴ　② ㄱ, ㅁ
③ ㄴ, ㄹ　④ ㄷ, ㄹ
⑤ ㄹ, ㅁ

| 24상 / 코레일 한국철도공사

11 다음 중 질량 10kg의 물을 10℃에서 60℃로 가열할 때 필요한 열량은?

① 2,100kJ　② 2,300kJ
③ 2,500kJ　④ 2,700kJ
⑤ 2,900kJ

| 24상 / 코레일 한국철도공사

12 다음 중 이상기체의 내부에너지와 엔탈피에 대한 설명으로 옳은 것을 〈보기〉에서 모두 고르면?

보기

ㄱ. n몰의 단원자 분자 기체의 내부에너지와 다원자 분자 기체의 내부에너지는 같다.
ㄴ. n몰의 단원자 분자인 이상기체의 내부에너지는 절대온도만의 함수이다.
ㄷ. n몰의 단원자 분자인 이상기체의 엔탈피는 절대온도만의 함수이다.
ㄹ. 이상기체의 엔탈피는 이상기체의 무질서도를 표현한 함수이다.

① ㄱ, ㄴ
② ㄱ, ㄹ
③ ㄴ, ㄷ
④ ㄴ, ㄹ
⑤ ㄷ, ㄹ

| 24상 / 코레일 한국철도공사

13 다음 중 자동차의 안정적인 선회를 위해 사용하는 차동 기어 장치에서 찾아볼 수 없는 것은?

① 링기어
② 베벨기어
③ 스퍼기어
④ 유성기어
⑤ 태양기어

| 24상 / 코레일 한국철도공사

14 다음 중 소르바이트 조직을 얻기 위한 열처리 방법은?

① 청화법
② 침탄법
③ 마퀜칭
④ 질화법
⑤ 파텐팅

| 24상 / 코레일 한국철도공사

15 다음 중 축과 보스를 결합하기 위해 축에 삼각형 모양의 톱니를 새긴 가늘고 긴 키 홈은?

① 묻힘키
② 세레이션
③ 둥근키
④ 테이퍼
⑤ 스플라인

| 24상 / 코레일 한국철도공사

16 다음 중 카르노 사이클에서 열을 공급받는 과정은?

① 정적 팽창 과정
② 정압 팽창 과정
③ 등온 팽창 과정
④ 단열 팽창 과정
⑤ 열을 공급받지 않는다.

| 24상 / 코레일 한국철도공사

17 다음 중 정적 가열과 정압 가열이 동시에 이루어지는 고속 디젤 엔진의 사이클로 옳은 것은?

① 오토 사이클
② 랭킨 사이클
③ 브레이턴 사이클
④ 사바테 사이클
⑤ 카르노 사이클

| 24상 / 코레일 한국철도공사

18 다음 중 담금질 효과가 가장 작은 것은?

① 페라이트
② 펄라이트
③ 오스테나이트
④ 마텐자이트
⑤ 시멘타이트

| 24상 / 코레일 한국철도공사

19 다음 중 하중의 크기와 방향이 주기적으로 반복하여 변하면서 작용하는 하중은?

① 정하중
② 교번하중
③ 반복하중
④ 충격하중
⑤ 임의진동하중

❙ 24상 / 코레일 한국철도공사

20 **다음 중 운동에너지를 압력에너지로 변환시키는 장치는?**

① 노즐
② 액추에이터
③ 디퓨저
④ 어큐뮬레이터
⑤ 피스톤 로드

❙ 24상 / 코레일 한국철도공사

21 **리벳 이음 중 평행형 겹치기 이음에서 판의 끝부분에서 가장 가까운 리벳의 구멍 열 중심까지의 거리를 무엇이라 하는가?**

① 마진
② 피치
③ 뒷피치
④ 리드
⑤ 유효지름

❙ 24상 / 한국중부발전

22 **다음 중 ChatGPT에 대한 설명으로 옳지 않은 것은?**

① 딥러닝의 한 종류인 신경망 모델을 기반으로 한다.
② 인공지능 모델로 대화 기반의 자연어 처리를 수행한다.
③ 딥러닝을 통해 스스로 언어를 생성하고 추론하는 능력을 갖추고 있다.
④ 방대한 데이터를 학습했기 때문에 정보의 신뢰도가 높다.

| 24상 / 한국중부발전

23 **다음 중 백주철을 열처리한 것으로, 강도, 인성, 내식성 등이 우수하여 유니버설 조인트 등에 사용되는 주철은?**

① 회주철　　② 가단주철
③ 칠드주철　　④ 구상흑연주철

| 24상 / 한국중부발전

24 **다음 화학식을 참고할 때, 탄소 6kg 연소 시 필요한 공기의 양은?(단, 공기 내 산소는 20%이다)**

$$C + O_2 = CO_2$$

① 30kg　　② 45kg
③ 60kg　　④ 80kg

| 24상 / 한국중부발전

25 **다음 중 하중의 종류와 그 하중이 적용하는 방식에 대한 설명으로 옳지 않은 것은?**

① 압축하중의 하중 방향은 축 방향과 평행으로 작용한다.
② 인장하중의 하중 방향은 축 방향과 평행으로 작용한다.
③ 전단하중의 하중 방향은 축 방향과 수직으로 작용한다.
④ 교번하중은 일정한 크기와 일정한 방향을 가진 하중이 반복적으로 작용하는 하중이다.

02 전기

| 25상 / 한국남동발전

01 220V, 10A, 역기전력이 210V, 회전수가 1,800rpm인 전동기의 전기자저항은?

① 0.1Ω　　② 0.2Ω
③ 1Ω　　④ 2Ω

| 25상 / 한국남동발전

02 다음 중 초고압 케이블로 사용할 수 없는 것은?

① OF 케이블　　② XLPE 케이블
③ VCTF 케이블　　④ HPFF 케이블

| 25상 / 한국남동발전

03 다음 중 0.2kW 이하 소형 전동기의 종류로 옳지 않은 것은?

① 권선형 유도 전동기　　② 단상 유도전동기
③ 서보 모터　　④ 스텝 모터

| 25상 / 한국남동발전

04 다음 중 송전선로의 길이와 직렬 임피던스의 관계에 대한 설명으로 옳지 않은 것은?

① 송전선로의 길이가 길어질수록 직렬 저항 성분은 증가한다.
② 송전선로의 길이가 길어질수록 직렬 인덕턴스 성분은 증가한다.
③ 단거리 송전선로에서는 병렬 커패시턴스보다 직렬 임피던스가 더 중요하게 고려된다.
④ 장거리 송전선로의 해석 시에는 선로의 길이가 길어져도 직렬 임피던스만 고려하는 집중 정수 회로로 충분하다.

| 25상 / 한국남동발전

05 다음 중 병렬 연결된 어드미턴스 Y_1, Y_2, Y_3의 계산법으로 옳은 것은?

① $Y_1 Y_2 Y_3$
② $\frac{1}{Y_1 Y_2 Y_3}$
③ $Y_1 + Y_2 + Y_3$
④ $\frac{1}{Y_1 + Y_2 + Y_3}$

| 25상 / 코레일 한국철도공사

06 반지름의 길이가 am인 원형코일의 중심의 자계를 HAT/m이라고 할 때, 다음 중 전류와 권수의 관계로 옳은 것은?

① 전류와 권수는 비례한다.
② 전류와 권수는 반비례한다.
③ 전류와 권수는 제곱에 비례한다.
④ 전류와 권수는 제곱에 반비례한다.
⑤ 전류와 권수는 서로 관계가 없다.

| 25상 / 코레일 한국철도공사

07 다음 중 전기력선 밀도를 이용하여 대칭 정전계의 세기를 구하기 위하여 이용되는 법칙은?

① 쿨롱의 법칙
② 톰슨의 법칙
③ 패러데이의 법칙
④ 비오-사바르의 법칙
⑤ 가우스의 법칙

| 25상 / 코레일 한국철도공사

08 공기 중에서 E V/m의 전계를 i_d A/m^{2}의 변위 전류로 흐르게 하려면 주파수는 얼마가 되어야 하는가?

① $f = \frac{i_d}{\pi E}$
② $f = \frac{i_d}{2\pi E}$
③ $f = \frac{i_d}{4\pi E}$
④ $f = \frac{i_d}{2\pi\epsilon E}$
⑤ $f = \frac{i_d}{4\pi\epsilon E}$

| 25상 / 코레일 한국철도공사

09 평등 전계 내에 수직으로 비유전율 $\epsilon_s = 2$인 유전체 판을 놓았을 경우, 판 내의 전속밀도 $D = 8 \times 10^{-6}\text{C/m}^2$이었다. 유전체 내의 분극의 세기 P는 몇 C/m^2인가?

① $1 \times 10^{-6}\text{C/m}^2$
② $2 \times 10^{-6}\text{C/m}^2$
③ $4 \times 10^{-6}\text{C/m}^2$
④ $6 \times 10^{-6}\text{C/m}^2$
⑤ $8 \times 10^{-6}\text{C/m}^2$

| 25상 / 코레일 한국철도공사

10 다음 중 수전단 전압이 송전단 전압보다 높아지는 페란티 현상이 발생하는 주된 원인은?

① 선로의 인덕턴스
② 선로의 정전용량
③ 선로의 저항
④ 선로의 누설리액턴스
⑤ 선로의 누설컨덕턴스

| 25상 / 코레일 한국철도공사

11 1Wb/m^2의 자속 밀도에 수직으로 놓인 10cm의 도선에 50A의 전류가 흐를 때 도선이 받는 힘은 몇 N인가?

① 1N
② 2N
③ 3N
④ 4N
⑤ 5N

| 25상 / 코레일 한국철도공사

12 어떤 회로의 단자 전압이 $v = 100\sin\omega t + 20\sin 2\omega t + 30\sin(3\omega t + 60°)$V이고 전압강하의 방향으로 흐르는 전류가 $i = 10\sin(\omega t - 60°) + 2\sin(3\omega t + 105°)$A일 때, 회로에 공급되는 평균전력은 약 몇 W인가?

① 115W
② 183W
③ 236W
④ 271W
⑤ 317W

| 25상 / 코레일 한국철도공사

13 세 변의 저항 $R_a = R_b = R_c = 10\Omega$인 Y결선 회로가 있다. 이와 등가인 △ 결선 회로의 각 변의 저항 값은?

① 10Ω　　② 15Ω
③ 20Ω　　④ 25Ω
⑤ 30Ω

| 25상 / 코레일 한국철도공사

14 3개의 콘덴서 $C_1 = 1\mu F$, $C_2 = 2\mu F$, $C_3 = 3\mu F$를 직렬로 연결하여 50V의 전압을 가할 때, C_1 양단 사이에 걸리는 전압은 약 몇 V인가?

① 12V　　② 17V
③ 22V　　④ 27V
⑤ 32V

| 25상 / 코레일 한국철도공사

15 다음 중 철도 전력 시스템에 대한 설명으로 옳지 않은 것은?

① 계량기 조작, 전력선 도난, 불법적인 에너지 사용 등을 감지할 수 있다.
② 전력선이 불법적으로 훼손되거나, 연결된 경우를 감지할 수 있다.
③ 전력 설비 및 장비를 보호하고, 에너지 손실을 최소화할 수 있다.
④ 에너지 사용량 패턴을 분석하여, 이상 사용량을 감지할 수 있다.
⑤ 모든 열차의 위치를 실시간으로 파악할 수 있다.

| 25상 / 코레일 한국철도공사

16 다음 중 기동토크가 가장 큰 직류전동기는?

① 직권전동기　　② 타여자전동기
③ 분권전동기　　④ 가동복권전동기
⑤ 차동복권전동기

| 25상 / 코레일 한국철도공사

17 다음 중 자기회로의 자기저항에 대한 설명으로 옳지 않은 것은?

① 자기회로의 길이에 비례한다.

② 자기회로의 단면적에 반비례한다.

③ 비투자율에 반비례한다.

④ 투자율에 비례한다.

⑤ 자기회로의 옴의 법칙으로 $\phi = \dfrac{F}{R_m}$ 을 사용한다.

| 25상 / 코레일 한국철도공사

18 평행한 두 개의 무한 직선 도선에 전류가 각각 I, $2I$가 흐른다. 두 도선 사이의 점 P에서 자계의 세기가 0일 때, $\dfrac{a}{b}$는 얼마인가?

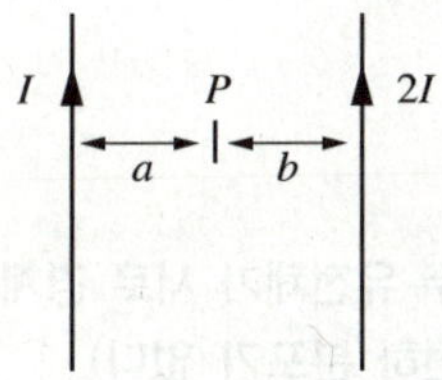

① 1

② 2

③ 4

④ $\dfrac{1}{2}$

⑤ $\dfrac{1}{4}$

| 25상 / 코레일 한국철도공사

19 전기 쌍극자로부터 임의의 점의 거리가 r이라 할 때, 전위와 전계의 세기는 각각 어느 것에 비례하는가?

	전위	전계
①	r에 비례	$\frac{1}{r}$에 비례
②	$\frac{1}{r}$에 비례	r에 비례
③	$\frac{1}{r^2}$에 비례	$\frac{1}{r^3}$에 비례
④	$\frac{1}{r^3}$에 비례	$\frac{1}{r^2}$에 비례
⑤	$\frac{1}{r^4}$에 비례	$\frac{1}{r^2}$에 비례

| 25상 / 코레일 한국철도공사

20 다음 중 유전율이 각각 다른 두 유전체가 서로 경계를 이루며 접해있을 때의 설명으로 옳지 않은 것은?(단, 이 경계면에는 진전하 분포가 없다)

① 경계면에서 전계와 전속밀도의 방향은 서로 다르다.
② 경계면에서 전계의 접선 성분은 같다.
③ 경계면에서 전속밀도의 법선 성분은 같다.
④ 경계면에서 전계와 전속밀도는 굴절한다.
⑤ 경계면에서 전계와 전속밀도는 다르다.

| 25상 / 서울교통공사

21 다음 설명의 빈칸에 들어갈 내용이 바르게 짝지어진 것은?

> 태양전지 표면온도 상승 시 전압은 ___㉠___하고, 전류는 약간 ___㉡___하고, 출력은 ___㉢___한다.

	㉠	㉡	㉢
①	증가	증가	증가
②	증가	감소	감소
③	감소	증가	증가
④	감소	증가	감소
⑤	감소	감소	감소

| 25상 / 서울교통공사

22 비유전율이 9, 비투자율이 1인 공간에서 전자파의 전파속도는?

① 0.1×10^8m/sec
② 0.5×10^8m/sec
③ 1.0×10^8m/sec
④ 1.2×10^8m/sec
⑤ 1.5×10^8m/sec

| 25상 / 서울교통공사

23 다음 중 비정현파 교류에 대한 설명으로 옳은 것은?

① 푸리에 급수로 정현파의 합으로 표현할 수 있다.
② 전압과 전류의 실효값은 각 고조파의 실효값의 합과 같다.
③ 각 고조파의 주파수는 기본파 주파수의 절반이다.
④ 고조파는 회로에 아무런 영향을 미치지 않는다.
⑤ 직류 성분은 포함되지 않는다.

25상 / 서울교통공사

24 다음 중 표피효과에 대한 설명으로 옳은 것을 〈보기〉에서 모두 고르면?

보기

ㄱ. 표피효과는 도체의 도전율이 높을수록 심해진다.
ㄴ. 표피효과는 주파수가 높을수록 심해진다.
ㄷ. 표피효과는 도체가 얇을수록 심해진다.
ㄹ. 표피효과는 바깥으로 갈수록 전류밀도가 커진다.

① ㄱ, ㄴ
② ㄱ, ㄷ
③ ㄱ, ㄴ, ㄷ
④ ㄱ, ㄴ, ㄹ
⑤ ㄴ, ㄷ, ㄹ

25상 / 서울교통공사

25 단면적 $S[\mathrm{m}^2]$, 평균 자로 길이 $l[\mathrm{m}]$, 비투자율이 1인 철심에 N_1, N_2 권선을 감은 무단 솔레노이드가 있다. 결합계수가 1이고 누설자속을 무시할 때, 권선의 상호 인덕턴스 값은?

① $\dfrac{\mu S^2 N_1 N_2}{l}$
② $\dfrac{\mu S N_1 N_2}{l}$
③ $\dfrac{\mu S N_1 N_2}{l^2}$
④ $\dfrac{\mu S N_1^2 N_2}{l^2}$
⑤ $\dfrac{\mu S N_1^2 N_2^2}{l}$

❙ 25상 / 서울교통공사

26 무손실 분포 정수 선로에서 위상정수 $\beta = \omega\sqrt{LC}$일 때, 파장의 값으로 옳은 것은?

① $\sqrt{\frac{L}{C}}$
② $\sqrt{RG}$
③ $\omega\sqrt{LC}$
④ $\frac{1}{f\sqrt{LC}}$
⑤ $\frac{1}{\omega\sqrt{LC}}$

❙ 25상 / 서울교통공사

27 변압기 보호에 사용되는 계전기 중, 변압기의 1차측과 2차측의 전류를 비교하여 그 차이가 미리 설정된 값(정정값) 이상일 때 동작하여 내부 고장을 검출하는 보호 계전기는?

① 과전류 계전기(OCR; Over-current Relay)
② 거리 계전기(DGR; Distance Relay)
③ 차동 계전기(DPR; Differential Protection Relay)
④ 접지 계전기(GR; Ground Relay)
⑤ 과전압 계전기(OVR; Over-voltage Relay)

❙ 24하 / 코레일 한국철도공사

28 $f = 60\text{Hz}$, 6극 유도전동기의 슬립이 4%일 때의 회전수는?

① 1,089rpm
② 1,152rpm
③ 1,200rpm
④ 1,289rpm
⑤ 1,305rpm

❙ 24하 / 코레일 한국철도공사

29 한 변의 길이가 3m인 정삼각형의 세 꼭짓점에 크기가 10^{-4}C인 점전하가 있다. 이때 한 점전하가 다른 두 점전하로부터 받는 힘의 크기는?

① 약 10N
② 약 14.14N
③ 약 17.32N
④ 약 20N
⑤ 약 22.36N

30 다음 비율차동계전기 접속도에서 A, B에 들어갈 말을 바르게 연결한 것은?

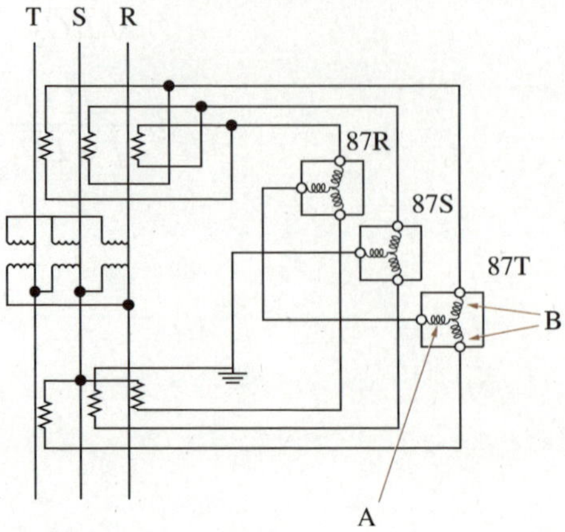

	A	B
①	동작코일	분류코일
②	동작코일	억제코일
③	억제코일	분류코일
④	억제코일	동작코일
⑤	분류코일	억제코일

PART 1
직무능력검사(공통)

CHAPTER 01

의사소통능력

합격 CHEAT KEY

의사소통능력은 평가하지 않는 공사·공단이 없을 만큼 필기시험에서 중요도가 높은 영역으로, 세부 유형은 문서 이해, 문서 작성, 의사 표현, 경청, 기초 외국어로 나눌 수 있다. 문서 이해·문서 작성과 같은 지문에 대한 주제 찾기, 내용 일치 문제의 출제 비중이 높으며, 문서의 특성을 파악하는 문제도 출제되고 있다.

01 문제에서 요구하는 바를 먼저 파악하라!

의사소통능력에서 가장 중요한 것은 제한된 시간 안에 빠르고 정확하게 답을 찾아내는 것이다. 의사소통능력에서는 지문이 아니라 문제가 주인공이므로 지문을 보기 전에 문제를 먼저 파악해야 하며, 문제에 따라 전략적으로 빠르게 풀어내는 연습을 해야 한다.

02 잠재되어 있는 언어 능력을 발휘하라!

세상에 글은 많고 우리가 학습할 수 있는 시간은 한정적이다. 이를 극복할 수 있는 방법은 다양한 글을 접하는 것이다. 실제 시험장에서 어떤 내용의 지문이 나올지 아무도 예측할 수 없으므로 평소에 신문, 소설, 보고서 등 여러 글을 접하는 것이 필요하다.

03 상황을 가정하라!

업무 수행에 있어 상황에 따른 언어 표현은 중요하다. 같은 말이라도 상황에 따라 다르게 해석될 수 있기 때문이다. 그런 의미에서 자신의 의견을 효과적으로 전달할 수 있는 능력을 평가하는 것이다. 업무를 수행하면서 발생할 수 있는 여러 상황을 가정하고 그에 따른 올바른 언어표현을 정리하는 것이 필요하다.

04 말하는 이의 입장에서 생각하라!

잘 듣는 것 또한 하나의 능력이다. 상대방의 이야기에 귀 기울이고 공감하는 태도는 업무를 수행하는 관계 속에서 필요한 요소이다. 그런 의미에서 다양한 상황에서 듣는 능력을 평가하는 것이다. 말하는 이가 요구하는 듣는 이의 태도를 파악하고, 이에 따른 판단을 할 수 있도록 언제나 말하는 사람의 입장이 되는 연습이 필요하다.

01 문서 내용 이해

| 유형분석 |

- 주어진 지문을 읽고 선택지를 고르는 전형적인 독해 문제이다.
- 지문은 주로 신문기사(보도자료 등)나 업무 보고서, 시사 등이 제시된다.
- 공사·공단에 따라 자사와 관련된 내용의 기사나 법조문, 보고서 등이 출제되기도 한다.

다음 글의 내용으로 적절하지 않은 것은?

간디는 절대로 몽상가는 아니다. 그가 말한 것은 폭력을 통해서는 인도의 해방도, 보편적인 인간 해방도 없다는 것이었다. 민족 해방은 단지 외국 지배자의 퇴각을 의미하는 것일 수는 없다. 참다운 해방은 지배와 착취와 억압의 구조를 타파하고 그 구조에 길들여져 온 심리적 습관과 욕망을 뿌리로부터 변화시키는 일 – 다시 말하여 일체의 '칼의 교의(敎義)' – 로부터의 초월을 실현하는 것이다. 간디의 관점에서 볼 때, 무엇보다 큰 폭력은 인간의 근원적인 영혼의 요구에 대해서는 조금도 고려하지 않고, 물질적 이득의 끊임없는 확대를 위해 착취와 억압의 구조를 제도화한 서양의 산업 문명이었다.

① 간디는 비폭력주의자이다.
② 간디는 산업 문명에 부정적이었다.
③ 간디는 반외세 사회주의자이다.
④ 간디는 외세가 인도를 착취하였다고 보았다.

정답 ③

오답분석

① 두 번째 문장에서 확인할 수 있다.
② 마지막 문장에서 확인할 수 있다.
④ 세 번째·네 번째 문장에서 확인할 수 있다.

풀이 전략!

주어진 선택지에서 키워드를 체크한 후, 지문의 내용과 비교해 가면서 내용의 일치 유무를 빠르게 판단한다.

대표기출유형 01 기출응용문제

01 다음 글의 내용으로 가장 적절한 것은?

> 온갖 사물이 뒤섞여 등장하는 사진들에서 고양이를 틀림없이 알아보는 인공지능이 있다고 해보자. 그러한 식별 능력은 고양이 개념을 이해하는 능력과 어떤 관계가 있을까? 고양이를 실수 없이 가려내는 능력이 고양이 개념을 이해하는 능력의 필요충분조건이라고 할 수 있을까?
> 먼저 인공지능이든 사람이든 고양이 개념에 대해 이해하면서도 영상 속의 짐승이나 사물이 고양이인지 정확히 판단하지 못하는 경우는 있을 수 있다. 예를 들어, 누군가가 전형적인 고양이와 거리가 먼 희귀한 외양의 고양이를 보고 "좀 이상하게 생긴 족제비로군요."라고 말했다고 해보자. 이것은 틀린 판단이지만, 그렇다고 그가 고양이 개념을 이해하지 못하고 있다고 평가하는 것은 부적절한 일일 것이다.
> 이번에는 다른 예로 누군가가 영상자료에서 가을에 해당하는 장면들을 실수 없이 가려낸다고 해보자. 그는 가을 개념을 이해하고 있다고 보아야 할까? 그 장면들을 실수 없이 가려낸다고 해도 그가 가을이 적잖은 사람들을 왠지 쓸쓸하게 하는 계절이라든가, 농경문화의 전통에서 수확의 결실이 있는 계절이라는 것, 혹은 가을이 지구 자전축의 기울기와 유관하다는 것 등을 반드시 알고 있는 것은 아니다. 심지어 가을이 지구의 1년을 넷으로 나눈 시간 중 하나를 가리킨다는 사실을 모르고 있을 수도 있다. 만일 가을이 여름과 겨울 사이에 오는 계절이라는 사실조차 모르는 사람이 있다면, 우리는 그가 가을 개념을 이해하고 있다고 인정할 수 있을까? 그것은 불합리한 일일 것이다.
> 가을이든 고양이든 인공지능이 그런 개념들을 충분히 이해하는 것은 영원히 불가능하다고 단언할 이유는 없다. 하지만 우리가 여기서 확인한 점은 개념의 사례를 식별하는 능력이 개념을 이해하는 능력을 함축하는 것은 아니고, 그 역도 마찬가지라는 것이다.

① 다양한 형태의 크고 작은 상자들 가운데 정확하게 정사각형의 상자를 찾아낸다면, 정사각형의 개념을 이해한 것이라고 볼 수 있겠어.

② 인간과 동물의 개념을 명확하게 이해하고 있다면, 동물과 인간을 실수 없이 구별해야 해.

③ 영상자료에서 가을의 장면을 제대로 가려내지 못한 사람은 가을의 개념을 명확히 이해하지 못한 사람이야.

④ 날아가는 비둘기를 참새로 오인했다고 해서 비둘기 개념을 이해하지 못하고 있다고 평가할 수는 없어.

02 다음 글의 내용으로 적절하지 않은 것은?

> 기업은 많은 이익을 남기길 원하고, 소비자는 좋은 제품을 저렴하게 구매하길 원한다. 그 과정에서 힘이 약한 저개발국가의 농민, 노동자, 생산자들은 무역상품의 가격 결정 과정에 참여하지 못하고, 자신이 재배한 식량과 상품을 매우 싼값에 팔아 겨우 생계를 유지한다. 그 결과, 세계 인구의 20% 정도가 우리 돈 약 1,000원으로 하루를 살아가고, 세계 노동자의 40%가 하루 2,000원 정도의 소득으로 살아가고 있다.
> 이러한 무역 거래의 한계를 극복하고자 공평하고 윤리적인 무역 거래를 통해 저개발국가 농민, 노동자, 생산자들이 겪고 있는 빈곤 문제를 해결하기 위해 공정무역이 생겨났다. 공정무역은 기존 관행 무역으로부터 소외당하며 불이익을 받고 있는 생산자와 지속가능한 파트너십을 통해 공정하게 거래하는 것으로, 생산자들과 공정무역 단체의 직거래를 통한 거래 관계에서부터 단체나 제품 등에 대한 인증시스템까지 모두 포함하는 무역을 의미한다.
> 이와 같은 공정무역은 국제 사회 시민운동의 일환으로, 1946년 미국의 시민 단체 '텐사우전드빌리지(Ten Thousand Villages)'가 푸에르토리코의 자수 제품을 구매하고, 1950년대 후반 영국의 '옥스팜(Oxfam)'이 중국 피난민들의 수공예품과 동유럽국가의 수공예품을 팔면서 시작되었다. 이후 1960년대에는 여러 시민 단체들이 조직되어 아프리카, 남아메리카, 아시아의 빈곤한 나라에서 본격적으로 활동을 전개하였다. 이 단체들은 가난한 농부와 노동자들이 스스로 조합을 만들어 환경친화적으로 농산물을 생산하도록 교육하고, 이에 필요한 자금 등을 지원했다. 2000년대에는 자본주의의 대안활동으로 여겨지며 공정무역이 급속도로 확산되었고, 공정무역 단체나 회사가 생겨남에 따라 저개발국가 농부들의 농산물이 공정한 값을 받고 거래되었다. 이러한 과정에서 공정무역은 저개발국 생산자들의 삶을 개선하기 위한 중요한 시장 메커니즘으로 주목을 받게 된 것이다.

① 기존 관행 무역에서는 저개발국가의 농민, 노동자, 생산자들이 무역상품의 가격 결정 과정에 참여하지 못했다.

② 세계 노동자의 40%가 하루 2,000원 정도의 소득으로 살아가며, 세계 인구의 20%는 약 1,000원으로 하루를 살아간다.

③ 공정무역에서는 저개발국가의 생산자들과 지속가능한 파트너십을 통해 그들을 무역 거래 과정에서 소외시키지 않는다.

④ 시민 단체들은 조합을 만들어 환경친화적인 농산물을 직접 생산하고, 이를 회사에 공정한 값으로 판매하였다.

03 다음 글의 내용으로 가장 적절한 것은?

세계관은 세계의 존재와 본성, 가치 등에 관한 신념들의 체계이다. 세계를 해석하고 평가하는 준거인 세계관은 곧 우리 사고와 행동의 토대가 되므로 우리는 최대한 정합성과 근거를 갖추도록 노력해야 한다. 모순되거나 일관되지 못한 신념은 우리의 사고와 행동을 혼란시킬 것이므로 세계관에 대한 관심과 검토는 중요하다. 세계관을 이루는 여러 신념 가운데 가장 근본적인 수준의 신념은 '세계는 존재한다.'이다. 이 신념이 성립해야만 세계에 대한 다른 신념, 이를테면 세계가 항상 변화한다든가 불변한다든가 하는 등의 신념이 성립하기 때문이다.

실재론은 이 근본적 신념에 덧붙여 세계가 '우리 정신과 독립적으로' 존재함을 주장한다. 내가 만들어 날린 종이비행기는 멀리 날아가 볼 수 없게 되었다 해도 여전히 존재한다. 이는 명확해서 논란의 여지가 없어 보이지만, 반실재론자는 이 상식에 도전한다. 유명한 반실재론자인 버클리는 세계의 독립적 존재를 부정한다. 그는 이를 바탕으로 세계에 관한 주장을 편다. 그에 의하면 '주관적' 성질인 색깔, 소리, 냄새, 맛 등은 물론 '객관적'으로 성립한다고 여겨지는 형태, 공간을 차지함, 딱딱함, 운동 등의 성질도 오로지 우리가 감각할 수 있을 때만 존재하는 주관적 속성이다. 세계 속의 대상과 현상이란 이런 속성으로 구성되므로 세계는 감각으로 인식될 때만 존재한다는 것이다.

버클리의 주장은 우리의 통념과 충돌한다. 당시 어떤 사람이 돌을 차면서 "나는 이렇게 버클리를 반박한다!"라고 외쳤다고 한다. 그는 날아간 돌이 엄연히 존재한다는 점을 근거로 버클리의 주장을 반박하고자 한 것이다. 그러나 버클리를 비롯한 반실재론자들이 부정한 것은 세계가 정신과 독립하여 그 자체로 존재한다는 신념이다. 따라서 돌을 찬 사람은 그들을 제대로 반박하지 못했다고 볼 수 있다.

최근까지도 새로운 형태의 반실재론이 제기되어 활발한 논의가 진행 중이다. 논증의 성패를 떠나 반실재론자는 타성에 젖은 실재론적 세계관의 토대에 대해 성찰할 기회를 제공한다. 또한 세계관에 대한 도전과 응전의 반복은 그 자체로 인간 지성이 상호 소통하면서 발전해가는 과정을 보여준다.

① 발로 찼을 때 날아간 돌은 실재론자의 주장이 옳다는 사실을 증명한다.

② 실재론자에게 있어서 세계는 감각할 수 있는 요소에 한정된다.

③ 실재론이나 반실재론 모두 세계는 존재한다는 공통적인 전제를 깔고 있다.

④ 형태나 운동 등이 객관적인 속성을 갖췄다는 사실은 실재론자나 반실재론자 모두 인정하는 부분이다.

대표기출유형

02 글의 주제 · 제목

| 유형분석 |

- 주어진 지문을 파악하여 전달하고자 하는 핵심 주제를 고르는 문제이다.
- 정보를 종합하고 중요한 내용을 구별하는 능력이 필요하다.
- 설명문부터 주장, 반박문까지 다양한 성격의 지문이 제시되므로 글의 성격별 특징을 알아두는 것이 좋다.

다음 글의 주제로 가장 적절한 것은?

반사회적 인격장애(Antisocial Personality Disorder), 일명 사이코패스(Psychopath)는 타인의 권리를 대수롭지 않게 여기고 침해하며, 반복적인 범법행위나 거짓말, 사기성, 공격성, 무책임함 등을 보이는 인격장애이다. 사이코패스는 1920년대 독일의 쿠르트 슈나이더(Kurt Schneider)가 처음 소개한 개념으로 이들은 타인의 권리를 무시하는 무책임한 행동을 반복적, 지속적으로 보이며 다른 사람의 감정에 관심이나 걱정이 없고, 죄책감을 느끼지 못한다. 따라서 정직, 성실, 신뢰와 거리가 멀다. 반사회적 사람들 중 일부는 달변가인 경우도 있다. 다른 사람을 꾀어내기도 하고 착취하기도 한다. 대개 다른 사람이 느끼는 감정에는 관심이 없지만, 타인의 고통에서 즐거움을 얻는 가학적인 사람들도 있다.

① 사이코패스의 원인
② 사이코패스의 예방법
③ 사이코패스의 진단법
④ 사이코패스의 정의와 특성

정답 ④

제시문은 사이코패스의 정의와 그 특성을 설명하고 있다. 따라서 글의 주제로 ④가 가장 적절하다.

풀이 전략!

'결국', '즉', '그런데', '그러나', '그러므로' 등의 접속어 뒤에 주제가 드러나는 경우가 많다는 것에 주의하면서 지문을 읽는다.

01 다음 글의 핵심 내용으로 가장 적절한 것은?

> 현대 사회는 대중 매체의 영향을 많이 받는 사회이며, 그중에서도 텔레비전의 영향은 거의 절대적입니다. 언어 또한 텔레비전의 영향을 많이 받습니다. 그런데 텔레비전의 언어는 우리의 언어 습관을 부정적인 방향으로 흐르게 하고 있습니다.
> 텔레비전은 시청자들의 깊이 있는 사고보다는 감각적 자극에 호소하는 전달 방식을 사용하고 있습니다. 또 현대 자본주의 사회에서의 텔레비전 방송은 상업주의에 편승하여 대중을 붙잡기 위한 방편으로 쾌락과 흥미 위주의 언어를 무분별하게 사용합니다. 결국 텔레비전은 대중의 이성적 사고 과정을 마비시켜 오염된 언어 습관을 무비판적으로 수용하게 합니다. 그렇기 때문에 언어 사용을 통해 발전시킬 수 있는 상상적 사고를 기대하기 어렵게 하며, 창조적인 언어 습관보다는 단편적인 언어 습관을 갖게 만듭니다.
> 따라서 좋은 말 습관의 형성을 위해서는 또 다른 문화 매체가 필요합니다. 이러한 문제의 대안으로 문학 작품의 독서를 제시하려고 합니다. 문학은 작가적 현실을 언어를 매개로 형상화한 예술입니다. 작가적 현실을 작품으로 형상화하기 위해서는 작가의 복잡한 사고 과정을 거치듯이, 작품을 바르게 이해·해석·평가하기 위해서는 독자의 상상적 사고를 거치게 됩니다. 또한 문학은 아름다움을 지향하는 언어 예술로서 정제된 언어를 사용하므로 문학 작품의 감상을 통해 습득된 언어 습관은 아름답고 건전하리라 믿습니다.

① 쾌락과 흥미 위주의 언어 습관을 지양하고 사고 능력을 기를 수 있는 언어 습관을 길러야 한다.
② 사고 능력을 기르고 건전한 언어 습관을 길들이기 위해서 문학 작품의 독서가 필요하다.
③ 바른 언어 습관의 형성과 건전하고 창의적인 사고를 위해 텔레비전을 멀리 해야 한다.
④ 언어는 자신의 사상을 표현하는 매체일 뿐만 아니라 그것을 사용하는 사람의 인격을 가늠하는 척도이므로 바른 언어 습관이 중요하다.

02 다음 기사의 제목으로 적절하지 않은 것은?

> 대·중소기업 간 동반성장을 위한 '상생'이 산업계의 화두로 조명 받고 있다. 4차 산업혁명시대 도래 등 글로벌 시장에서의 경쟁이 날로 치열해지는 상황에서 대기업과 중소기업이 힘을 합쳐야 살아남을 수 있다는 위기감이 상생의 중요성을 부각하고 있다고 분석된다. 재계 관계자는 "그동안 반도체, 자동차 등 제조업에서 세계적인 경쟁력을 갖출 수 있었던 배경에는 대기업과 협력업체 간 상생의 역할이 컸다."며, "고속 성장기를 지나 지속 가능한 구조로 한 단계 더 도약하기 위해 상생경영이 중요하다."라고 강조했다.
>
> 우리 기업들은 협력사의 경쟁력 향상이 곧 기업의 성장으로 이어질 것으로 보고 2·3차 중소 협력업체들과의 상생경영에 힘쓰고 있다. 단순히 갑을 관계에서 대기업을 서포트 해야 하는 존재가 아니라 상호 발전을 위한 동반자라는 인식이 자리 잡고 있다는 분석이다. 이에 따라 협력사들에 대한 지원도 거래대금 현금 지급 등 1차원적인 지원 방식에서 벗어나 경영 노하우 전수, 기술 이전 등을 통한 '상생 생태계' 구축에 도움을 주는 방향으로 초점이 맞춰지는 추세다.
>
> 특히 최근에는 상생 협력이 대기업이 중소기업에 주는 일시적인 시혜 차원의 문제가 아니라 경쟁에서 살아남기 위한 생존 문제와 직결된다는 인식이 강하다. 협약을 통해 협력업체를 지원해 준 대기업이 업체의 기술력 향상으로 더 큰 이득으로 보상받고 이를 통해 우리 산업의 경쟁력이 강화될 것이란 설명이다.
>
> 경제 전문가는 "대·중소기업 간의 상생 협력이 강제 수단이 아니라 문화적으로 자리 잡아야 할 시기"라며 "대기업, 특히 오너 중심의 대기업들도 단기적인 수익이 아닌 장기적인 시각에서 질적 평가를 통해 협력업체의 경쟁력을 키울 방안을 고민해야 한다."라고 강조했다.
>
> 이와 관련해 국내 주요 기업들은 대기업보다 연구개발(R&D) 인력과 관련 노하우가 부족한 협력사들을 위해 각종 노하우를 전수하는 프로그램을 운영 중이다. S전자는 협력사들에 기술 노하우를 전수하기 위해 경영관리 제조 개발 품질 등 해당 전문 분야에서 20년 이상 노하우를 가진 S전자 임원과 부장급 100여 명으로 '상생컨설팅팀'을 구성했다. 지난해부터는 해외에 진출한 국내 협력사에도 노하우를 전수하고 있다.

① 지속 가능한 구조를 위한 상생 협력의 중요성

② 상생경영, 함께 가야 멀리 간다.

③ 대기업과 중소기업, 상호 발전을 위한 동반자로

④ 시혜적 차원에서의 대기업 지원의 중요성

03 다음 글의 제목으로 가장 적절한 것은?

1894년, 화성에 고도로 진화한 지적 생명체가 존재한다는 주장이 언론의 주목을 받았다. 이러한 주장은 당시 화성의 지도들에 나타난 '운하'라고 불리던 복잡하게 엉킨 선들에 근거를 두고 있었다. 화성의 운하는 1878년에 처음 보고된 뒤 거의 30년간 여러 화성 지도에 계속해서 나타났다. 존재하지도 않는 화성의 운하들이 어떻게 그렇게 오랫동안 천문학자들에게 받아들여질 수 있었을까?
19세기 후반에 망원경 관측을 바탕으로 한 화성의 지도가 많이 제작되었다. 특히 1877년 9월은 지구가 화성과 태양에 동시에 가까워지는 시기여서 화성의 표면이 그 어느 때보다도 밝게 보였다. 영국의 아마추어 천문학자 그린은 대기가 청명한 포르투갈의 마데이라섬으로 가서 13인치 반사 망원경을 사용하여 화성을 보이는 대로 직접 스케치했다. 그린은 화성 관측 경험이 많았으므로 이전부터 이루어진 자신의 관측 결과를 참고하고, 다른 천문학자들의 관측 결과까지 반영하여 당시로써는 가장 정교한 화성 지도를 제작하였다.
그런데 이듬해 이탈리아의 천문학자인 스키아파렐리의 화성 지도가 등장하면서 이 지도의 정확성을 의심하게 되었다. 그린과 같은 시기에 수행한 관측을 토대로 제작한 스키아파렐리의 지도에는 그린의 지도에서 흐릿하게 표현된 지역에 평행한 선들이 그물 모양으로 교차하는 지형이 나타나 있었기 때문이었다. 스키아파렐리는 이것을 '카날리(Canali)'라고 불렀는데, 이것은 '해협'이나 '운하'로 번역될 수 있는 용어였다.
절차적 측면에서 보면 그린이 스키아파렐리보다 우위를 점하고 있었다. 우선 스키아파렐리는 전문 천문학자였지만 화성 관측은 이때가 처음이었다. 게다가 그는 마데이라섬보다 대기의 청명도가 떨어지는 자신의 천문대에서 관측을 했고, 배율이 상대적으로 낮은 8인치 반사 망원경을 사용했다. 또한 그는 짧은 시간에 특징만을 스케치하고 나중에 기억에 의존해 그것을 정교화했으며, 자신만의 관측을 토대로 지도를 제작했던 것이다.
그런데도 승리는 스키아파렐리에게 돌아갔다. 그가 천문학계에서 널리 알려진 존경받는 천문학자였던 것이 결정적이었다. 대다수의 천문학자는 그들이 존경하는 천문학자가 눈에 보이지도 않는 지형을 지도에 그려 넣었으리라고는 생각하기 어려웠다. 게다가 스키아파렐리의 지도는 지리학의 채색법을 그대로 사용하여 그린의 지도보다 호소력이 강했다. 그 후 스키아파렐리가 몇 번 더 운하의 관측을 보고하자 다른 천문학자들도 운하의 존재를 보고하기 시작했고, 이후 더 많은 운하들이 화성 지도에 나타나게 되었다.
일단 권위자가 무엇인가를 발견했다고 알려지면 그것이 존재하지 않는다는 것을 입증하기란 쉽지 않다. 더구나 관측의 신뢰도를 결정하는 척도로 망원경의 성능보다 다른 조건들이 더 중시되던 당시 분위기에서는 이러한 오류가 수정되기 어려웠다. 성능이 더 좋아진 대형 망원경으로는 종종 운하가 보이지 않았는데, 놀랍게도 운하 가설 옹호자들은 이것에 대해 대형 망원경의 높은 배율 때문에 어떤 대기 상태에서는 오히려 왜곡이 심해서 소형 망원경보다 해상도가 떨어질 수 있다고 해명하곤 했던 것이다.

① 과학의 방법 : 경험과 관찰
② 과학사의 그늘 : 화성의 운하
③ 과학의 신화 : 화성 생명체 가설
④ 설명과 해명 : 그린과 스키아파렐리

03 내용 추론

| 유형분석 |

- 주어진 지문을 바탕으로 도출할 수 있는 내용을 찾는 문제이다.
- 선택지의 내용을 정확하게 확인하고 지문의 정보와 비교하여 추론하는 능력이 필요하다.

다음 중 글쓴이의 입장과 가장 거리가 먼 것은?

문화상대주의는 다른 문화를 서로 다른 역사, 환경의 맥락에서 이해해야 한다는 인식론이자 방법론이며 관점이고 원칙이다. 하지만 문화상대주의가 차별을 정당화하거나 빈곤과 인권침해, 저개발상태를 방치하는 윤리의 백치상태를 정당화하는 수단이 될 수는 없다. 만일 문화상대주의가 타문화를 이해하는 방법이 아니라, 윤리적 판단을 회피하거나 보류하는 도덕적 문화상대주의에 빠진다면, 이는 문화상대주의를 남용한 것이다. 문화상대주의는 다른 문화를 강요하거나 똑같이 적용해서는 안 된다는 의견일 뿐이므로 보편윤리와 인권을 부정하는 윤리적 회의주의와 혼동되어서는 안 된다.

① 문화상대주의와 윤리적 회의주의는 구분되어야 한다.
② 문화상대주의가 도덕적 문화상대주의에 빠지는 것을 경계해야 한다.
③ 문화상대주의자는 일반적으로 도덕적 판단에 대해 가치 중립적이어야 한다.
④ 문화상대주의는 타문화에 대한 관용의 도구가 될 수 있다.

정답 ③

오답분석

① 마지막 문장을 통해 추론할 수 있다.
②·④ 세 번째 문장을 통해 추론할 수 있다.

풀이 전략!

주어진 지문이 어떠한 내용을 다루고 있는지 파악한 후 선택지의 키워드를 확실하게 체크하고, 지문의 정보에서 도출할 수 있는 내용을 찾는다.

01 다음 글의 ㉠의 사례로 가장 적절한 것은?

> 보통 '관용'은 도덕적으로 바람직한 것으로 간주된다. 관용은 특정 믿음이나 행동, 관습 등을 잘못된 것이라고 여김에도 불구하고 용인하거나 불간섭하는 태도를 의미한다. 여기서 관용이란 개념의 본질적인 두 요소를 발견할 수 있다. 첫 번째 요소는 관용을 실천하는 사람이 관용의 대상이 되는 믿음이나 관습을 거짓이거나 잘못된 것으로 여긴다는 점이다. 이런 요소가 없다면, 우리는 '관용'을 말하고 있는 것이 아니라 '무관심'이나 '승인'을 말하는 셈이다. 두 번째 요소는 관용을 실천하는 사람이 관용의 대상을 용인하거나 최소한 불간섭해야 한다는 점이다. 하지만 관용을 이렇게 이해하면 역설이 발생할 수 있다.
> 자국 문화를 제외한 다른 문화는 모두 미개하다고 생각하는 사람을 고려해 보자. 그는 모든 문화가 우열 없이 동등하다는 생각이 틀렸다고 확신하고 있다. 하지만 그는 그런 자신의 믿음에도 불구하고 전략적인 이유로, 예를 들어 동료들의 비난을 피하기 위해 자신이 열등하다고 판단하는 문화를 폄하하려는 욕구를 억누르고 있다고 하자. 다른 문화를 폄하하고 싶은 그의 욕구가 크면 클수록 그리고 그가 자신의 이런 욕구를 성공적으로 자제하면 할수록, 우리는 그가 더 관용적이라고 말해야 할 것 같다. 그러나 이는 받아들이기 어려운 역설적 결론이다.
> 이번에는 자신이 잘못이라고 믿는 수많은 믿음을 모두 용인하는 사람을 생각해 보자. 이 경우 이 사람이 용인하는 믿음이 많으면 많을수록 우리는 그가 더 관용적이라고 말해야 할 것 같다. 그런데 그럴 경우 우리는 인종차별주의처럼 우리가 일반적으로 잘못인 것으로 판단하는 믿음까지 용인하는 경우에도 그 사람이 더 관용적이라고 말해야 한다. 하지만 도덕적으로 잘못된 것을 용인하는 것은 그 자체가 도덕적으로 잘못이라고 보는 것이 마땅하다. 결국 우리는 관용적일수록 도덕적으로 잘못을 저지르게 될 가능성이 높아지게 되는데 이는 역설적이다.
> 이상의 논의를 고려하면 종교에 대한 관용처럼 비교적 단순해 보이는 사안에 대해서조차 ㉠ <u>역설</u>이 발생한다. 이로부터 우리는 관용의 맥락에서, 용인하는 믿음이나 관습의 내용에 일정한 한계가 있어야 함을 알 수 있다.

① 종교적 문제에 대해 별다른 의견이 없는 사람을 관용적이라고 평가하게 된다.

② 모든 종교적 믿음은 거짓이라고 생각하고 배척하는 사람을 관용적이라고 평가하게 된다.

③ 자신의 종교가 주는 가르침만이 유일한 진리라고 믿는 사람일수록 덜 관용적이라고 평가하게 된다.

④ 보편적 도덕 원칙에 어긋나는 가르침을 주장하는 종교까지 용인하는 사람을 더 관용적이라고 평가하게 된다.

02 다음 글을 읽고 추론한 내용으로 적절하지 않은 것은?

삼국통일을 이룩한 신라는 경덕왕(742 ~ 765)대에 이르러 안정된 왕권과 정치제도를 바탕으로 문화적인 면에서 역시 황금기를 맞이하게 되었다. 불교문화 또한 융성기를 맞이하여 석굴암, 불국사를 비롯한 많은 건축물과 조형물을 건립함으로써 당시의 문화적 수준과 역량을 지금까지 전하고 있다. 석탑에 있어서도 시원양식과 전형기를 거치면서 성립된 양식이 이때에 이르러 통일된 수법으로 정착되어, 이후 건립되는 모든 석탑의 근원적인 양식이 되고 있다. 이때 건립된 석탑으로는 나원리 오층석탑, 구황동 삼층석탑, 장항리 오층석탑, 불국사 삼층석탑, 갈항사지 삼층석탑, 원원사지 삼층석탑 그리고 경주 지역 외에 청도 봉기동 삼층석탑과 창녕 술정리 동삼층석탑 등이 있다. 이들은 대부분 불국사 삼층석탑의 양식을 모형으로 건립되었다. 이러한 석탑이 경주 지역에 밀집되어 있다는 것은 통일된 석탑양식이 아직 전국으로까지는 파급되지 못하고 있었음을 보여 준다.

이 통일된 수법을 대표하는 가장 유명한 석탑이 불국사 삼층석탑이다. 부재의 단일화를 통해 규모는 축소되었으나 목조건축의 양식을 완벽하게 재현하고 있고, 양식적인 면에서도 초기적인 양식을 벗어나 높은 완성도를 보이고 있다.

불국사 삼층석탑에는 세 가지 특징이 있다. 첫 번째는 탑이 이층기단으로 상·하층기단부에 모두 2개의 탱주와 우주를 마련하고 있다는 점이다. 또한 하층기단갑석의 상면에는 호각형 2단의 상층기단면석 받침이, 상층기단갑석의 상면에는 각형 2단의 1층 탑신석 받침이 마련되었고, 하면에는 각형 1단의 부연이 마련되었다. 두 번째는 탑신석과 옥개석이 각각 1석으로 구성되어 있다는 점이다. 또한 1층 탑신에 비해 2·3층 탑신이 낮게 만들어져 체감율에 있어 안정감을 주고 있다. 옥개석은 5단의 옥개받침과 각형 2단의 탑신받침을 가지고 있으며, 낙수면의 경사는 완만하고, 처마는 수평을 이루다가 전각에 이르러 날렵한 반전을 보이고 있다. 세 번째는 탑의 상륜부가 대부분 결실되어 노반석만 남아 있다는 점이다.

① 경덕왕 때 불교문화가 번창할 수 있었던 것은 안정된 정치 체제가 바탕이 되었기 때문이다.
② 장항리 오층석탑은 불국사 삼층 석탑과 동일한 양식으로 지어졌다.
③ 경덕왕 때 통일된 석탑양식은 경주뿐만 아니라 전 지역으로 유행했다.
④ 이전에는 시원양식을 사용해 석탑을 만들었다.

03 다음 글을 읽고 '클라우드'를 ㉠으로 볼 수 있는 이유로 적절한 것을 〈보기〉에서 모두 고르면?

최근 들어 화두가 되는 IT 관련 용어는 바로 클라우드(Cloud)이다. 그렇다면 클라우드는 무엇인가? 클라우드란 인터넷상의 서버를 통해 데이터를 저장하고 이를 네트워크로 연결하여 콘텐츠를 사용할 수 있는 컴퓨팅 환경을 말한다.
그렇다면 클라우드는 기존의 웹하드와 어떤 차이가 있을까? 웹하드는 일정한 용량의 저장 공간을 확보해 인터넷 환경의 PC로 작업한 문서나 파일을 저장, 열람, 편집하고 다수의 사람과 파일을 공유할 수 있는 인터넷 파일 관리 시스템이다. 한편 클라우드는 이러한 웹하드의 장점을 수용하면서 콘텐츠를 사용하기 위한 소프트웨어까지 함께 제공한다. 그리고 저장된 정보를 개인 PC나 스마트폰 등 각종 IT 기기를 통하여 언제 어디서든 이용할 수 있게 한다. 이것은 클라우드 컴퓨팅 기반의 동기화 서비스를 통해 가능하다. 즉, 클라우드 컴퓨팅 환경을 기반으로 사용자가 보유한 각종 단말기끼리 동기화 절차를 거쳐 동일한 데이터와 콘텐츠를 이용할 수 있게 하는 시스템인 것이다.
클라우드는 구름과 같이 무형의 형태로 존재하는 하드웨어, 소프트웨어 등의 컴퓨팅 자원을 자신이 필요한 만큼 빌려 쓰고 이에 대한 사용 요금을 지급하는 방식의 컴퓨팅 서비스이다. 여기에는 서로 다른 물리적인 위치에 존재하는 컴퓨팅 자원을 가상화 기술로 통합해 제공하는 기술이 활용된다. 클라우드는 평소에 남는 서버를 활용하므로 클라우드 환경을 제공하는 운영자에게도 유용하지만, 사용자 입장에서는 더욱 유용하다. 개인적인 데이터 저장 공간이 따로 필요하지 않기에 저장 공간의 제약도 극복할 수 있다. 가상화 기술과 분산 처리 기술로 서버의 자원을 묶거나 분할하여 필요한 사용자에게 서비스 형태로 제공되기 때문에 개인의 컴퓨터 가용률이 높아지는 것이다. 이러한 높은 가용률은 자원을 유용하게 활용하는 ㉠ 그린 IT 전략과도 일치한다.
또한 클라우드 컴퓨팅을 도입하는 기업 또는 개인은 컴퓨터 시스템을 유지·보수·관리하기 위하여 들어가는 비용과 서버의 구매 및 설치 비용, 업데이트 비용, 소프트웨어 구매 비용 등 엄청난 비용과 시간, 인력을 줄일 수 있고 에너지 절감에도 기여할 수 있다. 하지만 서버가 해킹 당할 경우 개인 정보가 유출될 수 있고, 서버 장애가 발생하면 자료 이용이 불가능하다는 단점도 있다. 따라서 사용자들이 안전한 환경에서 서비스를 이용할 수 있도록 보안에 대한 대책을 강구하고 위험성을 최소화할 수 있는 방안을 마련하여야 한다.

보기

ㄱ. 남는 서버를 활용하여 컴퓨팅 환경을 제공한다.
ㄴ. 빌려 쓴 만큼 사용 요금을 지급하는 유료 서비스이다.
ㄷ. 사용자들이 안전한 환경에서 서비스를 이용하게 한다.
ㄹ. 저장 공간을 제공하여 개인 컴퓨터의 가용률을 높인다.

① ㄱ, ㄴ
② ㄱ, ㄹ
③ ㄴ, ㄷ
④ ㄴ, ㄹ

대표기출유형

04 빈칸 삽입

| 유형분석 |

- 주어진 지문을 바탕으로 빈칸에 들어갈 내용을 찾는 문제이다.
- 선택지의 내용을 정확하게 확인하고 빈칸 앞뒤 문맥을 파악하는 능력이 필요하다.

다음 글의 빈칸에 들어갈 내용으로 가장 적절한 것은?

과학을 이야기할 때 꼭 언급하고 지나가야 할 문제는 과학적인 방법으로 얻어진 결과를 어느 정도 신뢰할 수 있느냐 하는 문제이다. 과학은 인간의 이성으로 진리를 추구해 가는 가장 합리적인 방법이다. 따라서 과학적인 방법으로 도출해 낸 결론은 우리가 얻을 수 있는 가장 신뢰할 수 있는 결론이라고 해야 할 것이다. 그러나 인간의 이성으로 얻은 결론이므로 인간이라는 한계를 뛰어넘을 수는 없다. 인간의 지식이나 이성이 완벽하지 못하다는 것은 누구나 인정하고 있는 사실이다. 그러므로 ________________

① 과학에 대하여 보다 더 적극적인 관심을 가질 필요가 있다.
② 과학적인 방법으로 얻어진 결론도 완벽하다고 할 수는 없다.
③ 과학으로써 인간의 지식이나 이성의 한계를 넘어서야 한다.
④ 과학 탐구에 있어서도 결국 그 주체는 인간임을 잊어서는 안 된다.

정답 ②

'그러나 인간의 이성으로 얻은~' 이하는 그 앞의 진술에 대한 반론으로, 이를 통해 인간에게 한계가 있는 이상 인간에 의해 얻어진 과학적 지식 역시 완벽하다고는 할 수 없음을 추론할 수 있다. 따라서 빈칸에 들어갈 내용으로 ②가 가장 적절하다.

풀이 전략!

빈칸 앞뒤의 문맥을 파악한 후 선택지에서 가장 어울리는 내용을 찾는다. 빈칸 앞에 접속어가 있다면 이를 활용한다.

01 다음 글의 빈칸에 들어갈 내용으로 가장 적절한 것은?

몰랐지만 넘겨짚어 시험의 정답을 맞힌 경우와 제대로 알고 시험의 정답을 맞힌 경우를 구별할 수 있을까? 또 무작정 외워서 쓴 경우와 제대로 이해하고 쓴 경우는 어떤가? 전자와 후자는 서로 다르게 평가받아야 할까, 아니면 동등한 평가를 받아야 할까?
선택형 시험의 평가는 오로지 답안지에 표기된 선택지가 정답과 일치하는가의 여부에만 달려 있다. 이는 위의 첫 번째 물음이 항상 긍정으로 대답되지는 않으리라는 사실을 말해준다. 그러나 만일 시험관에게 답안지를 놓고 응시자와 면담할 기회가 주어진다면, 시험관은 응시자에게 정답지를 선택한 근거를 물음으로써 그가 문제에 대해 올바른 정보와 추론 능력을 가지고 있는지 검사할 수 있을 것이다. 예를 들어 한 응시자가 '대한민국의 수도가 어디냐'는 물음에 대해 '서울'이라고 답했다고 하자. 그렇게 답한 이유가 단지 '부모님이 사시는 도시라 이름이 익숙해서'였을 뿐, 정작 대한민국의 지리나 행정에 관해서는 아는 바 없다는 사실이 면접을 통해 드러났다고 하자. 이 경우에 시험관은 이 응시자가 대한민국의 수도에 관한 올바른 정보를 갖고 있다고 인정하기 어려울 것이다. 이 예는 응시자가 올바른 답을 제시하는 데 필요한 정보가 부족한 경우이다.
그렇다면 어떤 사람이 문제의 올바른 답을 추론해 내는 데 필요한 모든 정보를 갖고 있었고 실제로도 정답을 제시했다고 해서, 그가 문제에 대한 올바른 추론 능력을 가지고 있다고 할 수 있는가? 어느 도난사건을 함께 조사한 홈즈와 왓슨이 사건의 모든 구체적인 세부사항, 예컨대 범행 현장에서 발견된 흙발자국의 토양 성분뿐 아니라 올바른 결론을 내리는 데 필요한 모든 일반적 정보, 예컨대 영국의 지역별 토양의 성분에 관한 정보 등을 똑같이 갖고 있었고, 실제로 동일한 용의자를 범인으로 지목했다고 하자. 이 경우 두 사람의 추론을 동등하게 평가해야 하는가? 그렇지 않다.
예컨대 왓슨은 모든 정보를 완비하고 있었음에도 불구하고, 이름에 모음의 수가 가장 적다는 엉터리 이유로 범인을 지목했다고 하자. 이런 경우에도 우리는 왓슨의 추론에 박수를 보낼 수 있을까? 아니다. 왜냐하면 ____________________

① 왓슨은 일반적으로 타당한 개인적 경험을 토대로 추론했기 때문이다.
② 왓슨은 올바른 추론의 방법을 알고 있음에도 불구하고 요행을 우선시했기 때문이다.
③ 왓슨은 추론에 필요한 전문적인 훈련을 받지 못해서 범인을 잘못 골랐기 때문이다.
④ 왓슨은 올바른 추론에 필요한 정보를 가지고 있긴 했지만 그 정보와 무관하게 범인을 지목했기 때문이다.

02 다음 빈칸 (가) ~ (다)에 들어갈 문장을 〈보기〉에서 골라 바르게 연결한 것은?

> 소리를 내는 것, 즉 음원의 위치를 판단하는 일은 복잡한 과정을 거친다. 사람의 청각은 '청자의 머리와 두 귀가 소리와 상호작용하는 방식'을 단서로 음원의 위치를 파악한다.
> 음원의 위치가 정중앙이 아니라 어느 한쪽으로 치우쳐 있으면, 소리가 두 귀 중에서 어느 한쪽에 먼저 도달한다. ______(가)______ 따라서 소리가 두 귀에 도달하는 데 걸리는 시간차를 이용하면 소리가 오는 방향을 알아낼 수 있다. 소리가 두 귀에 도달하는 시간의 차이는 음원이 정중앙에서 한쪽으로 치우칠수록 커진다.
> 양 귀를 이용해 음원의 위치를 알 수 있는 또 다른 단서는 두 귀에 도달하는 소리의 크기 차이이다. 왼쪽에서 나는 소리는 왼쪽 귀에 더 크게 들리고, 오른쪽에서 나는 소리는 오른쪽 귀에 더 크게 들린다. 이런 차이는 머리가 소리 전달을 막는 장애물로 작용하기 때문이다. ______(나)______ 따라서 소리가 저주파로만 구성되어 있는 경우 소리의 크기 차이를 이용한 위치 추적은 효과적이지 않다.
> 또 다른 단서는 음색의 차이이다. 고막에 도달하기 전에 소리는 머리와 귓바퀴를 지나는데 이때 머리와 귓바퀴의 굴곡은 소리를 변형시키는 필터 역할을 한다. ______(다)______ 이러한 차이를 통해 음원의 위치를 파악할 수 있다.

> **보기**
> ㉠ 이 때문에 두 고막에 도달하는 소리의 음색 차이가 생겨난다.
> ㉡ 하지만 이런 차이는 소리에 섞여 있는 여러 음파들 중 고주파에서만 일어나고 저주파에서는 일어나지 않는다.
> ㉢ 왼쪽에서 나는 소리는 왼쪽 귀가 먼저 듣고, 오른쪽에서 나는 소리는 오른쪽 귀가 먼저 듣는다.

	(가)	(나)	(다)
①	㉠	㉡	㉢
②	㉡	㉠	㉢
③	㉡	㉢	㉠
④	㉢	㉡	㉠

03 다음 글에서 〈보기〉의 내용이 들어갈 위치로 가장 적절한 곳은?

정보란 무엇인가? 이는 정보화 사회를 맞이하면서 우리가 가장 깊이 생각해 보아야 할 문제이다. 정보는 그냥 객관적으로 주어진 대상인가? 그래서 그것은 관련된 당사자들에게 항상 가치중립적이고 공정한 지식이 되는가? 결코 그렇지 않다. 똑같은 현상에 대해 정보를 만들어내는 방식은 매우 다양할 수 있다. 정보라는 것은 인간에 의해 가공되는 것이고 그 배경에는 언제나 나름대로의 입장과 가치관이 깔려 있게 마련이다.

정보화 사회가 되어 정보가 넘쳐나는 듯하지만 사실 우리 대부분은 그 소비자로 머물러 있을 뿐 적극적인 생산의 주체로 나서지 못하고 있다. 이런 상황에서는 우리의 생활을 질적으로 풍요롭게 해 주는 정보를 확보하기가 대단히 어렵다. 사실 우리가 일상적으로 구매하고 소비하는 정보는 대부분 일회적인 심심풀이용이 많다. (가)

또한 정보가 많을수록 좋은 것만은 아니다. 오히려 정보의 과잉은 무기력과 무관심을 낳는다. 네트워크와 각종 미디어와 통신 기기의 회로들 속에서 정보가 기하급수적인 속도의 규모로 증식하고 있는 데 비해, 그것을 수용하고 처리할 수 있는 우리 두뇌의 용량은 진화하지 못하고 있다. 이 불균형은 일상의 스트레스 또는 사회적인 교란으로 표출된다. 정보 그 자체에 집착하는 태도에서 벗어나 무엇이 필요한지를 분별할 수 있는 능력이 배양되어야 한다. (나)

정보는 얼마든지 새롭게 창조될 수 있다. 컴퓨터의 기계적인 언어로 입력되기 전까지의 과정은 인간의 몫이다. 기계가 그것을 대신하기는 불가능하다. 따라서 정보화 시대의 중요한 관건은 컴퓨터에 대한 지식이나 컴퓨터를 다루는 방법이 아니라, 무엇을 담을 것인가에 대한 인간의 창조적 상상력이다. 그것은 마치 전자레인지가 아무리 좋아도 그 자체로 훌륭한 요리를 보장하지는 못하는 것과 마찬가지이다. (다)

정보와 지식 그 자체로는 딱딱하게 굳어 있는 물건처럼 존재하는 듯 보인다. 그러나 그것은 커뮤니케이션 속에서 살아 움직이며 진화한다. 끊임없이 새로운 의미가 발생하고 또한 더 고급으로 갱신되어 간다. 따라서 한 사회의 정보화 수준은 그러한 소통의 능력과 직결된다. 정보의 순환 속에서 끊임없이 새로운 정보로 거듭나는 역동성 없이는 아무리 방대한 데이터베이스라 해도 그 기능에 한계가 있기 때문이다. (라)

보기

한 가지 예를 들어 보자. 어떤 나라에서 발행하는 관광 안내 책자는 정보가 섬세하고 정확하다. 그러나 그 책을 구입해 관광을 간 소비자들은 종종 그 내용의 오류를 발견한다. 그리고 많은 이들이 그것을 그냥 넘기지 않고 수정 사항을 엽서에 적어서 출판사에 보내준다. 출판사는 일일이 현지에 직원을 파견하지 않고도 책자를 개정할 수 있다.

① (가)　② (나)
③ (다)　④ (라)

05 맞춤법 · 어휘

| 유형분석 |

- 맞춤법에 맞는 단어를 찾거나 주어진 지문의 내용에 어울리는 단어를 찾는 문제가 주로 출제된다.
- 단어 사이의 관계에 대한 문제가 출제되므로 뜻이 비슷하거나 반대되는 단어를 함께 학습하는 것이 좋다.
- 자주 출제되는 단어나 헷갈리는 단어에 대한 학습을 꾸준히 하는 것이 좋다.

다음 중 밑줄 친 부분의 맞춤법이 옳지 않은 것은?

① 쉬이 넘어갈 문제가 아니다.
② 가정을 소홀히 해서는 안 된다.
③ 소파에 깊숙이 기대어 앉았다.
④ 헛기침이 간간히 섞여 나왔다.

정답 ④

'시간적인 사이를 두고서 가끔씩'이라는 의미의 부사는 '간간이'이다.

- 간간히[1] : 간질간질하고 재미있는 마음으로
- 간간히[2] : 입맛 당기게 약간 짠 듯이
- 간간히[3] : 꼿꼿하고 굳센 성품으로
- 간간히[4] : 기쁘고 즐거운 마음으로
- 간간히[5] : 매우 간절하게

오답분석

① 쉬이 : 어렵거나 힘들지 아니하게
② 소홀히 : 대수롭지 아니하고 예사롭게 또는 탐탁하지 아니하고 데면데면하게
③ 깊숙이 : 위에서 밑바닥까지 또는 겉에서 속까지의 거리가 멀고 으슥하게

풀이 전략!

문제에서 물어보는 단어를 정확히 확인해야 하고, 문제에서 다루고 있는 단어의 앞뒤 내용을 읽고 글의 전체적 흐름을 생각하며 문제에 접근해야 한다.

01 다음 중 밑줄 친 부분의 맞춤법이 옳지 않은 것은?

① 바리스타로서 자부심을 가지고 커피를 내렸다.
② 어제는 왠지 피곤한 하루였다.
③ 용감한 시민의 제보로 진실이 드러났다.
④ 점심을 먹은 뒤 바로 설겆이를 했다.

02 다음 중 띄어쓰기가 적절하지 않은 것을 모두 고르면?

> K기관은 다양한 분야에서 ㉠ 괄목할만한 성과를 거두고 있다. 그러나 타 기관들이 단순히 이를 벤치마킹한다고 해서 반드시 우수한 성과를 거둘 수 있는 것은 아니다. K기관의 성공 요인은 주어진 정책 과제를 수동적으로 ㉡ 수행하는데 머무르지 않고, 대국민 접점에서 더욱 다양하고 복잡해지고 있는 수요를 빠르게 인지하고 심도 깊게 파악하여 그 개선점을 내놓기 위해 노력하는 일련의 과정을 ㉢ 기관만의 특색으로 바꾸어 낸 것이다.

① ㉠ ② ㉡
③ ㉢ ④ ㉠, ㉡

03 다음은 K사의 고객헌장 전문이다. 틀린 단어는 모두 몇 개인가?(단, 띄어쓰기는 무시한다)

> 우리는 모든 업무를 수행하면서 고객의 입장에서 생각하며 친절 · 신속 · 정확하게 처리하겠습니다. 우리는 잘못된 서비스로 고객에게 불편을 초레한 경우 즉시 계선 · 시정하고 재발방지에 노력하겠습니다. 우리는 항상 고객의 말씀에 귀를 기울이며, 고객의 의견을 경영에 최대한 반영하겠습니다. 이와 같은 목표를 달성하기 위하여 구체적인 고객서비스 이행표준을 설정하고 이를 성실이 준수할 것을 약속드립니다.

① 1개 ② 2개
③ 3개 ④ 4개

06 경청 · 의사 표현

| 유형분석 |

- 주로 특정 상황을 제시한 뒤 올바른 의사소통 방법을 묻는 형태의 문제가 출제된다.
- 경청과 관련한 이론에 대해 묻거나 대화문 중에서 올바른 경청 자세를 고르는 문제가 출제되기도 한다.

다음 글에서 나타나는 경청의 방해요인은?

> 내 친한 친구는 한 번도 약속을 지킨 적이 없던 것 같다. 작년 크리스마스 때의 약속, 지난 주말에 했던 약속 모두 늦게 오거나 당일에 문자로 취소 통보를 했었다. 그 친구가 오늘 학교에서 나에게 다음 주말에 개봉하는 영화를 함께 보러 가자고 했고, 나는 당연히 다음 주에는 그 친구와 만날 수 없을 것이라고 생각했다.

① 판단하기
② 조언하기
③ 언쟁하기
④ 걸러내기

정답 ①

제시문에 나타난 경청의 방해요인인 판단하기는 상대방에 대한 부정적인 판단 때문에 상대방의 말을 듣지 않는 것이다.

오답분석

② 조언하기 : 다른 사람의 문제를 본인이 해결해 주고자 하는 것이다.
③ 언쟁하기 : 반대하고 논쟁하기 위해서만 상대방의 말에 귀를 기울이는 것이다.
④ 걸러내기 : 듣고 싶지 않은 것들을 막아버리는 것이다.

풀이 전략!

별다른 암기 없이도 풀 수 있는 문제가 자주 출제되지만, 문제에 주어진 상황에 대한 확실한 이해가 필요하다.

01 **다음 사례에 나타난 의사 표현에 영향을 미치는 요소에 대한 설명으로 적절하지 않은 것은?**

- 독일의 유명 가수 슈만 하이크는 "음악회에서 노래를 부를 때 심리적 긴장감을 갖지 않느냐?"는 한 기자의 질문에 대해 "노래하기 전에 긴장감을 느끼지 않는다면, 그때는 내가 은퇴할 때이다."라고 이야기하였다.
- 영국의 유명 작가 버나드 쇼는 젊은 시절 매우 내성적인 청년이었다. 그는 잘 아는 사람의 집을 방문할 때도 문을 두드리지 못하고 20분이나 문밖에서 망설이며 거리를 서성거렸다. 그는 자신의 내성적인 성격을 극복하기 위해 런던에서 공개되는 모든 토론에 의도적으로 참가하였고, 그 결과 장년에 이르러서 20세기 전반에 가장 재치와 자신이 넘치는 웅변가가 될 수 있었다.

① 소수인의 심리상태가 아니라, 90% 이상의 사람들이 호소하는 불안이다.
② 잘 통제하면서 표현을 한다면 청자는 더 인간답다고 생각하게 될 것이다.
③ 개인의 본질적인 문제이므로 완전히 치유할 수 있다.
④ 분명한 원인은 아직 규명되지 않았다.

02 **강연을 듣고 윤수, 상민, 서희, 선미는 다음과 같은 대화를 나누었다. 강연 내용에 기반하였을 때, 잘못 말한 사람은 누구인가?**

윤수 : 말하는 것만큼 듣는 것도 중요하구나. 경청은 그저 잘 듣기만 하면 되는 줄 알았는데, 경청도 여러 가지 방법이 있는지 오늘 처음 알았어.
상민 : 맞아. 특히 오늘 강사님이 알려주신 경청을 방해하는 요인은 정말 도움이 되었어. 그동안 나도 모르게 했던 행동들 중에 해당되는 게 많더라고. 특히 내가 대답할 말을 생각하느라 상대의 말에 집중하지 않는 태도는 꼭 고쳐야겠다고 생각이 들었어.
서희 : 나도 상대에게 호의를 보인다고 상대의 말에 너무 쉽게 동의하거나 너무 빨리 동의하곤 했는데 앞으로 조심해야겠어. 그러고 보니 강사님께서 경청의 방해 요인은 예시까지 들어주시며 자세히 설명해주셨는데, 경청의 올바른 자세는 몇 가지 알려주시지 않아 아쉬웠어. 또 무엇이 있을까?
선미 : 아, 그건 강사님이 보내주신 강의 자료에 더 자세히 나와 있어. 그런데 서희야, 네가 말한 행동은 경청의 올바른 자세니까 굳이 고칠 필요 없어.

① 윤수　　② 상민
③ 서희　　④ 선미

CHAPTER 02

자원관리능력

합격 CHEAT KEY

자원관리능력은 현재 NCS 기반 채용을 진행하는 많은 공사·공단에서 핵심영역으로 자리 잡아, 일부를 제외한 대부분의 시험에서 출제되고 있다.

세부 유형은 비용 계산, 해외파견 지원금 계산, 주문 제작 단가 계산, 일정 조율, 일정 선정, 행사 대여 장소 선정, 최단 거리 구하기, 시차 계산, 소요시간 구하기, 해외파견 근무 기준에 부합하는 또는 부합하지 않는 직원 고르기 등으로 나눌 수 있다.

01 시차를 먼저 계산하라!

시간 자원 관리의 대표유형 중 시차를 계산하여 일정에 맞는 항공권을 구입하거나 회의시간을 구하는 문제에서는 각각의 나라 시간을 한국 시간으로 전부 바꾸어 계산하는 것이 편리하다. 조건에 맞는 나라들의 시간을 전부 한국 시간으로 바꾸고 한국 시간과의 시차만 더하거나 빼면 시간을 단축하여 풀 수 있다.

02 선택지를 잘 활용하라!

계산을 해서 값을 요구하는 문제 유형에서는 선택지를 먼저 본 후 자리 수가 몇 단위로 끝나는지 확인해야 한다. 예를 들어 412,300원, 426,700원, 434,100원인 선택지가 있다고 할 때, 제시된 조건에서 100원 단위로 나올 수 있는 항목을 찾아 그 항목만 계산하는 방법이 있다. 또한 일일이 계산하는 문제가 많다. 예를 들어 640,000원, 720,000원, 810,000원 등의 수를 이용해 푸는 문제가 있다고 할 때, 만 원 단위를 절사하고 계산하여 64, 72, 81처럼 요약하는 방법이 있다.

03 최적의 값을 구하는 문제인지 파악하라!

물적 자원 관리의 대표유형에서는 제한된 자원 내에서 최대의 만족 또는 이익을 얻을 수 있는 방법을 강구하는 문제가 출제된다. 이때, 구하고자 하는 값을 x, y로 정하고 연립방정식을 이용해 x, y 값을 구한다. 최소 비용으로 목표생산량을 달성하기 위한 업무 및 인력 할당, 정해진 시간 내에 최대 이윤을 낼 수 있는 업체 선정, 정해진 인력으로 효율적 업무 배치 등을 구하는 문제에서 사용되는 방법이다.

04 각 평가항목을 비교하라!

인적 자원 관리의 대표유형에서는 각 평가항목을 비교하여 기준에 적합한 인물을 고르거나, 저렴한 업체를 선정하거나, 총점이 높은 업체를 선정하는 문제가 출제된다. 이런 유형은 평가항목에서 가격이나 점수 차이에 영향을 많이 미치는 항목을 찾아 $1\sim2$개의 선택지를 삭제하고, 남은 $3\sim4$개의 선택지만 계산하여 시간을 단축할 수 있다.

01 시간 계획

| 유형분석 |

- 시간 자원과 관련된 다양한 정보를 활용하여 풀어가는 문제이다.
- 대체로 교통편 정보나 국가별 시차 정보가 제공되며, 이를 근거로 '현지 도착시간 또는 약속된 시간 내에 도착하기 위한 방안'을 고르는 문제가 출제된다.

K공사는 한국 현지 시각 기준으로 오후 4시부터 5시까지 외국 지사와 화상회의를 진행하려고 한다. 모든 지사는 각국 현지 시각으로 오전 8시부터 오후 6시까지 근무한다고 때, 다음 중 회의에 참석할 수 없는 지사는 어디인가?(단, 서머타임을 시행하는 국가는 +1:00을 반영한다)

〈각국 시차 정보〉

국가	시차	국가	시차
파키스탄	−4:00	불가리아	−6:00
호주	+1:00	영국	−9:00

※ 오후 12시부터 1시까지는 점심시간이므로 회의를 진행하지 않음
※ 서머타임 시행 국가 : 영국

① 파키스탄 지사
② 호주 지사
③ 영국 지사
④ 불가리아 지사

정답 ①

화상회의의 진행 시각(한국 기준 오후 4~5시)을 각국 현지 시각으로 변환하면 다음과 같다.
- 파키스탄 지사(−4시간) : 오후 12~1시, 점심시간이므로 회의에 참석 불가능하다.
- 불가리아 지사(−6시간) : 오전 10~11시이므로 회의에 참석 가능하다.
- 호주 지사(+1시간) : 오후 5~6시이므로 회의에 참석 가능하다.
- 영국 지사(−8시간) : 오전 8~9시이므로 회의에 참석 가능하다(시차는 −9시간 나지만, 서머타임을 적용한다).

따라서 파키스탄 지사는 화상회의에 참석할 수 없다.

풀이 전략!

문제에서 묻는 것을 정확히 파악한다. 특히 제한사항에 대해서는 빠짐없이 확인해 두어야 한다. 이후 제시된 정보(시차 등)에서 필요한 것을 선별하여 문제를 풀어간다.

대표기출유형 01 기출응용문제

01 K공사에서는 매월 초 인트라넷을 통해 윤리경영 자기진단을 실시한다. 아침 회의 시 전무이사는 오늘 내에 부서 구성원이 모두 참여할 수 있는 별도의 시간을 정하여 가능한 한 빨리 완료할 것을 지시하였다. 이에 부서장은 귀하에게 다음의 업무 스케줄을 고려하여 가장 적당한 시간을 확인해 보고할 것을 당부하였다. 자기진단은 1시간이 소요될 때, 이를 실시하기에 적절한 시간대는?

〈업무 스케줄〉

시간	직급별 스케줄				
	부장	차장	과장	대리	사원
09:00 ~ 10:00	부서장 회의				
10:00 ~ 11:00					
11:00 ~ 12:00			타부서 협조 회의		
12:00 ~ 13:00	점심식사				
13:00 ~ 14:00	부서 업무 회의				비품 신청
14:00 ~ 15:00					
15:00 ~ 16:00			일일 업무결산		
16:00 ~ 17:00		업무보고			
17:00 ~ 18:00	업무보고				

① 15:00 ~ 16:00
② 14:00 ~ 15:00
③ 12:00 ~ 13:00
④ 10:00 ~ 11:00

02 A대리는 다가오는 9월에 결혼을 앞두고 있다. 다음 〈조건〉을 참고할 때, A대리의 결혼날짜로 가능한 날은?

조건

- 9월은 1일부터 30일까지이며, 9월 1일은 금요일이다.
- 9월 30일부터 추석연휴가 시작되고 추석연휴 이틀 전엔 A대리가 주관하는 회의가 있다.
- A대리는 결혼식을 한 다음 날 8박 9일간 신혼여행을 간다.
- 회사에서 신혼여행으로 주는 휴가는 5일이다.
- A대리는 신혼여행과 겹치지 않도록 수요일 3주 연속 치과 진료가 예약되어 있다.
- 신혼여행에서 돌아오는 날 부모님 댁에서 하루 자고, 그 다음 날 출근할 예정이다.

① 1일
② 2일
③ 22일
④ 23일

※ K공사에서 근무하는 A부장은 적도기니로 출장을 가려고 한다. 이어지는 질문에 답하시오. [3~4]

〈경유지, 도착지 현지시각〉

국가(도시)	현지시각
한국(인천)	2025. 08. 05 AM 08:40
중국(광저우)	2025. 08. 05 AM 07:40
에티오피아(아디스아바바)	2025. 08. 05 AM 02:40
적도기니(말라보)	2025. 08. 05 AM 00:40

〈경로별 비행시간〉

비행경로	비행시간
인천 → 광저우	3시간 50분
광저우 → 아디스아바바	11시간 10분
아디스아바바 → 말라보	5시간 55분

〈경유지별 경유시간〉

경유지	경유시간
광저우	4시간 55분
아디스아바바	6시간 10분

03

A부장은 2025년 8월 5일 오전 8시 40분 인천에서 비행기를 타고 적도기니로 출장을 가려고 한다. A부장이 두 번째 경유지인 아디스아바바에 도착하는 현지 날짜 및 시각으로 옳은 것은?

① 2025. 08. 05 PM 10:35
② 2025. 08. 05 PM 11:35
③ 2025. 08. 06 AM 00:35
④ 2025. 08. 06 AM 01:35

04

기상악화로 인하여 광저우에서 출발하는 아디스아바바행 비행기가 2시간 지연출발하였다고 한다. 이때, 총 소요 시간과 적도기니에 도착하는 현지 날짜 및 시각으로 옳은 것은?

	총 소요 시간	현지 날짜 및 시각
①	31시간	2025. 08. 06 AM 07:40
②	32시간	2025. 08. 06 AM 08:40
③	33시간	2025. 08. 06 AM 09:40
④	34시간	2025. 08. 06 AM 10:40

05 K사원의 팀은 출장근무를 마치고 서울로 복귀하고자 한다. 다음 자료를 참고할 때, 서울에 가장 일찍 도착할 수 있는 예정시각은 언제인가?

〈상황〉

- K사원이 소속된 팀원은 총 4명이다.
- 대전에서 출장을 마치고 서울로 돌아가려고 한다.
- 고속버스터미널에는 은행, 편의점, 화장실, 패스트푸드점 등이 있다.

※ 시설별 소요 시간 : 은행 30분, 편의점 10분, 화장실 20분, 패스트푸드점 25분

〈대화 내용〉

A과장 : 긴장이 풀려서 그런가? 배가 출출하네. 햄버거라도 사서 먹어야겠어.
B대리 : 저도 출출하긴 한데 그것보다 화장실이 더 급하네요. 금방 다녀오겠습니다.
C주임 : 그럼 그사이에 버스표를 사야 하니 은행에 들러 현금을 찾아오겠습니다.
K사원 : 저는 그동안 편의점에 가서 버스 안에서 먹을 과자를 사 오겠습니다.
A과장 : 지금이 16시 50분이니까 다들 각자 볼일 보고 빨리 돌아와. 다 같이 타고 가야 하니까.

〈시외버스 배차정보〉

대전 출발	서울 도착	잔여 좌석수
17:00	19:00	6
17:15	19:15	8
17:30	19:30	3
17:45	19:45	4
18:00	20:00	8
18:15	20:15	5
18:30	20:30	6
18:45	20:45	10
19:00	21:00	16

① 17:45
② 19:15
③ 19:45
④ 20:15

02 비용 계산

| 유형분석 |

- 예산 자원과 관련된 다양한 정보를 활용하여 풀어가는 문제이다.
- 대체로 한정된 예산 내에서 수행할 수 있는 업무 및 예산 가격을 묻는 문제가 출제된다.

W씨는 3명의 친구와 함께 K공단에서 제공하는 교육을 수강하고자 한다. W씨는 첫 번째 친구와 함께 A, C강의를 수강하고 두 번째 친구는 B강의를, 세 번째 친구는 A ~ C 세 강의를 모두 수강하려고 한다. 다음 중 4명이 결제해야 할 총액은 얼마인가?

〈A ~ C 강의 정보〉

변경 전	변경 후	비고
모두 5만 원	• A강의 : 5만 원 • B강의 : 7만 원 • C강의 : 8만 원	• 두 강의를 동시 수강할 경우 : 금액의 10% 할인 • 세 강의를 모두 수강할 경우 : 금액의 20% 할인

① 530,000원
② 464,000원
③ 453,000원
④ 421,700원

정답 ②

먼저 W씨와 첫 번째 친구가 선택한 A, C강의의 수강료는 [(50,000원+80,000원)×0.9]×2=234,000원이다.
두 번째 친구의 B강의 수강료는 70,000원이고, 모든 강의를 수강하는 세 번째 친구의 수강료는 (50,000원+70,000원+80,000원)×0.8=160,000원이다. 따라서 4명이 결제해야 할 총액은 234,000원+70,000원+160,000원=464,000원이다.

풀이 전략!

제한사항인 예산을 고려하여 문제에서 묻는 것을 정확히 파악한 후, 제시된 정보에서 필요한 것을 선별하여 문제를 풀어간다.

대표기출유형 02 기출응용문제

01 현재 A마트에서는 배추를 한 포기당 3,000원에 판매하고 있다고 한다. 다음은 배추의 유통 과정을 나타낸 자료이며, 이를 참고하여 최대의 이익을 내고자 할 때, 산지와 최종적으로 A마트에서 배추 한 포기당 얻을 수 있는 이익이 바르게 연결된 것은?(단, 소수점 첫째 자리에서 반올림한다)

〈산지별 배추 유통 과정〉

구분	X산지	Y산지
재배 원가	1,000원	1,500원
산지 → 경매인	재배원가에 20%의 이윤을 붙여서 판매한다.	재배원가에 10%의 이윤을 붙여서 판매한다.
경매인 → 도매상인	산지가격에 25%의 이윤을 붙여서 판매한다.	산지가격에 10%의 이윤을 붙여서 판매한다.
도매상인 → 마트	경매가격에 30%의 이윤을 붙여서 판매한다.	경매가격에 10%의 이윤을 붙여서 판매한다.

	산지	이익
①	X	1,003원
②	X	1,050원
③	Y	1,003원
④	Y	1,050원

02 K공사는 창고업체를 통해 A ~ C 세 제품군을 보관하고 있다. 각 제품군에 대한 정보를 참고하여 다음 〈조건〉에 따라 K공사가 보관료로 지급해야 할 총금액은?

〈A ~ C제품군 정보〉

구분	매출액(억 원)	용량	
		용적(CUBIC)	무게(톤)
A제품군	300	3,000	200
B제품군	200	2,000	300
C제품군	100	5,000	500

조건

- A제품군은 매출액의 1%를 보관료로 지급한다.
- B제품군은 1CUBIC당 20,000원의 보관료를 지급한다.
- C제품군은 1톤당 80,000원의 보관료를 지급한다.

① 3억 2천만 원　　② 3억 4천만 원
③ 3억 6천만 원　　④ 3억 8천만 원

※ 다음 자료를 보고 이어지는 질문에 답하시오. **[3~4]**

〈비품 가격표〉

(단위 : 개, 원)

품명	수량	단가
라벨지 50mm(SET)	1	18,000
1단 받침대	1	24,000
블루투스 마우스	1	27,000
★특가★ 탁상용 문서수동세단기	1	36,000
AAA건전지(SET)	1	4,000

※ 3단 받침대는 개당 2,000원 추가
※ 라벨지 91mm 사이즈 변경 시 SET당 5% 금액 추가
※ 블루투스 마우스 3개 이상 구매 시 건전지 3SET 무료 증정

03 K공사에서는 2분기 비품 구매를 하려고 한다. 다음 주문서를 토대로 주문할 때, 총 주문 금액은?

주문서			
라벨지 50mm	2SET	1단 받침대	1개
블루투스 마우스	5개	AAA건전지	5SET

① 148,000원　② 183,000원
③ 200,000원　④ 203,000원

04 비품 구매를 담당하는 A사원은 주문 수량을 잘못 기재해서 주문 내역을 다음과 같이 수정하였다. 수정된 주문서를 토대로 주문할 때, 총 주문 금액은?

주문서			
라벨지 91mm	4SET	3단 받침대	2개
블루투스 마우스	3개	AAA건전지	3SET
탁상용 문서수동세단기	1개	-	-

① 151,000원　② 244,600원
③ 252,600원　④ 256,600원

05 K공사는 연말 시상식을 개최하여 한 해 동안 모범이 되거나 훌륭한 성과를 낸 직원을 독려하고자 한다. 시상 내역과 상패 및 물품 비용에 대한 정보가 다음과 같을 때, 상품 구입비는 총 얼마인가?

〈시상 내역〉

구분	수상 인원	상품
사내선행상	5명	1인당 금 도금 상패 1개, 식기 세트 1개
사회기여상	1명	1인당 은 도금 상패 1개, 신형 노트북 1대
연구공로상	2명	1인당 금 도금 상패 1개, 태블릿 PC 1대, 안마의자 1대
성과공로상	4명	1인당 은 도금 상패 1개, 태블릿 PC 1대, 만년필 2개
청렴모범상	2명	1인당 동 상패 1개, 안마의자 1대

〈상패 제작비〉

- 금 도금 상패 : 1개당 55,000원(5개 이상 주문 시 개당 가격 10% 할인)
- 은 도금 상패 : 1개당 42,000원(주문 수량 4개당 1개 무료 제공)
- 동 상패 : 1개당 35,000원

〈물품 구입비(1개당)〉

물품	구입비
식기 세트	450,000원
신형 노트북	1,500,000원
태블릿 PC	600,000원
안마의자	1,700,000원
만년필	100,000원

① 14,085,000원 ② 15,050,000원

③ 15,534,500원 ④ 16,805,000원

03 품목 확정

| 유형분석 |

- 물적 자원과 관련된 다양한 정보를 활용하여 풀어 가는 문제이다.
- 주로 공정도 · 제품 · 시설 등에 대한 가격 · 특징 · 시간 정보가 제시되며, 이를 종합적으로 고려하는 문제가 출제된다.

K씨는 밤도깨비 야시장에서 푸드 트럭을 운영할 계획을 하고 있다. 다음 자료를 참고하여 순이익이 가장 높은 메인 메뉴 한 가지를 선정하려고 할 때, K씨가 선정할 메뉴는 무엇인가?

〈푸드트럭 메뉴별 세부사항〉

(단위 : 개, 원)

구분	예상 월간 판매량	생산 단가	판매 가격
A메뉴	500	3,500	4,000
B메뉴	300	5,500	6,000
C메뉴	400	4,000	5,000
D메뉴	200	6,000	7,000

① A메뉴　　② B메뉴
③ C메뉴　　④ D메뉴

정답 ③

예상 매출 순이익은 [(판매 가격)−(생산 단가)]×(판매량)이므로 메뉴별 예상 매출 순이익은 각각 다음과 같다.

(단위 : 개, 원)

메뉴	예상 월간 판매량	생산 단가	판매 가격	매출 순이익
A메뉴	500	3,500	4,000	250,000[=(4,000−3,500)×500]
B메뉴	300	5,500	6,000	150,000[=(6,000−5,500)×300]
C메뉴	400	4,000	5,000	400,000[=(5,000−4,000)×400]
D메뉴	200	6,000	7,000	200,000[=(7,000−6,000)×200]

따라서 K씨는 예상 매출 순이익이 가장 높은 C메뉴를 메인 메뉴로 선정하는 것이 적절하다.

풀이 전략!

문제에서 제시한 물적 자원의 정보를 문제의 의도에 맞게 선별하면서 풀어 간다.

01 다음 평가기준을 바탕으로 평가대상기관 A ~ D 중 최종순위 최상위기관과 최하위기관을 바르게 연결한 것은?

〈공공시설물 내진보강대책 추진실적 평가기준〉

■ 평가요소 및 점수부여

- (내진성능평가 지수)$=\frac{\text{(내진성능평가 실적 건수)}}{\text{(내진보강대상 건수)}}\times 100$
- (내진보강공사 지수)$=\frac{\text{(내진보강공사 실적 건수)}}{\text{(내진보강대상 건수)}}\times 100$
- 산출된 지수 값에 따른 점수는 다음과 같이 부여한다.

구분	지수 값 최상위 1개 기관	지수 값 중위 2개 기관	지수 값 최하위 1개 기관
내진성능평가 점수	5점	3점	1점
내진보강공사 점수	5점	3점	1점

■ 최종순위 결정

- 내진성능평가 점수와 내진보강공사 점수의 합이 큰 기관에 높은 순위를 부여한다.
- 합산 점수가 동점인 경우에는 내진보강대상 건수가 많은 기관을 높은 순위로 정한다.

〈평가대상기관의 실적 건수〉

(단위 : 건)

구분	A기관	B기관	C기관	D기관
내진성능평가	82	72	72	83
내진보강공사	91	76	81	96
내진보강대상	100	80	90	100

	최상위기관	최하위기관
①	A기관	B기관
②	B기관	C기관
③	C기관	D기관
④	D기관	C기관

02 다음은 어느 도서대여 업체에 소속된 선생님들의 한 주간 실적을 나타낸 것이다. 실적에 대한 급여 산출 방식을 본인이 직접 선택할 수 있다고 할 때, 급여 산출 방식을 잘못 선택한 선생님은?(단, 모두 최대의 이익을 원한다)

〈분야별 지도 학생 수〉

(단위 : 명)

구분	도서대여	독서지도	글쓰기지도	학습지풀이	급여 산출 방식
A선생님	15	10	3	–	1안
B선생님	6	–	5	3	2안
C선생님	8	5	–	7	2안
D선생님	14	–	2	9	1안

〈급여 산출 방식〉

(단위 : 원, 명)

구분	1안	2안
도서대여	5,000	3,000
독서지도	10,000	12,000
글쓰기지도	15,000	10,000
학습지풀이	7,000	10,000

① A선생님　　② B선생님

③ C선생님　　④ D선생님

03 K공사에 근무하는 임직원은 7월 23일부터 25일까지 2박 3일간 워크숍을 가려고 한다. 워크숍 장소 예약을 담당하게 된 N대리는 〈조건〉에 따라 호텔을 예약하려고 한다. 다음 중 N대리가 예약할 호텔은 어디인가?

〈워크숍 장소 현황〉

(단위 : 실, 명, 개)

구분	총 객실 수	객실 예약완료 현황			세미나룸 현황			
		7월 23일	7월 24일	7월 25일	최대수용인원	빔프로젝터	4인용 테이블	의자
A호텔	88	20	26	38	70	○	26	74
B호텔	70	11	27	32	70	×	22	92
C호텔	76	10	18	49	100	○	30	86
D호텔	84	18	23	19	90	○	15	70

〈K공사 임직원 현황〉

(단위 : 명)

구분	신사업기획처	신사업추진처	기술기획처	ICT융합기획처
차장	1	1	1	1
부장	3	4	2	3
과장	5	6	4	3
대리	6	6	5	4
주임	2	2	3	6
사원	3	4	3	2

조건

- 워크숍은 한 호텔에서 실시하며, 워크숍에 참여하는 모든 직원은 해당 호텔에서 숙박한다.
- 부장급 이상은 1인 1실을 이용하며, 나머지 임직원은 2인 1실을 이용한다.
- 워크숍에서는 빔프로젝터가 있어야 하며, 4인용 테이블과 의자는 참여하는 인원수만큼 필요하다.

① A호텔　　② B호텔

③ C호텔　　④ D호텔

대표기출유형

04 인원 선발

| 유형분석 |

- 인적 자원과 관련된 다양한 정보를 활용하여 풀어 가는 문제이다.
- 주로 근무명단, 휴무일, 업무할당 등의 주제로 다양한 정보를 활용하여 종합적으로 풀어 가는 문제가 출제된다.

K버스회사에서 A시에서 B시를 연결하는 버스 노선을 개통하기 위해 새로운 버스를 구매하려고 한다. 다음 〈조건〉과 같이 노선을 운행하려고 할 때, 최소 구매해야 하는 버스 대수와 이때 필요한 운전사의 수가 바르게 연결된 것은?

조건

- 새 노선의 왕복 시간 평균은 2시간이다(승하차 시간을 포함).
- 배차시간은 15분 간격이다.
- 운전사의 휴식시간은 매 왕복 후 30분씩이다.
- 첫차는 05시 정각에, 막차는 23시에 A시를 출발한다.
- 모든 차는 A시에 도착하자마자 B시로 곧바로 출발하는 것을 원칙으로 한다. 즉, A시에 도착하는 시간이 바로 B시로 출발하는 시간이다.
- 모든 차는 A시에서 출발해서 A시로 복귀한다.

	버스	운전사
①	6대	8명
②	8대	10명
③	10대	12명
④	12대	14명

정답 ②

왕복 시간이 2시간, 배차 간격이 15분이라면 첫차가 재투입되는 데 필요한 앞차의 수는 첫차를 포함해서 8대이다(∵ 15분×8대=2시간이므로 8대 버스가 운행된 이후 9번째에 첫차 재투입 가능).
운전사는 왕복 후 30분의 휴식을 취해야 하므로 첫차를 운전했던 운전사는 2시간 30분 뒤에 운전을 시작할 수 있다.
따라서 8대의 버스로 운행하더라도 운전자는 150분 동안 운행되는 버스 150÷15=10대를 운전하기 위해서는 10명의 운전사가 필요하다.

풀이 전략!

문제에서 신입사원 채용이나 인력배치 등의 주제가 출제될 경우에는 주어진 규정 혹은 규칙을 꼼꼼히 확인하여야 한다. 이를 근거로 각 선택지가 어긋나지 않는지 검토하며 문제를 풀어 간다.

01 A공사는 동절기에 인력을 감축하여 운영한다. 다음 〈조건〉을 참고할 때, 동절기 업무시간 단축 대상자를 모두 고르면?

〈동절기 업무시간 단축 대상자 현황〉

성명	업무성과 평가	통근 거리	자녀 유무
최나래	C	3km	×
박희영	B	5km	○
이지규	B	52km	×
박슬기	A	55km	○
황보연	D	30km	○
김성배	B	75km	×
이상윤	C	60km	○
이준서	B	70km	○
김태란	A	68km	○
한지혜	C	50km	×

조건

- A공사의 동절기 업무시간 단축 대상자는 총 2명이다.
- 업무성과 평가에서 상위 40% 이내에 드는 경우 동절기 업무시간 단축 대상 후보자가 된다.
  ※ A>B>C>D 순서로 매기고, 동순위자 발생 시 동순위자를 모두 고려함
- 통근거리가 50km 이상인 경우에만 동절기 업무시간 단축 대상자가 될 수 있다.
- 동순위자 발생 시 자녀가 있는 경우에는 동절기 업무시간 단축 대상 우선순위를 준다.
- 위의 조건에서 대상자가 정해지지 않은 경우, 통근 거리가 가장 먼 직원부터 대상자로 선정한다.

① 황보연, 이상윤 ② 박슬기, 김태란
③ 이준서, 김태란 ④ 이준서, 김성배

02 K공사에서는 신입사원 2명을 채용하기 위하여 서류와 필기전형을 통과한 갑 ~ 정 4명의 최종 면접을 실시하려고 한다. 다음과 같이 네 개 부서의 팀장이 각각 4명을 모두 면접하여 채용 우선순위를 결정하였다. 면접 결과에 대한 〈보기〉의 설명 중 옳은 것을 모두 고르면?

〈면접 결과〉

구분	인사팀장	경영관리팀장	복지사업팀장	회계팀장
1순위	을	갑	을	병
2순위	정	을	병	정
3순위	갑	정	정	갑
4순위	병	병	갑	을

※ 우선순위가 높은 순서대로 2명을 채용함
※ 동점자는 인사팀장, 경영관리팀장, 복지사업팀장, 회계팀장 순서로 부여한 고순위자로 결정함
※ 각 팀장이 매긴 순위에 대한 가중치는 모두 동일함

보기

㉠ '을' 또는 '정' 중 1명이 입사를 포기하면 '갑'이 채용된다.
㉡ 인사팀장이 '을'과 '정'의 순위를 바꾼다면 '갑'이 채용된다.
㉢ 경영관리팀장이 '갑'과 '병'의 순위를 바꾼다면 '정'은 채용되지 못한다.

① ㉠
② ㉠, ㉡
③ ㉠, ㉢
④ ㉡, ㉢

03 K공사 인사부의 P사원은 직원들의 근무평정 업무를 수행하고 있다. 다음 가점평정 기준표를 참고할 때, P사원이 A과장에게 부여해야 할 가점은?

〈가점평정 기준표〉

<table>
<tr><th colspan="2">구분</th><th>내용</th><th>가점</th><th>인정 범위</th><th>비고</th></tr>
<tr><td colspan="2" rowspan="5">근무경력</td><td>본부 근무 1개월(본부, 연구원, 인재개발원 또는 정부부처 파견근무기간 포함)</td><td>0.03점
(최대 1.8점)</td><td>1.8점</td><td>동일 근무기간 중 다른 근무경력 가점과 원거리, 장거리 및 특수지</td></tr>
<tr><td>지역본부 근무 1개월(지역본부 파견근무기간 포함)</td><td>0.015점
(최대 0.9점)</td><td rowspan="4">1.8점</td><td rowspan="4">가점이 중복될 경우, 원거리, 장거리 및 특수지 근무 가점은 1/2만 인정</td></tr>
<tr><td>원거리 근무 1개월</td><td>0.035점
(최대 0.84점)</td></tr>
<tr><td>장거리 근무 1개월</td><td>0.025점
(최대 0.6점)</td></tr>
<tr><td>특수지 근무 1개월</td><td>0.02점
(최대 0.48점)</td></tr>
<tr><td colspan="2" rowspan="2">내부평가</td><td>내부평가결과 최상위 10%</td><td>월 0.012점</td><td rowspan="2">0.5점</td><td rowspan="2">현 직급에 누적됨
(승진 후 소멸)</td></tr>
<tr><td>내부평가결과 차상위 10%</td><td>월 0.01점</td></tr>
<tr><td rowspan="5">제안</td><td rowspan="3">제안상 결정 시</td><td>금상</td><td>0.25점</td><td rowspan="3">0.5점</td><td rowspan="3">수상 당시 직급에 한정함</td></tr>
<tr><td>은상</td><td>0.15점</td></tr>
<tr><td>동상</td><td>0.1점</td></tr>
<tr><td rowspan="2">시행 결과 평가</td><td>탁월</td><td>0.25점</td><td rowspan="2">0.5점</td><td rowspan="2">제안상 수상 당시 직급에 한정함</td></tr>
<tr><td>우수</td><td>0.15점</td></tr>
</table>

〈A과장 가점평정 사항〉

- 입사 후 36개월 동안 본부에서 연구원으로 근무
- 지역본부에서 24개월 동안 근무
  - 지역본부에서 24개월 동안 근무 중 특수지에서 12개월 동안 파견근무
- 본부로 복귀 후 현재까지 총 23개월 근무
- 팀장(직급 : 과장)으로 승진 후 현재까지 업무 수행 중
  - 내부평가결과 최상위 10% 총 12회
  - 내부평가결과 차상위 10% 총 6회
  - 금상 2회, 은상 1회, 동상 1회 수상
  - 시행결과평가 탁월 2회, 우수 1회

① 3.284점　　② 3.454점

③ 3.604점　　④ 3.854점

CHAPTER 03

문제해결능력

합격 CHEAT KEY

문제해결능력은 업무를 수행하면서 여러 가지 문제 상황이 발생하였을 때, 창의적이고 논리적인 사고를 통하여 이를 올바르게 인식하고 적절히 해결하는 능력으로, 하위 능력에는 사고력과 문제처리능력이 있다.

문제해결능력은 NCS 기반 채용을 진행하는 대다수의 공사·공단에서 채택하고 있으며, 다양한 자료와 함께 출제되는 경우가 많아 어렵게 느껴질 수 있다. 특히, 난이도가 높은 문제로 자주 출제되기 때문에 다른 영역보다 더 많은 노력이 필요할 수는 있지만 그렇기에 차별화를 할 수 있는 득점 영역이므로 포기하지 말고 꾸준하게 노력해야 한다.

01 질문의 의도를 정확하게 파악하라!

문제해결능력은 문제에서 무엇을 묻고 있는지 정확하게 파악하여 먼저 풀이 방향을 설정하는 것이 가장 효율적인 방법이다. 특히, 조건이 주어지고 답을 찾는 창의적·분석적인 문제가 주로 출제되고 있기 때문에 처음에 정확한 풀이 방향이 설정되지 않는다면 문제를 제대로 풀지 못하게 되므로 첫 번째로 출제 의도 파악에 집중해야 한다.

02 중요한 정보는 반드시 표시하라!

출제 의도를 정확히 파악하기 위해서는 문제의 중요한 정보를 반드시 표시하거나 메모하여 하나의 조건, 단서도 잊고 넘어가는 일이 없도록 해야 한다. 실제 시험에서는 시간의 압박과 긴장감으로 정보를 잘못 적용하거나 잊어버리는 실수가 많이 발생하므로 사전에 충분한 연습이 필요하다.

03 반복 풀이를 통해 취약 유형을 파악하라!

문제해결능력은 특히 시간관리가 중요한 영역이다. 따라서 정해진 시간 안에 고득점을 할 수 있는 효율적인 문제 풀이 방법을 찾아야 한다. 이때, 반복적인 문제 풀이를 통해 자신이 취약한 유형을 파악하는 것이 중요하다. 정확하게 풀 수 있는 문제부터 빠르게 풀고 취약한 유형은 나중에 푸는 효율적인 문제 풀이를 통해 최대한 고득점을 맞는 것이 중요하다.

01 명제 추론

| 유형분석 |

- 주어진 조건을 토대로 논리적으로 추론하여 참 또는 거짓을 구분하는 문제이다.
- 자료를 제시하고 새로운 결과나 자료에 주어지지 않은 내용을 추론해 가는 형식의 문제가 출제된다.

다음 〈조건〉에 근거하여 판단할 때, 항상 옳은 것은?

조건

- 기획팀 사람인데 컴퓨터 자격증이 없는 사람은 기혼자이다.
- 영업팀 사람은 컴퓨터 자격증이 있고 귤을 좋아한다.
- 경상도 출신인 사람은 컴퓨터 자격증이 없다.
- 경기도에 사는 사람은 지하철을 이용한다.
- 통근버스를 이용하는 사람은 기획팀 사람이 아니다.

① 영업팀 사람 중 경상도 출신이 있다.
② 경기도에 사는 사람은 기획팀 사람이다.
③ 경상도 출신인 사람이 기획팀에 소속되어 있다면 기혼자이다.
④ 기획팀 사람 중 통근버스를 이용하는 사람이 있다.

정답 ③

경상도 출신인 사람은 컴퓨터 자격증이 없고, 기획팀 사람인데 컴퓨터 자격증이 없는 사람은 기혼자이다. 따라서 경상도 출신인 사람이 기획팀에 소속되어 있다면 기혼자이다.

오답분석

① 세 번째 조건의 대우는 '컴퓨터 자격증이 있으면 경상도 출신이 아니다.'이다. 따라서 영업팀 사람은 컴퓨터 자격증이 있으므로 경상도 출신은 없다.
② 마지막 조건의 대우는 '기획팀 사람은 통근버스를 이용하지 않는다.'이다. 따라서 경기도에 사는 사람은 지하철을 이용하지만 교통수단이 통근버스와 지하철만 있는 것은 아니므로 항상 옳은지 알 수 없다.
④ 마지막 조건의 대우는 '기획팀 사람은 통근버스를 이용하지 않는다.'이다. 따라서 기획팀 사람 중 통근버스를 이용하는 사람은 한 명도 없다.

풀이 전략!

조건과 관련한 기본적인 논법에 대해서는 미리 학습해 두며, 이를 바탕으로 각 문장에 있는 핵심단어 또는 문구를 기호화하여 정리한 후, 선택지와 비교하여 참 또는 거짓을 판단한다. 또한, 이를 바탕으로 문제에서 구하고자 하는 내용을 추론 및 분석한다.

대표기출유형 01 기출응용문제

01 다음 〈조건〉을 통해 추론할 때, 항상 옳지 않은 것은?

> 조건
> - 6대를 주차할 수 있는 2행3열로 구성된 G주차장이 있다.
> - G주차장에는 4대의 자동차 a, b, c, d가 주차되어 있다.
> - 1행과 2행에 빈자리가 한 곳씩 있다.
> - a자동차는 대각선을 제외하고 주변에 주차된 차가 없다.
> - b자동차와 c자동차는 같은 행 바로 옆에 주차되어 있다.
> - d자동차는 1행에 주차되어 있다.

① b자동차의 앞 주차 공간은 비어있다.
② c자동차의 옆 주차 공간은 빈자리가 없다.
③ a자동차는 2열에 주차되어 있다.
④ a자동차와 d자동차는 같은 행에 주차되어 있다.

02 K베이커리에서는 A～D단체에 우유식빵, 밤식빵, 옥수수식빵, 호밀식빵을 다음 〈조건〉에 따라 한 종류씩 납품하려고 할 때, 반드시 참인 것은?

> 조건
> - 한 단체에 납품하는 빵의 종류는 겹치지 않도록 한다.
> - 우유식빵과 밤식빵은 A단체에 납품된 적이 있다.
> - 옥수수식빵과 호밀식빵은 C단체에 납품된 적이 있다.
> - 옥수수식빵은 D단체에 납품된다.

① 우유식빵은 B단체에 납품된 적이 있다.
② 옥수수식빵은 A단체에 납품된 적이 있다.
③ 호밀식빵은 A단체에 납품될 것이다.
④ 우유식빵은 C단체에 납품된 적이 있다.

03 K공사의 A대리는 다음과 같이 보고서 작성을 위한 방향을 구상 중이다. 〈조건〉의 명제가 모두 참일 때, 공장을 짓는다는 결론을 얻기 위해 빈칸에 필요한 명제는?

> 조건
> - 재고가 있다.
> - 설비투자를 늘리지 않는다면, 재고가 있지 않다.
> - 건설투자를 늘릴 때에만, 설비투자를 늘린다.
> - ______________________________

① 설비투자를 늘린다.
② 건설투자를 늘리지 않는다.
③ 재고가 있거나 설비투자를 늘리지 않는다.
④ 건설투자를 늘린다면, 공장을 짓는다.

04 다음 〈조건〉을 바탕으로 할 때, 항상 옳은 것은?

> 조건
> - 분야별 인원 구성
>   - A분야 : a(남자), b(남자), c(여자)
>   - B분야 : 가(남자), 나(여자)
>   - C분야 : 갑(남자), 을(여자), 병(여자)
> - 4명씩 나누어 총 2팀(1팀, 2팀)으로 구성한다.
> - 같은 분야의 같은 성별인 사람은 같은 팀에 들어갈 수 없다.
> - 각 팀에는 분야별로 적어도 1명 이상이 들어가야 한다.
> - 한 분야의 모든 사람이 한 팀에 들어갈 수는 없다.

① 갑과 을이 한 팀이 된다면 가와 나도 한 팀이 될 수 있다.
② 4명으로 나뉜 두 팀에는 남녀가 각각 2명씩 들어간다.
③ a가 1팀으로 간다면 c는 2팀으로 가야 한다.
④ 가와 나는 한 팀이 될 수 없다.

05 **K대학교의 기숙사에 거주하는 A ~ D 4명은 1층부터 4층에 매년 새롭게 방을 배정받고 있으며, 올해도 방을 배정받는다. 다음 〈조건〉을 참고할 때, 반드시 참인 것은?**

조건

- 한 번 배정받은 층에는 다시 배정받지 않는다.
- A와 D는 2층에 배정받은 적이 있다.
- B와 C는 3층에 배정받은 적이 있다.
- A와 B는 1층에 배정받은 적이 있다.
- A, B, D는 4층에 배정받은 적이 있다.

① C는 4층에 배정될 것이다.
② D는 3층에 배정받은 적이 있을 것이다.
③ D는 1층에 배정받은 적이 있을 것이다.
④ C는 2층에 배정받은 적이 있을 것이다.

06 **K공사에서 건물의 엘리베이터 여섯 대(1 ~ 6호기)를 1시간에 한 대씩 6시간에 걸쳐 점검한다고 할 때, 다음 〈조건〉을 바탕으로 바르게 추론한 것은?**

조건

- 제일 먼저 점검하는 엘리베이터는 5호기이다.
- 가장 마지막에 점검하는 엘리베이터는 6호기가 아니다.
- 2호기는 6호기보다 먼저 점검한다.
- 3호기는 두 번째로 먼저 점검하며, 그다음으로 점검하는 엘리베이터는 1호기이다.

① 6호기는 4호기보다 늦게 점검한다.
② 마지막으로 점검하는 엘리베이터는 4호기가 아니다.
③ 4호기 다음으로 점검할 엘리베이터는 2호기이다.
④ 6호기는 1호기 다다음에 점검하며, 다섯 번째로 점검하게 된다.

대표기출유형

02 자료 해석

| 유형분석 |

- 주어진 자료를 해석하고 활용하여 풀어가는 문제이다.
- 꼼꼼하고 분석적인 접근이 필요한 다양한 자료들이 출제된다.

다음 K사 벌점 규정과 평정 내역에 따라 올해 업무평정 최종점수에서 가장 낮은 점수를 받을 팀원은?

제25조 벌점
1. 일반사고는 회당 올해 업무평정에서 20점을 차감한다.
2. 중대사고는 회당 올해 업무평정에서 40점을 차감한다.
3. 수상경력이 있는 경우 올해 업무평정에서 100점을 더한다.

〈평정 내역〉

구분	올해 업무 평정	일반사고	중대사고	수상경력
A사원	420점	4회	2회	0회
B사원	380점	9회	0회	1회
C대리	550점	11회	1회	0회
D대리	440점	5회	3회	0회

① A사원　　② B사원
③ C대리　　④ D대리

정답 ④

규정에 따라 직원별 평정 최종점수를 산출하면 다음과 같다.

구분	올해 업무 평정	일반사고	중대사고	수상경력	평정 최종점수
A사원	420점	4회×20점=80점	2회×40점=80점	–	260점
B사원	380점	9회×20점=180점	–	1회×100점=100점	300점
C대리	550점	11회×20점=220점	1회×40점=40점	–	290점
D대리	440점	5회×20점=100점	3회×40점=120점	–	220점

따라서 가장 낮은 점수를 받을 팀원은 D대리이다.

풀이 전략!

문제 해결을 위해 필요한 정보가 무엇인지 먼저 파악한 후, 제시된 자료를 분석적으로 읽고 해석한다.

01 다음과 같은 <조건>에서 귀하가 판단할 수 있는 내용으로 옳지 않은 것은?

조건

- 프로젝트는 A부터 E까지의 작업으로 구성되며, 모든 작업은 동일 작업장 내에서 행해진다.
- 각 작업의 필요 인원과 기간은 다음과 같다.

(단위 : 명, 일)

프로젝트	A작업	B작업	C작업	D작업	E작업
필요 인원	5	3	5	2	4
기간	10	18	50	18	16

- B작업은 A작업이 완료된 이후에 시작할 수 있음
- E작업은 D작업이 완료된 이후에 시작할 수 있음

- 각 인력은 A부터 E까지 모든 작업에 동원될 수 있으며, 각 작업에 투입된 인력의 생산성은 동일하다.
- 프로젝트에 소요되는 비용은 1인당 1일 10만 원의 인건비와 1일 50만 원의 작업장 사용료로 구성된다.
- 각 작업의 필요 인원은 증원 또는 감원될 수 없다.

① 프로젝트를 완료하기 위해 필요한 최소 인력은 5명이다.

② 프로젝트를 완료하기 위해 소요되는 최단기간은 50일이다.

③ 프로젝트를 완료하는 데 들어가는 비용은 최소 6천만 원 이하이다.

④ 프로젝트를 최단기간에 완료하는 데 투입되는 최소 인력은 10명이다.

02 K기업 총무팀, 개발팀, 영업팀, 홍보팀, 고객지원팀이 각각 1 ~ 5층에 있다. 각 팀 탕비실에는 이온음료, 탄산음료, 에너지음료, 캔 커피가 구비되어 있다. 총무팀에서 각 팀에 채워 넣을 음료를 일괄적으로 구매하고자 한다. 다음 자료에 따라 각 음료를 구매하려고 할 때, 주문해야 할 최소 개수가 바르게 연결된 것은?

〈K기업 탕비실 내 음료 구비 현황〉

(단위 : 캔)

구분	총무팀	개발팀	영업팀	홍보팀	고객지원팀
이온음료	3	10	10	10	8
탄산음료	10	2	16	7	8
에너지음료	10	1	12	8	7
캔 커피	2	3	1	10	12

- 이온음료, 탄산음료, 에너지음료, 캔 커피는 각각 최소 6캔, 12캔, 10캔, 30캔이 구비되어 있어야 하며, 최소 수량 미달 시 음료를 구매한다.
- 각 팀은 구매 시 각 음료의 최소 구비 수량의 1.5배를 구매한다.
- 모든 음료는 낱개로 구매할 수 없으며 묶음 단위로 구매해야 한다.
- 이온음료, 탄산음료, 에너지음료, 캔 커피 각각 6캔, 6캔, 6캔, 30캔을 묶음으로 판매하고 있다.

	이온음료	탄산음료	에너지음료	캔 커피
①	12캔	72캔	48캔	240캔
②	12캔	72캔	42캔	240캔
③	12캔	66캔	42캔	210캔
④	18캔	66캔	48캔	210캔

PART 1

03 K중학교 백일장에 참여한 4명의 A～D학생에게 다음 〈조건〉에 따라 점수를 부여한다고 할 때, 점수가 가장 높은 학생은 누구인가?

〈K중학교 백일장 채점표〉

(단위 : 건, 자)

구분	오탈자	글자 수	주제의 적합성	글의 통일성	가독성
A학생	33	654	A	A	C
B학생	7	476	B	B	B
C학생	28	332	B	B	C
D학생	25	572	A	A	A

조건

- 기본 점수는 80점이다.
- 오탈자가 10건 이상일 때 1점을 감점하고, 5건이 추가될 때마다 1점을 추가로 감점한다.
- 전체 글자 수가 350자 미만일 때 10점을 감점하고, 600자 이상일 때 1점을 부여하며, 25자가 추가될 때마다 1점을 추가로 부여한다.
- 주제의 적합성, 글의 통일성, 가독성을 A, B, C등급으로 나누며 등급 개수에 따라 추가점수를 부여한다.
  - A등급 3개 : 25점
  - A등급 2개, B등급 1개 : 20점
  - A등급 2개, C등급 1개 : 15점
  - A등급 1개, B등급 2개 또는 A등급, B등급, C등급 1개 : 10점
  - B등급 3개 : 5점

예 오탈자 46건, 전체 글자 수 626자, 주제의 적합성, 글의 통일성, 가독성이 각각 A, B, A일 때 점수는 80−8+2+20=94점이다.

① A학생　② B학생
③ C학생　④ D학생

04 경영기획실에서 근무하는 A씨는 매년 부서별 사업계획을 정리하는 업무를 맡고 있다. 부서별 사업계획을 간략하게 정리한 보고서를 보고 A씨가 할 수 있는 생각으로 가장 적절한 것은?

〈사업별 기간 및 소요예산〉

- A사업 : 총사업기간은 2년으로 첫해에는 1조 원, 두 번째 해에는 4조 원의 예산이 필요하다.
- B사업 : 총사업기간은 3년으로 첫해에는 15조 원, 두 번째 해에는 18조 원, 세 번째 해에는 21조 원의 예산이 필요하다.
- C사업 : 총사업기간은 1년으로 총소요예산은 15조 원이다.
- D사업 : 총사업기간은 2년으로 첫해에는 15조 원, 두 번째 해에는 8조 원의 예산이 필요하다.
- E사업 : 총사업기간은 3년으로 첫해에는 6조 원, 두 번째 해에는 12조 원, 세 번째 해에는 24조 원의 예산이 필요하다.

올해를 포함한 향후 5년간 위의 5개 사업에 투자할 수 있는 예산은 다음과 같다.

〈연도별 가용예산〉

(단위 : 조 원)

1차 연도(올해)	2차 연도	3차 연도	4차 연도	5차 연도
20	24	28.8	34.5	41.5

〈규정〉

- 모든 사업은 한번 시작하면 완료될 때까지 중단할 수 없다.
- 예산은 당해 사업연도에 남아도 상관없다.
- 각 사업연도의 예산은 이월될 수 없다.
- 모든 사업을 향후 5년 이내에 반드시 완료한다.

① B사업을 세 번째 해에 시작하고 C사업을 최종연도에 시행하겠구나.
② A사업과 D사업을 첫해에 동시에 시작하겠구나.
③ 첫해에는 E사업만 시작하겠구나.
④ D사업을 첫해에 시작하겠구나.

05 K공사 홍보실에 근무하는 A사원은 12일부터 15일까지 워크숍을 가게 되었다. 워크숍을 떠나기 직전 A사원은 스마트폰의 날씨예보 어플을 통해 워크숍 장소인 춘천의 날씨를 확인해 보았다. 다음 중 A사원이 확인한 날씨예보의 내용으로 가장 적절한 것은?

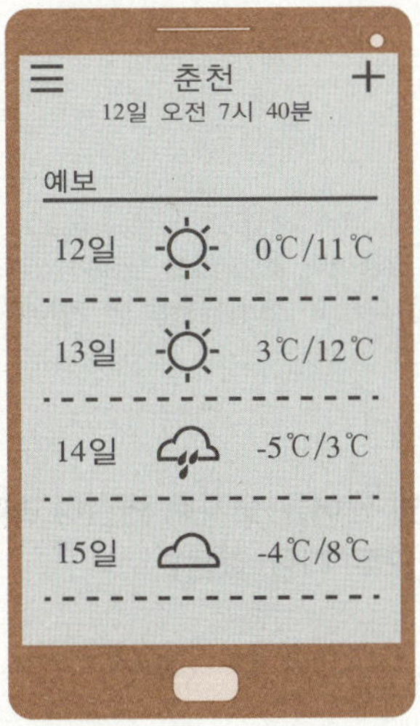

① 워크숍 기간 중 오늘이 일교차가 가장 크므로 감기에 유의해야 한다.
② 내일 춘천지역의 미세먼지가 심하므로 주의해야 한다.
③ 워크숍 기간 중 비를 동반한 낙뢰가 예보된 날이 있다.
④ 글피엔 비가 내리지 않지만 최저기온이 영하이다.

PART 1

03 규칙 적용

| 유형분석 |

- 주어진 상황과 규칙을 종합적으로 활용하여 풀어 가는 문제이다.
- 일정, 비용, 순서 등 다양한 내용을 다루고 있어 유형을 한 가지로 단일화하기 어렵다.

A씨는 다음 규칙을 참고하여 알파벳 단어를 숫자로 변환하고자 한다. 규칙을 적용한 〈보기〉의 단어에서 알파벳 Z에 해당하는 자연수들을 모두 더한 값은?

〈규칙〉

① 알파벳 'A'부터 'Z'까지 순서대로 자연수를 부여한다.
　예 A=2라고 하면 B=3, C=4, D=5이다.
② 단어의 음절에 같은 알파벳이 연속되는 경우 ①에서 부여한 숫자를 알파벳이 연속되는 횟수만큼 거듭제곱한다.
　예 A=2이고 단어가 'AABB'이면 AA는 '2^2'이고, BB는 '3^2'이므로 '49'로 적는다.

보기

㉠ AAABBCC는 10000001020110404로 변환된다.
㉡ CDFE는 3465로 변환된다.
㉢ PJJYZZ는 1712126729로 변환된다.
㉣ QQTSR은 625282726으로 변환된다.

① 154　　② 176
③ 199　　④ 212

정답 ④

㉠ A=100, B=101, C=102이다. 따라서 Z=125이다.
㉡ C=3, D=4, E=5, F=6이다. 따라서 Z=26이다.
㉢ P가 17임을 볼 때, J=11, Y=26, Z=27이다.
㉣ Q=25, R=26, S=27, T=28이므로 Z=34이다.
따라서 해당하는 Z값을 모두 더하면 125+26+27+34=212이다.

풀이 전략!

문제에 제시된 조건이나 규칙을 정확히 파악한 후, 선택지나 상황에 적용하여 문제를 풀어 나간다.

대표기출유형 03 기출응용문제

01 다음 〈조건〉을 근거로 〈보기〉를 계산한 값은?

> **조건**
>
> 연산자 A, B, C, D는 다음과 같이 정의한다.
>
> • A : 좌우에 있는 두 수를 더한다. 단, 더한 값이 10 미만이면 좌우에 있는 두 수를 곱한다.
>
> • B : 좌우에 있는 두 수 가운데 큰 수에서 작은 수를 뺀다. 단, 두 수가 같거나 뺀 값이 10 미만이면 두 수를 곱한다.
>
> • C : 좌우에 있는 두 수를 곱한다. 단, 곱한 값이 10 미만이면 좌우에 있는 두 수를 더한다.
>
> • D : 좌우에 있는 두 수 가운데 큰 수를 작은 수로 나눈다. 단, 두 수가 같거나 나눈 값이 10 미만이면 두 수를 곱한다.
>
> ※ 연산은 '(　)', '[　]'의 순으로 함

> **보기**
>
> [(1A5)B(3C4)]D6

① 10　　② 12

③ 90　　④ 210

02 다음과 같이 검은색 바둑돌과 흰색 바둑돌을 교대로 개수를 늘려가며 삼각형 모양으로 배열하고 있다. 37번째에 배열되는 바둑돌 중 개수가 많은 바둑돌의 종류와 바둑돌 개수 차이가 바르게 연결된 것은?

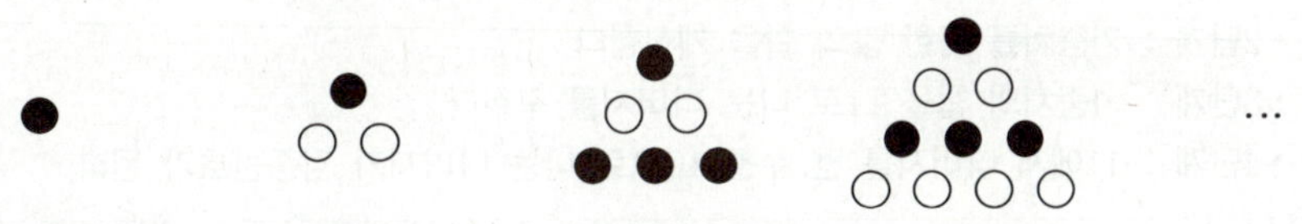

[1번째]　[2번째]　[3번째]　[4번째]

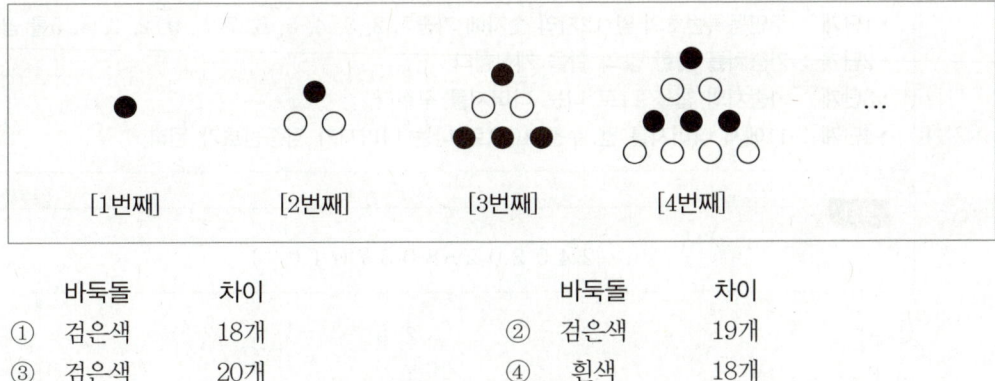

	바둑돌	차이		바둑돌	차이
①	검은색	18개	②	검은색	19개
③	검은색	20개	④	흰색	18개

03 K회사는 일정한 규칙에 따라 만든 암호를 팀별 보안키로 활용한다. x와 y의 합은?

A팀	B팀	C팀	D팀	E팀	F팀
1938	2649	3576	6537	9642	2766
G팀	H팀	I팀	J팀	K팀	L팀
19344	21864	53193	84522	9023x	7y352

① 11　　② 13
③ 15　　④ 17

04 다음 자료를 참고할 때, 〈보기〉의 주민등록번호 빈칸에 해당하는 숫자로 옳은 것은?

우리나라에서 국민에게 발급하는 주민등록번호는 각각의 번호가 고유한 번호로, 13자리 숫자로 구성된다. 13자리 숫자는 생년, 월, 일, 성별, 출생신고지역, 접수번호, 검증번호로 구분된다.

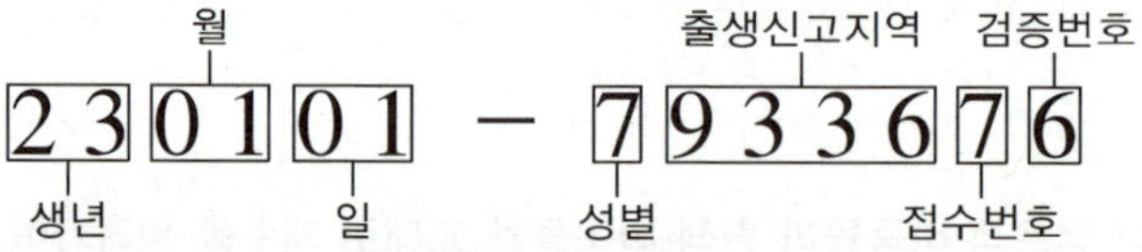

여기서 13번째 숫자인 검증번호는 주민등록번호의 정확성 여부를 검사하는 번호로, 앞의 12자리 숫자를 이용해서 구해지는데 계산법은 다음과 같다.

- 1단계 : 주민등록번호의 앞 12자리 숫자에 가중치 2, 3, 4, 5, 6, 7, 8, 9, 2, 3, 4, 5를 곱한다.
- 2단계 : 가중치를 곱한 값의 합을 계산한다.
- 3단계 : 가중치의 합을 11로 나눈 나머지를 구한다.
- 4단계 : 11에서 나머지를 뺀 수를 10으로 나눈 나머지가 검증번호가 된다.

보기

2 4 0 2 0 2 – 8 0 3 7 0 1 (　)

① 4　　② 5
③ 6　　④ 7

05 A ~ E 5명이 순서대로 퀴즈게임을 해서 벌칙 받을 사람 1명을 선정하고자 한다. 다음 게임 규칙과 결과에 근거할 때, 항상 옳은 것을 〈보기〉에서 모두 고르면?

- 규칙
  - A → B → C → D → E 순서대로 퀴즈를 1개씩 풀고, 모두 한 번씩 퀴즈를 풀고 나면 한 라운드가 끝난다.
  - 퀴즈 2개를 맞힌 사람은 벌칙에서 제외되고, 다음 라운드부터는 게임에 참여하지 않는다.
  - 라운드를 반복하여 맨 마지막까지 남는 한 사람이 벌칙을 받는다.
  - 벌칙에서 제외되는 4명이 확정되면 라운드 중이라도 더 이상 퀴즈를 출제하지 않으며, 이 외에는 라운드 끝까지 퀴즈를 출제한다.
  - 게임 중 동일한 문제는 출제하지 않는다.
- 결과

  3라운드에서 A는 참가자 중 처음으로 벌칙에서 제외되었고, 4라운드에서는 오직 B만 벌칙에서 제외되었으며, 벌칙을 받을 사람은 5라운드에서 결정되었다.

보기

ㄱ. 5라운드까지 참가자들이 정답을 맞힌 퀴즈는 총 9개이다.

ㄴ. 게임이 종료될 때까지 총 22개의 퀴즈가 출제되었다면, E는 5라운드에서 퀴즈의 정답을 맞혔다.

ㄷ. 게임이 종료될 때까지 총 21개의 퀴즈가 출제되었다면, 퀴즈를 푸는 순서가 벌칙을 받을 사람 선정에 영향을 미친 것으로 볼 수 있다.

① ㄱ　　② ㄴ

③ ㄱ, ㄷ　　④ ㄴ, ㄷ

04 창의적 사고

| 유형분석 |

- 창의적 사고에 대한 개념을 묻는 문제가 출제된다.
- 창의적 사고 개발 방법에 대한 암기가 필요한 문제가 출제되기도 한다.

다음 중 창의적 사고의 특징으로 옳지 않은 것은?

① 외부 정보끼리의 조합이다.

② 사회가 개인에게 새로운 가치를 창출한다.

③ 창조적인 가능성이다.

④ 사고력, 성격, 태도 등의 전인격적인 가능성을 포함한다.

정답 ①

창의적 사고는 정보와 정보의 조합으로, 정보에는 내적 정보와 외부 정보가 있다. 따라서 외부 정보끼리의 조합은 옳지 않은 특징이다.

풀이 전략!

모듈이론에 대한 전반적인 학습을 미리 해두어야 하며, 이를 주어진 문제에 적용하여 빠르게 풀이한다.

대표기출유형 04 기출응용문제

01 **문제 해결에 어려움을 겪고 있는 A대리는 상사인 B부장에게 면담을 요청하였고 B부장이 다음과 같이 대답하였을 때, B부장이 A대리에게 제시한 문제해결 사고방식으로 옳은 것은?**

> 현재 당면하고 있는 문제와 그 해결 방법에만 집착하지 말고, 그 문제와 해결 방안이 상위 시스템과 어떻게 연결되어 있는지를 생각해 보세요.

① 분석적 사고
② 발상의 전환
③ 내·외부자원의 활용
④ 전략적 사고

02 **다음 중 (가)～(다)의 문제해결 방법을 바르게 연결한 것은?**

> (가) 상이한 문화적 토양을 가지고 있는 구성원을 가정하고, 서로의 생각을 직설적으로 주장하고 논쟁이나 협상을 통해 서로의 의견을 조정해 가는 방법이다. 이때 논리, 즉 사실과 원칙에 근거한 토론이 중심적 역할을 한다.
> (나) 깊이 있는 커뮤니케이션을 통해 서로의 문제점을 이해하고 공감함으로써 창조적인 문제해결을 도모한다. 초기에 생각하지 못했던 창조적인 해결 방법이 도출되고, 동시에 구성원의 동기와 팀워크가 강화된다.
> (다) 조직 구성원들을 같은 문화적 토양을 가지고 이심전심으로 서로를 이해하는 상황으로 가정한다. 무언가를 시사하거나 암시를 통하여 의사를 전달하고 기분을 서로 통하게 함으로써 문제해결을 도모하려고 한다.

	(가)	(나)	(다)
①	퍼실리테이션	하드 어프로치	소프트 어프로치
②	소프트 어프로치	하드 어프로치	퍼실리테이션
③	소프트 어프로치	퍼실리테이션	하드 어프로치
④	하드 어프로치	퍼실리테이션	소프트 어프로치

03 **다음 중 문제를 해결할 때 필요한 분석적 사고에 대한 설명으로 옳은 것은?**

① 전체를 각각의 요소로 나누어 그 요소의 의미를 도출한 다음 우선순위를 부여하고 구체적인 문제 해결 방법을 실행하는 것이 요구된다.

② 성과 지향의 문제는 일상업무에서 일어나는 상식, 편견을 타파하여 사고와 행동을 객관적 사실로부터 시작해야 한다.

③ 가설 지향의 문제는 기대하는 결과를 명시하고 효과적인 달성 방법을 사전에 구상하고 실행에 옮겨야 한다.

④ 사실 지향의 문제는 현상 및 원인분석 전에 지식과 경험을 바탕으로 일의 과정이나 결과, 결론을 가정한 다음 검증 후 사실일 경우 다음 단계의 일을 수행해야 한다.

04 **논리적인 사고를 하기 위해서는 생각하는 습관, 상대 논리의 구조화, 구체적인 생각, 타인에 대한 이해, 설득의 5가지 요소가 필요하다. 다음 글에서 설명하는 '설득'에 해당하는 것은?**

논리적 사고의 구성요소 중 설득은 자신의 사상을 강요하지 않고, 자신이 함께 일을 진행하는 상대와 의논하기도 하고 설득해 나가는 가운데 자신이 깨닫지 못했던 새로운 가치를 발견하고 발견한 가치에 대해 생각해 내는 과정을 의미한다.

① 아, 네가 아까 했던 말이 이거였구나. 그래, 지금 해보니 아까 했던 이야기가 무슨 말인지 이해가 될 것 같아.

② 네가 왜 그런 생각을 하게 됐는지 이해가 됐어. 그래, 너와 같은 경험을 했다면 나도 그렇게 생각했을 것 같아.

③ 네가 하는 말이 이해가 잘 안 되는데, 내가 이해한 게 맞는지 구체적인 사례를 들어서 한번 얘기해 볼게.

④ 네 말은 지금처럼 불안정한 시장 상황에서 무리하게 사업을 확장할 경우 리스크가 너무 크게 발생할 수 있다는 거지?

05 다음 중 문제해결절차에 따라 사용되는 문제해결방법을 〈보기〉에서 순서대로 바르게 나열한 것은?

〈문제해결절차〉

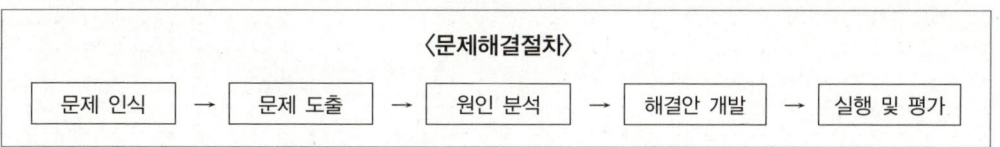

문제 인식 → 문제 도출 → 원인 분석 → 해결안 개발 → 실행 및 평가

보기

㉠ 주요 과제를 나무 모양으로 분해·정리한다.
㉡ 자사, 경쟁사, 고객사에 대해 체계적으로 분석한다.
㉢ 부분을 대상으로 먼저 실행한 후 전체로 확대하여 실행한다.
㉣ 전체적 관점에서 방향과 방법이 같은 해결안을 그룹화한다.

① ㉠－㉡－㉢－㉣
② ㉠－㉡－㉣－㉢
③ ㉡－㉠－㉢－㉣
④ ㉡－㉠－㉣－㉢

PART 1

M E M O

PART 2
직무능력검사(사무)

CHAPTER 01

수리능력

합격 CHEAT KEY

수리능력은 사칙 연산 · 통계 · 확률의 의미를 정확하게 이해하고 이를 업무에 적용하는 능력으로, 기초 연산과 기초 통계, 도표 분석 및 작성의 문제 유형으로 출제된다. 수리능력 역시 채택하지 않는 공사 · 공단이 거의 없을 만큼 필기시험에서 중요도가 높은 영역이다.

특히, 난이도가 높은 공사 · 공단의 시험에서는 도표 분석, 즉 자료 해석 유형의 문제가 많이 출제되고 있고, 응용 수리 역시 꾸준히 출제하는 공사 · 공단이 많기 때문에 기초 연산과 기초 통계에 대한 공식의 암기와 자료 해석 능력을 기를 수 있는 꾸준한 연습이 필요하다.

01 응용수리능력의 공식은 반드시 암기하라!

응용 수리는 공사 · 공단마다 출제되는 문제는 다르지만, 사용되는 공식은 비슷한 경우가 많으므로 자주 출제되는 공식을 반드시 암기하여야 한다. 문제에서 묻는 것을 정확하게 파악하여 그에 맞는 공식을 적절하게 적용하는 꾸준한 노력과 공식을 암기하는 연습이 필요하다.

02 자료의 해석은 자료에서 즉시 확인할 수 있는 지문부터 확인하라!

수리능력 중 도표 분석, 즉 자료 해석 능력은 많은 시간을 필요로 하는 문제가 출제되므로, 증가·감소 추이와 같이 눈으로 확인이 가능한 지문을 먼저 확인한 후 복잡한 계산이 필요한 지문을 확인하는 방법으로 문제를 풀이한다면 시간을 조금이라도 아낄 수 있다. 또한, 여러 가지 보기가 주어진 문제 역시 지문을 잘 확인하고 문제를 풀이한다면 불필요한 계산을 생략할 수 있으므로 항상 지문부터 확인하는 습관을 들여야 한다.

03 도표 작성에서 지문에 작성된 도표의 제목을 반드시 확인하라!

도표 작성은 하나의 자료 혹은 보고서와 같은 수치가 표현된 자료를 도표로 작성하는 형식으로 출제되는데, 대체로 표보다는 그래프를 작성하는 형태로 많이 출제된다. 지문을 살펴보면 각 지문에서 주어진 도표에도 소제목이 있는 경우가 대부분이다. 이때, 자료의 수치와 도표의 제목이 일치하지 않는 경우 함정이 존재하는 문제일 가능성이 높으므로 도표의 제목을 반드시 확인하는 것이 중요하다.

대표기출유형

01 응용 수리

| 유형분석 |

- 문제에서 제공하는 정보를 파악한 뒤, 사칙연산을 활용하여 계산하는 전형적인 수리문제이다.
- 문제를 풀기 위한 정보가 산재되어 있는 경우가 많으므로 주어진 조건 등을 꼼꼼히 확인해야 한다.

K공장은 어떤 상품을 원가에 23%의 이익을 남겨 판매하였으나, 잘 팔리지 않아 판매가에서 1,300원 할인하여 판매하였다. 이때 얻은 이익이 원가의 10%일 때, 상품의 원가는 얼마인가?

① 10,000원 ② 11,500원

③ 13,000원 ④ 14,500원

정답 ①

상품의 원가를 x원이라 하면 처음 판매가격은 $1.23x$원이다.

여기서 1,300원을 할인하여 판매했을 때 얻은 이익은 원가의 10%이므로 다음과 같은 식이 성립한다.

$(1.23x-1,300)-x=0.1x$

$\rightarrow 0.13x=1,300$

$\therefore x=10,000$

따라서 상품의 원가는 10,000원이다.

풀이 전략!

문제에서 묻는 바를 정확하게 확인한 후, 필요한 조건 또는 정보를 구분하여 신속하게 풀어 나간다. 단, 계산에 착오가 생기지 않도록 유의한다.

대표기출유형 01 기출응용문제

01 A와 B가 운동장을 돌 때, 서로 반대 방향으로 돌면 12분 후에 다시 만난다. A의 속력은 100m/분, B의 속력은 80m/분이라면 운동장의 둘레는 몇 m인가?

① 1,960m ② 2,060m
③ 2,100m ④ 2,160m

02 가로 240m, 세로 400m인 어느 부지에 정사각형으로 구역을 나누어 경작을 하려고 한다. 구역을 최소로 나눈다고 할 때 구역은 총 몇 개가 되는가?(단, 남겨지는 땅은 없다)

① 14개 ② 15개
③ 16개 ④ 17개

03 경기도 Y시에는 세계 4대 테마파크로 꼽히는 K랜드가 있다. K랜드는 회원제 시스템을 운영 중이다. 비회원은 매표소에서 자유이용권 1장을 20,000원에 구매할 수 있고, 회원은 자유이용권 1장을 20% 할인된 가격에 구매할 수 있다. 회원 가입비가 50,000원이라 할 때, K랜드를 최소 몇 번 이용해야 회원 가입한 것이 이익인가?(단, 회원 1인당 1회 방문 시 자유이용권 1장을 구매할 수 있다)

① 11회 ② 12회
③ 13회 ④ 14회

04 지윤이는 농도 5%의 오렌지 주스와 농도 11%의 오렌지 주스를 섞어서 농도 8%의 오렌지 주스 400g을 만들려고 한다. 이때 농도 11%의 오렌지 주스는 몇 g을 섞어야 하는가?

① 150g
② 170g
③ 190g
④ 200g

05 수영장에 오염농도가 5%인 물 20kg이 있다. 이 물에 깨끗한 물을 넣어 오염농도를 1%p 줄이려고 한다. 이때 물을 얼마나 넣어야 하는가?

① 3kg
② 4kg
③ 5kg
④ 6kg

06 슬기, 효진, 은경, 민지, 은빈 5명은 휴가를 떠나기 전 원피스를 사러 백화점에 갔다. 원피스가 노란색 2벌, 파란색 2벌, 초록색 1벌이 있을 때, 5명이 각자 1벌씩 고를 수 있는 경우의 수는?

① 28가지
② 30가지
③ 32가지
④ 34가지

07 K회사는 사옥 옥상 정원에 있는 가로 644cm, 세로 476cm인 직사각형 모양의 뜰 가장자리에 조명을 설치하려고 한다. 네 모퉁이에는 반드시 조명을 설치하고, 일정한 간격으로 조명을 추가 배열하려고 할 때, 필요한 조명의 최소 개수는?(단, 조명의 크기는 고려하지 않는다)

① 68개
② 72개
③ 76개
④ 80개

08 원가의 20%를 추가한 금액을 정가로 하는 제품을 15% 할인해서 50개를 판매한 금액이 127,500원일 때, 이 제품의 원가는 얼마인가?

① 1,500원
② 2,000원
③ 2,500원
④ 3,000원

09 민경이는 등산복과 등산화를 납품받아 판매한다. 등산복 한 벌을 판매했을 때 얻는 이익은 2,000원이고, 등산화 한 켤레를 판매했을 때 얻는 이익은 5,000원이다. 민경이가 총 40개의 제품을 판매했고, 판매이익이 11만 원일 때 등산화 판매로 얻은 이익은 얼마인가?

① 5,000원
② 10,000원
③ 25,000원
④ 50,000원

10 외국인 A씨의 현재 잔고는 5달러이고, 매일 2달러를 저금을 한다. 한국인 B씨와 C씨의 현재 잔고는 각각 y, $2y$달러이고 매일 5달러, 3달러씩 저금을 하고 있다. 2일 후 B씨와 C씨의 자산의 차액은 A씨의 2일 후 자산과 동일하다고 할 때, B씨의 자산이 C씨의 자산보다 같거나 많게 되는 날은 오늘로부터 며칠 후인가?(단, 기간은 소수점 첫째 자리에서 반올림한다)

① 7일 후
② 8일 후
③ 9일 후
④ 10일 후

PART 2

02 자료 계산

| 유형분석 |

- 제시된 자료를 통해 문제에서 주어진 특정한 값을 계산하거나 자료의 변동량을 구할 수 있는지 평가하는 유형이다.
- 자료상에 주어진 공식을 활용하는 계산문제와 증감률, 비율, 합, 차 등을 활용한 문제가 출제된다.
- 출제 비중은 낮지만, 숫자가 큰 경우가 많으므로 제시된 수치와 조건을 꼼꼼히 확인하여 정확하게 계산하는 것이 중요하다.

다음은 해외·국내여행을 간 횟수에 대해 연령대별로 50명씩 설문조사하여 평균 횟수를 정리한 결과이다. 빈칸에 들어갈 수치로 옳은 것은?(단, 각 수치는 매년 일정한 규칙으로 변화한다)

〈연령대별 해외·국내여행 평균 횟수〉

(단위 : 회)

구분	2019년	2020년	2021년	2022년	2023년	2024년
20대	35.9	35.2	0.7	42.2	38.4	37
30대	22.3	21.6	24.8	22.6	20.9	24.1
40대	19.2	24	23.7	20.4	24.8	22.9
50대	27.6	28.8	30	31.2		33.6
60대 이상	30.4	30.8	28.2	27.3	24.3	29.4

① 32.4
② 33.1
③ 34.2
④ 34.5

정답 ①

50대 해외·국내여행 평균 횟수는 매년 1.2회씩 증가한다.
따라서 빈칸에 들어갈 수치는 31.2+1.2=32.4이다.

풀이 전략!

선택지를 먼저 읽고 필요한 정보를 도표에서 확인하도록 하며, 계산이 필요한 경우에는 실제 수치를 사용하여 복잡한 계산을 하는 대신, 대소 관계의 비교나 선택지의 옳고 그름만을 판단할 수 있을 정도로 간소화하여 계산해 풀이시간을 단축할 수 있도록 한다.

01 A씨는 이번 달에 350kWh의 전기를 사용하였으며 B씨는 A씨가 내야 할 요금의 2배만큼 사용하였다. 이때, B씨가 이번 달에 사용한 전기량은 몇 kWh인가?

〈전기 사용량 구간별 요금〉

구분	요금
200kWh 이하	100원/kWh
400kWh 이하	200원/kWh
400kWh 초과	400원/kWh

① 350kWh ② 400kWh
③ 450kWh ④ 500kWh

02 다음은 K레스토랑의 신메뉴인 콥샐러드를 만들기 위해 필요한 재료의 단가와 B지점의 재료 주문 수량이다. B지점의 재료 구입 비용의 총합은 얼마인가?

〈K레스토랑의 콥샐러드 재료 단가〉

(단위 : 원)

구분	단위	단위당 단가	구입처
올리브 통조림	1캔(3kg)	5,200	A유통
메추리알	1봉지(1kg)	4,400	B상사
방울토마토	1박스(5kg)	21,800	C농산
옥수수 통조림	1캔(3kg)	6,300	A유통
베이비 채소	1박스(500g)	8,000	C농산

〈B지점의 재료 주문 수량〉

(단위 : kg)

구분	올리브 통조림	메추리알	방울토마토	옥수수 통조림	베이비 채소
주문량	15	7	25	18	4

① 264,600원 ② 265,600원
③ 266,600원 ④ 267,600원

03 K공사에서 직원들에게 자기계발 교육비용을 일부 지원하기로 하였다. A ~ E 5명의 직원이 다음과 같이 교육프로그램을 신청하였을 때, K공사에서 총무인사팀 직원들에게 지원하는 총 교육비는 얼마인가?

〈자기계발 수강료 및 지원 금액〉

구분	영어회화	컴퓨터 활용	세무회계
수강료	7만 원	5만 원	6만 원
지원 금액 비율	50%	40%	80%

〈신청한 교육프로그램〉

구분	영어회화	컴퓨터 활용	세무회계
A직원	○		○
B직원	○	○	○
C직원		○	○
D직원	○		
E직원		○	

① 307,000원
② 308,000원
③ 309,000원
④ 310,000원

04 K공사는 예산 400만 원으로 공기청정기 40대를 구매하기로 하였다. 다음 두 업체 중 어느 곳에서 공기청정기를 구매하는 것이 유리하며, 얼마나 더 저렴한가?

업체	할인 정보	가격
S전자	• 8대 구매 시 2대 무료 증정 • 구매 금액 100만 원당 2만 원 할인	8만 원/대
B마트	• 20대 미만 구매 : 2% 할인 • 30대 이상 구매 : 5% 할인 • 40대 이상 구매 : 7% 할인 • 50대 이상 구매 : 10% 할인	9만 원/대

※ 1,000원 단위는 절사함

① S전자, 82만 원
② S전자, 148만 원
③ B마트, 12만 원
④ B마트, 20만 원

05 K통신사 대리점에 근무하는 A사원은 판매율을 높이기 위해 핸드폰을 구매한 고객에게 사은품을 나누어 주는 이벤트를 실시하고자 한다. 본사로부터 할당받은 예산은 총 500만 원이고, 1개의 사은품 상자에는 2개의 상품이 들어간다. 또한 비용 대비 고객 만족도가 높은 상품들로 최대한 많은 고객들에게 전달하고자 한다. 다음 자료를 참고할 때, 최대 몇 명의 고객에게 사은품을 전달할 수 있는가?

〈사은품 정보〉

(단위 : 원, 개, 점)

구분	개당 구매비용	확보 가능한 최대물량	상품에 대한 고객 만족도
차량용 방향제	7,000	300	5
식용유 세트	10,000	80	4
유리용기 세트	6,000	200	6
32GB USB	5,000	180	4
머그컵 세트	10,000	80	5
육아 관련 도서	8,800	120	4
핸드폰 충전기	7,500	150	3

① 360명
② 370명
③ 380명
④ 390명

03 자료 이해

| 유형분석 |

- 제시된 표를 분석하여 선택지의 정답 유무를 판단하는 문제이다.
- 표의 수치 등을 통해 변화량이나 증감률, 비중 등을 비교하여 판단하는 문제가 자주 출제된다.
- 지원하고자 하는 기업이나 산업과 관련된 자료 등이 문제의 자료로 많이 다뤄진다.

연도별 1분기 A국립공원 방문객 수가 다음과 같을 때, 2024년 1분기 A국립공원 방문객 수와 방문객 수 비율이 바르게 연결된 것은?(단, 방문객 수는 천의 자리 수에서 반올림하고, 방문객 수 비율은 소수점 이하는 버림하며, 증감률은 소수점 둘째 자리에서 반올림한다)

〈연도별 1분기 A국립공원 방문객 수〉

(단위 : 명, %)

구분	방문객 수	방문객 수 비율	증감률
2020년	1,580,000	90	-
2021년	1,680,000	96	6.3
2022년	1,750,000	100	4.2
2023년	1,810,000	103	3.4
2024년			−2.8

※ 방문객 수 비율은 2022년을 100으로 함

	방문객 수	방문객 수 비율
①	1,760,000명	103
②	1,760,000명	101
③	1,760,000명	100
④	1,780,000명	101

정답 ③

2023년 1분기 방문객 수 대비 2.8% 감소하였으므로, 2024년 1분기 방문객 수를 구하면 1,810,000×(1−0.028)=1,759,320≒1,760,000명이다. 방문객 수 비율은 2022년이 100이므로 $\frac{1,760,000}{1,750,000}\times 100 \fallingdotseq 100$이다.

풀이 전략!

평소 변화량이나 증감률, 비중 등을 구하는 공식을 알아두고 있어야 하며, 지원하는 기업이나 산업에 관한 자료 등을 확인하여 비교하는 연습 등을 한다.

대표기출유형 03 기출응용문제

01 다음은 전자책 이용 매체 사용 비율에 대한 자료이다. 이에 대한 설명으로 옳은 것은?

〈전자책 이용 매체 사용 비율〉

(단위 : 명, %)

구분	2022년	2023년		2024년	
	성인	성인	학생	성인	학생
표본 인원	47	112	1,304	338	1,473
컴퓨터	68.1	67	43.2	52.1	48.2
휴대폰 / 스마트폰	12.8	14.3	25.5	42.4	38
개인휴대단말기(PDA)	4.3	3.6	2.3	0.2	0.2
태블릿 PC	0	2.7	0.5	3.8	2.3
휴대용 플레이어(PMP)	2.1	0.9	13.7	1	9.3
전자책 전용단말기	0	0	2.1	0.5	0.4
기타	12.7	11.5	12.7	0	1.6

① 2022년의 휴대폰 / 스마트폰 성인 사용자 수는 2023년 태블릿 PC 성인 사용자 수보다 많다.

② 2024년에 개인휴대단말기 학생 사용자 수는 전년 대비 증가하였다.

③ 2024년의 전자책 전용단말기 사용자 수는 20명 이상이다.

④ 2023년의 컴퓨터 사용자 수는 성인이 학생 수의 20% 이상 차지한다.

02 다음은 K공장에서 근무하는 근로자들의 임금 수준 분포를 나타낸 자료이다. 근로자 전체에게 지급된 월 급여의 총액이 2억 원일 때, 〈보기〉 중 옳은 것을 모두 고르면?

〈K공장 근로자의 임금 수준 분포〉

임금 수준(만 원)	근로자 수(명)
월 300 이상	4
월 270 이상 300 미만	8
월 240 이상 270 미만	12
월 210 이상 240 미만	26
월 180 이상 210 미만	30
월 150 이상 180 미만	6
월 150 미만	4
합계	90

보기

㉠ 근로자당 평균 월 급여액은 230만 원 이하이다.
㉡ 절반 이상의 근로자들이 월 210만 원 이상의 급여를 받고 있다.
㉢ 월 180만 원 미만의 급여를 받는 근로자의 비율은 약 14%이다.
㉣ 적어도 15명 이상의 근로자가 월 250만 원 이상의 급여를 받고 있다.

① ㉠
② ㉠, ㉡
③ ㉢, ㉣
④ ㉡, ㉢, ㉣

03 다음은 각 국가의 연도별 이산화탄소 배출량에 대한 자료이다. 〈조건〉에 따라 빈칸 ㉠~㉣에 해당하는 국가명을 순서대로 바르게 나열한 것은?

〈각 국가의 연도별 이산화탄소 배출량〉

(단위 : 백만 CO_2톤)

구분	1995년	2005년	2015년	2020년	2024년
일본	1,041	1,141	1,112	1,230	1,189
미국	4,803	5,642	5,347	5,103	5,176
㉠	232	432	551	572	568
㉡	171	312	498	535	556
㉢	151	235	419	471	507
독일	940	812	759	764	723
인도	530	890	1,594	1,853	2,020
㉣	420	516	526	550	555
중국	2,076	3,086	7,707	8,980	9,087
러시아	2,163	1,474	1,529	1,535	1,468

조건

- 한국과 캐나다는 제시된 5개 연도의 이산화탄소 배출량 순위에서 8위를 두 번 했다.
- 사우디아라비아의 2020년 대비 2024년의 이산화탄소 배출량 증가율은 5% 이상이다.
- 이란과 한국의 이산화탄소 배출량의 합은 2015년부터 이란과 캐나다의 배출량의 합보다 많아진다.

① 캐나다 – 이란 – 사우디아라비아 – 한국
② 캐나다 – 사우디아라비아 – 한국 – 이란
③ 한국 – 이란 – 캐나다 – 사우디아라비아
④ 한국 – 이란 – 사우디아라비아 – 캐나다

04 다음은 환율조작국을 지정하기 위해 만든 요건별 판단기준과 A ~ K국에 대한 자료이다. 이에 대한 〈보기〉의 설명 중 옳은 것을 모두 고르면?

〈요건별 판단기준〉

요건	X	Y	Z
	현저한 대미무역수지 흑자	상당한 경상수지 흑자	지속적 환율시장 개입
판단기준	대미무역수지 200억 달러 초과	GDP 대비 경상수지 비중 3% 초과	GDP 대비 외화자산순매수액 비중 2% 초과

※ 요건 중 세 가지를 모두 충족하면 환율조작국으로 지정됨
※ 요건 중 두 가지만을 충족하면 관찰대상국으로 지정됨

〈환율조작국 지정 관련 자료〉

(단위 : 10억 달러, %)

구분	대미무역수지	GDP 대비 경상수지 비중	GDP 대비 외화자산순매수액 비중
A국	365.7	3.1	−3.9
B국	74.2	8.5	0
C국	68.6	3.3	2.1
D국	58.4	−2.8	−1.8
E국	28.3	7.7	0.2
F국	27.8	2.2	1.1
G국	23.2	−1.1	1.8
H국	17.6	−0.2	0.2
I국	14.9	−3.3	0
J국	14.9	14.6	2.4
K국	−4.3	−3.3	0.1

보기

㉠ 환율조작국으로 지정되는 국가는 없다.
㉡ B국은 X요건과 Y요건을 충족한다.
㉢ 관찰대상국으로 지정되는 국가는 모두 4곳이다.
㉣ X요건의 판단기준을 '대미무역수지 200억 달러 초과'에서 '대미무역수지 150억 달러 초과'로 변경하여도 관찰대상국 및 환율조작국으로 지정되는 국가들은 동일하다.

① ㉠, ㉡　　② ㉠, ㉢
③ ㉠, ㉡, ㉣　　④ ㉡, ㉢, ㉣

05 다음은 특정 분야의 기술에 대한 정보검색 건수를 연도별로 나타낸 자료이다. 이에 대한 〈보기〉의 설명 중 옳은 것을 모두 고르면?

〈연도별 정보검색 건수〉

(단위 : 건)

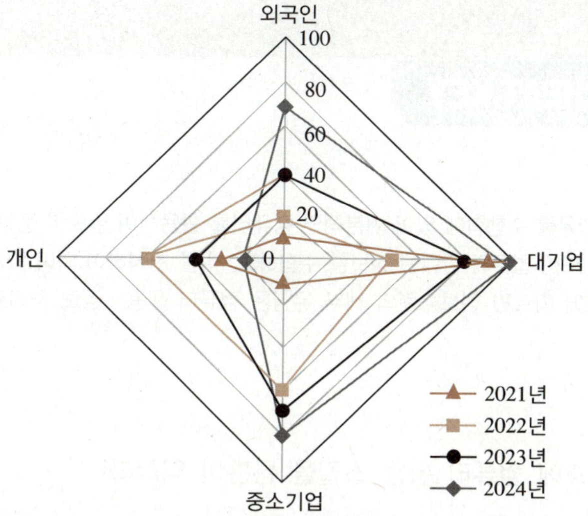

보기

ㄱ. 전체 검색 건수는 2022년에 가장 적었다.

ㄴ. 중소기업의 검색 건수는 2021년부터 2024년까지 계속 증가하고 있다.

ㄷ. 2023년에는 외국인과 개인의 검색 건수가 가장 적었고, 중소기업의 검색 건수가 가장 많았다.

① ㄱ　　② ㄴ

③ ㄱ, ㄴ　　④ ㄴ, ㄷ

CHAPTER 02

정보능력

합격 CHEAT KEY

정보능력은 업무를 수행함에 있어 기본적인 컴퓨터를 활용하여 필요한 정보를 수집, 분석, 활용하는 능력을 의미한다. 또한 업무와 관련된 정보를 수집하고, 이를 분석하여 의미 있는 정보를 얻는 능력이다. 국가직무능력표준에 따르면 정보능력의 세부 유형은 컴퓨터 활용・정보 처리로 나눌 수 있다.

01 평소에 컴퓨터 활용 스킬을 틈틈이 익혀라!

윈도우(OS)에서 어떠한 설정을 할 수 있는지, 응용프로그램(엑셀 등)에서 어떠한 기능을 활용할 수 있는지를 평소에 직접 사용해 본다면 문제를 보다 수월하게 해결할 수 있다. 여건이 된다면 컴퓨터 활용 능력에 관련된 자격증 공부를 하는 것도 이론과 실무를 익히는 데 도움이 될 것이다.

02 문제의 규칙을 찾는 연습을 하라!

일반적으로 코드체계나 시스템 논리체계를 제공하고 이를 분석하여 문제를 해결하는 유형이 출제된다. 이러한 문제는 문제해결능력과 같은 맥락으로 규칙을 파악하여 접근하는 방식으로 연습이 필요하다.

03 현재 보고 있는 그 문제에 집중하라!

정보능력의 모든 것을 공부하려고 한다면 양이 너무나 방대하다. 그렇기 때문에 수험서에서 본인이 현재 보고 있는 문제들을 집중적으로 공부하고 기억하려고 해야 한다. 그러나 엑셀의 함수 수식, 연산자 등 암기를 필요로 하는 부분들은 필수적으로 암기를 해서 출제가 되었을 때 오답률을 낮출 수 있도록 한다.

04 사진 · 그림을 기억하라!

컴퓨터 활용 능력을 파악하는 영역이다 보니 컴퓨터 속 옵션, 기능, 설정 등의 사진 · 그림이 문제에 같이 나오는 경우들이 있다. 그런 부분들은 직접 컴퓨터를 통해서 하나하나 확인을 하면서 공부한다면 더 기억에 잘 남게 된다. 조금 귀찮더라도 한 번씩 클릭하면서 확인해 보도록 한다.

01 정보 이해

| 유형분석 |

- 정보능력 전반에 대한 이해를 확인하는 문제이다.
- 정보능력 이론이나 새로운 정보 기술에 대한 문제가 자주 출제된다.

다음 중 정보통신시스템에서 디지털 신호를 아날로그 신호로, 아날로그 신호를 디지털 신호로 변환시켜주는 것은?

① 단말기
② 다중화기
③ 접속기
④ 변복조기

정답 ④

변복조기는 컴퓨터나 단말 등에서 나가는 디지털 신호를 아날로그 신호로 변환하고(변조기), 들어오는 아날로그 신호를 디지털 신호로 변환하는(복조기) 역할을 수행하는 변조기와 복조기를 복합한 변복조 장치이다.

오답분석

① 단말기 : 이용자가 컴퓨터와 직접 의사를 소통할 수 있는 장치이다.
② 다중화기 : 하나의 채널을 사용하여 다중 장치(Unit) 또는 오퍼레이션(Operation)이 취급될 수 있도록 제어하는 장치이다.
③ 접속기 : 하나 또는 복수의 시스템과 다른 상이한 시스템 사이를 접속하기 위한 장치이다.

풀이 전략!

자주 출제되는 정보능력 이론을 확인하고, 확실하게 암기해야 한다. 특히 새로운 정보 기술이나 컴퓨터 전반에 대해 관심을 가지는 것이 좋다.

대표기출유형 01 기출응용문제

01 **다음 〈보기〉 중 정보관리에 대한 설명으로 옳지 않은 것을 모두 고르면?**

보기

㉠ 목록을 이용하여 정보를 관리하는 경우, 중요한 항목을 찾아 정리하는 과정으로 이루어진다.
㉡ 정보 내에 포함된 키워드 등 세부요소를 찾고자 하는 경우, 목록을 이용한 정보관리가 효율적이다.
㉢ 색인을 이용해 정보를 관리하는 경우, 색인은 색인어와 위치정보로 구성된다.

① ㉠
② ㉡
③ ㉠, ㉡
④ ㉡, ㉢

02 **다음은 데이터베이스에 대한 설명이다. 데이터베이스의 특징으로 볼 수 없는 것은?**

데이터베이스란 대량의 자료를 관리하고 내용을 구조화하여 검색이나 자료 관리 작업을 효과적으로 실행하는 프로그램으로 삽입, 삭제, 수정, 갱신 등을 통하여 항상 최신의 데이터를 유동적으로 유지할 수 있으며, 이와 같은 다량의 데이터는 사용자의 질의에 대한 신속한 응답 처리를 가능하게 한다. 또한 이러한 데이터를 여러 명의 사용자가 동시에 공유가 가능하고 각 데이터를 참조할 때는 사용자가 요구하는 내용에 따라 참조가 가능함은 물론 응용프로그램과 데이터베이스를 독립시킴으로써 데이터를 변경시키더라도 응용프로그램은 변경되지 않는다.

① 실시간 접근성
② 계속적인 진화
③ 동시 공유
④ 데이터 논리적 의존성

03 K물산에 근무하는 B사원은 제품 판매 결과보고서를 작성할 때, 자주 사용하는 여러 개의 명령어를 묶어 하나의 키 입력 동작으로 만들어서 빠르게 완성하였다. 그리고 판매 결과를 여러 유통업자에게 알리기 위해 같은 내용의 안내문을 미리 수집해 두었던 주소록을 활용하여 쉽게 작성하였다. 다음 〈보기〉 중 이러한 사례에서 사용한 워드프로세서(한글 2010)의 기능으로 옳은 것을 모두 고르면?

보기	
ㄱ. 매크로	ㄴ. 글맵시
ㄷ. 메일 머지	ㄹ. 하이퍼링크

① ㄱ, ㄴ
② ㄱ, ㄷ
③ ㄴ, ㄷ
④ ㄴ, ㄹ

04 RFID 기술이 확산됨에 따라 K유통업체는 RFID를 물품관리시스템에 도입하여 긍정적인 효과를 얻고 있다. 다음 중 RFID에 대한 설명으로 옳지 않은 것은?

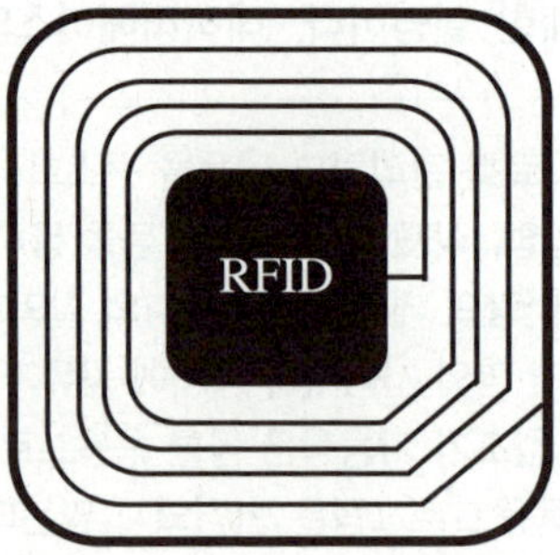

① 바코드와 달리 물체에 직접 접촉하지 않고도 데이터를 인식할 수 있다.
② 여러 개의 정보를 동시에 인식하거나 수정할 수 있다.
③ 바코드에 비해 많은 양의 데이터를 허용한다.
④ 종류에 따라 반복적으로 데이터를 기록할 수 있지만 단기적으로만 이용할 수 있다.

05 다음 중 바이오스(BIOS; Basic Input Output System)에 대한 설명으로 옳은 것은?

① 한번 기록한 데이터를 빠른 속도로 읽을 수 있지만, 다시 기록할 수 없는 메모리이다.

② 기억된 정보를 읽어내기도 하고, 다른 정보를 기억시킬 수도 있는 메모리이다.

③ 컴퓨터에서 전원을 켜면 맨 처음 컴퓨터의 제어를 맡아 가장 기본적인 기능을 처리해 주는 프로그램이다.

④ 주변 장치와 컴퓨터 처리 장치 간에 데이터를 전송할 때 처리 지연을 단축하기 위해 보조 기억 장치를 완충 기억 장치로 사용하는 것이다.

06 다음 〈보기〉 중 개인정보 유출 방지에 대한 설명으로 옳지 않은 것을 모두 고르면?

보기

ㄱ. 회원 가입 시 개인정보보호와 이용자 권리에 관한 조항을 유심히 읽어야 한다.
ㄴ. 제3자에 대한 정보 제공이 이루어지는 곳에는 개인정보를 제공해서는 안 된다.
ㄷ. 제시된 정보수집 및 이용목적에 적합한 정보를 요구하는지 확인하여야 한다.
ㄹ. 비밀번호는 주기적으로 변경해야 하며, 비밀번호 관리를 위해 동일한 비밀번호를 사용하는 것이 좋다.
ㅁ. 제공한 정보가 가입 해지 시 파기되는지 여부를 확인하여야 한다.

① ㄱ, ㄴ
② ㄱ, ㄷ
③ ㄴ, ㄹ
④ ㄴ, ㅁ

대표기출유형

02 엑셀 함수

| 유형분석 |

- 컴퓨터 활용과 관련된 상황에서 문제를 해결하기 위한 행동이 무엇인지 묻는 문제이다.
- 주로 업무수행 중에 많이 활용되는 대표적인 엑셀 함수(COUNTIF, ROUND, MAX, SUM, COUNT, AVERAGE, …)가 출제된다.
- 종종 엑셀시트를 제시하여 각 셀에 들어갈 함수식이 무엇인지 고르는 문제가 출제되기도 한다.

다음 [B1] 셀을 기준으로 오른쪽 그림과 같이 자동 필터하였을 때, A열에 추출되지 않는 성명은?

	A	B
1	성명	온라인 실적
2	조재영	230,000
3	박슬기	320,000
4	이재인	170,000
5	송지예	210,000
6	이민지	130,000
7	김인수	360,000
8	조상애	150,000
9	최승호	220,000

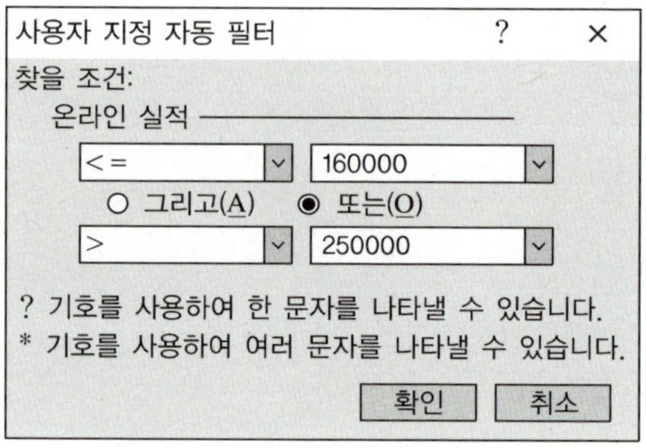

① 박슬기　　② 이재인
③ 이민지　　④ 김인수

정답 ②

문제에서 제시된 사용자 지정 자동 필터를 해석하면 160,000 이하이거나 250,000 초과의 경우 추출됨을 알 수 있다. 따라서 A열에 추출되는 성명은 박슬기, 이민지, 김인수, 조상애이다.

풀이 전략!

제시된 상황에서 사용할 엑셀 함수가 무엇인지 파악한 후, 선택지에서 적절한 함수식을 골라 식을 만들어야 한다. 평소 대표적으로 문제에 자주 출제되는 몇몇 엑셀 함수를 익혀두면 풀이시간을 단축할 수 있다.

대표기출유형 02 기출응용문제

01 다음 워크시트에서 [틀 고정] 기능을 통해 A열과 1행을 고정하고자 할 때, 어느 셀을 클릭한 후 틀 고정해야 하는가?

	A	B	C
1	코드번호	성명	취미
2	A001	이몽룡	컴퓨터
3	A002	홍길동	축구
4	A003	성춘향	미술
5	A004	변학도	컴퓨터
6	A005	임꺽정	농구

① [A1]
② [A2]
③ [B1]
④ [B2]

02 다음 중 [D2] 셀에 수식 「=UPPER(TRIM(A2))&"KR"」을 입력했을 경우 결괏값으로 옳은 것은?

	A	B	C	D
1	도서코드	출판사	출판년도	변환도서코드
2	mng-002	대한도서	2008	
3	pay-523	믿음사	2009	
4	mng-091	정일도서	2007	

① MNG-002-kr
② MNG-KR
③ MNG 002-KR
④ MNG-002KR

03 다음 시트에서 [B1] 셀에 〈보기〉의 (가) ~ (라) 함수를 입력하였을 때, 표시되는 결괏값이 다른 것은?

	A	B
1	333	
2	합격	
3	불합격	
4	12	
5	7	

보기

(가) =ISNUMBER(A1)　　(나) =ISNONTEXT(A2)

(다) =ISTEXT(A3)　　(라) =ISEVEN(A4)

① (가)　　② (나)

③ (다)　　④ (라)

04 다음 워크시트에서 '박지성'의 결석 값을 찾기 위한 함수식은?

	A	B	C	D
1	성적표			
2	이름	중간	기말	결석
3	김남일	86	90	4
4	이천수	70	80	2
5	박지성	95	85	5

① =VLOOKUP("박지성",$A$3:$D$5,4,1)

② =VLOOKUP("박지성",$A$3:$D$5,4,0)

③ =HLOOKUP("박지성",$A$3:$D$5,4,0)

④ =HLOOKUP("박지성",$A$3:$D$5,4,1)

05 K중학교에서 근무하는 P교사는 반 학생들의 과목별 수행평가 제출 여부를 확인하기 위해 다음과 같이 자료를 정리하였다. P교사가 [D11] ~ [D13] 셀에 〈보기〉와 같이 함수를 입력하였을 때, [D11] ~ [D13] 셀에 나타날 결괏값이 바르게 연결된 것은?

	A	B	C	D
1			(제출했을 경우 '1'로 표시)	
2	이름	A과목	B과목	C과목
3	김혜진	1	1	1
4	이방숙	1		
5	정영교	재제출 요망	1	
6	정혜운		재제출 요망	1
7	이승준		1	
8	이혜진			1
9	정영남	1		1
10				
11				
12				
13				

보기

- [D11] 셀에 입력한 함수 → =COUNTA(B3:D9)
- [D12] 셀에 입력한 함수 → =COUNT(B3:D9)
- [D13] 셀에 입력한 함수 → =COUNTBLANK(B3:D9)

	[D11]	[D12]	[D13]
①	12	10	11
②	12	10	9
③	10	12	11
④	10	12	9

PART 2

06 K공사의 P사원은 고객의 지출성향을 파악하기 위하여 다음과 같은 내역을 조사하여 파일을 작성하였다. 외식비로 지출된 금액의 총액을 구하고자 할 때, [G5] 셀에 들어갈 함수식으로 옳은 것은?

	A	B	C	D	E	F	G
1							
2		날짜	항목	지출금액			
3		01월 02일	외식비	35,000			
4		01월 05일	교육비	150,000			
5		01월 10일	월세	500,000		외식비 합계	
6		01월 14일	외식비	40,000			
7		01월 19일	기부	1,000,000			
8		01월 21일	교통비	8,000			
9		01월 25일	외식비	20,000			
10		01월 30일	외식비	15,000			
11		01월 31일	교통비	2,000			
12		02월 05일	외식비	22,000			
13		02월 07일	교통비	6,000			
14		02월 09일	교육비	120,000			
15		02월 10일	월세	500,000			
16		02월 13일	외식비	38,000			
17		02월 15일	외식비	32,000			
18		02월 16일	교통비	4,000			
19		02월 20일	외식비	42,000			
20		02월 21일	교통비	6,000			
21		02월 23일	외식비	18,000			
22		02월 24일	교통비	8,000			
23							
24							

① =SUMIF(C4:C23,"외식비",D4:D23)

② =SUMIF(C3:C22,"외식비",D3:D22)

③ =SUMIF(C3:C22,"C3",D3:D22)

④ =SUMIF("외식비",C3:C22,D3:D22)

PART 3
직무능력검사(기술)

적중예상문제

정답 및 해설 p.058

01 다음 중 금속 판재의 가공 공정 중 가장 매끈하고 정확한 전단면을 얻을 수 있는 전단공정은?

① 슬리팅(Slitting)
② 스피닝(Spinning)
③ 파인블랭킹(Fine Blanking)
④ 신장성형(Stretch Forming)

02 다음 중 흙이나 모래 등의 무기질재료를 높은 온도로 가열하여 만든 것으로, 특수 타일, 인공 뼈, 자동차엔진 등에 사용하며 고온에도 잘 견디고 내마멸성이 큰 소재는 무엇인가?

① 파인세라믹
② 형상기억합금
③ 두랄루민
④ 초전도합금

03 절삭속도 628m/min, 밀링커터의 날수를 10, 밀링커터의 지름을 100mm, 1날당 이송을 0.1mm로 할 경우 테이블의 1분간 이송량은 얼마인가?(단, $\pi=3.14$이다)

① 1,000mm/min
② 2,000mm/min
③ 3,000mm/min
④ 4,000mm/min

04 다음 중 높은 경도의 금형가공에 많이 적용되는 방법으로, 전극의 형상을 절연성 있는 가공액 내에서 금형에 전사하여 원하는 치수와 형상을 얻는 가공법은 무엇인가?

① 전자빔가공법
② 플라스마 아크가공법
③ 방전가공법
④ 초음파가공법

05 **다음 중 축의 위험속도에 대한 내용으로 옳은 것은?**

① 축의 고유진동수이다.
② 축의 최대인장강도이다.
③ 축에 작용하는 최대굽힘모멘트이다.
④ 축에 작용하는 최대비틀림모멘트이다.

06 **다음 중 두 축의 중심이 일치하지 않는 경우에 사용할 수 있는 커플링은 무엇인가?**

① 올덤 커플링(Oldham's Coupling)
② 머프 커플링(Muff Coupling)
③ 마찰 원통 커플링(Friction Clip Coupling)
④ 셀러 커플링(Seller Coupling)

07 **판의 두께가 16mm, 리벳의 지름이 16mm, 리벳의 구멍 지름이 17mm, 피치가 64mm인 1줄 리벳 겹치기 이음에서 강판의 효율은 얼마인가?**

① 약 70.5%　　② 약 71.7%
③ 약 73.4%　　④ 약 75.0%

08 **사각나사의 축방향하중이 Q, 마찰각이 p, 리드각이 α일 때, 사각나사가 저절로 풀리는 조건은?**

① $Q\tan(p+\alpha)>0$　　② $Q\tan(p+\alpha)<0$
③ $Q\tan(p-\alpha)<0$　　④ $Q\tan(p-\alpha)>0$

09 **다음 중 구성인선(Built Up Edge)에 대한 설명으로 옳지 않은 것은?**

① 구성인선은 일반적으로 연성재료에서 많이 발생한다.
② 구성인선은 공구 윗면경사면에 윤활을 하면 줄일 수 있다.
③ 구성인선에 의해 절삭된 가공면은 거칠게 된다.
④ 구성인선은 절삭속도를 느리게 하면 방지할 수 있다.

10 다음 중 탄성계수 E, 전단탄성계수 G, 푸아송비 μ 사이의 관계식으로 옳은 것은?

① $G=\frac{E}{(1+2\mu)}$　② $G=\frac{3E}{2(1+\mu)}$

③ $G=\frac{2E}{(1+\mu)}$　④ $G=\frac{E}{2(1+\mu)}$

11 다음 중 펌프(Pump)에 대한 설명으로 옳지 않은 것은?

① 송출량 및 송출압력이 주기적으로 변화하는 현상을 수격현상이라 한다.

② 왕복 펌프는 회전수에 제한을 받지 않아 고양정에 적합하다.

③ 원심 펌프는 회전차가 케이싱 내에서 회전할 때 발생하는 원심력을 이용한다.

④ 축류 펌프는 유량이 크고 저양정인 경우에 적합하다.

12 다음 중 공기스프링에 대한 설명으로 옳지 않은 것은?

① 2축 또는 3축 방향으로 동시에 작용할 수 있다.

② 감쇠특성이 커서 작은 진동을 흡수할 수 있다.

③ 하중과 변형의 관계가 비선형적이다.

④ 스프링 상수의 크기를 조절할 수 있다.

13 폭이 30cm, 높이가 10cm, 길이가 1.5m인 외팔보의 자유단에 8kN의 집중하중을 작용시킬 때의 최대 처짐은?(단, 탄성계수 E=200GPa이다)

① 1.3mm　② 1.5mm

③ 1.8mm　④ 2.0mm

14 다음 중 유압프레스의 작동원리의 바탕이 되는 이론은?

① 파스칼의 원리　② 보일의 법칙

③ 토리첼리의 원리　④ 아르키메데스의 원리

15 10냉동톤의 능력을 갖는 카르노 냉동기의 응축 온도가 25℃, 증발온도가 −20℃이다. 이 냉동기를 운전하기 위하여 필요한 이론동력은 몇 kW인가?(단, 1냉동톤은 3.85kW이다)

① 약 6.85kW ② 약 5.65kW
③ 약 4.63kW ④ 약 3.37kW

16 다음 중 다이아몬드 다음으로 경한 재료로, 철계금속이나 내열합금의 절삭에 적합한 것은?

① 세라믹(Ceramic)
② 초경합금(Carbide)
③ 입방정 질화붕소(CBN; Cubic Boron Nitride)
④ 고속도강(HSS; High Speed Steel)

17 다음 중 탄소강 판재로 이음매가 없는 국그릇 모양의 몸체를 만드는 가공법은?

① 스피닝 ② 컬링
③ 비딩 ④ 플랜징

18 다음 중 허용할 수 있는 부품의 오차 정도를 결정한 후, 각각 최대 및 최소치수를 설정하여 부품의 치수가 그 범위 내에 드는지를 검사하는 게이지는?

① 블록게이지 ② 한계게이지
③ 간극게이지 ④ 다이얼게이지

19 다음 중 소성가공의 하나인 단조가공에 대한 설명으로 옳은 것은?

① 기계나 다이를 이용하여 재료에 충격을 가해 제품을 만드는 가공법이다.
② 고온이나 저온의 재료를 회전하는 두 개의 롤러 사이를 통과시켜 판재 및 형재(型材)를 만드는 가공법이다.
③ 여러 가지 금형을 설치하여 판재를 원하는 치수로 자르거나 원하는 모양으로 가공하는 데 사용되는 기계를 사용하는 가공법이다.
④ 고정된 다이스의 뚫린 구멍에 봉상(棒狀)의 재료를 넣고 반대쪽으로 나온 부분을 잡아당겨 재료의 단면적을 축소시키는 가공법이다.

20 다음 중 연삭숫돌에 눈메움이나 무딤이 발생하였을 때, 이를 제거하기 위한 방법으로 옳은 것은?

① 드레싱(Dressing)　　② 폴리싱(Polishing)

③ 연삭액의 교환　　④ 연삭속도의 변경

21 다음 글에서 설명하는 주조법으로 옳은 것은?

> • 영구주형을 사용한다.
> • 비철금속의 주조에 적용한다.
> • 고온 체임버식과 저온 체임버식으로 나뉜다.
> • 용융금속이 응고될 때까지 압력을 가한다.

① 스퀴즈캐스팅(Squeeze Casting)

② 원심주조법(Centrifugal Casting)

③ 다이캐스팅(Die Casting)

④ 인베스트먼트주조법(Investment Casting)

22 다음 〈보기〉 중 경금속을 모두 고르면?

> 보기
> ㉠ Sn　　㉡ Mg
> ㉢ Al　　㉣ Fe
> ㉤ Ni

① ㉠, ㉡　　② ㉡, ㉢

③ ㉢, ㉣　　④ ㉣, ㉤

23 지름이 50mm인 공작물을 절삭속도 314m/min으로 선반에서 절삭할 때, 필요한 주축의 회전수는 몇 rpm인가?(단, $\pi=3.14$로 계산하고, 결괏값은 일의 자리에서 반올림한다)

① 1,000rpm ② 2,000rpm
③ 3,000rpm ④ 4,000rpm

24 다음 기계요소를 큰 회전력을 전달할 수 있는 순서대로 바르게 나열한 것은?

① 안장키> 경사키> 스플라인> 평키
② 스플라인> 경사키> 평키> 안장키
③ 안장키> 평키> 경사키> 스플라인
④ 스플라인> 평키> 경사키> 안장키

25 길이가 L이고 스프링상수가 k인 균일한 스프링이 있다. 이 스프링 길이의 $\frac{2}{3}$를 잘라내고, 남은 길이가 $\frac{1}{3}$일 때, 이 스프링의 스프링상수는 얼마인가?(단, 스프링에는 길이 방향 하중만 작용한다)

① $\frac{k}{3}$ ② $\frac{2k}{3}$
③ $2k$ ④ $3k$

CHAPTER

02 전기 적중예상문제

정답 및 해설 p.064

01 다음 중 동전선의 종단접속 방법이 아닌 것은?

① 동선압착단자에 의한 접속
② 종단 겹침용 슬리브에 의한 접속
③ C형 전선접속기 등에 의한 접속
④ 비틀어 꽂는 형의 전선접속기에 의한 접속

02 다음 중 3상 반파 정류 회로에서 맥동률은 몇 %인가?(단, 부하는 저항 부하이다)

① 약 10% ② 약 16%
③ 약 28% ④ 약 40%

03 다음 중 반파 정류 회로에서 직류 전압 200V를 얻는 데 필요한 변압기 2차 전압은 얼마인가?(단, 부하는 순저항이고 정류기의 전압 강하는 10V로 한다)

① 약 400V ② 약 454V
③ 약 467V ④ 약 478V

04 어느 변압기의 전압비가 무부하 시에는 12 : 1이고, 정격 부하의 어느 역률에서는 13.5 : 1이다. 이 변압기의 동일 역률에서의 전압 변동률은 몇 %인가?

① 10% ② 12%
③ 12.5% ④ 13%

05 다음 중 전위계수와 용량계수, 유도계수에 대한 설명으로 옳지 않은 것은?

① 일반적으로 유도계수는 0보다 작거나 같다.

② 용량계수의 단위는 [C/V]이다.

③ 전위계수의 단위는 정전용량의 단위와 같다.

④ $q_{11} \geq -(q_{21}+q_{31}+q_{41}+\cdots+q_{n1})$

06 다음 중 3상 4선식 380/220V 선로에서 전원의 중성극에 접속된 전선은 무엇인가?

① 접지선　　② 중성선

③ 전원선　　④ 접지측선

07 다음 중 직류 발전기의 철심을 규소 강판으로 성층하여 사용하는 주된 이유로 옳은 것은?

① 브러시에서의 불꽃 방지 및 정류 개선

② 맴돌이전류손과 히스테리시스손의 감소

③ 전기자 반작용의 감소

④ 기계적 강도 개선

08 반지름이 a인 무한히 긴 원통형 도체에 직류전류가 흐르고 있다. 이때, 전류에 의해 발생되는 자계 H가 원통축으로부터의 수직거리 r에 따라 변하는 모양을 바르게 나타낸 것은?

①
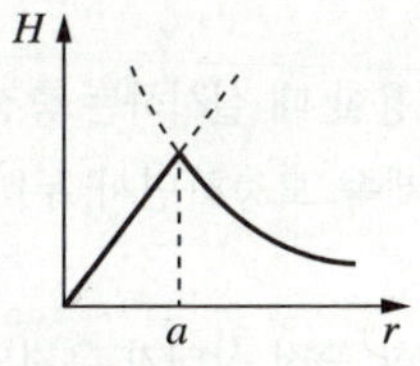

②
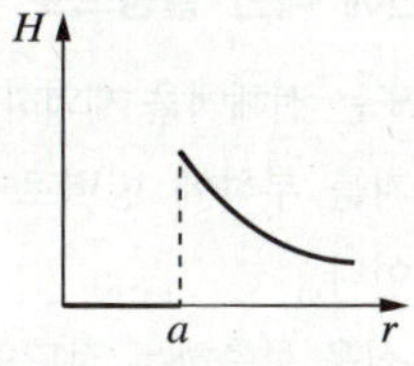

③
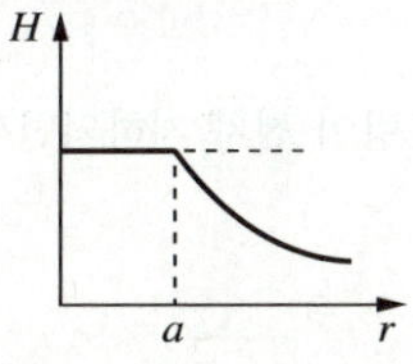

④
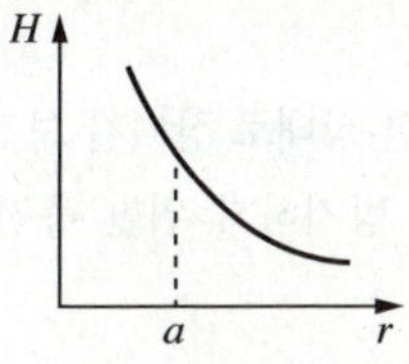

09 다음 중 안정도(Stability)에 대한 설명으로 옳지 않은 것은?

① 동태 안정도는 여자기, 소속기 등 발전기의 제어 효과까지를 고려한 안정도이다.
② 송전선 안정도 향상 방법으로는 전압변동률 늘리기, 직렬 리액턴스 작게 하기 등이 있다.
③ 정태 안정도는 전력 시스템이 천천히 증가하는 부하에 대하여 전력을 계속 공급할 수 있는 능력을 말한다.
④ 과도 안정도는 전력 계통에서 발전기 탈착, 부하 급변, 지락(地絡), 단락(短絡) 따위의 급격한 움직임에 대하여 발전기가 안정 상태를 유지하는 정도이다.

10 다음 중 3상 교류 발전기의 기전력에 대하여 $\frac{\pi}{2}$rad 뒤진 전기자 전류가 흐를 때, 전기자 반작용으로 옳은 것은?

① 횡축 반작용으로 기전력을 증가시킨다.
② 교차 자화작용으로 기전력을 감소시킨다.
③ 증자 작용을 하여 기전력을 증가시킨다.
④ 감자 작용을 하여 기전력을 감소시킨다.

11 어떤 콘덴서에 1,000V의 전압을 가하였더니 5×10^{-3}C의 전하가 축적되었다. 다음 중 이 콘덴서의 용량은?

① 2.5μF ② 5μF
③ 25μF ④ 50μF

12 다음 중 부동 충전에 대한 설명으로 옳은 것은?

① 새로운 축전지 또는 전해액을 제외하고 보관해 두었던 축전지를 사용할 때 실시하는 충전 방식이다.
② 정류기와 축전지를 부하에 병렬로 접속하고 축전지의 방전을 계속 보충하면서 부하에 전력을 공급하는 방식이다.
③ 전지의 내부 손실을 보충하는 정도의 낮은 충전율로 전지의 완전한 충전 상태가 유지되도록 충전하는 방식이다.
④ 축전지를 충전한 상태로 장기간 보전할 때의 자기 방전 때문에 용량이 점차 저하되면서 나타나는 황산화 현상을 방지하기 위한 충전 방식이다.

13 다음 그림의 단상 반파 정류 회로에서 R에 흐르는 직류전압은?(단, $V=100\text{V}$, $R=10\sqrt{2}\,\Omega$ 이다)

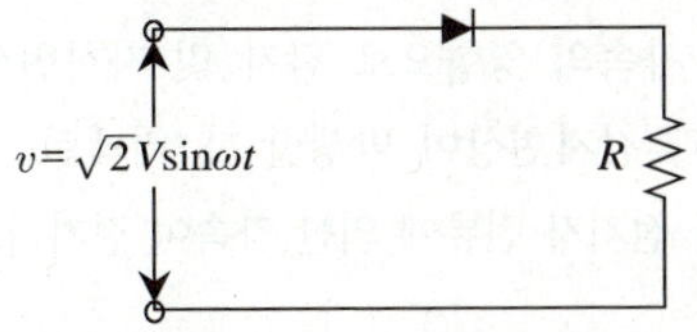

① 약 2.28A ② 약 3.2A
③ 약 4.5A ④ 약 7.07A

14 다음 중 전부하에서의 용량이 10kW 이하인 소형 3상 유도 전동기의 슬립은?

① 0.1 ~ 0.5% ② 0.5 ~ 5%
③ 5 ~ 10% ④ 15 ~ 20%

15 다음 중 축전지의 특징으로 옳지 않은 것은?

① 납축전지는 완전히 방전되기 전에 충전하는 것이 좋다.
② 납축전지는 비교적 경제적이지만, 용량에 비해 무거운 편이다.
③ 알칼리축전지는 납축전지에 비해 충전시간이 짧다.
④ 알칼리축전지는 저온에서의 안정성이 떨어진다.

16 케이블 공사에서 비닐 외장 케이블을 조영재의 옆면에 따라 붙이는 경우, 전선의 지지점 간의 거리는 최대 몇 m인가?

① 1.0m ② 1.5m
③ 2.0m ④ 2.5m

17 다음 중 동기 발전기의 전기자 반작용에 대한 설명으로 옳지 않은 것은?

① 전기자 반작용은 부하 역률에 따라 크게 변화한다.
② 전기자 전류에 의한 자속의 영향으로 감자 및 자화현상과 편자현상이 발생한다.
③ 전기자 반작용의 결과 감자현상이 발생할 때 리액턴스의 값은 감소한다.
④ 계자 자극의 중심축과 전기자 전류에 의한 자속이 전기적으로 90°를 이룰 때 편자현상이 발생한다.

18 10kW, 200V, 전기자 저항 0.15Ω의 타 여자 발전기를 전동기로 사용하여 발전기의 경우와 같은 전류를 흘렸을 때, 단자 전압은 몇 V로 하면 되는가?(단, 여기서 전기자 반작용은 무시하고 회전수는 같도록 한다)

① 200V ② 207.5V
③ 215V ④ 225.5V

19 정격 전류가 30A인 저압 전로의 과전류 차단기를 배선용 차단기로 사용하여 정격 전류의 2배의 전류가 통과하였을 경우, 몇 분 이내에 자동적으로 동작하여야 하는가?

① 1분 ② 2분
③ 60분 ④ 90분

20 다음 중 동기 전동기를 송전선의 전압 조정 및 역률 개선에 사용하는 것은?

① 댐퍼 ② 동기 이탈
③ 제동 권선 ④ 동기 조상기

21 파워컨디셔너의 동작범위가 280 ~ 560V, 모듈의 온도에 따른 전압 범위가 28 ~ 45V일 때, 모듈의 최대 직렬연결 가능 장수는 몇 장인가?

① 10장 ② 11장
③ 12장 ④ 13장

22

2μF의 평행판 공기콘덴서가 있다. 다음 그림과 같이 전극 사이에 그 간격의 절반 두께의 유리판을 넣을 때 콘덴서의 정전용량은?(단, 유리판의 유전율은 공기의 유전율의 9배라 가정한다)

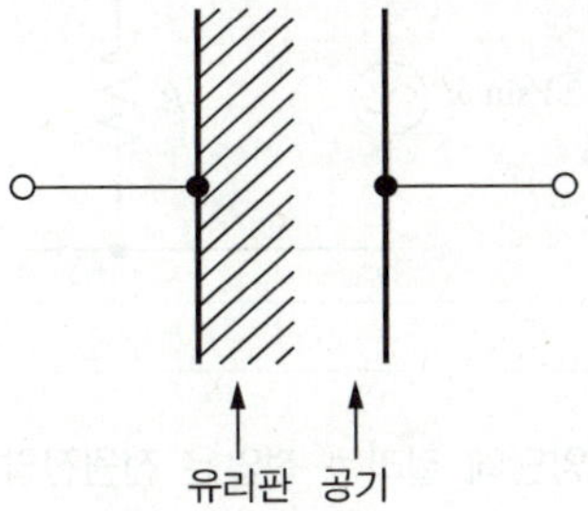

① 1.0μF
② 3.6μF
③ 4.0μF
④ 5.4μF

23

일반 회로 정수가 A, B, C, D이고 송전단 상전압이 Es일 때, 부하 단락 시 송전전압은?

① $\frac{C}{A}E_S$
② $\frac{C}{B}E_S$
③ $\frac{D}{A}E_S$
④ $\frac{B}{D}E_S$

24

다음 중 정상상태에서의 원자에 대한 설명으로 옳지 않은 것은?

① 양성자와 전자의 극성은 같다.
② 원자는 전체적으로 보면 전기적으로 중성이다.
③ 원자를 이루고 있는 양성자의 수는 전자의 수와 같다.
④ 양성자 1개가 지니는 전기량은 전자 1개가 지니는 전기량과 크기가 같다.

25 다음 〈보기〉 중 $R-L-C$ 병렬회로의 동작에 대한 설명으로 옳은 것을 모두 고르면?

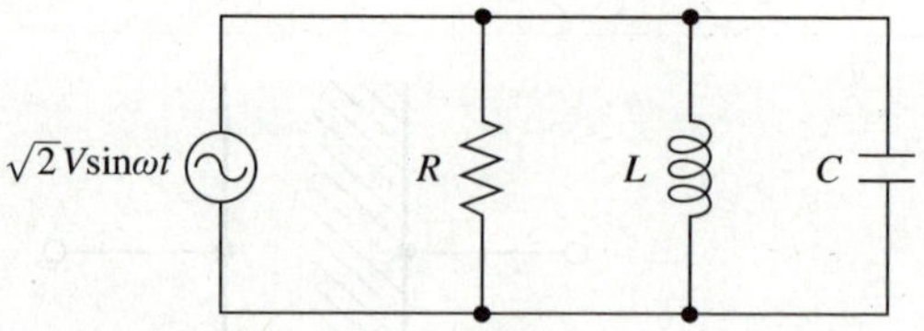

보기

ㄱ. 각 소자 R, L, C 양단에 걸리는 전압은 전원전압과 같다.

ㄴ. 회로의 어드미턴스 $Y=\frac{1}{R}+j\left(\omega L-\frac{1}{\omega C}\right)$ 이다.

ㄷ. ω를 변화시켜 공진일 때 전원에서 흘러나오는 모든 전류는 저항 R에만 흐른다.

ㄹ. L에 흐르는 전류와 C에 흐르는 전류는 동상(In Phase)이다.

ㅁ. 모든 에너지는 저항 R에서만 소비된다.

① ㄱ, ㅁ

② ㄱ, ㄴ, ㄹ

③ ㄱ, ㄷ, ㅁ

④ ㄴ, ㄷ, ㄹ

적중예상문제

정답 및 해설 p.069

01 공기 30kg을 25℃에서 120℃까지 가열하는 데 필요한 열량은 얼마인가?(단, 공기의 평균 정압비열은 0.24Kcal/kg · ℃이다)

① 240kcal
② 342kcal
③ 480kcal
④ 684kcal

02 노벽을 통하여 전열이 일어난다. 노벽의 두께 500mm, 평균 열전도도 3.5kcal/m · hr · ℃일 때, 노벽 $1m^2$당 전열 저항은?

① 0.05℃ · hr/kcal
② 0.12℃ · hr/kcal
③ 0.14℃ · hr/kcal
④ 0.18℃ · hr/kcal

03 다음 중 유체 수송 시 두손실 계산에 대한 설명으로 옳지 않은 것은?

① 층류 영역에서는 Hagen-poiseuille식을 사용한다.
② 관 부속품에 대하여는 이에 상당하는 직관의 길이로 구할 수 있다.
③ 난류 영역에서는 마찰 계수를 구하여 Fanning식으로 계산한다.
④ 모든 계산은 유로의 모양에는 무관하다.

04 다음 암모니아 산화법에 대한 설명으로 옳지 않은 것은?

① 압력을 가하면 산화율은 저하된다.
② 촉매의 형태는 망상이 사용된다.
③ O_2/NH_3=2.2～2.3일 때 산화율이 최대가 된다.
④ 백금 촉매가 백금-로듐 촉매보다 많이 사용된다.

05 순수한 탄소 24kg을 완전 연소시키는 데 필요한 산소의 양은 얼마인가?

① 12kg
② 24kg
③ 32kg
④ 64kg

06 대기압에서 에탄올과 물의 혼합물이 그 증기와 기액 평형을 이루고 있을 때 기상의 조성은 에탄올 3.3mol, 수증기 1.7mol이었다. 이 액상의 조성은 에탄올의 몰 분율이 0.52이었다. 에탄올의 물에 대한 상대 휘발도는 얼마인가?

① 0.79
② 1.79
③ 0.66
④ 0.34

07 고액 추출에서 추제비(α)가 5일 경우 남은 추제의 양이 10kg /hr라면 분리된 추제의 양은?

① 50kg/hr
② 10kg/hr
③ 5kg/hr
④ 1kg/hr

08 다음 중 응축액의 가치가 상당한 경우에 사용하는 응축기는 어느 것인가?

① 향류식 응축기
② 표면식 응축기
③ 습식 응축기
④ 건식 응축기

09 다음 중 최고 공비 혼합물에 대한 설명으로 옳지 않은 것은?

① 증기압 곡선은 최저치를 표시한다.

② 비점 곡선은 최대치를 표시한다.

③ 같은 비점에서는 증기의 조성과 액의 조성이 동일하다.

④ 최고 공비 혼합물은 다른 분자 사이의 친화력이 동일 분자 사이의 친화력보다 작은 경우이다.

10 다음 중 27℃, 1atm에서 공기의 밀도는 얼마인가?

① 약 $0.0445kg/m^3$ ② 약 $1.18kg/m^3$

③ 약 $1.29kg/m^3$ ④ 약 $1.42kg/m^3$

11 다음 중 황산암모늄 비료에 대한 설명으로 옳지 않은 것은?

① 주 성분은 $(NH_4)_2SO_4$ 이다.

② 질소 함량은 약 21%이다.

③ 중화법, 석고법 및 아황산법 등이 있다.

④ 염기성 비료로서 산성 토양의 개량에 좋다.

12 다음 글에서 설명하는 것은 무엇인가?

> • 생명을 유지하는 데 필요한 최소한의 에너지량이다.
> • 심장 박동, 혈액 순환, 체온 유지 등에 필요한 에너지량이다.

① 혈당량 ② 호흡량

③ 기초 대사량 ④ 1일 섭취량

13 다음 글에서 설명하는 생물은 무엇인가?

> • 다른 생물의 유전자를 삽입하여 만든 생물이다.
> • 유전자 재조합 기술이 사용된다.

① 세포 융합 생물　　② 질소 고정 생물
③ 유전자 변형 생물　　④ 체세포 복제 생물

14 내경이 10cm인 관 속을 25℃의 물이 4cm/sec의 속도로 흐를 때, Fanning의 마찰계수의 값은 얼마인가?(단, 점도는 1cP, 비중은 1이다)

① 0.001　　② 0.002
③ 0.004　　④ 0.005

15 20℃의 수산화나트륨 수용액을 130℃의 수증기로 가열 증발시킬 때 증발관의 전열 면적이 $1m^2$, 총괄 전열 계수가 $800kcal/m^2 \cdot hr \cdot ℃$이다. 이때 시간당 전달되는 열량은 얼마인가?

① 800kcal/hr　　② 8,000kcal/hr
③ 80,000kcal/hr　　④ 88,000kcal/hr

16 온도 49℃, 압력 1atm의 습한 공기 205kg이 있다. 이 중에서 5kg의 수증기를 함유할 때 수증기의 분압은 얼마인가?

① 19.62mmHg　　② 29.64mmHg
③ 32.72mmHg　　④ 45.05mmHg

17 다음 중 추제의 선택 조건으로 옳지 않은 것은?

① 분자량이 상당히 큰 것이어야 한다.
② 회수가 용이해야 한다.
③ 선택도가 커야 한다.
④ 값이 싸고 화학적으로 안정해야 한다.

18 다음 중 습도에 대한 설명으로 옳지 않은 것은?

① 상대습도는 증기압의 비로 나타낸다.
② 절대습도는 % 단위로 나타낸다.
③ 비교습도는 포화습도에 대한 현습도의 비이다.
④ 포화 상태에서 상대습도는 100%가 된다.

19 다음 중 열역학 제1법칙에 대한 설명으로 옳지 않은 것은?

① 열은 본질적으로 에너지의 일종이며, 열과 일은 서로 변환시킬 수 있다.
② 계의 에너지 변화량과 외계의 에너지 변화량의 차이는 0이다.
③ 제1종 영구기관은 만들 수 없다.
④ 자연계에서 일어나는 자발적인 과정의 엔트로피는 증가한다.

20 10% NaOH 용액 100kg을 습윤 기준으로 80%의 수분을 갖도록 농축할 때, 몇 kg의 물이 제거되는가?

① 40kg ② 50kg
③ 60kg ④ 70kg

21 2mol의 기체가 27℃에서 50l를 차지할 때, 압력은 몇 atm인가?

① 0.984atm ② 1.984atm
③ 9.84atm ④ 19.84atm

PART 3

22 24kg의 탄소를 연소시켜 CO_2와 CO를 만들 때 생성가스의 분석 결과 CO_2가 66kg이었을 때, CO의 양은 얼마인가?

① 6kg ② 12kg
③ 14kg ④ 18kg

22 직경이 4cm인 파이프 안으로 비중이 0.75인 기름을 31.4kg/min의 유량으로 수송할 때, 파이프 안에서 기름이 흐르는 평균 속도는 몇 m/min인가?(단, 소수점 셋째 자리에서 반올림한다)

① 31.42m/min ② 33.33m/min
③ 314.21m/min ④ 333.21m/min

24 다음 중 층류에 대한 설명으로 옳지 않은 것은?

① 유체 입자가 관벽에 평행한 직선으로 흐르는 흐름이다.
② Reynolds수가 4,000 이상인 유체의 흐름이다.
③ 관 내에서의 속도 분포가 정상 포물선을 이룬다.
④ 평균 유속은 최대 유속의 약 1/2이다.

25 다음 중 건식 인산 제조법의 특징으로 옳지 않은 것은?

① Slag는 시멘트의 원료가 된다.
② 인의 기화와 산화를 따로 할 수 있다.
③ 고품위 인광석을 처리할 수 있다.
④ 고순도의 인산을 제조한다.

PART 4

최종점검 모의고사

제1회
최종점검 모의고사

※ 한국남동발전 최종점검 모의고사는 2025년 채용공고와 후기를 기준으로 구성한 것으로, 실제 시험과 다를 수 있습니다.
※ 응시 직렬에 필요한 영역을 선택하여 해당 문항을 학습하기 바랍니다.

※ 모바일 OMR 답안채점 / 성적분석 서비스

사무 기계 전기 화학

■ 취약영역 분석

01 NCS 공통영역

번호	O/×	영역	번호	O/×	영역	번호	O/×	영역
01		의사소통능력	11		자원관리능력	21		문제해결능력
02			12			22		
03			13			23		
04			14			24		
05			15			25		
06			16			26		
07			17			27		
08			18			28		
09			19			29		
10			20			30		

02 사무

번호	31	32	33	34	35	36	37	38	39	40
영역	수리능력									
번호	41	42	43	44	45	46	47	48	49	50
영역	정보능력									

03 기술

번호	31	32	33	34	35	36	37	38	39	40
영역	기계 / 전기 / 화학									
번호	41	42	43	44	45	46	47	48	49	50
영역	기계 / 전기 / 화학									
번호	51	52	53	54	55					
영역	기계 / 전기 / 화학									

평가 문항	사무(50문항) / 기술(55문항)	평가 시간	60분
시작시간	:	종료시간	:
취약 영역			

제1회 최종점검 모의고사

문항 수 : 사무(50문항) / 기술(55문항)　응시시간 : 60분

정답 및 해설 p.074

01 NCS 공통영역

01 다음 글의 내용으로 적절하지 않은 것은?

> 조선 23대 왕 순조(純祖, 재위 1800 ~ 1834)와 왕비 순원왕후(純元王后, 1789 ~ 1857)의 막내딸이자 조선 마지막 공주인 덕온공주(德溫公主, 1822 ~ 1844)는 어머니 순원왕후의 영향으로 책을 읽거나 글씨 쓰는 것을 즐겼다고 한다.
> 왕실의 사랑을 듬뿍 받았던 막내 공주는 16살이 되던 해 생원 윤치승(尹致承, 1789 ~ 1841)의 아들 윤의선(尹宜善, 1823 ~ 1887)과 혼례를 치른다. 덕온공주가 혼례를 치르던 당시 공주에게 남은 가족은 어머니인 순원왕후뿐이었다.
> 순원왕후가 덕온공주와 사위 윤의선에게 준 혼수 발기는 딸을 시집보내는 어머니의 마음을 잘 보여준다. 현재 발・수신자가 명확히 밝혀진 궁중 발기 중 공주가 받은 혼수 발기로는 덕온공주의 것이 유일하다. 길이가 5미터를 넘는 덕온공주 한글 혼수 발기에는 노리개, 비녀, 댕기 등의 장신구부터 사발, 대접 등의 그릇과 가위, 인두 등의 바느질 도구까지 살림에 쓰이는 온갖 물건이 담겨 있고, 순원왕후가 보낸 혼수 목록의 끝에는 덕온공주의 손녀인 윤백영(尹伯榮, 1888 ~ 1986)이 '대한 헌종성황뎨 뎡유 칠월 순조숙황뎨 제삼녀 덕온공주 길례시 혼수 발긔'라고 덕온공주의 혼수 발기임을 밝힌 기록이 있다.
> 시집을 간 공주는 궁에 함부로 드나들 수 없었으며, 공식적인 왕실 행사와 같은 특별한 경우에만 출입이 허락되었다. 이로 인해 덕온공주와 순원왕후가 서로의 안부를 주고받는 데 편지가 큰 역할을 했다. 순원왕후의 편지는 주로 사위인 윤의선 앞으로 보내졌고, 봉투에는 윤의선의 작위인 '남녕위(南寧尉)' 또는 임금의 사위를 뜻하는 '도위(都尉)'라고 쓰여 있다. 편지의 내용에 따르면 공주는 결혼 후 병치레가 잦았고, 병의 치료를 위해 궁으로 들어가 지내기도 했던 것으로 보인다. 또 덕온공주를 위하여 의원에게 물어 약을 지어 보내는 등 딸을 걱정하는 어머니의 지극한 사랑을 엿볼 수 있다.

① 덕온공주는 조선 23대 왕인 순조의 막내딸이자 조선의 마지막 공주이다.
② 덕온공주의 혼수 발기에서 시집을 보내는 어머니인 순원왕후의 마음을 확인할 수 있다.
③ 현재 발・수신자가 명확히 밝혀진 궁중 발기 중 공주가 받은 혼수 발기로는 덕온공주의 것이 유일하다.
④ 순원왕후의 편지에서 사위인 윤의선을 걱정하는 마음을 알 수 있다.

02 다음 글을 읽고 추론한 내용으로 적절하지 않은 것은?

> ‘리플리 증후군(Ripley Syndrome)’은 미국의 소설가인 패트리샤 하이스미스의 1955년작 소설 『재능 있는 리플리 씨(The Talented Mr. Ripley)』에서 처음으로 사용된 용어로, 리플리 병이나 리플리 효과로 불리기도 한다. 실제로 자신이 처한 현실을 부정하면서 허구의 세계를 진실이라 믿고 상습적으로 거짓된 말과 행동을 반복하는 반사회적 인격장애를 뜻하는 리플리 증후군은, 소설 속 주인공인 톰 리플리와 같이 행동하는 실제 사례가 나타나면서 20세기 후반부터 정신병리학자들의 본격적인 연구 대상이 되었다.
>
> 리플리 증후군은 얼핏 듣기에는 재미있고 신기한 증후군의 사례로 넘어가기 쉽지만, 최근 들어 학력위조사건이나 특정 인물을 사칭하는 사건이 발생하는 등 현실적인 피해사례가 증가하면서 재조명되기도 했다. 다만 리플리 증후군 환자들은 일반적인 사기꾼이나 신분사칭범과 달리 스스로가 거짓말을 한다는 자각이 없어, 그로 인한 불안감이 없다는 차이점을 가지고 있다.
>
> 정확한 원인은 아직까지 밝혀지지 않고 있지만, 리플리 증후군이 발생하는 이유를 설명하려는 몇 가지 가설은 존재한다. 성취욕구가 높은 사람들이 현실적인 문제로 욕구를 실현할 수 없을 때 열등감과 피해의식을 충족하기 위한 행위라는 가설, 모종의 이유로 현실을 부정하는 욕구가 극에 달했을 때 발생한다는 가설, 주변 사람들의 과도한 기대와 압박 때문에 스스로가 창조한 새로운 세계에 개인이 갇힌 것이라는 가설, 어린 시절 육체나 성욕과 관련해 학대 피해나 문제 가정에서 자랐기 때문이라는 가설 등이다.
>
> 그중 리플리 증후군을 작화증의 일종으로 생각하며 뇌 손상이 원인이라고 예측하는 가설 또한 존재한다. 작화증은 자신이 기억하지 못하는 부분을 메우기 위해 가상의 상황을 만들어내는 증상으로 뇌 질환을 앓은 환자들에게서 자주 나타나고 있다. 작화증은 광의에서 베르니케 코르사코프 증후군으로 불리는데, 미국 국립노화연구소 연구진은 연구를 통해 베르니케 코르사코프 증후군 환자들의 해마 부위가 정상인보다 작아졌다는 사실을 밝혀낸 바 있다. 이 가설이 옳을 경우 리플리 증후군의 원인은 뇌의 해마 부분의 손상 때문이라는 사실이 증명되는 셈이다.

① 경찰이 사기범죄자를 체포했을 때, 해당 범죄자가 리플리 증후군인지 아닌지를 근본적으로 구분하기는 어려울 것이다.

② 현재 단계에서 리플리 증후군이 발생하는 원인을 단순히 하나일 것이라고 단정 짓기는 어렵다고 할 수 있다.

③ 리플리 증후군이 발생하는 가설은 여럿 존재하지만 정신적・육체적 문제가 근본적인 발생 원인이라는 점에서는 의견이 일치할 것이다.

④ 소설에서 어원이 유래된 것을 볼 때, 리플리 증후군은 소설이 출간되기 이전에는 학자들에게 그다지 연구되지 않은 증상이었을 것이다.

03 다음 글의 (가) ~ (다)에 들어갈 문장을 〈보기〉에서 골라 바르게 연결한 것은?

세종대 오례(五禮) 운영의 특징은 더욱 완벽한 유교적 예악(禮樂) 이념에 접근하고자 노력하였다는 점에 있다. 유교적 예악 이념을 근간으로 국가의 오례 운영을 심화시키는 과정에서 예제(禮制)와 음악, 즉 예악이 유교적 정치 질서를 이루는 중요한 요소라는 점이 인식되었고, 예제와 음악이 조화된 단계의 오례 운영이 모색되었다.
이에 따라 음악에 대한 정리가 시도되었는데, 음악연구의 심화는 박연(朴堧)에 의한 음악서 편찬으로 이어졌다. ______(가)______ 박연의 의견에 따라 이후 조선 시대 오례 의식에 사용되는 모든 음악은 양성음인 양률과 음성음인 음려의 화합으로 이루어지게 되었다. 음악에 대한 이해가 심화됨에 따라 자주적인 악기 제조가 가능하게 되었으며, 악공(樂工)의 연주 수준이 향상되었다.
한편으로 박연 이후 아악(雅樂)과 향악(鄕樂)의 문제가 제기되었다. ______(나)______
따라서 우리나라 사람들이 평소에는 우리의 성음으로 이루어진 향악을 듣다가 오례 때에는 중국의 성음으로 이루어진 아악을 듣는 것에 대한 의문이 제기되었다. 이로 인해 오례에서는 으레 아악을 연주해야 한다는 관행을 벗어나, 우리의 고유 음악인 향악을 유교의 예악과 어떻게 조화시킬 것인가에 관한 문제가 공론화되기 시작하였다. ______(다)______
나아가 향악에 대한 관심은 중국에서 유래된 아악과 우리 향악 사이에 음운 체계가 근본적으로 다르다는 것을 인식하게 하였다. 또한 보편적 음성이론에 의한 예악 운영에 따라 향악의 수준이 향상되는 결과를 가져왔다

보기

㉠ 이후 여러 논의를 거쳐 오례 의식에서 향악을 반드시 연주하게 되었다.
㉡ 박연은 음악을 양성음과 음성음의 대응과 조화로서 이해하였다.
㉢ 아악은 중국에서 들어온 음악으로 우리에게는 익숙한 음악이 아니었다.

	(가)	(나)	(다)
①	㉠	㉡	㉢
②	㉡	㉠	㉢
③	㉡	㉢	㉠
④	㉢	㉡	㉠

04 다음 글에 대한 내용으로 적절한 것을 〈보기〉에서 모두 고르면?

과거에는 일반 시민들이 사회 문제에 대한 정보를 얻을 수 있는 수단이 거의 없었다. 따라서 일반 시민들은 신문과 같은 전통적 언론을 통해 정보를 얻었고 전통적 언론은 주요 사회 문제에 대한 여론을 형성하는 데 강한 영향을 끼쳤다. 지금도 신문에서 물가 상승 문제를 반복해서 보도하면 일반 시민들은 이를 중요하다고 생각하고, 그와 관련된 여론도 활성화된다.
이처럼 전통적 언론이 여론을 형성하는 것을 '의제설정기능'이라고 한다. 하지만 막강한 정보원으로 인터넷이 등장한 이후 전통적 언론의 영향력은 약화되고 있다. 그리고 인터넷을 통한 상호작용매체인 소셜 네트워킹 서비스(이하 SNS)가 등장한 이후에는 그러한 경향이 더욱 강화되고 있다. 일반 시민들이 SNS를 통해 문제를 제기하고, 많은 사람들이 그 문제에 대해 중요하다고 생각하면 역으로 전통적 언론에서 뒤늦게 그 문제에 대해 보도하는 현상이 생기게 된 것이다. 이러한 현상을 일반 시민이 의제설정을 주도한다는 점에서 '역의제설정 현상'이라고 한다.

보기

㉠ 현대의 전통적 언론은 의제설정기능을 전혀 수행하지 못하고 있다.
㉡ SNS는 일반 시민이 의제설정을 주도하는 것을 가능하게 했다.
㉢ 현대 언론은 과거 언론에 비해 의제설정기능의 역할이 강하다.
㉣ SNS로 인해 의제설정 현상이 강해지고 있다.

① ㉡
② ㉢
③ ㉠, ㉡
④ ㉠, ㉣

※ 다음 글을 읽고 이어지는 질문에 답하시오. [5~6]

리더에게 있어 선입견은 독과 같다. 많은 리더들이 구성원들의 역량에 대해 의심의 눈초리를 가지고 바라보지만 그들이 성과를 내도록 만들기 위해서는 먼저 그들을 신뢰하지 않으면 안 된다.

1980년대 초반에 심리학자 도브 이든(Dov Eden)은 한 가지 실험을 했다. 그는 1,000명의 이스라엘 병사들을 대상으로 적성검사 점수와 기초 훈련 성적, 전임 지휘관의 추천 등을 바탕으로 훈련이 끝난 후 뛰어난 병사가 될 잠재력이 있는 훈련병들을 가려냈다. 이후 병사들은 11주에 걸쳐 전투 전술과 독도법, 작전 규정 등에 관한 훈련을 받았으며 훈련이 다 끝난 후에는 전문지식과 무기를 다루는 능력을 평가하는 시험을 치렀다. 시험 결과 훈련 전에 뛰어난 잠재력을 가지고 있다고 평가받은 훈련병들이 동료들보다 훨씬 뛰어난 성적을 거두었다. 전문지식 분야에서는 평균 9%, 무기 숙련도 분야에서는 10%나 더 높은 점수를 받은 것이다. 이 실험 결과는 뛰어난 인재는 미리 정해져 있다는 것을 증명한다. 따라서 조직에서 성과를 내기 위해서는 뛰어난 인재를 영입하여 그들에게 권한을 부여하고 성과를 내도록 환경을 조성해 주는 것이 중요하다는 것을 알 수 있다.

하지만 사실 이 실험의 목적은 그것이 아니었다. 도브 이든의 실험은 '자기충족적 예언(Self-fulfillment Prophecy)', 즉 타인에 대한 기대가 그 사람의 성취에 크게 영향을 미친다는 이론을 검증하기 위해 정교하게 고안된 것이다. 지휘관들이 사전에 잠재력이 있다고 분류된 훈련병들을 믿으면 어떤 결과가 나타나는지 알아보기 위해 무작위로 뽑은 사람들을 잠재력이 있다고 분류한 후 그 결과를 지휘관들에게 알려주었고, 일정 시간이 지나자 실제로 뛰어난 성적을 거둔 것이다.

지휘관들이 병사들을 뛰어난 잠재력을 가진 존재라고 믿으면서 그들에게 더 큰 관심을 기울이고 격려해 자신감을 갖게 하며, 학습과 발전을 이끌었다. 그뿐만 아니라 더 따뜻하게 대화하고 더 어려운 과제를 내줌으로써 보다 높은 경지에 도전할 수 있도록 유도했다. 자신이 맡은 훈련병들의 잠재력을 끌어내기 위해 더 열심히 지도하고 꼼꼼하게 피드백하며, 실수하더라도 능력이 부족하다고 여기지 않고 그것을 가르침과 배움의 기회로 삼도록 했다. 훈련병들도 이러한 배려를 바탕으로 자신감을 갖게 되었으며, 더욱 노력하고 실력을 쌓아 큰 성취를 이룰 수 있었다.

리더십 강의를 하다 보면 많은 리더가 구성원들로 인해 어려움을 겪는다고 말한다. 하지만 리더들은 구성원들의 역량을 개발하기 위해 그들을 신뢰했으며 역량을 발휘할 수 있도록 노력했는지 반문할 필요가 있다. 일방적으로 지시하고 구성원들이 어떻게 문제를 풀어나가야 할지 모를 때에도 자기 일은 스스로 해결해야 한다며 못 본 척하지는 않았는지, 그들이 어떤 고민을 하고 어떠한 어려움에 처해있는지 알기보다는 무관심으로 일관하지는 않았는지, 그러면서도 그들에게 늘 성과만 다그치지는 않았는지 가슴에 손을 얹고 되돌아볼 필요가 있다.

처음부터 뛰어난 인재는 없다. ______________________________ 이 리더가 첫 번째 할 일이다. 그 후에는 그들의 역량을 최대한 끌어낼 수 있도록 내적인 동기를 부여하고 그들이 더 높은 곳으로 오를 수 있도록 이끌어주며 지쳐 포기하지 않도록 힘을 북돋아 주는 것이 필요하다. 그렇게 되기 위해서는 스스로 끊임없이 발전하려는 노력을 하지 않으면 안 된다.

05 **다음 중 윗글의 빈칸에 들어갈 내용으로 가장 적절한 것은?**

① 잠재력 있는 인재를 선발해 내는 것
② 능력 있는 구성원을 적재적시에 배치하는 것
③ 모든 구성원의 잠재력 수준에 맞는 교육을 시키는 것
④ 구성원들이 성장할 수 있게 뒤에서 지켜보는 것

06 **다음 중 윗글의 제목으로 적절하지 않은 것은?**

① 리더의 기대, 구성원의 성장을 돕다
② 리더의 관심, 성과의 상승률을 높이다
③ 잠재력 있는 인재, 세상을 이끌다
④ 기대와 격려, 성장의 날개를 달다

PART 4

07 다음 글의 주제로 가장 적절한 것은?

> 정부는 탈원전·탈석탄 공약에 발맞춰 2030년까지 전체 국가 발전량의 20%를 신재생에너지로 채운다는 정책 목표를 수립하였다. 목표를 달성하기 위해 신재생에너지에 대한 송·변전 계획을 제8차 전력수급기본계획에 처음으로 수립하겠다는 게 정부의 방침이다.
> 정부는 기존의 수급계획이 수급안정과 경제성을 중점적으로 수립된 것에 반해, 8차 계획은 환경성과 안전성을 중점으로 하였다고 밝히고 있으며 신규 발전설비는 원전, 석탄화력발전에서 친환경, 분산형 재생에너지와 LNG 발전을 우선시하는 방향으로 수요관리를 통합하여 합리적 목표수용 결정에 주안점을 두었다고 밝혔다.
> 그동안 많은 NGO 단체에서 에너지 분산에 관한 다양한 제안을 해왔지만 정부 차원에서 고려하거나 논의가 활발히 진행된 적은 거의 없었으며 명목상으로 포함하는 수준이었다. 그러나 이번 정부에서는 탈원전·탈석탄 공약을 제시하는 등 중앙집중형 에너지 생산시스템에서 분산형 에너지 생산시스템으로 정책의 방향을 전환하고자 한다. 이 기조에 발맞춰 분산형 에너지 생산시스템은 지방선거에서도 해당 지역에 대한 다양한 선거공약으로 제시될 가능성이 높다.
> 중앙집중형 에너지 생산시스템은 환경오염, 송전선 문제, 지역 에너지 불균형 문제 등 다양한 사회적인 문제를 야기하였다. 하지만 그동안은 값싼 전기인 기저전력을 편리하게 사용할 수 있는 환경을 조성하고자 하는 기존 에너지계획과 전력수급계획에 밀려 중앙집중형 발전원 확대가 꾸준히 진행되었다. 그러나 현재 대통령은 중앙집중형 에너지 정책에서 분산형 에너지 정책으로 전환되어야 한다는 것을 대선 공약사항으로 밝혀왔으며, 현재 분산형 에너지 정책으로 전환을 모색하기 위한 다각도의 노력을 하고 있다. 이러한 정부의 정책 변화와 아울러 석탄화력발전소가 국내 미세먼지에 주는 영향과 일본 후쿠시마 원자력 발전소 문제, 국내 경주 대지진 및 최근 포항 지진 문제 등으로 인한 원자력에 대한 의구심 또한 커지고 있다.
> 제8차 전력수급계획(안)에 의하면, 우리나라의 에너지 정책은 격변기를 맞고 있다. 우리나라는 현재 중앙집중형 에너지 생산시스템이 대부분이며, 분산형 전원 시스템은 그 설비용량이 극히 적은 상태이다. 또한 우리나라의 발전설비는 2016년 말 105GW이며, 2014년도 최대 전력치를 보면 80GW 수준이므로 25GW 정도의 여유가 있는 상태이다. 25GW라는 여유는 원자력발전소 약 25기 정도의 전력생산 설비가 여유가 있는 상황이라고 볼 수 있다. 또한 제7차 전력수급기본계획의 2015 ~ 2016년 전기수요 증가율을 4.3 ~ 4.7%라고 예상하였으나 실제 증가율은 1.3 ~ 2.8% 수준에 그쳤다는 점은 우리나라의 전력 소비량 증가량이 둔화하고 있는 상태라는 것을 나타내고 있다.

① 중앙집중형 에너지 생산시스템의 발전 과정
② 에너지 분권의 필요성과 방향
③ 전력 소비량과 에너지 공급량의 문제점
④ 중앙집중형 에너지 정책의 한계점

08 다음 글의 빈칸에 들어갈 내용으로 가장 적절한 것은?

> 오존층 파괴의 주범인 프레온 가스로 대표되는 냉매는 그 피해를 감수하고도 사용할 수밖에 없는 필요악으로 인식되어 왔다. 지구 온난화 문제를 해결할 수 있는 대체 물질이 요구되는 이러한 상황에서 최근 이를 만족할 수 있는 4세대 신냉매가 새롭게 등장해 각광을 받고 있다. 그중 온실가스 배출량을 크게 줄인 대표적인 4세대 신냉매가 수소불화올레핀(HFO)계 냉매이다.
> HFO는 기존 냉매에 비해 비싸고 불에 탈 수 있다는 단점이 있으나, 온실가스 배출이 거의 없고 에너지 효율성이 높은 장점이 있다. 이러한 장점으로 4세대 신냉매에 대한 관심이 최근 급격히 증가하고 있다. 지난 2003~2017년 중 냉매 관련 특허 출원 건수는 총 686건이었고, 온실가스 배출량을 크게 줄인 4세대 신냉매 관련 특허 출원들은 꾸준히 늘어나고 있다. 특히 2008년부터 HFO계 냉매를 포함한 출원 건수가 큰 폭으로 증가하면서 같은 기간의 HFO계 비중이 65%까지 증가했다. 이러한 출원 경향은 국제 규제로 2008년부터 온실가스를 많이 배출하는 기존 3세대 냉매의 생산과 사용을 줄이면서 4세대 신냉매가 필수적으로 요구되었기 때문으로 분석된다.
> 냉매는 자동차, 냉장고, 에어컨 등 우리 생활 곳곳에 사용되는 물질로서 시장 규모가 대단히 크지만, 최근 환경 피해와 관련된 엄격한 국제 표준이 요구되고 있다. 우수한 친환경 냉매가 조속히 개발될 수 있도록 관련 특허 동향을 제공해야 한다. 4세대 신냉매 개발은 ________________

① 인공지능 기술의 확장을 열게 될 것이다.
② 엄격한 환경 국제 표준을 약화시킬 것이다.
③ 또 다른 오존층 파괴의 원인으로 이어질 것이다.
④ 지구 온난화 문제 해결의 열쇠가 될 것이다.

09 다음 중 빈칸 ㉠~㉤에 들어갈 말을 순서대로 바르게 나열한 것은?

〈경청의 5단계〉

구분	경청 정도	내용
㉠	0%	상대방은 이야기를 하지만, 듣는 사람에게 전달되는 내용은 하나도 없는 단계
㉡	30%	상대방의 이야기를 듣는 태도는 취하고 있지만, 자기 생각 속에 빠져 있어 이야기의 내용이 전달되지 않는 단계
㉢	50%	상대방의 이야기를 듣기는 하나, 자신이 듣고 싶은 내용을 선택적으로 듣는 단계
㉣	70%	상대방이 어떤 이야기를 하는지 내용에 집중하면서 듣는 단계
㉤	100%	상대방의 이야기에 집중하면서 의도와 목적을 추측하고, 이해한 내용을 상대방에게 확인하면서 듣는 단계

	㉠	㉡	㉢	㉣	㉤
①	선택적 듣기	무시	듣는 척하기	공감적 듣기	적극적 듣기
②	듣는 척하기	무시	선택적 듣기	적극적 듣기	공감적 듣기
③	듣는 척하기	무시	선택적 듣기	공감적 듣기	적극적 듣기
④	무시	듣는 척하기	선택적 듣기	적극적 듣기	공감적 듣기

10 다음 중 밑줄 친 어휘의 표기가 옳은 것은?

① 조금 바쁘기야 <u>하지만서도</u> 당신이 부탁하는 일이라면 무조건 돕겠어요.
② 그는 수년간의 경험과 노하우로 해당 분야에서 <u>길앞잡이</u> 역할을 하고 있다.
③ 선수가 그라운드 안으로 <u>쏜살로</u> 뛰어 들어갔다.
④ 원숭이가 무리를 지어 인간처럼 사회를 이루며 살아가는 모습이 <u>신기롭다</u>.

11 다음은 어느 회사의 승진대상과 승진 규정이다. 이를 참고할 때, 2025년 4월에 직급이 대리인 사람은 누구인가?

〈승진 규정〉

- 2024년까지 근속연수가 3년 이상인 자를 대상으로 한다.
- 출산 휴가 및 병가 기간은 근속 연수에서 제외한다.
- 인사평가 점수가 80점 이상인 자를 대상으로 한다.
- 인사평가 점수는 2024년 업무평가 점수에서 벌점을 차감한 점수이다.
- 벌점은 결근 1회당 −10점, 지각 1회당 −5점이다.
- 승진을 비롯한 정기인사는 매년 1월 시행한다.

〈승진후보자 정보〉

(단위 : 점, 회)

구분	근무기간	2024년 업무평가	근태현황		기타
			지각	결근	
A사원	1년 4개월	79	1	−	−
B주임	3년 1개월	86	−	1	출산 휴가 35일
C대리	7년 1개월	89	1	1	병가 10일
D과장	10년 3개월	82	−	−	−

① A사원　　② B주임
③ C대리　　④ D과장

12 K회사에서는 영업용 차량을 구매하고자 한다. 영업용으로 사용했을 경우, 연평균 주행거리는 30,000km이고 향후 5년간 사용할 계획이다. 현재 고려하고 있는 차량은 A~D자동차이다. 다음 중 경비가 가장 적게 들 것으로 예상하는 차량을 구매한다면 어떤 차량이 가장 적절한가?

■ 자동차 리스트

구분	사용연료	연비(km/L)	연료탱크 용량(L)	신차구매가(만 원)
A자동차	휘발유	12	60	2,000
B자동차	LPG	8	60	2,200
C자동차	경유	15	50	2,700
D자동차	경유	20	60	3,300

■ 연료 종류별 가격

종류	리터당 가격(원/L)
휘발유	1,400
LPG	900
경유	1,150

※ (경비)=(신차구매가)+(연료비)
※ 신차구매 결제는 일시불로 함
※ 향후 5년간 연료 가격은 변동이 없는 것으로 가정함

① A자동차　　② B자동차
③ C자동차　　④ D자동차

※ 다음은 특허출원 수수료 계산식과 사례에 대한 자료이다. 이어지는 질문에 답하시오. [13~15]

〈계산식〉

- (특허출원 수수료)=(출원료)+(심사청구료)
- (출원료)=(기본료)+[(면당 추가료)×(전체 면수)]
- (심사청구료)=(청구항당 심사청구료)×(청구항수)

※ 특허출원 수수료는 개인은 70%가 감면되고, 중소기업은 50%가 감면되지만, 대기업은 감면되지 않음

〈특허출원 수수료 사례〉

(단위 : 장, 개, 원)

구분	사례 A	사례 B	사례 C
	대기업	중소기업	개인
전체 면수	20	20	40
청구항수	2	3	2
감면 후 수수료	70,000	45,000	27,000

13 다음 중 위 자료를 바탕으로 계산한 청구항당 심사청구료로 옳은 것은?

① 10,000원
② 15,000원
③ 20,000원
④ 25,000원

14 다음 중 위 자료를 바탕으로 계산한 면당 추가료로 옳은 것은?

① 1,000원
② 1,500원
③ 2,000원
④ 2,500원

15 다음 중 위 자료를 바탕으로 계산한 출원 시 기본료로 옳은 것은?

① 10,000원
② 12,000원
③ 15,000원
④ 18,000원

16 K공사에서 승진 대상자 후보 중 2명을 승진시키려고 한다. 승진의 조건은 동료평가에서 '하'를 받지 않고 합산점수가 높은 순이다. 합산점수는 100점 만점의 점수로 환산한 승진시험 성적, 영어 성적, 성과 평가의 수치를 합산한다. 승진시험의 만점은 100점, 영어 성적의 만점은 500점, 성과 평가의 만점은 200점이라고 할 때, 승진 대상자 2명은 누구인가?

〈K공사 승진 대상자 후보 평가 현황〉

구분	승진시험 성적	영어 성적	동료 평가	성과 평가
A	80	400	중	120
B	80	350	상	150
C	65	500	상	120
D	70	400	중	100
E	95	450	하	185
F	75	400	중	160
G	80	350	중	190
H	70	300	상	180
I	100	400	하	160
J	75	400	상	140
K	90	250	중	180

① A, C　　② B, K
③ E, I　　④ F, G

17 대학교 입학을 위해 지방에서 올라온 대학생 S씨는 자취방을 구하려고 한다. 대학교 근처 자취방의 월세와 대학교까지 거리는 다음과 같다. 한 달을 기준으로 S씨가 지출하게 될 자취방 월세와 자취방에서 대학교까지 왕복 시 거리 비용을 합산할 때, S씨가 선택할 수 있는 가장 저렴한 비용의 자취방은?

〈자취방별 월세 및 거리 정보〉

(단위 : 원, km)

구분	월세	대학교까지 거리
A자취방	330,000	1.8
B자취방	310,000	2.3
C자취방	350,000	1.3
D자취방	320,000	1.6

※ 대학교 통학일(한 달 기준) : 15일

※ 거리 비용 : 1km당 2,000원

① A자취방　　② B자취방

③ C자취방　　④ D자취방

18 청원경찰은 6층 회사건물을 각 층마다 모두 순찰한 후에 퇴근한다. 다음 〈조건〉에 따라 1층에서 출발하여 순찰을 완료하고 1층으로 돌아오기까지 소요되는 최소 시간은?(단, 다른 요인은 고려하지 않는다)

조건

- 층간 이동은 엘리베이터로만 해야 하며, 엘리베이터가 한 개 층을 이동하는 데는 1분이 소요된다.
- 엘리베이터는 한 번에 최대 세 개 층(예 1층 → 4층)을 이동할 수 있다.
- 엘리베이터는 한 번 위로 올라갔으면, 그 다음에는 아래 방향으로 내려오고, 그 다음에는 다시 위 방향으로 올라가야 한다.
- 하나의 층을 순찰하는 데는 10분이 소요된다.

① 1시간　　② 1시간 10분

③ 1시간 16분　　④ 1시간 22분

※ 다음은 K공사의 3월 일정표이다. 이어지는 질문에 답하시오. **[19~20]**

〈3월 일정표〉

월요일	화요일	수요일	목요일	금요일	토요일	일요일
			1 삼일절	2 김사원 휴가	3	4
5 K공사 전체회의	6 최사원 휴가	7	8 정대리 휴가	9	10	11
12 최팀장 휴가	13	14 정과장 휴가	15 정과장 휴가	16 김팀장 휴가	17	18
19 유부장 휴가	20	21	22	23 임사원 휴가	24	25
26 박과장 휴가	27 최대리 휴가	28	29 한과장 휴가	30 유부장 휴가	31	

• 소속 부서
- 총무팀 : 최사원, 김대리, 한과장, 최팀장
- 신용팀 : 임사원, 정대리, 박과장, 김팀장
- 경제팀 : 김사원, 최대리, 정과장, 유부장

※ 휴가는 공휴일과 주말을 제외하고 사용하며, 전체 일정이 있는 경우 휴가를 사용하지 않음

19 K공사 직원들은 휴가일이 겹치지 않게 하루 이상 휴가를 쓰려고 한다. 다음 중 총무팀 김대리의 휴가 일정으로 옳은 것은?

① 1일　② 5일
③ 9 ~ 10일　④ 21 ~ 22일

20 K공사 직원들이 동일한 일수로 서로 겹치지 않게 휴가를 쓴다고 할 때, 한 사람당 최대 며칠까지 휴가를 쓸 수 있겠는가?

① 1일　② 2일
③ 3일　④ 4일

21 **여행업체 가이드 A ~ D 4명은 2022 ~ 2024년 동안 네덜란드, 독일, 영국, 프랑스에서 활동하였다. 다음 〈조건〉을 참고하였을 때, 항상 참인 것은?**

> 조건
>
> • 독일 가이드를 하면 항상 전년도에 네덜란드 가이드를 한다.
> • 2023년에 B는 독일에서 가이드를 했다.
> • 2022년에 C는 프랑스에서 가이드를 했다.
> • 2022년에 프랑스 가이드를 한 사람은 2024년에 독일 가이드를 하지 않는다.
> • 2022년에 D가 가이드를 한 곳에서 B가 2023년에 가이드를 하였다.
> • 한 사람당 1년에 한 국가에서 가이드를 했으며, 한 번 가이드를 한 곳은 다시 가지 않았다.

① 2023년 A와 2022년 B는 다른 곳에서 가이드를 하였다.
② 2024년 B는 영국에서 가이드를 하였다.
③ 2022 ~ 2024년 동안 A와 D가 가이드를 한 곳은 동일하다.
④ 2025년에 C는 독일 가이드를 한다.

22 **다음 〈조건〉을 근거로 할 때, 반드시 참인 것은?**

> 조건
>
> • 물을 녹색으로 만드는 조류는 냄새 물질을 배출한다.
> • 독소 물질을 배출하는 조류는 냄새 물질을 배출하지 않는다.
> • 물을 황색으로 만드는 조류는 물을 녹색으로 만들지 않는다.

① 독소 물질을 배출하는 조류는 물을 녹색으로 만들지 않는다.
② 물을 녹색으로 만들지 않는 조류는 냄새 물질을 배출하지 않는다.
③ 독소 물질을 배출하지 않는 조류는 물을 녹색으로 만든다.
④ 냄새 물질을 배출하지 않는 조류는 물을 황색으로 만들지 않는다.

23 K기업은 가전전시회에서 자사의 제품을 출품하기로 하였다. 자사의 제품을 보다 효과적으로 홍보하기 위하여 다음과 같이 행사장의 A ~ G 중 세 곳에서 홍보판촉물을 배부하기로 하였다. 가장 많은 사람들에게 홍보판촉물을 나눠 줄 수 있는 위치는 어디인가?

- 전시관은 제1전시관 → 제2전시관 → 제3전시관 → 제4전시관 순서로 배정되어 있다.
- 행사장 출입구는 한 곳이며, 다른 곳으로는 출입이 불가능하다.
- 방문객은 행사장 출입구로 들어와서 시계 반대 방향으로 돌며, 4개의 전시관 중 2개의 전시관만을 골라 관람한다.
- 방문객은 자신이 원하는 2개의 전시관을 모두 관람하면 행사장 출입구를 통해 나가기 때문에 한 바퀴를 초과해서 도는 방문객은 없다.
- 방문객은 전시관 입구로 들어가면 출구로 나오기 때문에 전시관의 입구와 출구 사이에 있는 외부 통로를 동시에 지나치지 않는다.
- 행사장에는 시간당 평균 400명이 방문하며, 각 전시관의 시간당 평균 방문객 수는 다음과 같다.

제1전시관	제2전시관	제3전시관	제4전시관
100명	250명	150명	300명

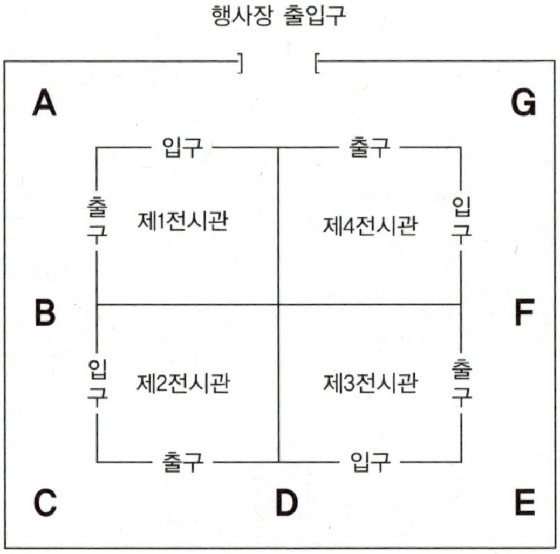

① A, B, C ② A, D, G
③ B, C, E ④ B, D, F

24 K공사에서는 직원들에게 다양한 혜택이 있는 복지카드를 제공한다. 복지카드의 혜택 사항이 다음과 같을 때, B사원의 일과에서 복지카드로 혜택을 볼 수 없는 것을 모두 고르면?

〈복지카드 혜택 사항〉

구분	세부 내용
교통	대중교통(지하철, 버스) 3 ~ 7% 할인
의료	병원 5% 할인(동물병원 포함, 약국 제외)
쇼핑	의류, 가구, 도서 구입 시 5% 할인
영화	영화관 최대 6천 원 할인

〈B사원의 일과〉

B사원은 오늘 친구와 백화점에서 만나 쇼핑을 하기로 약속을 했다. 집에서 ㉠ 지하철을 타고 약 20분이 걸려 백화점에 도착한 B사원은 어머니 생신 선물로 ㉡ 화장품을 산 후, 동생의 이사 선물로 줄 ㉢ 이불도 구매하였다. 쇼핑이 끝난 후 B사원은 ㉣ 버스를 타고 집에 돌아와 자신이 키우는 애완견의 예방접종을 위해 ㉤ 병원에 가서 진료를 받았다.

① ㉠, ㉡ ② ㉡, ㉢
③ ㉠, ㉡, ㉣ ④ ㉢, ㉣, ㉤

25 K공장에서 제조하는 볼트의 일련번호는 다음과 같이 구성된다. 일련번호는 형태 – 허용압력 – 직경 – 재질 – 용도 순서로 표시할 때, 허용압력이 18kg/cm^{2}이고, 직경이 14mm인 자동차에 쓰이는 스테인리스 육각볼트의 일련번호로 가장 적절한 것은?

형태	사각	육각	팔각	별
	SC	HX	OT	ST
허용압력(kg/cm^2)	10 ~ 20	21 ~ 40	41 ~ 60	61 이상
	L	M	H	P
직경(mm)	8	10	12	14
	008	010	012	014
재질	플라스틱	크롬 도금	스테인리스	티타늄
	P	CP	SS	Ti
용도	항공기	선박	자동차	일반
	A001	S010	M110	E100

① HXL014TiE100 ② HXL014SSS010
③ HXL012CPM110 ④ HXL014SSM110

26 갑은 효율적인 월급 관리를 위해 펀드에 가입하고자 한다. A ~ D펀드 중에 하나를 골라 가입하려고 하는데, 안정적이고 우수한 펀드에 가입하기 위해 〈조건〉에 따라 비교하여 다음과 같은 결과를 얻었다. 이를 토대로 〈보기〉에서 옳은 것을 모두 고르면?

조건

- 둘을 비교하여 우열을 가릴 수 있으면 우수한 쪽에는 5점, 아닌 쪽에는 2점을 부여한다.
- 둘을 비교하여 어느 한 쪽이 우수하다고 말할 수 없는 경우에는 둘 다 0점을 부여한다.
- 각 펀드는 다른 펀드 중 두 개를 골라 총 4번의 비교를 했다.
- 총합의 점수로는 우열을 가릴 수 없으며 각 펀드와의 비교를 통해서만 우열을 가릴 수 있다.

〈결과〉

A펀드	B펀드	C펀드	D펀드
7점	7점	4점	10점

보기

ㄱ. D펀드는 C펀드보다 우수하다.
ㄴ. B펀드가 D펀드보다 우수하다고 말할 수 없다.
ㄷ. A펀드와 B펀드의 우열을 가릴 수 있으면 A ~ D까지의 우열 순위를 매길 수 있다.

① ㄱ, ㄴ　　② ㄴ, ㄷ
③ ㄱ, ㄷ　　④ ㄱ, ㄴ, ㄷ

27 **다음 글을 바탕으로 추론한 내용으로 옳은 것을 〈보기〉에서 모두 고르면?**

> 6명의 선수 A～F가 참가하는 어떤 게임은 다음 조건을 만족한다고 한다. 이 게임에서 선수 X가 선수 Y에게 우세하면 선수 Y는 선수 X에게 열세인 것으로 본다.
> • A, B, C 각각은 D, E, F 중 정확히 2명에게만 우세하다.
> • D, E, F 각각은 A, B, C 중 정확히 2명에게만 열세이다.
> • A는 D와 E에게 우세하다.

보기

㉠ C는 E에게 우세하다.
㉡ F는 B와 C에게 열세이다.
㉢ B가 E에게 우세하면 C는 D에게 우세하다.

① ㉠ ② ㉡
③ ㉢ ④ ㉡, ㉢

28 **다음 중 비판적 사고에 대해 잘못 설명하고 있는 사람을 〈보기〉에서 모두 고르면?**

보기

A : 비판적 사고의 목적은 주장의 단점을 명확히 파악하는 것이야.
B : 맹목적이고 무원칙적인 사고는 비판적 사고라 할 수 없어.
C : 비판적 사고를 하기 위해서는 감정을 철저히 배제한 중립적 입장에서 주장을 파악해야 해.
D : 비판적 사고는 타고난 것이므로 학습을 통한 배움에는 한계가 있어.
E : 비판적 사고는 어떤 주장에 대해 적극적으로 분석하는 것이야.

① A, B ② A, D
③ C, D ④ C, E

※ 다음은 K마트의 배송이용약관이다. 이어지는 질문에 답하시오. [29~30]

〈배송이용약관〉

▲ 배송기간

① 당일배송상품은 오전 주문 시 상품 당일 오후 배송(단, 당일 배송 주문마감 시간은 지점마다 상이함)
② 일반배송상품은 전국 택배점 상품은 상품 결제 완료 후 평균 2~4일 이내 배송완료
③ 일반배송상품은 택배사를 이용해 배송되므로 주말, 공휴일, 연휴에는 배송되지 않음
④ 당일배송의 경우 각 지점에 따라 배송 정책이 상이하므로 이용 매장에 직접 확인해야 함
⑤ 꽃 배송은 전국 어디서나 3시간 내에 배달 가능(단, 도서 산간지역 등 일부 지역 제외, 근무시간 내 주문접수되어야 함)

▲ 배송비

① K클럽(K마트 점포배송)을 제외한 상품은 무료배송이 원칙(단, 일부 상품의 경우 상품가격에 배송비가 포함될 수 있으며, 도서지역의 경우 도선료, 항공료 등이 추가될 수 있음)
② K클럽 상품은 지점별로 배송비 적용 정책이 상이함(해당점 이용안내 확인 필요)
③ 도서상품은 배송비 무료
④ CD / DVD 상품은 39,000원 미만 주문 시 배송비 3,000원 부과
⑤ 화장품 상품은 30,000원 미만 주문 시 배송비 3,000원 부과
⑥ 기타 별도의 배송비 또는 설치비가 부과되는 경우에는 해당 상품의 구매 페이지에 게재함

▲ 배송확인

① [나의 e쇼핑 > 나의 쇼핑정보 > 주문 / 배송현황]에서 배송현황의 배송조회 버튼을 클릭하여 확인할 수 있음
② 주문은 [주문완료] > [결제완료] > [상품준비 중] > [배송 중] > [배송완료] 순으로 진행
  • [주문완료] : 상품대금의 입금 미확인 또는 결제가 미완료된 접수 상태
  • [결제완료] : 대금결제가 완료되어 주문을 확정한 상태
  • [상품준비 중] : 공급처가 주문내역을 확인 후 상품을 준비하여 택배사에 발송을 의뢰한 상태
  • [배송 중] : 공급처에 배송지시를 내린 상태(공급처가 상품을 발송한 상태)
  • [배송완료] : 배송이 완료되어 고객님이 상품을 인수한 상태

  ※ 배송주소가 2곳 이상인 경우 주문할 상품의 상세페이지에서 [대량주문하기] 버튼을 클릭하면 여러 배송지로 상품 보내기 가능(배송주소를 여러 곳 설정할 때는 직접 입력 또는 엑셀파일로 작성 후 파일업로드 2가지 방식 이용)

29 서울 R대학의 기숙사 룸메이트인 갑과 을은 K마트에서 각각 물건을 구매했다. 두 명 모두 일반배송 상품을 이용하였으며, 갑은 화장품 세트를, 을은 책 3권을 구매하였다. 이들이 각각 물건을 구매하는 데 배송비를 포함한 가격을 바르게 연결한 것은?(단, 갑이 구매한 화장품 세트는 29,900원이며, 을이 구매한 책은 각각 10,000원이다)

	갑	을
①	29,900원	30,000원
②	29,900원	33,000원
③	30,900원	33,000원
④	32,900원	30,000원

30 서울에 사는 병은 K마트에서 해운대에 사시는 부모님께 보내드릴 사과 한 박스를 주문했다. 사과는 K마트 일반배송상품으로 가격은 32,000원이고, 현재 25% 할인을 하고 있다. 배송비를 포함하여 상품을 구매하는 데 총비용과 배송 예정일을 바르게 연결한 것은?

일	월	화	수	목	금	토
1	2	3	4	5	6 상품 결제완료	7
8	9	10	11	12	13	14

	총가격	배송 예정일
①	24,000원	9일 월요일
②	24,000원	12일 목요일
③	27,000원	10일 화요일
④	32,000원	12일 목요일

PART 4

31 민수가 어떤 일을 하는 데 1시간이 걸리고, 그 일을 아버지가 하는 데는 15분이 걸린다. 민수가 30분간 혼자서 일하는 중에 아버지가 오셔서 함께 그 일을 끝마쳤다면, 민수가 아버지와 함께 일한 시간은 몇 분인가?

① 5분 ② 6분
③ 7분 ④ 8분

32 사내 체육대회의 응원단장 투표를 홈페이지에서 진행하려고 한다. 부서별로 1명씩 총 8명의 후보 중 3명을 선출하는 경우는 몇 가지인가?

① 56가지 ② 58가지
③ 60가지 ④ 62가지

33 소금 농도가 4%인 미역국 450g이 싱거워 소금을 더 넣어 농도 10%의 미역국을 만들었다. 이때, 더 넣은 소금의 양은 얼마인가?

① 25g ② 30g
③ 33g ④ 35g

34 P사원은 지하철을 타고 출근한다. 속력이 60km/h인 지하철에 이상이 생겨 평소 속력의 0.4배로 운행하게 되었다. 지하철이 평소보다 45분 늦게 도착하였다면, P사원이 출발하는 역부터 도착하는 역까지 지하철의 이동 거리는 얼마인가?

① 20km ② 25km
③ 30km ④ 35km

35 다음은 2024년의 예식장 사업 형태에 대한 자료이다. 이에 대한 설명으로 옳지 않은 것은?

〈예식장 사업 형태〉

(단위 : 개, 십억 원)

구분	개인경영	회사법인	회사 이외의 법인	비법인 단체	합계
사업체 수	900	50	85	15	1,050
매출	270	40	17	3	330
비용	150	25	10	2	187

※ $[\text{수익률(\%)}]=\left[\frac{(\text{매출})}{(\text{비용})}-1\right]\times 100$

① 예식장 사업은 대부분 개인경영 형태로 이루어지고 있다.

② 사업체 1개당 매출액이 가장 큰 예식장 사업 형태는 회사법인이다.

③ 수익률이 가장 높은 예식장 사업 형태는 회사법인이다.

④ 개인경영 형태의 예식장 수익률은 비법인 단체 형태의 예식장 수익률의 2배 미만이다.

36 다음은 어느 나라의 2023년과 2024년의 노동 가능 인구구성의 변화에 대한 자료이다. 2023년과 비교한 2024년의 상황에 대한 설명으로 옳은 것은?

〈노동 가능 인구구성의 변화〉

(단위 : %)

구분	취업자	실업자	비경제활동인구
2023년	55	25	20
2024년	43	27	30

① 이 자료에서 실업자의 수는 알 수 없다.

② 실업자의 비율은 감소하였다.

③ 경제활동인구의 수는 증가하였다.

④ 취업자 비율의 증감폭이 실업자 비율의 증감폭보다 작다.

37 다음은 2024년 우리나라의 LPCD(Liter Per Capita Day)에 대한 자료이다. 1인 1일 사용량에서 영업용 사용량이 차지하는 비중과 1인 1일 가정용 사용량의 하위 두 항목이 차지하는 비중을 순서대로 바르게 나열한 것은?(단, 소수점 셋째 자리에서 반올림한다)

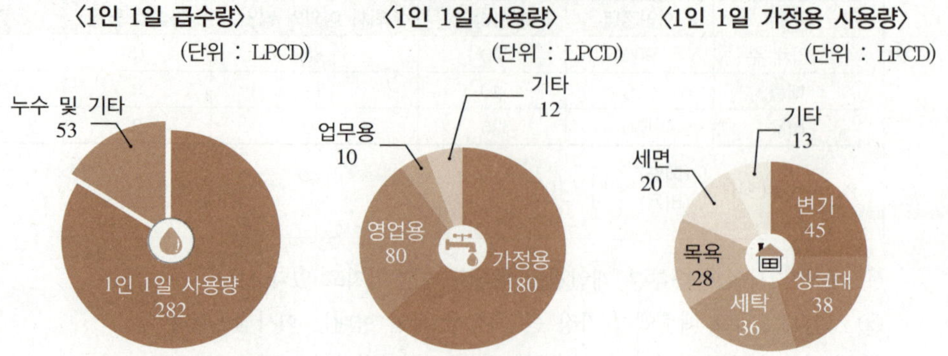

※ LPCD(Liter Per Capita Day) : 1인 1일 물 사용량으로 지역·국가 간 물 사용량을 비교할 수 있게 하고, 수자원을 효율적으로 활용할 수 있게 하는 지표

① 27.57%, 16.25%
② 27.57%, 19.24%
③ 28.37%, 18.33%
④ 28.37%, 19.24%

38 다음은 지역별 마약류 단속에 대한 자료이다. 이에 대한 설명으로 옳은 것은?

〈지역별 마약류 단속 건수〉

(단위 : 건, %)

구분	대마	코카인	향정신성 의약품	합계	비중
서울	49	18	323	390	22.1
인천・경기	55	24	552	631	35.8
부산	6	6	166	178	10.1
울산・경남	13	4	129	146	8.3
대구・경북	8	1	138	147	8.3
대전・충남	20	4	101	125	7.1
강원	13	0	35	48	2.7
전북	1	4	25	30	1.7
광주・전남	2	4	38	44	2.5
충북	0	0	21	21	1.2
제주	0	0	4	4	0.2
전체	167	65	1,532	1,764	100

※ 수도권은 서울과 인천・경기를 합한 지역임

※ 마약류는 대마, 코카인, 향정신성의약품으로만 구성됨

① 대마 단속 전체 건수는 코카인 단속 전체 건수의 3배 이상이다.

② 수도권의 마약류 단속 건수는 마약류 단속 전체 건수의 50% 이상이다.

③ 코카인 단속 건수가 없는 지역은 5곳이다.

④ 향정신성의약품 단속 건수는 대구・경북 지역이 광주・전남 지역의 4배 이상이다.

39 다음은 일반가구의 지역별 및 소득계층별 점유형태에 대한 자료이다. 빈칸에 들어갈 수치로 옳은 것은?(단, 지역별 소득층 구성비는 나열된 항목 순으로 일정한 규칙으로 변화한다)

〈일반가구의 지역별 및 소득계층별 점유형태〉

(단위 : %)

구분		자가	전세	보증부 월세	월세	사글세	무상
전국	전체	57.7	15.2	19.9	2.6	0.8	3.7
	저소득층	47.5	11.5	28.9	5.3	1.6	5.1
	중소득층	60.2	18.0	17.0	1.0	0.2	3.6
	고소득층	73.5	17.1	6.9	0.2	0.1	2.0
수도권	전체	49.7	21.6	22.1	2.9	0.0	3.7
	저소득층	35.9	17.8	34.5	6.9	0.0	4.9
	중소득층	52.3	24.3	18.7	1.2	0.0	3.5
	고소득층	66.4	22.8	8.6	0.1	0.0	2.1
광역시	전체	60.3	11.6	21.9	2.6	0.5	3.1
	저소득층	51.2	25.6	12.8	6.4		1.6
	중소득층	66.0	13.3	16.5	0.9	0.1	3.2
	고소득층	83.0	10.7	4.5	0.0	0.0	0.8
도지역	전체	68.1	7.7	15.3	2.0	2.1	4.8
	저소득층	62.9	5.1	19.0	3.3	3.6	6.0
	중소득층	69.3	10.7	14.5	0.7	0.8	4.0
	고소득층	82.3	9.1	5.0	0.4	0.3	2.8

① 3.2 ② 3.4

③ 4.2 ④ 4.4

40 K기업의 연구소에서는 신소재 물질을 개발하고 있다. 최근 새롭게 연구하고 있는 4가지 물질에 대한 농도를 측정하기 위해 A ~ D기관에 검사를 요청하였다. 측정결과가 다음과 같을 때, 이를 이해한 내용으로 옳지 않은 것은?

■ 물질 1 측정결과

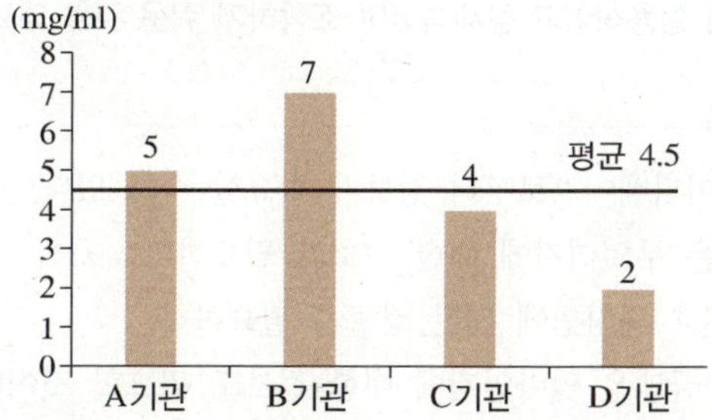

■ 물질 2 측정결과

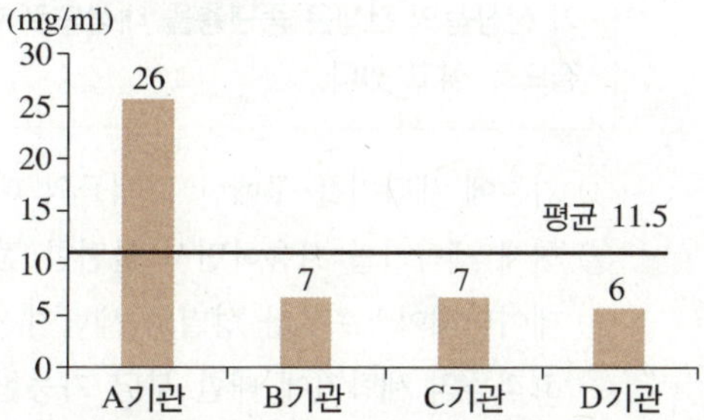

■ 물질 3 측정결과

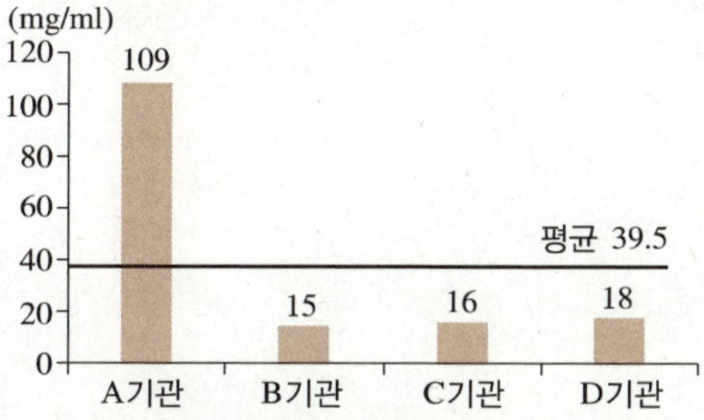

■ 물질 4 측정결과

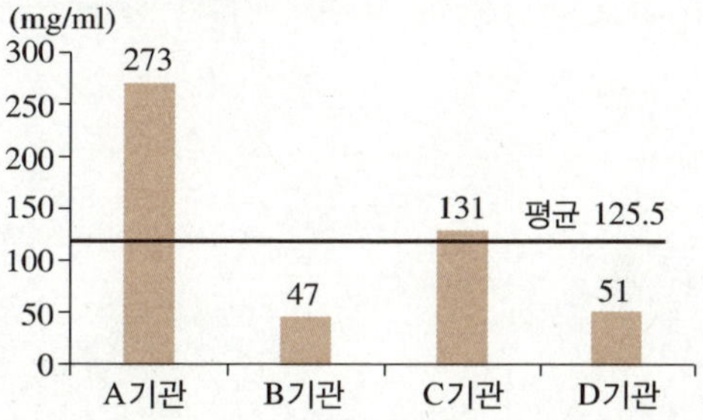

※ 유효농도 : 각 실험기관에서 측정한 농도의 평균

※ (실험오차)=|(실험결과)−(유효농도)|

※ $[\text{실험오차율}(\%)]=\frac{(\text{실험오차})}{(\text{유효농도})}\times100$

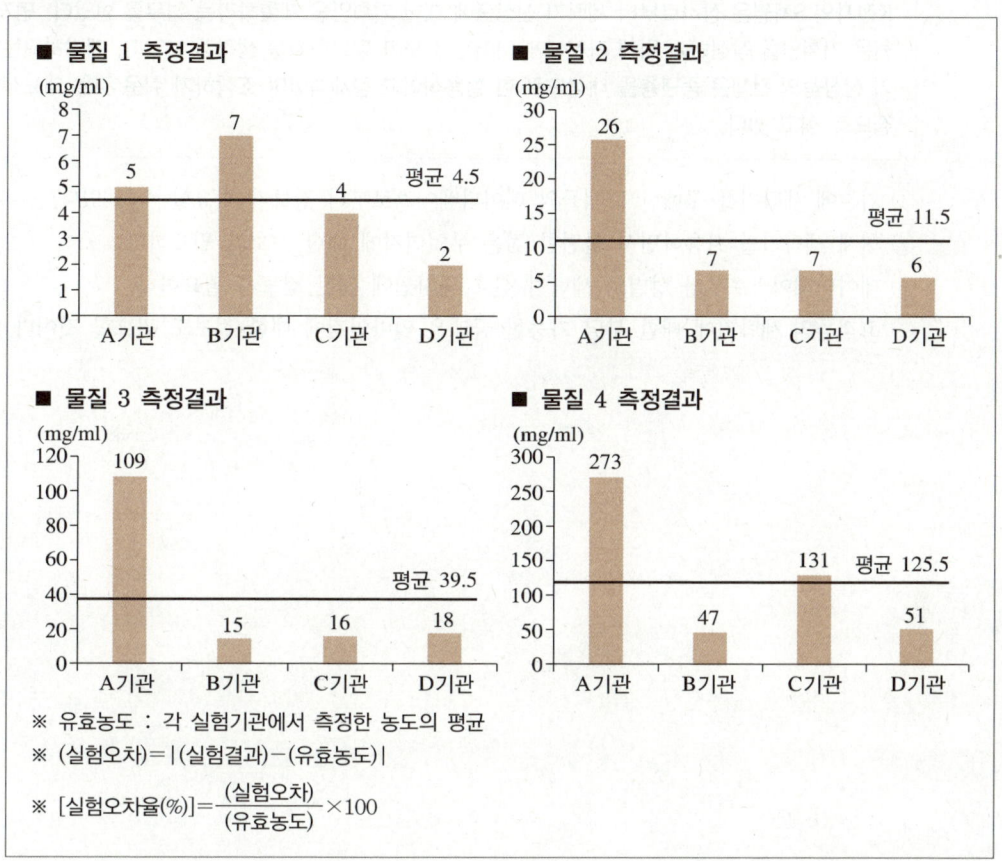

① 물질 1에 대한 B기관과 D기관의 실험오차율은 동일해.

② 물질 3에 대한 실험오차율은 A기관이 가장 커.

③ 물질 1에 대한 B기관의 실험오차율은 물질 2에 대한 A기관의 실험오차율보다 작아.

④ 물질 2에 대한 A기관의 실험오차율은 물질 2에 대한 나머지 기관의 실험오차율 합보다 작아.

41 **다음은 기획안을 제출하기 위한 정보수집 전에 어떠한 정보를 어떻게 수집할지에 대한 '정보의 전략적 기획'의 사례이다. S사원이 필요한 정보로 적절하지 않은 것은?**

> K전자의 S사원은 상사로부터 세탁기 신상품에 대한 기획안을 제출하라는 업무를 받았다. 먼저 S사원은 기획안을 작성하기 위해 자신에게 어떠한 정보가 필요한지를 생각해 보았다. 개발하려는 세탁기 신상품의 컨셉은 중년층을 대상으로 한 실용적이고 경제적이며 조작하기 쉬운 것을 대표적인 특징으로 삼고 있다.

① 기존에 세탁기를 구매한 고객들의 데이터베이스로부터 정보가 필요할 수도 있다.
② 현재 세탁기를 사용하면서 불편한 점은 무엇인지에 대한 정보가 필요하다.
③ 데이터베이스로부터 성별로 세탁기 선호 디자인에 대한 정보가 필요하다.
④ 고객들의 세탁기에 대한 부담 가능한 금액은 얼마인지에 대한 정보도 필요할 것이다.

42 **왼쪽 워크시트의 성명 데이터를 오른쪽 워크시트와 같이 성과 이름 두 개의 열로 분리하기 위해 [텍스트 나누기] 기능을 사용하고자 한다. 다음 중 [텍스트 나누기]의 분리 방법으로 옳은 것은?**

	A
1	김철수
2	박선영
3	최영희
4	한국인

	A	B
1	김	철수
2	박	선영
3	최	영희
4	한	국인

① 열 구분선을 기준으로 내용 나누기
② 구분 기호를 기준으로 내용 나누기
③ 공백을 기준으로 내용 나누기
④ 탭을 기준으로 내용 나누기

43 **K공사의 L사원은 거래처의 컴퓨터를 빌려서 쓰게 되었는데, 해당 컴퓨터를 부팅하고 바탕화면에 저장된 엑셀 파일을 열자 어디에 사용될지 모르는 고객의 상세한 신상 정보가 담겨 있었다. 다음 중 L사원이 취해야 할 태도로 옳은 것은?**

① 고객 신상 정보를 즉시 지우고 빌린 컴퓨터를 사용한다.
② 고객 신상 정보의 훼손을 방지하고자 자신의 USB에 백업 해두고 보관해 준다.
③ 고객 신상 정보를 저장장치에 복사해서 빌린 거래처 담당자에게 되돌려준다.
④ 거래처에 고객 신상 정보 삭제를 요청한다.

44 **다음 중 엑셀에서 차트를 작성할 때 [차트 마법사]를 이용할 경우 차트 작성 순서로 옳은 것은?**

㉠ 작성할 차트 중 차트 종류를 선택하여 지정한다. ㉡ 데이터 범위와 계열을 지정한다. ㉢ 차트를 삽입할 위치를 지정한다. ㉣ 차트 옵션을 설정한다.

① ㉠ → ㉡ → ㉢ → ㉣
② ㉠ → ㉡ → ㉣ → ㉢
③ ㉠ → ㉢ → ㉡ → ㉣
④ ㉡ → ㉠ → ㉢ → ㉣

45 **다음 대화에서 S사원이 답변할 내용으로 적절하지 않은 것은?**

> P과장 : 자네, 마우스도 거의 만지지 않고 윈도를 사용하다니 신기하군. 방금 윈도 바탕화면에 있는 창들이 모두 사라졌는데 어떤 단축키를 눌렀나?
> S사원 : 네, 과장님. 〈Windows〉와 〈D〉를 함께 누르면 바탕화면에 펼쳐진 모든 창들이 최소화됩니다. 이렇게 주요한 단축키를 알아두면 업무에 많은 도움이 됩니다.
> P과장 : 그렇군. 나도 자네에게 몇 가지를 배워서 활용해 봐야겠어.
> S사원 : 우선 윈도에서 자주 사용하는 단축키를 알려드리겠습니다. 첫 번째로 ____________

① 〈Windows〉+〈E〉를 누르면 윈도 탐색기를 열 수 있습니다.
② 〈Windows〉+〈Home〉을 누르면 현재 보고 있는 창을 제외한 나머지 창들이 최소화됩니다.
③ 잠시 자리를 비울 때 〈Windows〉+〈L〉을 누르면 잠금화면으로 전환할 수 있습니다.
④ 〈Alt〉+〈W〉를 누르면 현재 사용하고 있는 창을 닫을 수 있습니다.

46 **다음과 같이 하나의 셀에 두 줄 이상의 데이터를 입력하려고 하는 경우, '컴퓨터'를 입력한 후 줄을 바꾸기 위하여 사용하는 키로 옳은 것은?**

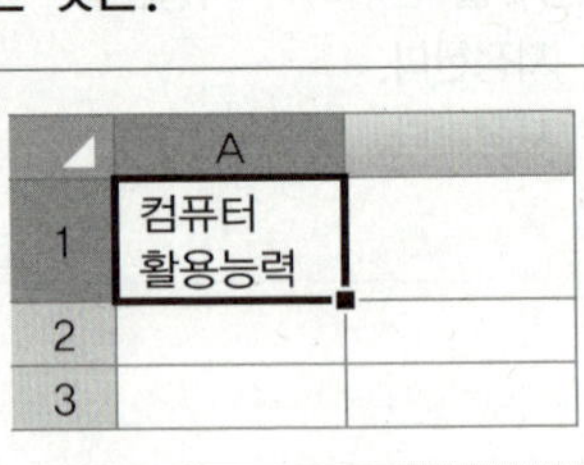

① 〈Ctrl〉+〈Enter〉
② 〈Ctrl〉+〈Shift〉+〈Enter〉
③ 〈Alt〉+〈Enter〉
④ 〈Shift〉+〈Enter〉

※ 병원에서 근무하는 A씨는 건강검진 관리 현황을 정리하고 있다. 이어지는 질문에 답하시오. [47~48]

	A	B	C	D	E	F
1	〈건강검진 관리 현황〉					
2	이름	검사구분	주민등록번호	검진일	검사항목 수	성별
3	강민희	종합검진	960809-2******	2024-11-12	18	
4	김범민	종합검진	010323-3******	2024-03-13	17	
5	조현진	기본검진	020519-3******	2024-09-07	10	
6	최진석	추가검진	871205-1******	2024-11-06	6	
7	한기욱	추가검진	980232-1******	2024-04-22	3	
8	정소희	종합검진	001015-4******	2024-02-19	17	
9	김은정	기본검진	891025-2******	2024-10-14	10	
10	박미옥	추가검진	011002-4******	2024-07-21	5	

47 다음 중 2024년 하반기에 검진받은 사람의 수를 확인할 때 사용해야 할 함수는?

① COUNT ② COUNTA

③ SUMIF ④ COUNTIF

48 다음 중 주민등록번호를 통해 성별을 구분하려고 할 때, 각 셀에 필요한 함수식으로 옳은 것은?

① F3 : =IF(AND(MID(C3,8,1)="2",MID(C3,8,1)="4"),"여자","남자")

② F4 : =IF(AND(MID(C4,8,1)="2",MID(C4,8,1)="4"),"여자","남자")

③ F7 : =IF(OR(MID(C7,8,1)="2",MID(C7,8,1)="4"),"여자","남자")

④ F9 : =IF(OR(MID(C9,8,1)="1",MID(C9,8,1)="3"),"여자","남자")

49 다음은 조직심리학 수업을 수강한 학생들의 성적이다. 최종점수는 중간과 기말의 평균점수 90%, 출석점수 10%가 반영되며, 최종점수를 높은 순으로 나열했을 때 1 ~ 2등은 A, 3 ~ 5등은 B, 나머지는 C를 받는다. 엑셀의 함수 기능을 이용하여 최종점수, 등수, 등급을 작성하려고 할 때, 필요하지 않은 함수는?(단, 최종점수는 소수점 둘째 자리에서 반올림한다)

	A	B	C	D	E	F	G
1	이름	중간	기말	출석	최종점수	등수	등급
2	유재민	97	95	10	87.4	1	A
3	김종수	92	89	10	82.5	3	B
4	이진하	65	96	9	73.4	5	B
5	전민주	77	88	8	75.1	4	B
6	지민호	78	75	8	69.7	6	C
7	한성진	65	70	7	61.5	7	C
8	송나연	89	95	10	83.8	2	A

① IFS ② RANK
③ ROUND ④ AVERAGEIFS

50 다음 워크시트를 참조하여 작성한 수식 「=VLOOKUP(SMALL(A2:A10,3),A2:E10,4,0)」의 결괏값으로 옳은 것은?

	A	B	C	D	E
1	번호	억양	발표	시간	자료준비
2	1	80	84	91	90
3	2	89	92	86	74
4	3	72	88	82	100
5	4	81	74	89	93
6	5	84	95	90	88
7	6	83	87	72	85
8	7	76	86	83	87
9	8	87	85	97	94
10	9	98	78	96	81

① 82 ② 83
③ 86 ④ 87

03 기술

| 01 | 기계

31 **다음 중 리벳 이음에 대한 설명으로 옳지 않은 것은?**

① 잔류응력에 의한 취약 파괴가 일어나지 않는다.

② 구조물 조립 시용접이음보다 간편하다.

③ 철교 등의 구조물에 주로 쓰이는 이음방식이다.

④ 연결하고자 하는 부위를 타격하는 이음 방식이므로 용접 이음보다 모재의 변형의 우려가 크다.

32 **탁상스탠드의 구조를 단순화하여 다음과 같은 평면기구를 얻었다. 이 기구의 자유도는 몇 개인가? (단, 그림에서 ○는 핀절점이다)**

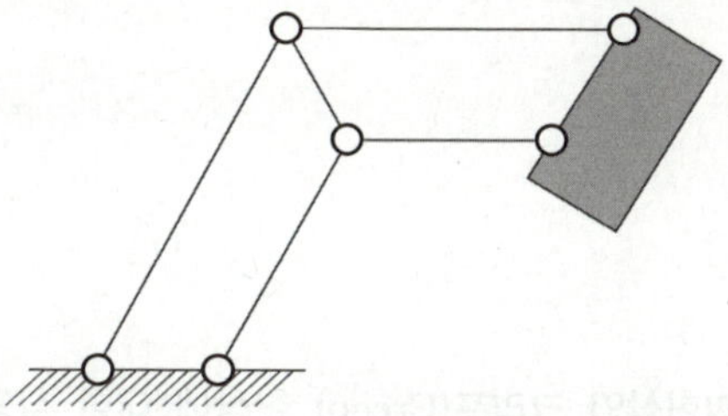

① 0개
② 1개
③ 2개
④ 3개

33 **다음 중 흑체에서 방출하는 복사에너지와 절대온도의 관계로 옳은 것은?**

① 절대온도와 무관하다.
② 절대온도에 비례한다.
③ 절대온도의 제곱에 비례한다.
④ 절대온도의 네제곱에 비례한다.

34 **다음 중 프로판 가스(Propane Gas)에 대한 설명으로 옳지 않은 것은?**

① 공기보다 무겁다.
② 유독한 일산화탄소 성분이 있다.
③ 폭발할 위험이 있다.
④ 액화 수소 가스이다.

35 **다음 중 영위법(Zero Method)에 대한 설명으로 옳은 것은?**

① 측정량을 그것과 비례한 지시의 변화량으로 바꾸어 그 변화량으로 측정량을 아는 측정법이다.
② 미지의 값을 측정하는 방법의 하나로, 측정 대상물과 표준기를 바꾸어 넣어 그 차 또는 비율을 측정하여 미지의 값을 구하는 방법이다.
③ 측정량에서 측정하기 전 이미 알고 있는 양을 빼고, 그 차를 측정하여 측정량을 아는 방법이다.
④ 조정할 수 있는 같은 종류의 분동(分銅) 무게와 측정량을 조화시켜 분동 무게로부터 측정량을 아는 측정법이다.

36 **다음 중 금속의 파괴현상인 크리프(Creep) 현상에 대한 설명으로 옳은 것은?**

① 응력이 증가하여 재료의 항복점을 지났을 때 일어나는 파괴현상이다.
② 반복응력이 장시간 가해졌을 때 일어나는 파괴현상이다.
③ 응력과 온도가 일정한 상태에서 시간이 지남에 따라 변형이 증가하는 현상이다.
④ 균열이 진전되어 소성변형 없이 빠르게 파괴되는 현상이다.

37 **다음 중 옥내에 시설하는 저압 전로와 대지 사이의 절연저항 측정에 사용되는 기구는 무엇인가?**

① 멀티 테스터　　② 메거
③ 어스 테스터　　④ 훅 온 미터

38 다음 중 공작물을 양극으로 하고 공구를 음극으로 하여 전기화학적 작용으로 공작물을 전기분해시켜 원하는 부분을 제거하는 가공공정은?

① 전해가공
② 방전가공
③ 전자빔가공
④ 초음파가공

39 다음 중 특정한 온도영역에서 이전의 입자들을 대신하여 변형이 없는 새로운 입자가 형성되는 재결정에 대한 설명으로 옳지 않은 것은?

① 재결정온도는 일반적으로 약 1시간 안에 95% 이상 재결정이 이루어지는 온도로 정의한다.
② 금속의 용융온도를 절대온도 T_m이라 할 때, 재결정온도는 대략 $0.3 \sim 0.5T_m$ 범위에 있다.
③ 재결정은 금속의 연성을 증가시키고 강도를 저하시킨다.
④ 냉간가공도가 클수록 재결정온도는 높아진다.

40 다음 중 피복금속용접봉의 피복제 역할에 대한 설명으로 옳지 않은 것은?

① 수소의 침입을 방지하여 수소기인균열의 발생을 예방한다.
② 용융금속 중의 산화물을 탈산하고 불순물을 제거하는 작용을 한다.
③ 아크의 발생과 유지를 안정되게 한다.
④ 용착금속의 급랭을 방지한다.

41 다음 중 키(Key)에 대한 설명으로 옳지 않은 것은?

① 축과 보스(풀리, 기어)를 결합하는 기계요소이다.
② 키홈은 깊이가 깊어서 응력집중이 일어나지 않는 좋은 체결기구이다.
③ 축방향으로 평행한 평행형이 있고 구배진 테이퍼형이 있다.
④ 원주방향과 축방향 모두를 고정할 수 있지만 축방향은 고정하지 않아 축을 따라 미끄럼운동을 할 수도 있다.

42 다음 글에 해당하는 현상은 무엇인가?

> 성형품의 냉각이 비교적 높은 부분에서 발생하는 성형 수축으로, 표면에 나타나는 오목한 부분의 결함을 말한다. 이를 제거하기 위해서는 성형품의 두께를 균일하게 하고, 스프루, 러너, 게이트를 크게 하여 금형 내의 압력이 균일하도록 하며 성형온도를 낮게 억제한다. 이때 두께가 두꺼운 위치에 게이트를 설치하여 성형온도를 낮게 억제한다.

① 플래시현상
② 싱크마크현상
③ 플로마크현상
④ 제팅현상

43 다음과 같이 지름이 D_1인 A피스톤에 F_1의 힘이 작용하였을 때, 지름이 D_2인 B실린더에 작용하는 유압은?(단, $D_2 = 4D_1$이다)

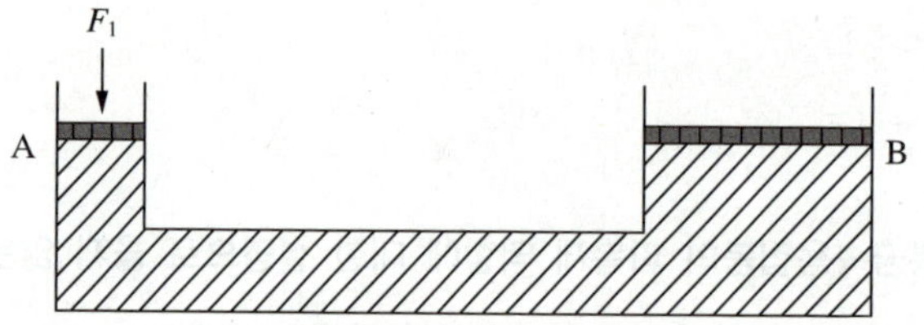

① $\dfrac{4F_1}{\pi {D_1}^2}$
② $\dfrac{F_1}{\pi {D_1}^2}$
③ $\dfrac{F_1}{2\pi {D_1}^2}$
④ $\dfrac{F_1}{3\pi {D_1}^2}$

44 다음 중 상의 위상차를 통해 미세각도를 측정하는 기구는 무엇인가?

① 직각자
② 사인바
③ 오토콜리미터
④ 각도 게이지

45 다음 중 와이어 방전가공에 대한 설명으로 옳지 않은 것은?

① 가공액은 일반적으로 수용성 절삭유를 물에 희석하여 사용한다.

② 와이어전극은 동, 황동 등이 사용되고 재사용이 가능하다.

③ 와이어는 일정한 장력을 걸어주어야 하는데 보통 와이어 파단력의 $\frac{1}{2}$ 정도로 한다.

④ 복잡하고 미세한 형상가공이 용이하다.

46 발전용량이 100MW이고 천연가스를 연료로 사용하는 발전소에서 보일러는 527℃에서 운전되고, 응축기에서는 27℃로 폐열을 배출한다. 다음 중 카르노 열효율 개념으로 계산한 보일러의 초당 연료 소비량은?(단, 천연가스의 연소열은 20MJ/kg이다)

① 8kg/s　　② 16kg/s

③ 48kg/s　　④ 60kg/s

47 압력용기 내의 게이지 압력이 30kPa로 측정되었다. 대기압력이 100kPa일 때, 압력용기 내의 절대 압력은?

① 130kPa　　② 70kPa

③ 30kPa　　④ 15kPa

48 다음 글에 해당하는 운동용 나사는 무엇인가?

- 애크미(Acme)나사라고도 하며, 정밀가공이 용이하다.
- 공작기계의 리드 스크루와 같이 정밀한 운동의 전달용으로 사용한다.

① 사각나사　　② 톱니나사

③ 사다리꼴나사　　④ 둥근나사

49 **다음 중 기계요소를 설계할 때 응력집중 및 응력집중계수에 대한 설명으로 옳지 않은 것은?**

① 응력집중계수는 단면부의 평균응력에 대한 최대응력의 비율이다.

② 응력집중이란 단면이 급격히 변화하는 부위에서 힘의 흐름이 심하게 변화함으로 인해 발생하는 현상이다.

③ 응력집중계수는 탄성영역 내에서 부품의 형상효과와 재질이 모두 고려된 것으로, 형상이 같더라도 재질이 다르면 그 값이 다르다.

④ 응력집중을 완화하려면 단이 진 부분의 곡률반지름을 크게 하거나 단면이 완만하게 변화하도록 한다.

50 **다음 중 금형용 합금공구강의 KS규격에 해당하는 것은?**

① STD 11 ② SC 360

③ SM 45C ④ SS 400

51 **다음 중 가스터빈에 대한 설명으로 옳지 않은 것은?**

① 압축, 연소, 팽창, 냉각의 4과정으로 작동되는 외연기관이다.

② 실제 가스터빈은 개방 사이클이다.

③ 증기터빈에 비해 중량당의 동력이 크다.

④ 공기는 산소를 공급하고 냉각제의 역할을 한다.

52 **다음 중 구조용 강의 인장시험에 의한 응력 – 변형률선도(Stress – Strain Diagram)에 대한 설명으로 옳지 않은 것은?**

① 비례한도(Proportional Limit)까지는 응력과 변형률이 정비례의 관계를 유지한다.

② 극한응력(Ultimated Stress)은 선도상에서의 최대응력이다.

③ 항복점(Yield Point)에서는 하중이 증가하더라도 시험편의 변형이 일어나지 않는다.

④ 탄성한도(Elastic Limit)에 이를 때까지는 하중을 제거하면, 시험편이 최초의 변형이 없는 상태로 돌아간다.

53 **다음 중 드릴링머신가공에서 접시머리나사의 머리가 들어갈 부분을 원추형으로 가공하는 작업은?**

① 리밍(Reaming)
② 카운터보링(Counterboring)
③ 카운터싱킹(Countersinking)
④ 스폿페이싱(Spotfacing)

54 **다음 중 베르누이 방정식의 성립 조건으로 옳지 않은 것은?**

① 정상 상태의 흐름이어야 한다.
② 유선이 겹쳐서는 안 된다.
③ 압축성 유동의 흐름이어야 한다.
④ 점성력이 존재하지 않아야 한다.

55 **축 방향의 압축하중이 작용하는 원통 코일 스프링에서 코일 소재의 지름이 d일 때 최대 전단응력이 τ_1이고, 코일 소재의 지름이 $\frac{d}{2}$일 때 최대 전단응력이 τ_2이라면, $\frac{\tau_2}{\tau_1}$는?(단, 응력 수정계수는 1로 하고, 다른 조건은 동일하다)**

① 2
② 4
③ 8
④ 16

| 02 | 전기

31 **다음 중 송전선로의 이상전압 방지대책에 대한 설명으로 옳지 않은 것은?**

① 개폐서지의 이상전압을 감쇄할 목적으로 쓰이는 것은 개폐저항기이다.
② 가공지선을 설치하는 가장 큰 이유는 전압강하를 방지하기 위함이다.
③ 가공지선의 차폐각이 작을수록 차폐효과가 크다.
④ 철탑의 탑각 접지저항이 커지면 역섬락이 발생하게 된다.

32 **다음 회로에서 시상수 T는 얼마인가?**

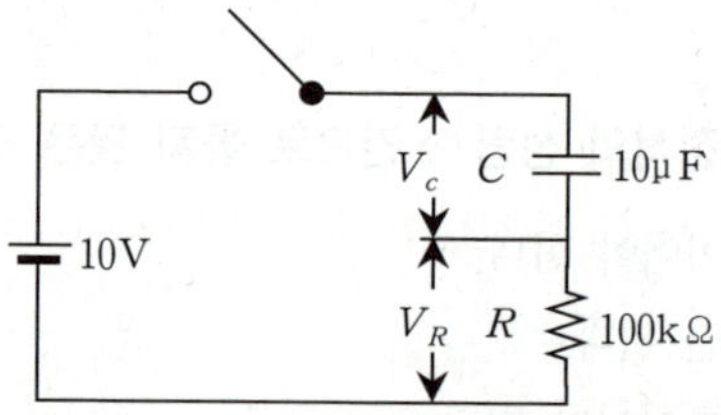

① 1sec　　② 0.1sec
③ 10sec　　④ 0.01sec

33 **다음 중 4극, 60Hz인 3상 유도 전동기를 입력 100kW, 효율 90%로 정격 운전할 때의 토크는?**

① 46.7kg·m　　② 48.75kg·m
③ 97.5kg·m　　④ 146.25kg·m

34 **다음 중 직류 발전기에 있어서 전기자 반작용이 생기는 요인이 되는 전류는 무엇인가?**

① 동손에 의한 전류　　② 전기자 권선에 의한 전류
③ 계자 권선의 전류　　④ 규소 강판에 의한 전류

35 다음 중 녹아웃 펀치와 같은 용도로 배전반이나 분전반 등에 구멍을 뚫을 때 사용하는 것은?

① 클리퍼(Clipper)
② 홀소(Hole Saw)
③ 프레스 툴(Pressure Tool)
④ 드라이브이트 툴(Driveit Tool)

36 다음 중 빈칸 ㉠, ㉡에 들어갈 단어로 옳은 것은?

> 패러데이의 전자 유도 법칙에서 유도 기전력의 크기는 코일을 지나는 ___㉠___의 매초 변화량과 코일의 ___㉡___에 비례한다.

	㉠	㉡
①	자속	굵기
②	자속	권수
③	전류	권수
④	전류	굵기

37 저항 10kΩ의 허용 전력이 10kW라 할 때, 허용 전류는 몇 A인가?

① 0.1A
② 1A
③ 10A
④ 100A

38 다음 중 유도 전동기 권선법에 대한 설명으로 옳지 않은 것은?

① 홈 수는 24개 또는 36개이다.
② 고정자 권선은 3상 권선이 쓰인다.
③ 소형 전동기는 보통 4극이다.
④ 고정자 권선은 단층 파권이다.

39 다음 중 전원 100V에 $R_1 = 5\Omega$ 과 $R_2 = 15\Omega$ 의 두 전열선을 직렬로 접속한 경우 옳은 것은?

① R_1 에는 R_2 보다 3배의 전류가 흐른다.
② R_2 는 R_1 보다 3배의 열을 발생시킨다.
③ R_1 과 R_2 에 걸리는 전압은 같다.
④ R_1 은 R_2 보다 3배의 전력을 소비한다.

40 다음 중 직류 발전기의 병렬 운전 중 한쪽 발전기의 여자를 늘리면 그 발전기는 어떻게 되는가?

① 부하 전류는 불변, 전압은 증가한다.
② 부하 전류는 줄고, 전압은 증가한다.
③ 부하 전류는 늘고, 전압은 증가한다.
④ 부하 전류는 늘고, 전압은 불변한다.

41 다음 단상 유도 전동기의 기동방법 중 기동토크가 가장 큰 것은 무엇인가?

① 반발 기동형
② 분상 기동형
③ 반발 유도형
④ 콘덴서 기동형

42 다음 중 구리전선과 전기 기계기구 단지를 접속하는 경우에 진동 등으로 인하여 헐거워질 염려가 있는 곳에는 어떻게 접속하여야 하는가?

① 정 슬리브를 끼운다.
② 평 와셔 2개를 끼운다.
③ 코드 패스너를 끼운다.
④ 스프링 와셔를 끼운다.

43 **다음 중 회전 변류기의 직류측 전압을 조정하는 방법으로 옳지 않은 것은?**

① 직렬 리액턴스에 의한 방법
② 여자 전류를 조정하는 방법
③ 동기 승압기를 사용하는 방법
④ 부하 시 전압 조정 변압기를 사용하는 방법

44 **다음 중 자체 인덕턴스에 축적되는 에너지에 대한 설명으로 옳은 것은?**

① 자체 인덕턴스 및 전류에 비례한다.
② 자체 인덕턴스 및 전류에 반비례한다.
③ 자체 인덕턴스와 전류의 제곱에 반비례한다.
④ 자체 인덕턴스에 비례하고, 전류의 제곱에 비례한다.

PART 4

45 **다음 중 분전반 및 배전반은 어떤 장소에 설치하는 것이 바람직한가?**

① 전기회로를 쉽게 조작할 수 있는 장소
② 개폐기를 쉽게 개폐할 수 없는 장소
③ 은폐된 장소
④ 이동이 심한 장소

46 **다음 중 피시 테이프(Fish Tape)의 용도로 옳은 것은?**

① 전선을 테이핑하기 위해서 사용한다.
② 전선관의 끝마무리를 위해서 사용한다.
③ 전선관에 전선을 넣을 때 사용한다.
④ 합성 수지관을 구부릴 때 사용한다.

47 다음 중 검출값 편차의 크기에 비례하여 조작부를 제어하는 동작으로, 정상 오차를 수반하고 사이클링은 없으나 잔류 편차(Offset)가 발생하는 제어는 무엇인가?

① 적분 제어 ② 미분 제어
③ 비례 제어 ④ 비례 적분 제어

48 다음 중 동기 발전기의 병렬 운전 시 기전력의 크기가 다를 경우 나타나는 현상이 아닌 것은?

① 권선이 가열된다.
② 동기화전력이 생긴다.
③ 무효순환전류가 흐른다.
④ 고압 측에 감자작용이 생긴다.

49 다음 〈보기〉 중 전기력선의 성질에 대한 설명으로 옳은 것을 모두 고르면?

보기
ㄱ. 전기력선은 양(+)전하에서 시작하여 음(−)전하에서 끝난다.
ㄴ. 전기장 내에 도체를 넣으면 도체 내부의 전기장이 외부의 전기장을 상쇄하나 도체 내부에 전기력선은 존재한다.
ㄷ. 전기장 내 임의의 점에서 전기력선의 접선방향은 그 점에서의 전기장의 방향을 나타낸다.
ㄹ. 전기장 내 임의의 점에서 전기력선의 밀도는 그 점에서의 전기장의 세기와 비례하지 않는다.

① ㄱ, ㄴ ② ㄱ, ㄷ
③ ㄴ, ㄹ ④ ㄷ, ㄹ

50 다음 중 옥내 배선에서 전선 접속에 대한 사항으로 옳지 않은 것은?

① 전기저항을 증가시킨다.
② 전선의 강도를 20% 이상 감소시키지 않는다.
③ 접속 슬리브, 전선 접속기를 사용하여 접속한다.
④ 접속부분의 온도상승값이 접속부 이외의 온도상승값을 넘지 않도록 한다.

51 다음 중 동기 조상기의 계자를 부족여자로 하여 운전한 결과로 옳은 것은?

① 콘덴서로 작용
② 뒤진 역률 보상
③ 리액터로 작용
④ 저항손의 보상

52 다음 중 공기 중에 10μC과 20μC를 1m 간격으로 놓을 때 발생되는 정전력은?(단, 상수 $k=9\times 10^9 \text{N}\cdot\text{m}^2/\text{C}^2$으로 계산한다)

① 1.8N
② 2.2N
③ 4.4N
④ 6.3N

53 다음 중 전력계통의 안정도(Stability)에 대한 설명으로 옳지 않은 것은?

① PSS 대신에 속응 여자 시스템을 채택한다.
② 디지털 AVR을 설치한다.
③ 여자장치를 정지형 여자기로 설치한다.
④ FACTS 기기를 설치한다.

54 다음 3상 유도 전동기의 속도 제어 방법 중 인버터(Inverter)를 이용하는 속도 제어법은?

① 극수 변환법
② 전압 제어법
③ 초퍼 제어법
④ 주파수 제어법

55 두 종류의 금속 접합부에 전류를 흘리면 전류의 방향에 따라 줄열 이외의 열의 흡수 또는 발생 현상이 생긴다. 다음 중 이러한 현상을 무엇이라 하는가?

① 제벡 효과
② 페란티 효과
③ 펠티어 효과
④ 초전도 효과

| 03 | 화학

31 다음 중 백철광 중 황의 이론 함량은?

① 26.7%
② 32.0%
③ 43.4%
④ 53.3%

32 다음 화학 방정식 중 황산 제조와 관계없는 것은?

① $S + O_2 \rightarrow SO_2$
② $4FeS_2 + 11O_2 \rightarrow 2Fe_2O_3 + 8SO_2$
③ $N_2 + 3H_2 \rightarrow 2NH_3$
④ $SO_2 + NO_2 + H_2O \rightarrow H_2SO_4 \cdot NO$

33 다음 중 총괄 물질 전달 계수(K_L, K_G)와 물질 전달 계수(k_G, k_L)의 관계로 옳은 것은?

① $\frac{1}{K_G} = \frac{1}{k_G} + \frac{H}{k_L}$
② $\frac{1}{K_L} = \frac{1}{k_L} + \frac{1}{k_G H}$
③ $\frac{1}{k_L} = \frac{1}{K_L} + \frac{H}{k_G}$
④ $\frac{1}{K_G} - \frac{1}{k_L H} = \frac{1}{k_G}$

34 압력이 25atm으로 일정하게 유지되고 있는 계의 체적율을 $2m^3$에서 $6m^3$으로 변화시켰다면 이 계가 한 일은 얼마인가?

① $1.033 kgf \cdot m$
② $1.033 \times 10^4 kgf \cdot m$
③ $1.033 \times 10^2 kgf \cdot m$
④ $1.033 \times 10^6 kgf \cdot m$

35 다음 중 소다회(Na2CO3) 제조 공업과 관계없는 것은?

① Leblanc법
② Solvay Process
③ 염안 소다법
④ 전해법

36 다음 중 천일 제염법에서 결정지의 주 생성분은?

① NaCl
② Fe_2O_3
③ KCl
④ $CaSO_3$

37 다음 중 합성 염산의 제조 장치로 많이 사용되는 것은 무엇인가?

① 불침투성 탄소 합성관
② 용융 석영 재료
③ 철재
④ 도기관에 의한 것

38 다음 중 과즙이나 젤라틴 등과 같이 열에 예민한 물질을 증발시킬 경우 필요한 증발관은 무엇인가?

① 진공 증발관
② 수직관식 증발관
③ 강제 순환식 증발관
④ 수평관식 증발관

PART 4

39 습기가 있는 재료 10kg을 건조시킨 후 무게를 측정한 결과가 9.5kg이었을 때, 처음 재료의 함수율은 얼마인가?

① 0.05(kg−H_2O/kg−건조고체)

② 0.5(kg−H_2O/kg−건조고체)

③ 0.95(kg−H_2O/kg−건조고체)

④ 9.5(kg−H_2O/kg−건조고체)

40 다음 중 교반기의 동력용에서 사용되는 레이놀즈수는 어떤 식으로 표시되는가?[단, D= 날개의 지름, N= 날개의 속도(rpm)이다]

① $\frac{DN\rho}{\beta}$

② $\frac{DG}{\mu}$

③ $\frac{D^3N\rho}{\mu}$

④ $\frac{D^2N\rho}{\mu}$

41 다음 중 격막식 수산화나트륨 전해조에서의 양극(+) 재료로 흑연을 사용하는 이유는 무엇인가?

① 염소 과전압이 낮다.

② 구하기가 쉽다.

③ 전기 저항이 크다.

④ 알칼리에 대한 내식성이 크다.

42 다음 단위 환산 중 옳지 않은 것은?

① 1HP= 76kg · m/sec= 750ft · lb_f/sec

② 1Btu= 0.252kcal= 778ft · lb_f

③ 1poise= 1g/cm · sec= 0.1kg/m · sec

④ 1cP= 0.001kg · m/sec= 6.72×10^{-4}lb/ft · sec

43 다음 중 독성 기체를 수송하는 데 적합한 펌프는 무엇인가?

① 로브 펌프 ② 터보 압축기
③ 나쉬 펌프 ④ 팬

44 다음 중 어떤 유기 물질이 증발하는 도중에 거품을 형성하여 증기와 함께 증발관을 빠져나가는 현상은 무엇인가?

① 관석 ② 비말 동반
③ 왕일점 ④ 부하점

PART 4

45 다음 중 연속 추출기에서 나온 추질의 혼합물은 무엇인가?

① Cossette ② Miscella
③ Half Miscella ④ Raffinate

46 다음 중 교반과 빠른 유속에 의한 난류 상태에 의하여 일어나는 확산은 무엇인가?

① 난류 확산 ② 분자 확산
③ 전도 확산 ④ 일방 확산

47 다음 중 비교 습도를 나타내지 않는 식은?

① $\dfrac{H}{H_S}\times 100$ ② $\left(\dfrac{P-p_S}{P-p}\right)H_R\times 100$

③ $\dfrac{p_S}{P-p_S}\times 100$ ④ $\left(\dfrac{p}{P-p}\right)\left(\dfrac{p_S}{P-p_S}\right)\times 100$

48 다음 중 결정에 대한 설명으로 옳지 않은 것은?

① 결정은 공간 격자(Space Lattice)를 형성하여 생성된다.
② 어떤 물질이라도 주어진 두 결정면 사이의 각도는 항상 일정하게 결정화된다.
③ 공간 격자로 이루는 입자 사이의 거리나 각도를 X선 회절로 측정할 수 있다.
④ 결정의 분류는 결정면들의 상대적 크기나 결정의 표면형으로 분류한다.

49 다음 중 점토의 겉보기 밀도가 $1.5g/cm^3$이고 진밀도가 $2g/cm^3$일 때, 기공도를 구하면?

① 0.22 ② 0.25
③ 0.35 ④ 0.45

50 1kg의 물 속에 분자량이 192인 포도당이 100g 들어 있다. 몰랄 농도는 얼마인가?(단, 소수점 셋째 자리에서 반올림한다)

① 0.52 ② 0.62
③ 0.73 ④ 0.93

51 다음 중 인산이 가장 많이 사용되는 것은 어느 것인가?

① 금속표면처리제 ② 인산염 제조원료
③ 인산비료 ④ 가정용 세제

52 수면의 높이가 10m로 일정하게 유지되고 있는 탱크의 바닥에 3mm의 구멍이 났을 때, 이 구멍을 통한 유체의 유속은 얼마인가?

① 7m/sec
② 10m/sec
③ 12m/sec
④ 14m/sec

53 다음 중 건조 수축이 일어나는 경우가 아닌 것은?

① 물질의 단위 중량당의 표면적이 변한다.
② 수축이 심한 경우 표면층이 경화하여 수분의 흐름이 어렵다.
③ 휘든지, 금이 가든지 또는 전체 구조가 변할 경우도 있다.
④ 건조 속도가 매우 높아진다.

54 다음 중 고액 추출 장치가 아닌 것은?

① 침출조
② Bollmann 추출기
③ Mixer Settler형 추출기
④ Dorr 교반기

55 다음 중 임의의 증류 조작에서 환류비를 크게 하면 무슨 일이 일어나는가?

① 제품의 순도가 높아진다.
② 제품의 순도가 낮아진다.
③ 제품의 유출액량이 커진다.
④ 절대로 경제적이다.

제2회
최종점검 모의고사

※ 한국남동발전 최종점검 모의고사는 2025년 채용공고와 후기를 기준으로 구성한 것으로, 실제 시험과 다를 수 있습니다.

※ 응시 직렬에 필요한 영역을 선택하여 해당 문항을 학습하기 바랍니다.

※ 모바일 OMR 답안채점 / 성적분석 서비스

사무 기계 전기 화학

■ 취약영역 분석

| 01 | NCS 공통영역

번호	O/×	영역	번호	O/×	영역	번호	O/×	영역
01		의사소통능력	11		자원관리능력	21		문제해결능력
02			12			22		
03			13			23		
04			14			24		
05			15			25		
06			16			26		
07			17			27		
08			18			28		
09			19			29		
10			20			30		

| 02 | 사무

번호	31	32	33	34	35	36	37	38	39	40
영역	수리능력									
번호	41	42	43	44	45	46	47	48	49	50
영역	정보능력									

| 03 | 기술

번호	31	32	33	34	35	36	37	38	39	40
영역	기계 / 전기 / 화학									
번호	41	42	43	44	45	46	47	48	49	50
영역	기계 / 전기 / 화학									
번호	51	52	53	54	55					
영역	기계 / 전기 / 화학									

평가 문항	사무(50문항) / 기술(55문항)	평가 시간	60분
시작시간	:	종료시간	:
취약 영역			

제2회 최종점검 모의고사

문항 수 : 사무(50문항) / 기술(55문항) 응시시간 : 60분

정답 및 해설 p.099

01 NCS 공통영역

01 다음 글의 주제로 가장 적절한 것은?

맹자는 다음과 같은 이야기를 전한다. 송나라의 한 농부가 밭에 나갔다 돌아오면서 처자에게 말한다. "오늘 일을 너무 많이 했다. 밭의 싹들이 빨리 자라도록 하나하나 잡아당겨줬더니 피곤하구나." 아내와 아이가 밭에 나가보았더니 싹들이 모두 말라 죽어 있었다. 이렇게 자라는 것을 억지로 돕는 일, 즉 조장(助長)을 하지 말라고 맹자는 말한다. 싹이 빨리 자라기를 바란다고 싹을 억지로 잡아 올려서는 안 된다. 목적을 이루기 위해 가장 빠른 효과를 얻고 싶겠지만 이는 도리어 효과를 놓치는 길이다. 억지로 효과를 내려고 했기 때문이다. 싹이 자라기를 바라 싹을 잡아당기는 것은 이미 시작된 과정을 거스르는 일이다. 효과가 자연스럽게 나타날 가능성을 방해하고 막는 일이기 때문이다. 당연히 싹의 성장 가능성은 땅 속의 씨앗에 들어있는 것이다. 개입하고 힘을 쏟고자 하는 대신에 이 잠재력을 발휘할 수 있도록 하는 것이 중요하다.

피해야 할 두 개의 암초가 있다. 첫째는 싹을 잡아당겨서 직접적으로 성장을 이루려는 것이다. 이는 목적성이 있는 적극적 행동주의로써 성장의 자연스러운 과정을 존중하지 않는 것이다. 달리 말하면 효과가 숙성되도록 놔두지 않는 것이다. 둘째는 밭의 가장자리에 서서 자라는 것을 지켜보는 것이다. 싹을 잡아당겨서도 안 되고 그렇다고 단지 싹이 자라는 것을 지켜만 봐서도 안 된다. 그렇다면 무엇을 해야 하는가? 싹 밑의 잡초를 뽑고 김을 매주는 일을 해야 하는 것이다. 경작이 용이한 땅을 조성하고 공기를 통하게 함으로써 성장을 보조해야 한다. 기다리지 못함도 삼가고 아무것도 안함도 삼가야 한다. 작동 중에 있는 자연스런 성향이 발휘되도록 기다리면서도 전력을 다할 수 있도록 돕는 노력도 멈추지 말아야 한다.

① 인류사회는 자연의 한계를 극복하려는 인위적 노력에 의해 발전해 왔다.
② 싹이 스스로 성장하도록 그대로 두는 것이 수확량을 극대화하는 방법이다.
③ 어떤 일을 진행할 때 가장 중요한 것은 명확한 목적성을 설정하는 것이다.
④ 잠재력을 발휘하도록 하려면 의도적 개입과 방관적 태도 모두를 경계해야 한다.

02 다음 글의 내용으로 적절하지 않은 것은?

> 영산강의 발원지인 전라남도 담양군 용추봉은 용과 관련된 지명이다. 합류하는 지류 가운데 황룡강도 있으니, 용과 남다른 인연을 지녔다. 용은 깊은 산 맑은 물에서 터를 잡고 있다가 때가 되면 승천한다고 한다. 영산강은 본디 그렇게 맑은 물줄기로, 광주광역시와 나주시를 거쳐 서해로 흘러든다.
> 영산강은 강이 구불구불하고 바닥이 얕아 홍수가 잦고, 바닷물이 나주까지 밀려와 기름진 평야에 피해를 주는 등 일찍부터 치수가 중요했던 곳이다. 물을 쓰고 관리하는 데 급급한 시기는 지났고, 이제는 차원이 높은 문제를 장기적으로 해결해 나갈 때이다. 영산강은 수질개선이 가장 시급하다는 평을 들을 정도로 상태가 악화되었다. 바닷물을 막는 하굿둑, 무더위로 인한 남조류의 확산, 지류의 오염 등 다양한 문제점이 원인으로 지목되고 있다. 이미 발생한 수질 문제를 개선하지 못한 행정상의 비효율을 영산강의 수질을 악화시킨 가장 큰 원인으로 보는 목소리도 있다. 영산강은 수질을 개선할 수 있는 능력이 있는 다목적댐이 없으며 이를 대신할 보, 호수, 저수지 등의 운영을 서로 다른 기관이 가지고 있어 이를 통합·운영하기 어렵다는 점이 그 배경이다.
> 영산강 수계는 수질을 빠르게 개선하고 앞으로도 계속 맑은 물이 흐를 수 있도록 하는 것이 통합물관리를 통해 이루고자 하는 목표이다. 물이 건강해지려면 의사의 진단, 트레이너의 관리, 가족의 응원이 필요하다. 영산강이 건강해질 수 있도록 관계기관, 전문가, 지자체와 주민들이 뜻을 모았다. 하루빨리 영산강이 맑은 물을 되찾게 되어 호쾌하게 내달리는 강의 흐름에서 용의 기운을 느낄 수 있기를 고대한다.

① 영산강은 용이 터를 잡은 물처럼 맑은 물줄기를 가지고 있다.
② 영산강은 강이 구불구불하고 바닥이 얕아 가뭄이 잦았던 곳이다.
③ 영산강은 다목적댐이 없어 수질을 개선하기가 힘들었다.
④ 영산강의 수질을 개선하기 위해 통합물관리를 시행할 것이다.

PART 4

03 다음 글을 바탕으로 〈보기〉의 내용을 바르게 이해한 것은?

뇌가 받아들인 기억 정보는 그 유형에 따라 각각 다른 장소에 저장된다. 우리가 기억하는 것들은 크게 서술 정보와 비서술 정보로 나뉜다. 서술 정보란 학교 공부, 영화의 줄거리, 장소나 위치, 사람의 얼굴처럼 말로 표현할 수 있는 정보이다. 이 중에서 서술 정보를 처리하는 중요한 기능을 담당하는 것은 뇌의 내측두엽에 있는 해마로 알려져 있다. 교통사고를 당해 해마 부위가 손상된 이후 서술 기억 능력이 손상된 사람의 예가 그 사실을 뒷받침한다. 그렇지만 그는 교통사고 이전의 오래된 기억을 모두 회상해냈다. 해마가 장기 기억을 저장하는 장소는 아닌 것이다.

서술 정보가 오랫동안 저장되는 곳으로 많은 학자들은 대뇌피질을 들고 있다. 내측두엽으로 들어온 서술 정보는 해마와 그 주변 조직들에서 일시적으로 머무는 동안 쪼개져 신경정보 신호로 바뀌고 어떻게 나뉘어 저장될 것인지가 결정된다. 내측두엽은 대뇌피질의 광범위한 영역과 신경망을 통해 연결되어 이런 기억 정보를 대뇌피질의 여러 부위로 전달한다. 다음 단계에서는 기억과 관련된 유전자가 발현되어 단백질이 만들어지면서 기억 내용이 공고해져 오랫동안 저장된 상태를 유지한다.

그러면 비서술 정보는 어디에 저장될까? 운동 기술은 대뇌의 선조체나 소뇌에 저장되며, 계속적인 자극에 둔감해지는 습관화나 한 번 자극을 받은 뒤 그와 비슷한 자극에 계속 반응하는 민감화 기억은 감각이나 운동 체계를 관장하는 신경망에 저장된다고 알려져 있다. 감정이나 공포와 관련된 기억은 편도체에 저장된다.

보기

얼마 전 교통사고로 뇌가 손상된 김씨는 뇌의 내측두엽 절제 수술을 받았다. 수술을 받고 난 뒤 김씨는 새로 바뀐 휴대폰 번호를 기억하지 못하고 수술 전의 기존 휴대폰 번호만을 기억하는 등 금방 확인한 내용은 몇 분 동안밖에 기억하지 못했다. 그러나 수술 후 배운 김씨의 탁구 실력은 제법 괜찮았다. 하지만 언제 어떻게 누가 가르쳐 주었는지는 전혀 기억하지 못했다.

① 김씨는 교통사고로 내측두엽의 해마와 함께 대뇌의 선조체가 모두 손상되었을 것이다.
② 김씨는 어릴 적 놀이기구를 타면서 느꼈던 공포감이나 감정 등을 기억하지 못할 것이다.
③ 김씨가 수술 후에도 기억하는 수술 전의 기존 휴대폰 번호는 서술 정보에 해당하지 않을 것이다.
④ 김씨에게 탁구를 가르쳐 준 사람에 대한 정보는 서술 정보이므로 내측두엽의 해마에 저장될 것이다.

04 다음 글의 제목으로 가장 적절한 것은?

동물성 지방은 혈중 콜레스테롤을 높일 수 있으므로 특히 주의하는 것이 좋습니다. 콜레스테롤은 두 종류가 있는데 LDL 콜레스테롤은 나쁜 콜레스테롤이라고 부르며, HDL 콜레스테롤은 혈관 건강에 도움이 되는 착한 콜레스테롤로 알려져 있습니다. 소고기, 돼지고기 등 육류와 튀김을 먹으면 LDL 콜레스테롤이 몸에 흡수되어 혈중 콜레스테롤 농도를 높입니다. 하지만 몸속 콜레스테롤 농도에 가장 많은 영향을 미치는 것은 음식보다 간에서 합성되는 LDL 콜레스테롤입니다. 이때 간의 LDL 콜레스테롤 합성을 촉진하는 것이 포화지방입니다. LDL 콜레스테롤이 들어간 음식을 적게 먹어도 포화지방을 많이 먹으면 혈중 LDL 콜레스테롤 수치가 높아지게 됩니다. 불포화지방은 포화지방과 달리 간세포의 기능을 높여 LDL 콜레스테롤의 분해를 도와 혈중 수치를 낮추는 데 도움이 됩니다. 특히 생선기름에 들어있는 불포화지방인 EPA, DHA는 콜레스테롤을 감소시키는 효과가 있습니다. 트랜스지방은 불포화지방에 수소를 첨가하여 구조를 변형시켜 만든 것입니다. 식물성 기름을 고형화시키면 액상 기름보다 운송과 저장이 손쉽고 빨리 상하지 않기 때문에 트랜스지방이 생기게 되는 거죠. 트랜스지방은 혈중 LDL 콜레스테롤을 상승하게 하고, HDL 콜레스테롤을 감소하게 만들어 심혈관질환의 발생위험을 높입니다.

① 혈중 콜레스테롤의 비밀
② 비만의 원인, 지방을 줄여라
③ 심혈관질환의 적, 콜레스테롤
④ 몸에 좋은 지방과 좋지 않은 지방

PART 4

05 다음 중 상황과 대상에 따른 의사표현법으로 적절하지 않은 것은?

① 상대방의 잘못을 지적할 때는 상대방이 상처를 받을 수도 있으므로 모호한 표현을 해야 한다.
② 상대방에게 명령해야 할 때는 강압적으로 말하기보다는 부드럽게 표현하는 것이 효과적이다.
③ 상대방에게 부탁해야 할 때는 상대의 사정을 우선시하는 태도를 보여줘야 한다.
④ 상대방의 요구를 거절해야 할 때는 먼저 사과하고 요구를 들어줄 수 없는 이유를 설명해야 한다.

06 다음 글의 빈칸에 들어갈 단어로 옳은 것은?

정부는 선거와 관련하여 신고자에 대한 ________을/를 대폭 강화하기로 하였다.

① 보훈(報勳)
② 공훈(功勳)
③ 공로(功勞)
④ 포상(褒賞)

07 다음 중 밑줄 친 부분의 띄어쓰기로 옳은 것은?

① 토마토는 손 쉽게 가꿀 수 있는 채소이다.
② 농협이 발 빠르게 지원에 나서 주목받고 있다.
③ 겨울한파에 언마음이 따뜻하게 녹았으면 좋겠다.
④ 협동의 깃발 아래 한 데 뭉치자.

08 다음 글을 바탕으로 한 편의 글을 쓴다고 할 때, 이어질 내용의 주제로 가장 적절한 것은?

> 바다거북은 모래사장 아래 25 ~ 90cm 되는 곳에 알을 낳는다. 새끼 거북들이 모래 틈을 헤집고 통로를 내기란 어려운 일이라서 땅 위로 올라왔을 때는 체질량의 20%를 잃는다. 이때에는 곧장 수분을 섭취해야 하며 그러지 못하면 탈수 증상으로 죽기도 한다. 그러나 무엇보다도 그러한 갈증이 뜨거운 해변의 모래를 가로질러 바다로 향해 가게 하는 힘이 된다.

① 가혹한 현실은 이상의 실현에 큰 장애가 된다.
② 장애 요인이 목표 달성의 원동력이 될 수도 있다.
③ 주어진 현실에 상관없이 꿈을 향해 매진해야 한다.
④ 무조건 높은 꿈보다 실현 가능한 꿈을 꾸어야 한다.

09 다음 글의 빈칸에 들어갈 내용으로 적절하지 않은 것은?

> 유럽의 도시들을 여행하다 보면 여기저기서 벼룩시장이 열리는 것을 볼 수 있다. 벼룩시장에서 사람들은 낡고 오래된 물건들을 보면서 추억을 되살린다. 유럽 도시들의 독특한 분위기는 오래된 것을 쉽게 버리지 않는 이런 정신이 반영된 것이다.
> 영국의 옥스팜(Oxfam)이라는 시민단체는 헌옷을 수선해 파는 전문 상점을 운영해, 그 수익금으로 제3세계를 지원하고 있다.
> 땀과 기억이 배어있는 오래된 물건은 ______________ 선물로 받아서 10년 이상 써 온 손때 묻은 만년필을 잃어버렸을 때 느끼는 상실감은 새 만년필을 산다고 해서 사라지지 않는다. 그것은 그 만년필이 개인의 오랜 추억을 담고 있는 증거물이자 애착의 대상이 되었기 때문이다. 그러기에 실용성과 상관없이 오래된 것은 그 자체로 아름답다.

① 경제적 가치는 없지만 그것만이 갖는 정서적 가치를 지닌다.
② 자신만의 추억을 위해 간직하고 싶은 고유한 가치를 지닌다.
③ 실용적 가치만으로 따질 수 없는 보편적 가치를 지닌다.
④ 새로운 상품이 대체할 수 없는 심리적 가치를 지닌다.

10 다음 중 〈보기〉의 문장이 들어갈 위치로 가장 적절한 곳은?

(가) 다시 말해서 현상학적 측면에서 볼 때 철학도 지식의 내용이 존재하는 어떤 것이라는 점에서는 과학적 지식의 구조와 다를 바가 없다. 존재하는 것과 그 존재하는 무엇으로 의식되는 것과의 사이에는 근본적인 구별이 선다. 백두산의 금덩어리는 누가 그것을 의식하든 말든 그대로 있고, 화성에서 일어나는 여러 가지 물리적 현상도 누가 의식하든 말든 그대로 존재한다. 존재와 의식과의 위와 같은 관계를 우리는 존재차원과 의미차원이란 말로 구별할 수 있을 것이다. 여기서 차원이란 말을 붙인 까닭은 의식 이전의 백두산과 의식 이후의 백두산은 순전히 관점의 문제, 즉 백두산을 생각할 수 있는 차원의 문제이기 때문이다. 현상학적 사고를 존재차원에서 이루어지는 것이라고 말할 수 있다면 분석철학에서 주장하는 사고는 의미차원에서 이루어진다. 바꿔 말하자면 현상학적 측면에서 볼 때 철학은 아무래도 어떤 존재를 인식하는 데 그 근본적인 기능이 있다고 보아야 하는 데 반해서, 분석철학의 측면에서 볼 때 철학은 존재와는 아무런 직접적인 관계가 없이 존재에 대한 이야기, 서술을 대상으로 한다. 구체적으로 말해서 철학은 그것이 서술할 존재의 대상을 갖고 있지 않고, 오직 어떤 존재를 서술한 언어만을 갖고 있다. 그러나 철학이 언어를 사고의 대상으로 삼는다고 말은 하지만, 사실상 철학은 언어학과 다르다. (나) 그래서 언어학은 한 언어의 기원이라든지, 한 언어가 왜 그러한 특정한 기호, 발음 혹은 문법을 갖게 되었는가 또는 그것들이 각기 어떻게 체계화되는가 등을 알려고 한다. (다) 이에 반해서 분석철학은 언어를 대상으로 하되, 그 언어의 구체적인 면에는 근본적인 관심을 두지 않고 그와 같은 구체적인 언어가 가진 의미를 밝히고자 한다. 여기서 철학의 기능은 한 언어가 가진 개념을 해명하고 이해하는 데 있다. 바꿔 말해서, 철학의 기능은 언어가 서술하는 어떤 존재를 인식하는 데 있지 않고, 그와는 관계없이 한 언어가 무엇인가를 서술하는 경우, 무엇인가의 느낌을 표현하는 경우 또는 그 밖의 경우에 그 언어가 정확히 어떻게 의미가 있는가를 이해하는 데 있다. (라) 개념은 어떤 존재하는 대상을 표상(表象)하는 경우도 많으므로 존재와 그것을 의미하는 개념과는 언뜻 보아서 어떤 인과적 관계가 있는 듯하다.

보기

㉠ 과학에서 말하는 현상과 현상학에서 말하는 현상은 다른 내용을 가지고 있지만, 그것들은 다 같이 어떤 존재, 즉 우주 안에서 일어나는 사건을 가리킨다.
㉡ 언어학은 과학의 한 분야로서 그 연구의 대상을 하나의 구체적 사물로 취급한다.

	㉠	㉡		㉠	㉡
①	(가)	(나)	②	(가)	(다)
③	(나)	(다)	④	(나)	(라)

PART 4

11 K공사에서 다음 면접방식으로 면접을 진행할 때, 심층면접을 할 수 있는 최대 인원수와 마지막 심층면접자의 기본면접 종료 시각을 바르게 연결한 것은?

〈면접방식〉

- 면접은 기본면접과 심층면접으로 구분된다. 기본면접실과 심층면접실은 각 1개이고, 면접대상자는 1명씩 입실한다.
- 기본면접과 심층면접은 모두 개별면접의 방식을 취한다. 기본면접은 심층면접의 진행 상황에 관계없이 10분 단위로 계속되고, 심층면접은 기본면접의 진행 상황에 관계없이 15분 단위로 계속된다.
- 기본면접을 마친 면접대상자는 순서대로 심층면접에 들어간다.
- 첫 번째 기본면접은 오전 9시 정각에 실시되고, 첫 번째 심층면접은 첫 번째 기본면접이 종료된 시각에 시작된다.
- 기본면접과 심층면접 모두 오후 12～1시까지 점심 및 휴식 시간을 가진다.
- 각각의 면접 도중에 점심 및 휴식 시간을 가질 수 없고, 1인을 위한 기본면접 시간이나 심층면접 시간이 확보되지 않으면 새로운 면접을 시작하지 않는다.
- 기본면접과 심층면접 모두 오후 1시에 오후 면접 일정을 시작하고, 기본면접의 일정과 관련 없이 심층면접은 오후 5시 정각에는 종료되어야 한다.

※ 면접대상자의 이동 및 교체 시간 등 다른 조건은 고려하지 않음

	최대 인원수	종료 시각
①	27명	오후 2시 30분
②	27명	오후 2시 40분
③	28명	오후 2시 30분
④	28명	오후 2시 40분

12 다음 A～D 4명이 저녁 식사를 하고 〈조건〉에 따라 돈을 지불했을 때, C가 낸 금액은 얼마인가?

조건

- A는 B, C, D가 지불한 금액 합계의 20%를 지불했다.
- C는 A와 B가 지불한 금액 합계의 40%를 지불했다.
- A와 B가 지불한 금액 합계와 C와 D가 지불한 금액 합계는 같다.
- D가 지불한 금액에서 16,000원을 빼면 A가 지불한 금액과 같다.

① 18,000원
② 20,000원
③ 22,000원
④ 24,000원

13 Q물류회사에서 근무 중인 귀하에게 화물운송기사 두 명이 찾아와 다음과 같이 운송 시간에 대한 질문을 하였다. 주요 도시 간 이동시간 자료를 참고했을 때, 두 기사에게 안내해야 할 시간으로 바르게 연결된 것은?(단, 귀하와 두 기사는 A도시에 위치하고 있다)

K기사 : 저는 여기서 화물을 싣고 E도시로 운송한 후에 C도시로 가서 다시 화물을 싣고 여기로 돌아와야 하는데 시간이 얼마나 걸릴까요? 최대한 빨리 마무리 지었으면 좋겠는데….

P기사 : 저는 여기서 출발해서 모든 도시를 한 번씩 거쳐 다시 여기로 돌아와야 해요. 가장 짧은 이동시간으로 다녀오면 얼마나 걸릴까요?

〈주요도시 간 이동시간〉

(단위 : 시간)

출발도시 \ 도착도시	A도시	B도시	C도시	D도시	E도시
A도시	–	1.0	0.5	–	–
B도시	–	–	–	1.0	0.5
C도시	0.5	2.0	–	–	–
D도시	1.5	–	–	–	0.5
E도시	–	–	2.5	0.5	–

※ 화물을 싣고 내리기 위해 각 도시에서 정차하는 시간은 고려하지 않음

※ '–' 표시가 있는 구간은 이동이 불가능함

	K기사	P기사
①	4시간	4시간
②	4.5시간	5시간
③	4.5시간	5.5시간
④	5.5시간	5시간

※ K공사의 투자지원본부는 7월 중에 신규 투자할 중소기업을 선정하고자 한다. 이어지는 질문에 답하시오. **[14~15]**

〈상황〉

A대리는 신규투자처 선정 일정에 지장이 가지 않는 범위 내에서 연차 2일을 사용해 아내와 베트남으로 여행을 가기로 했다. 신규투자처 선정은 다음 〈조건〉에 따라 진행된다.

조건

- 신규투자처 선정은 '작년투자현황 조사 → 잠재력 심층조사 → 선정위원회 1차 심사 → 선정위원회 2차 심사 → 선정위원회 최종결정 → 선정결과 발표' 단계로 진행된다.
- 신규투자처 선정은 7월 1일부터 시작한다.
- 작년투자현황 조사와 잠재력 심층조사는 근무일 2일씩, 선정위원회의 각 심사는 근무일 3일씩, 선정위원회 최종결정과 선정결과 발표는 근무일 1일씩 소요된다.
- 신규투자처 선정의 각 단계는 최소 1일 이상의 간격을 두고 진행해야 한다.
- 투자지원본부장은 신규투자처 선정결과 발표를 7월 26일까지 완료하고자 한다.

7월 달력

일요일	월요일	화요일	수요일	목요일	금요일	토요일
					1	2
3	4	5	6	7	8	9
10	11	12	13	14	15	16
17	18	19	20	21	22	23
24	25	26	27	28	29	30
31						

※ 투자지원본부는 주중에만 근무함

※ 주말은 휴일이므로 연차는 주중에 사용함

14 다음 날짜 중 A대리가 연차를 사용할 수 없는 날짜는?

① 7 ~ 8일 ② 11 ~ 12일
③ 19 ~ 20일 ④ 20 ~ 21일

15 K공사의 상황에 따라 선정위원회 2차 심사가 7월 19일까지 완료되어야 한다고 한다. 이를 고려하였을 때, 다음 중 A대리가 연차를 사용할 수 있는 날짜로 옳은 것은?

① 11 ~ 12일 ② 13 ~ 14일
③ 19 ~ 20일 ④ 20 ~ 21일

16 K기업의 B과장은 내년에 해외근무 신청을 하기 위해서는 의무 교육이수 기준을 만족해야 한다. B과장이 지금까지 글로벌 경영교육 17시간, 해외사무영어교육 50시간, 국제회계교육 24시간을 이수하였다면, 의무 교육이수 기준에 미달인 과목과 그 과목의 부족한 점수가 바르게 연결된 것은?

〈의무 교육이수 기준〉

(단위 : 점)

구분	글로벌 경영	해외사무영어	국제회계
이수 완료 점수	15	60	20
시간당 점수	1	1	2

※ 초과 이수 시간은 시간당 0.2점으로 환산하여 해외사무영어 점수에 통합함

	과목	점수
①	해외사무영어	6.8점
②	해외사무영어	7.0점
③	글로벌 경영	7.0점
④	국제회계	6.8점

17 철수, 영희, 상수는 재충전 횟수에 따른 업체들의 견적을 비교하여 리튬이온배터리를 구매하려고 한다. 다음 〈조건〉을 참고할 때 옳지 않은 것은?

재충전 \ 누적방수액	유	무
0회 이상 100회 미만	5,000원	5,000원
100회 이상 300회 미만	10,000원	5,000원
300회 이상 500회 미만	20,000원	10,000원
500회 이상 1000회 미만	30,000원	15,000원
12,000회 이상	50,000원	20,000원

조건

철수 : 재충전이 12,000회 이상은 되어야 해.
영희 : 나는 그렇게 많이는 필요하지 않고, 200회면 충분해.
상수 : 나는 무조건 누적방수액을 발라야 해.

① 철수, 영희, 상수가 리튬이온배터리를 가장 저렴하게 구매하는 가격의 합은 30,000원이다.
② 철수, 영희, 상수가 리튬이온배터리를 가장 비싸게 구매하는 가격의 합은 110,000원이다.
③ 영희가 리튬이온배터리를 가장 저렴하게 구매하는 가격은 10,000원이다.
④ 영희가 가장 비싸게 구매하는 가격과 상수가 가장 비싸게 구매하는 가격의 차이는 30,000원 이상이다.

18 K사 총무부에 근무하고 있는 A사원은 업무에 필요한 프린터를 구매할 예정이다. 다음 프린터 성능별 가중치를 고려하여 성능 점수가 가장 높은 프린터를 구매한다고 할 때, A사원이 구매할 프린터는 무엇인가?

〈제품별 프린터 성능〉

(단위 : 장, ppm, dpi)

구분	출력 가능 용지 장수	출력 속도	인쇄 해상도
A프린터	5,500	10	500
B프린터	7,300	7	900
C프린터	4,700	15	600
D프린터	10,000	11	400

〈프린터 성능 점수표〉

(단위 : 점)

출력 가능 용지 장수	출력 속도	인쇄 해상도	점수
4,000장 미만	10ppm 미만	500dpi 미만	60
4,000장 이상 ~ 5,000장 미만	10ppm 이상 ~ 13ppm 미만	500dpi 이상 ~ 700dpi 미만	70
5,000장 이상 ~ 6,000장 미만	13ppm 이상 ~ 15ppm 미만	700dpi 이상 ~ 900dpi 미만	80
6,000장 이상 ~ 7,000장 미만	15ppm 이상 ~ 18ppm 미만	900dpi 이상 ~ 1,200dpi 미만	90
7,000장 이상	18ppm 이상	1,200dpi 이상	100

〈프린터 성능 가중치〉

(단위 : %)

출력 가능 용지 장수	출력 속도	인쇄 해상도
50	30	20

① A프린터
② B프린터
③ C프린터
④ D프린터

19 다음은 K회사의 성과급 지급 기준에 대한 자료이다. 甲대리가 받은 성과평가 등급이 다음과 같다면, K회사 성과급 지급 기준에 따라 甲대리가 받게 될 성과급은 얼마인가?

〈甲대리 성과평가 등급〉

실적	난이도평가	중요도평가	신속성
A등급	B등급	D등급	B등급

〈K회사 성과급 지급 기준〉

• 개인 성과평가 점수

(단위 : 점)

실적	난이도평가	중요도평가	신속성	총점
30	20	30	20	100

• 각 성과평가 항목에 대한 등급별 가중치

(단위 : 점)

구분	실적	난이도평가	중요도평가	신속성	총점
A등급(매우 우수)	1	1	1	1	1
B등급(우수)	0.8	0.8	0.8	0.8	0.8
C등급(보통)	0.6	0.6	0.6	0.6	0.6
D등급(미흡)	0.4	0.4	0.4	0.4	0.4

• 성과평가 결과에 따른 성과급 지급액

(단위 : 만 원)

구분	성과급 지급액
85점 이상	120
75점 이상 85점 미만	100
65점 이상 75점 미만	80
55점 이상 65점 미만	60
55점 미만	40

① 40만 원　　② 60만 원

③ 80만 원　　④ 100만 원

20 K공사는 신용정보 조사를 위해 계약직 한 명을 채용하려고 한다. 지원자격이 다음과 같을 때, 지원자 중 업무에 가장 적절한 사람은?

〈K공사 계약직 지원자격〉

자격구분	지원자격
학력	고졸 이상
전공	제한 없음
병역	제한 없음
기타	1. 금융기관 퇴직자 중 1961년 이전 출생자로 신용부문 근무경력 10년 이상인 자 2. 검사역 경력자 및 민원처리 업무 경력자 우대 3. 채용공고일 기준(2025. 08. 14.) 퇴직일로부터 2년을 초과하지 아니한 자 4. 퇴직일로부터 최근 3년 이내 감봉 이상의 징계를 받은 사실이 없는 자 5. 신원이 확실하고 업무수행에 결격사유가 없는 자 6. 당사 채용에 결격사유가 없는 자

	성명	출생연도	근무처	입사일 / 퇴사일	비고
①	이도영	1959	Y은행 여신관리부	1996. 04. 10. ~ 2024. 08. 21.	2024. 11. 1개월 감봉 처분
②	김춘재	1960	M보험사 마케팅전략부	1998. 03. 03. ~ 2024. 07. 07.	-
③	박영진	1948	C신용조합 영업부	1978. 11. 12. ~ 2021. 10. 27.	2022. 03. 견책 처분
④	홍도경	1957	P은행 신용부서	1988. 09. 08. ~ 2024. 08. 28.	-

21 K공사는 최근 새로운 건물로 이사하면서 팀별 층 배치를 변경하기로 하였다. 층 배치 변경 사항과 현재 층 배치도가 다음과 같을 때, 이사 후 층 배치에 대한 설명으로 옳지 않은 것은?

〈층 배치 변경 사항〉

- 인사팀과 생산팀이 위치한 층 사이에 한 팀을 배치한다.
- 연구팀과 영업팀은 기존 층보다 아래층으로 배치한다.
- 총무팀은 6층에 배치한다.
- 탕비실은 4층에 배치한다.
- 생산팀은 연구팀보다 높은 층에 배치한다.
- 전산팀은 2층에 배치한다.

〈현재 층 배치도〉

구분	부서
7층	전산팀
6층	영업팀
5층	연구팀
4층	탕비실
3층	생산팀
2층	인사팀
1층	총무팀

① 연구팀은 1층에 배치될 수 있다.
② 인사팀은 5층에 배치될 수 있다.
③ 영업팀은 3층에 배치될 수 있다.
④ 생산팀은 3층에 배치될 수 있다.

22 K공사는 직원들의 여가를 위해 하반기 동안 다양한 프로그램을 운영하고자 한다. 다음 수요도 조사 결과와 〈조건〉에 따라 프로그램을 선정할 때, 운영될 프로그램이 바르게 짝지어진 것은?

〈프로그램 후보별 수요도 조사 결과〉

(단위 : 점)

구분	프로그램명	인기 점수	필요성 점수
운동	강변 자전거 타기	6	5
진로	나만의 책 쓰기	5	7
여가	자수 교실	4	2
운동	필라테스	7	6
교양	독서 토론	6	4
여가	볼링 모임	8	3

※ 수요도 조사에는 전 직원이 참여하였음

조건

- 수요도는 인기 점수와 필요성 점수에 가점을 적용한 후 2 : 1의 가중치에 따라 합산하여 판단한다.
- 각 프로그램의 인기 점수와 필요성 점수는 10점 만점으로 하며, 전 직원이 부여한 점수의 평균값이다.
- 운영 분야에 하나의 프로그램만 있는 경우 그 프로그램의 필요성 점수에 2점을 가산한다.
- 운영 분야에 복수의 프로그램이 있는 경우 분야별로 필요성 점수가 가장 낮은 프로그램은 후보에서 탈락한다.
- 수요도 점수가 동점일 경우 인기 점수가 높은 프로그램을 우선시한다.
- 수요도 점수가 가장 높은 2개의 프로그램을 선정한다.

① 강변 자전거 타기, 볼링 모임
② 나만의 책 쓰기, 필라테스
③ 자수 교실, 독서 토론
④ 필라테스, 볼링 모임

PART 4

23 K공사 인사팀 직원인 A씨는 사내 설문조사를 통해 요즘 사람들이 연봉보다는 일과 삶의 균형을 더 중요시하고 직무의 전문성을 높이고 싶어 한다는 결과를 도출했다. 설문조사 결과와 임직원의 근무 여건에 대한 다음 자료를 참고할 때, 인사제도의 변경으로 옳은 것은?

〈임직원 근무 여건〉

(단위 : 일, %)

구분	주당 근무 일수(평균)	주당 근무시간(평균)	직무교육 여부	퇴사율
정규직	6	52시간 이상	○	17
비정규직 1	5	40시간 이상	○	12
비정규직 2	5	20시간 이상	×	25

① 정규직의 연봉을 7% 인상한다.

② 정규직을 비정규직으로 전환한다.

③ 비정규직 1의 직무교육을 비정규직 2와 같이 조정한다.

④ 정규직의 주당 근무시간을 비정규직 1과 같이 조정하고 비정규직 2의 직무교육을 시행한다.

24 초등학교 담장에 벽화를 그리기 위해 바탕색을 칠하려고 한다. 5개의 벽에 바탕색을 칠해야 하고, 벽은 일자로 나란히 배열되어 있다고 한다. 다음과 같은 조건을 지켜가며 칠한다고 했을 때, 항상 옳은 것은?(단, 칠해야 할 색은 빨간색, 주황색, 노란색, 초록색, 파란색이다)

조건

- 주황색과 초록색은 이웃해서 칠한다.
- 빨간색과 초록색은 이웃해서 칠할 수 없다.
- 파란색은 양 끝에 칠할 수 없으며, 빨간색과 이웃해서 칠할 수 없다.
- 노란색은 왼쪽에서 두 번째에 칠할 수 없다.

① 노란색을 왼쪽에서 첫 번째에 칠할 때, 주황색은 오른쪽에서 세 번째에 칠하게 된다.

② 칠할 수 있는 경우의 수 중에 한 가지는 주황 – 초록 – 파랑 – 노랑 – 빨강이다.

③ 파란색을 오른쪽에서 두 번째에 칠할 때, 주황색은 왼쪽에서 첫 번째에 칠하게 된다.

④ 주황색은 왼쪽에서 첫 번째에 칠할 수 없다.

25 **다음 글을 읽고 추론한 내용으로 옳은 것을 〈보기〉에서 모두 고르면?**

> 가정부 로봇에 대한 갑, 을, 병의 판단을 기준으로 하여, 몇 가지 가상 사례들에 대하여 동일성 여부를 판단해 보았다.
>
> 철수는 시점 t1에 가정부 로봇을 하나 구입하였다. 인공지능 회로에 고장이 나서 t2에 같은 종류의 새 부품으로 교체하였으며, t3에 새로운 소프트웨어로 로봇을 업그레이드 하였고, t4에 로봇의 외형을 새로운 모습으로 바꾸었다. 화재로 t4의 로봇이 망가지자 철수는 t4 시점의 로봇을 복제한 새 로봇을 t5에 구입하였다. 시점 t1에서 t5에 이르는 로봇의 동일성 여부에 대하여 갑, 을, 병은 각기 다른 기준에 따라 다음과 같이 판단하였다.
>
> • 갑 : 시점 t1과 t4의 로봇은 동일하지만, t5의 로봇은 이들과 동일하지 않다.
> • 을 : 시점 t2와 t3의 로봇은 동일하지만, t1의 로봇은 이들과 동일하지 않다.
> • 병 : 시점 t3과 t5의 로봇은 동일하지만, t2의 로봇은 이들과 동일하지 않다.
>
> 우리는 인간의 신체와 정신의 관계에 대하여 다음 가정을 받아들이기로 한다.
>
> • 신체와 정신의 관계는 하드웨어와 소프트웨어의 관계와 같다. 두뇌를 포함한 인간의 신체가 하드웨어라면, 정신은 신체를 제어하는 소프트웨어이다.
> • 두뇌가 복제되면, 정신도 함께 복제된다.

> **보기**
>
> ㄱ. 왕자와 거지의 정신이 바뀌어서 왕자의 정신과 거지의 몸이 결합된 사람을 을은 거지라고, 병은 왕자라고 판단할 것이다.
>
> ㄴ. 사고로 두뇌와 신체를 크게 다친 철수는 첨단 기술의 도움으로 인간과 기계가 결합된 사이보그가 되었다. 갑과 을은 둘 다 원래의 철수와 사이보그가 된 철수를 다른 사람이라고 판단할 것이다.
>
> ㄷ. 한 개인의 신체에 관한 모든 정보를 다른 장소로 원격 전송한 다음에, 인근에 있는 분자를 이용하여 그 정보에 따라 신체를 똑같이 조합하였다. 원래의 존재와 조합된 존재를 갑은 다르다고, 병은 같다고 판단할 것이다.

① ㄱ　　　② ㄴ

③ ㄱ, ㄷ　　④ ㄴ, ㄷ

PART 4

※ K공사는 자사 홈페이지 리뉴얼 중 실수로 임직원 전체 비밀번호가 초기화되는 사고가 발생하였고, 이에 개인정보 보호를 위해 다음 방식으로 임시 비밀번호를 부여하였다. 이어지는 질문에 답하시오. **[26~28]**

> 〈임시 비밀번호 발급방식〉
>
> • 본 방식은 임직원 개개인의 알파벳으로 구성된 아이디와 개인정보를 기준으로 다음의 방식을 적용한다.
> 1. 아이디의 알파벳 자음 대문자는 소문자로, 알파벳 자음 소문자는 대문자로 치환한다.
> 2. 아이디의 알파벳 중 모음 A, E, I, O, U, a, e, i, o, u를 각각 1, 2, 3, 4, 5, 6, 7, 8, 9, 0으로 치환한다.
> 3. 1・2번 내용 뒤에 덧붙여 본인 성명 중 앞 두 자리를 입력한다. → 김손예진=김손
> 4. 3번 내용 뒤에 본인 생일 중 일자를 덧붙여 입력한다. → 8월 1일생=01

26 다음 중 직원 A의 임시 비밀번호가 'HW688강동20'이라면, A의 아이디로 옳은 것은?

① HWAII ② hwaii

③ HWAoo ④ hwaoo

27 직원의 아이디가 다음과 같을 때, 각 아이디의 임시 비밀번호로 옳지 않은 것은?(단, 이름은 김리안, 생일은 10월 1일로 통일한다)

	아이디	임시 비밀번호
①	JunkYY	j0NKyy김리01
②	HYTOre	hyt4R7김리01
③	rePLAY	R7pl1y김리01
④	JAsmIN	j6SM8n김리01

28 직원 A가 다음의 문장에 임시 비밀번호 발급방식 1, 2를 적용하려고 한다. 숫자 중 홀수는 모두 몇 개인가?

> LIFE is too SHORT to be LITTLE

① 3개 ② 5개

③ 6개 ④ 7개

29 다음 사례에서 유과장이 최대리에게 해줄 수 있는 조언으로 적절하지 않은 것은?

> 최대리는 오늘도 기분이 별로다. 팀장에게 오전부터 싫은 소리를 들었기 때문이다. 늘 하던 일을 하는 방식으로 처리한 것이 빌미였다. 관행에 매몰되지 말고 창의적이고 발전적인 모습을 보여달라는 게 팀장의 주문이었다. '창의적인 일처리'라는 말을 들을 때마다 주눅이 드는 자신을 발견할 때면 더욱 의기소침해지고 자신감이 없어진다. 어떻게 해야 창의적인 인재가 될 수 있을까 고민도 해보지만 뾰족한 수가 보이지 않는다. 자기만 뒤처지는 것 같아 불안하기도 하고 남들은 어떤지 궁금하기도 하다.

① 창의적인 사람은 새로운 경험을 찾아 나서는 사람을 말하는 것 같아.
② 그래, 그들의 독특하고 기발한 재능은 선천적으로 타고나는 것이라 할 수 있어.
③ 창의적인 사고는 후천적 노력에 의해서도 개발이 가능하다고 생각해.
④ 창의력은 본인 스스로 자신의 틀에서 벗어나도록 노력해야 한다고 생각해.

30 자사에 적합한 인재를 채용하기 위해 면접을 진행 중인 K회사의 2차 면접에서는 어떤 주제나 주장 등에 대해서 적극적으로 분석하고 종합하며, 평가하는 능동적 사고인 비판적 사고를 평가한다. 다음 중 가장 낮은 평가를 받게 될 지원자는 누구인가?

① A지원자 : 문제에 대한 개선방안을 찾기 위해서는 먼저 자료를 충분히 분석하고, 이를 바탕으로 객관적이고 과학적인 해결 방안을 제시해야 한다고 생각합니다.
② B지원자 : 저는 문제의 원인을 찾기 위해서는 항상 왜, 언제, 누가, 어디서 등의 다양한 질문을 던져야 한다고 생각합니다. 이러한 호기심이 결국 해결 방안을 찾는 데 큰 도움이 된다고 생각하기 때문입니다.
③ C지원자 : 저는 제 나름의 신념을 갖고 문제에 대한 해결 방안을 찾으려 노력합니다. 상대방의 의견이 제 신념에서 벗어난다면 저는 인내를 갖고 끝까지 상대를 설득할 것입니다.
④ D지원자 : 해결 방안을 도출하는 데 있어서는 개인의 감정적·주관적 요소를 배제해야 합니다. 사사로운 감정이나 추측보다는 경험적으로 입증된 증거나 타당한 논증을 토대로 판단해야 합니다.

02 사무

31 녹차를 좋아하는 K씨는 농도가 40%인 녹차를 만들어 마시고자 한다. 뜨거운 물 120g에 녹차 30g을 넣었는데도 원하는 농도가 안 나와 녹차가루를 더 넣고자 한다. 이때, 더 넣어야 하는 녹차가루의 양은 최소 몇 g인가?

① 20g
② 30g
③ 40g
④ 50g

32 철수는 아버지와 나이 차이가 25살 난다. 3년 후엔 아버지의 나이가 철수의 2배가 된다고 하면 현재 철수의 나이는?

① 20세
② 22세
③ 24세
④ 26세

33 A와 B는 함께 자격증 시험에 도전하였다. A가 불합격할 확률이 $\frac{2}{3}$이고 B가 합격할 확률이 60%일 때 A, B 둘 다 합격할 확률은 몇 %인가?

① 20%
② 30%
③ 40%
④ 50%

34 슬기와 경서는 꽁꽁 언 강 위에서 각각 다른 일정한 속력으로 썰매를 타고 있다. 슬기는 경서의 출발선보다 1.2m 뒤에서 동시에 출발하여 경서를 따라잡기로 하였다. 경서의 속력은 0.6m/s이며, 슬기가 출발하고 6초 후에 경서를 따라잡았다고 할 때, 슬기의 속력은 몇 m/s인가?

① 0.8m/s
② 1.0m/s
③ 1.2m/s
④ 1.4m/s

35 다인이는 다섯 명의 친구들과 함께 건강검진을 하러 병원에 갔다. 다음은 여섯 명의 키와 몸무게를 측정한 자료이다. 이를 토대로 할 때 두 번째로 키가 큰 사람은 누구이며, 그 사람의 몸무게는 몇 번째로 가벼운가?

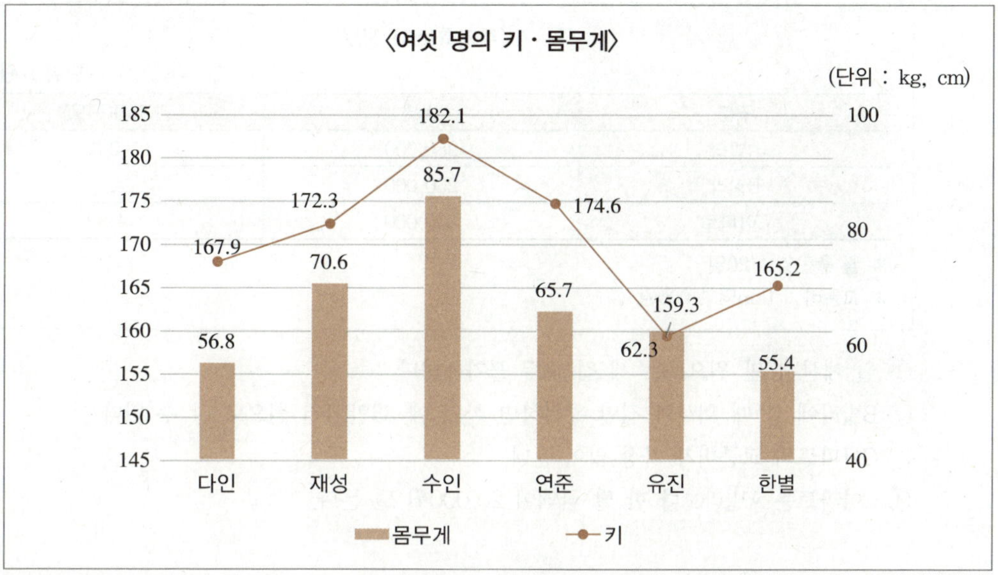

① 연준, 4번째
② 연준, 3번째
③ 재성, 4번째
④ 재성, 3번째

36 K사원은 본사 이전으로 인해 집과 회사가 멀어져 회사 근처로 집을 구하려고 한다. 다음 중 ○○시에 있는 아파트와 빌라 총 세 곳의 월세를 알아본 K사원이 월세와 교통비를 생각해 집을 결정한다고 할 때, 옳은 것은?

〈주거후보지 정보〉

(단위 : 원, km)

구분	월세	거리(편도)
A빌라	280,000	2.8
B빌라	250,000	2.1
C아파트	300,000	1.82

※ 월 출근일 : 20일

※ 교통비 : 1km당 1,000원

① 월 예산 40만 원으로는 세 집 모두 불가능하다.

② B빌라에 살 때 회사와 집만 왕복하면 한 달에 33만 4천 원으로 살 수 있다.

③ C아파트의 교통비가 가장 많이 든다.

④ C아파트는 A빌라보다 한 달 금액이 20,000원 덜 든다.

37 다음은 세계 주요 터널 화재 사고 A～F에 대한 자료이다. 이에 대한 설명으로 옳은 것은?

〈세계 주요 터널 화재 사고 통계〉

구분	터널길이(km)	화재규모(MW)	복구비용(억 원)	복구기간(개월)	사망자(명)
사고 A	50.5	350	4,200	6	1
사고 B	11.6	40	3,276	36	39
사고 C	6.4	120	72	3	12
사고 D	16.9	150	312	2	11
사고 E	0.2	100	570	10	192
사고 F	1.0	20	18	8	0

※ (사고비용)=(복구비용)+[(사망자 수)×5억 원]

① 터널길이가 길수록 사망자가 많다.

② 화재규모가 클수록 복구기간이 길다.

③ 사고 A를 제외하면 복구기간이 길수록 복구비용이 많다.

④ 사망자가 30명 이상인 사고를 제외하면 화재규모가 클수록 복구비용이 많다.

38 다음은 비만도 측정에 대한 자료와 3명의 학생의 신체조건이다. 이에 대한 설명으로 옳지 않은 것은?(단, 비만도는 소수점 첫째 자리에서 반올림한다)

〈비만도 측정법〉

- (표준체중)=[(신장)−100]×0.9
- $(비만도)=\frac{(현재\ 체중)}{(표준\ 체중)}\times 100$

〈비만도 구분〉

구분	조건
저체중	90% 미만
정상체중	90% 이상 110% 이하
과체중	110% 초과 120% 이하
경도비만	120% 초과 130% 이하
중등도비만	130% 초과 150% 이하
고도비만	150% 이상 180% 이하
초고도비만	180% 초과

〈신체조건〉

- 혜지 : 키 158cm, 몸무게 58kg
- 기원 : 키 182cm, 몸무게 71kg
- 용준 : 키 175cm, 몸무게 96kg

① 혜지의 표준체중은 52.2kg이며 기원이의 표준체중은 73.8kg이다.

② 기원이가 과체중이 되기 위해선 5kg 이상 체중이 증량해야 한다.

③ 3명의 학생 중 정상체중인 학생은 기원이뿐이다.

④ 용준이가 약 22kg 이상 체중을 감량하면 정상체중 범주에 포함된다.

PART 4

39 다음은 2024년 갑국의 가구별 근로장려금 산정기준에 대한 자료이다. 이에 대한 〈보기〉의 설명 중 옳은 것을 모두 고르면?

〈2024년 가구별 근로장려금 산정기준〉

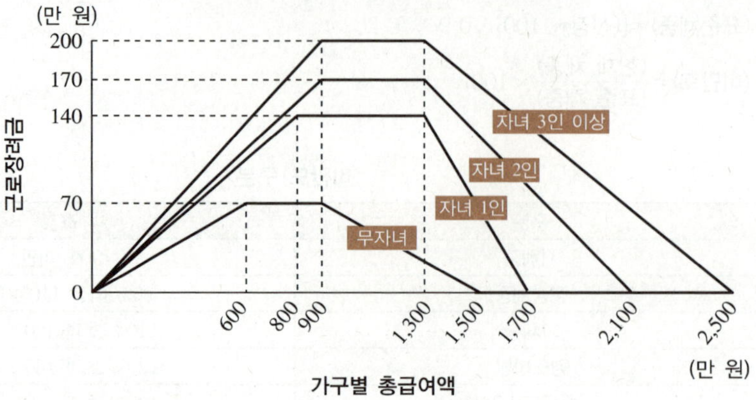

※ 2024년 가구별 근로장려금은 2023년 가구별 자녀수와 총급여액을 기준으로 산정함

보기

ㄱ. 2023년 총급여액이 1,000만 원이고 자녀가 1인인 가구의 2024년 근로장려금은 140만 원이다.

ㄴ. 2023년 총급여액이 800만 원 이하인 무자녀 가구는 2023년 총급여액이 많을수록 2024년 근로장려금도 많다.

ㄷ. 2023년 총급여액이 2,200만 원이고 자녀가 3인 이상인 가구의 2024년 근로장려금은 2023년 총급여액이 600만 원이고 자녀가 1인인 가구의 2024년 근로장려금보다 적다.

ㄹ. 2023년 총급여액이 2,000만 원인 가구의 경우, 무자녀인 경우에만 근로장려금이 지급되지 않고, 자녀가 많을수록 2024년 근로장려금도 많다.

① ㄱ, ㄷ ② ㄱ, ㄹ

③ ㄴ, ㄷ ④ ㄱ, ㄴ, ㄹ

40 다음은 국가 A ~ D의 정부신뢰에 대한 자료이다. 〈조건〉을 토대로 A ~ D에 해당하는 국가를 바르게 연결한 것은?

〈국가별 전체국민 정부신뢰율〉

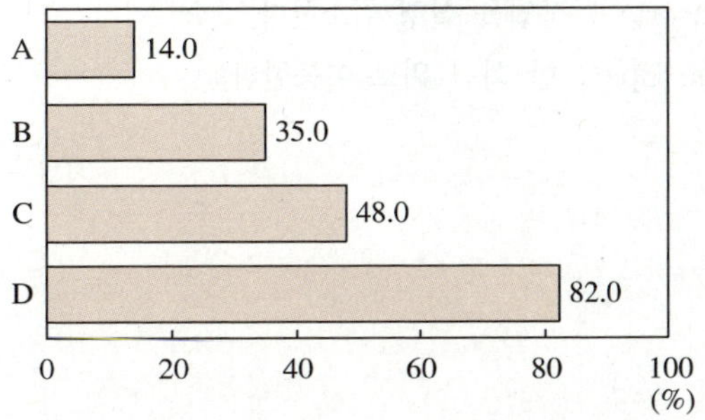

〈국가별 청년층의 상대적 정부신뢰지수〉

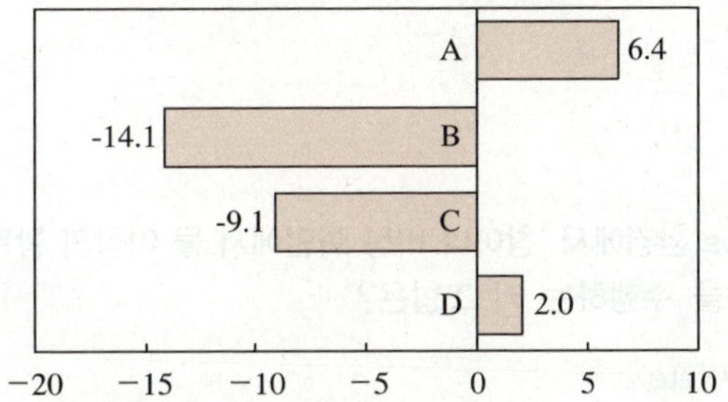

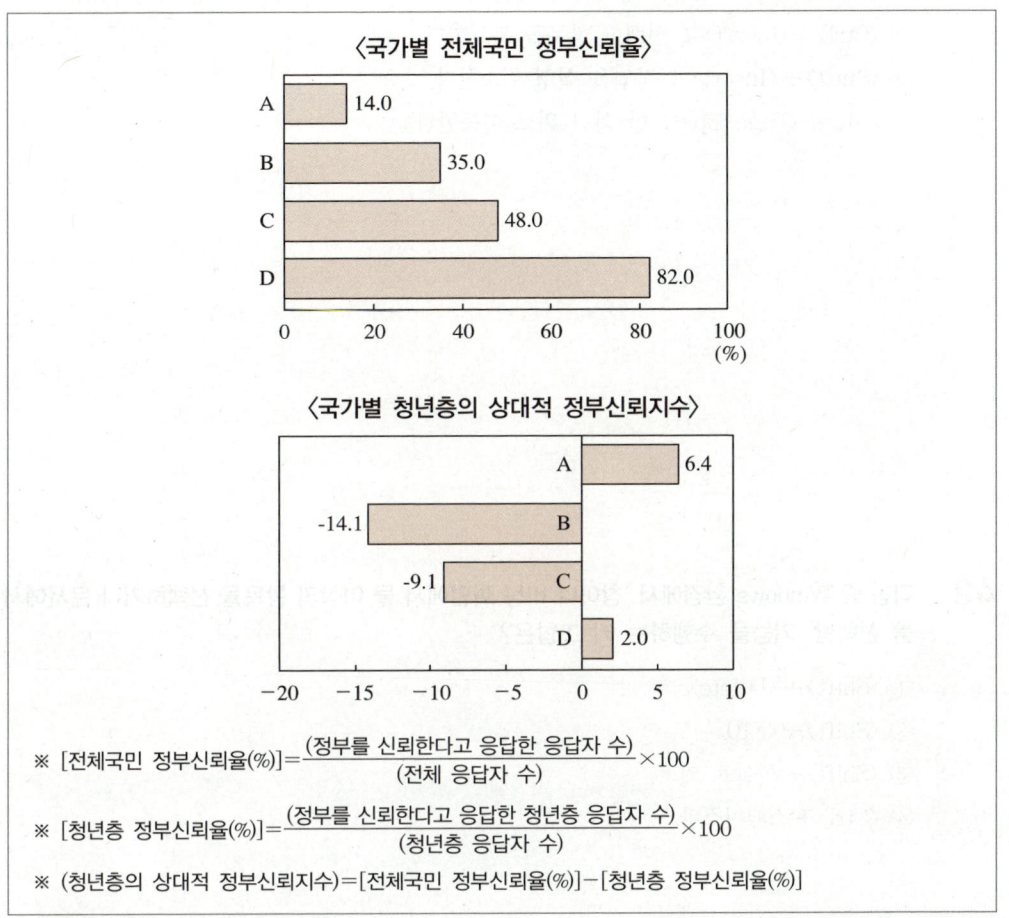

※ [전체국민 정부신뢰율(%)] $= \frac{\text{(정부를 신뢰한다고 응답한 응답자 수)}}{\text{(전체 응답자 수)}} \times 100$

※ [청년층 정부신뢰율(%)] $= \frac{\text{(정부를 신뢰한다고 응답한 청년층 응답자 수)}}{\text{(청년층 응답자 수)}} \times 100$

※ (청년층의 상대적 정부신뢰지수)=[전체국민 정부신뢰율(%)]−[청년층 정부신뢰율(%)]

조건

- 청년층 정부신뢰율은 스위스가 그리스의 10배 이상이다.
- 영국과 미국에서는 청년층 정부신뢰율이 전체국민 정부신뢰율보다 높다.
- 청년층 정부신뢰율은 미국이 스위스보다 30%p 이상 낮다.

	A	B	C	D
①	그리스	영국	미국	스위스
②	스위스	영국	미국	그리스
③	스위스	미국	영국	그리스
④	그리스	미국	영국	스위스

41 **다음 중 Windows 환경에서의 키 조합과 해당 조합의 기능이 잘못 연결된 것은?**

① 〈Ctrl〉+〈X〉 : 선택한 항목을 잘라낸다.
② 〈Ctrl〉+〈Insert〉 : 선택한 항목을 복사한다.
③ 〈Shift〉+〈Insert〉 : 작업을 실행 취소한다.
④ 〈Alt〉+〈Page Up〉 : 한 화면 위로 이동한다.

42 **다음 중 Windows 환경에서 '창이나 바탕 화면에서 둘 이상의 항목을 선택하거나 문서에서 텍스트를 선택함' 기능을 수행하는 키 조합은?**

① 〈Shift〉+〈Delete〉
② 〈Shift〉+〈F10〉
③ 〈Shift〉+화살표 키
④ 〈Ctrl〉+스페이스바

43 **다음 중 함수식에 대한 결괏값으로 옳지 않은 것은?**

	함수식	결괏값
①	=TRIM("1/4분기 수익")	1/4분기 수익
②	=SEARCH("세","세금 명세서",3)	5
③	=PROPER("republic Of korea")	REPUBLIC OF KOREA
④	=LOWER("Republic Of Korea")	republic of korea

44 다음 중 4차 산업혁명의 적용 사례로 적절하지 않은 것은?

① 농사 기술에 ICT를 접목한 농장에서는 농작물 재배 시설의 온도・습도・햇볕량・토양 등을 분석하고, 그 결과에 따라 기계 등을 작동하여 적절한 상태로 변화시킨다.

② 주로 경화성 소재를 사용하고, 3차원 모델링 파일을 출력 소스로 활용하여 프린터로 입체 모형의 물체를 뽑아낸다.

③ 인터넷 서버에 데이터를 저장하고 여러 IT 기기를 사용해 언제 어디서든 이용할 수 있는 컴퓨팅 환경에서는 자신의 컴퓨터가 아닌 인터넷으로 연결된 다른 컴퓨터로 정보를 처리할 수 있다.

④ 인터넷에서 정보를 교환하는 시스템으로, 하이퍼텍스트 구조를 활용해서 인터넷상의 정보들을 연결해 준다.

45 다음 [C2:C3] 셀과 같이 함수식을 작성한 셀에 결과가 아닌 함수식 자체가 출력되도록 하는 방법으로 옳은 것은?

	A	B	C
1	국어	한국사	총점
2	93	94	=SUM(A2:B2)
3	92	88	=SUM(A3:B3)

① [수식] 탭 – [수식 분석] 그룹 – [수식 표시] 클릭

② [수식] 탭 – [수식 분석] 그룹 – [수식 계산] 클릭

③ [셀 서식] – [표시 형식] 탭 – [수식] 선택

④ [셀 서식] – [표시 형식] 탭 – [계산식] 선택

46 K기업은 출근 시스템 단말기에 직원들이 카드로 출근 체크를 하면 엑셀 워크시트에 실제 출근시간(B4:B10) 데이터가 자동으로 전송되어 입력된다. 총무부에서 근무하는 A사원이 데이터에 따라 직원들의 근태상황을 체크하려고 할 때, [C8] 셀에 입력할 함수는?(단, 9시까지는 출근으로 인정한다)

〈출근시간 워크시트〉

	A	B	C	D
1			날짜	2025.01.10
2		〈직원별 출근 현황〉		
3	이름	체크시간	근태상황	비고
4	이철민	7:55		
5	이하준	8:15		
6	구지훈	8:38		
7	박지민	8:59		
8	손수민	9:00		
9	박지훈	9:01		
10	홍정훈	9:07		

① =IF(B8>=TIME(9,1,0),“지각”,“출근”)

② =IF(B8>=TIME(9,1,0),“출근”,“지각”)

③ =IF(HOUR(B8)>=9,“지각”,“출근”)

④ =IF(HOUR(B8)>9,“출근”,“지각”)

47 다음 중 빈칸 (가) ~ (다)에 들어갈 말을 순서대로 바르게 나열한 것은?

(가)	▶	객관적 실제의 반영이며, 그것을 전달할 수 있도록 기호화한 것	▶	• 고객의 주소, 성별, 이름, 나이, 스마트폰 기종 등
(나)	▶	(가)를 특정한 목적과 문제해결에 도움이 되도록 가공한 것	▶	• 중년층의 스마트폰 기종 • 중년층의 스마트폰 활용 횟수
(다)	▶	(나)를 집적하고 체계화하여 장래의 일반적인 사항에 대비해 보편성을 갖도록 한 것	▶	• 스마트폰 디자인에 대한 중년층의 취향 • 중년층을 주요 타깃으로 신종 스마트폰 개발

	(가)	(나)	(다)
①	자료	지식	정보
②	정보	자료	지식
③	지식	자료	정보
④	자료	정보	지식

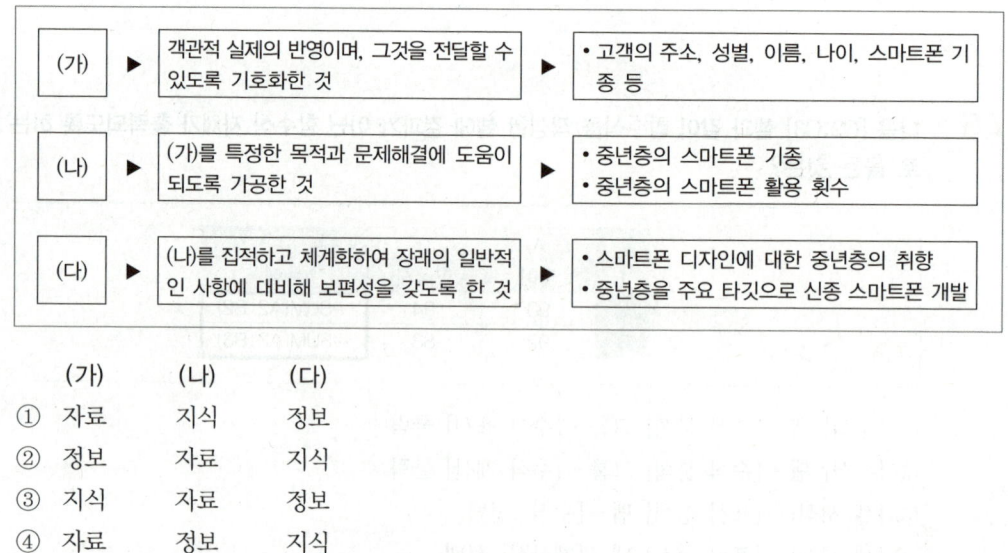

48 K공사 인사팀에 근무하는 L주임은 다음과 같이 상반기 공채 지원자들의 PT면접 점수를 입력한 후 면접 결과를 정리하고자 한다. 이를 위해 [F3] 셀에 〈보기〉와 같은 함수를 입력하고, 채우기 핸들을 이용하여 [F6] 셀까지 드래그했을 때, [F3] ~ [F6] 셀에 나타나는 결괏값으로 옳은 것은?

◢	A	B	C	D	E	F
1						(단위 : 점)
2	이름	발표내용	발표시간	억양	자료준비	결과
3	조재영	85	92	75	80	
4	박슬기	93	83	82	90	
5	김현진	92	95	86	91	
6	최승호	95	93	92	90	

보기

=IF(AVERAGE(B3:E3)>=90,"합격","불합격")

	[F3]	[F4]	[F5]	[F6]
①	불합격	불합격	합격	합격
②	합격	합격	불합격	불합격
③	합격	불합격	합격	불합격
④	불합격	합격	불합격	합격

※ K공사에 근무 중인 S사원은 체육대회에 사용될 물품 구입비를 다음과 같이 엑셀로 정리하였다. 이어지는 질문에 답하시오. **[49~50]**

	A	B	C	D	E
1	구분	물품	개수	단가(원)	비용(원)
2	의류	A팀 체육복	15	20,000	300,000
3	식품류	과자	40	1,000	40,000
4	식품류	이온음료수	50	2,000	100,000
5	의류	B팀 체육복	13	23,000	299,000
6	상품	수건	20	4,000	80,000
7	상품	USB	10	10,000	100,000
8	의류	C팀 체육복	14	18,000	252,000
9	식품류	김밥	30	3,000	90,000

49 S사원은 표에서 단가가 두 번째로 높은 물품의 금액을 알고자 한다. 다음 중 S사원이 입력해야 할 함수로 옳은 것은?

① =MAX(D2:D9,2)
② =MIN(D2:D9,2)
③ =MID(D2:D9,2)
④ =LARGE(D2:D9,2)

50 S사원은 구입물품 중 의류의 총개수를 파악하고자 한다. 다음 중 S사원이 입력해야 할 함수로 옳은 것은?

① =SUMIF(A2:A9,A2,C2:C9)
② =COUNTIF(C2:C9,C2)
③ =VLOOKUP(A2,A2:A9,1,0)
④ =HLOOKUP(A2,A2:A9,1,0)

03 기술

| 01 | 기계

31 면적이 $250mm^2$이고 표점 길이가 25cm인 원형 단면을 가진 재료시편의 탄성계수 E를 측정하기 위해 탄성범위 내에서 500kN의 인장력을 가하였을 때 변형된 길이가 5mm였다면, 이 재료의 선형 탄성계수는?

① 100kPa
② 100GPa
③ 2kPa
④ 2GPa

32 다음 Fe-C 상변화도에서 ㉠에 해당하는 탄소강은?

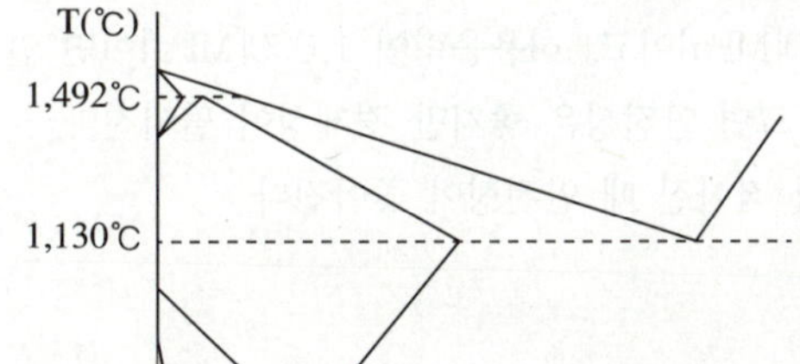

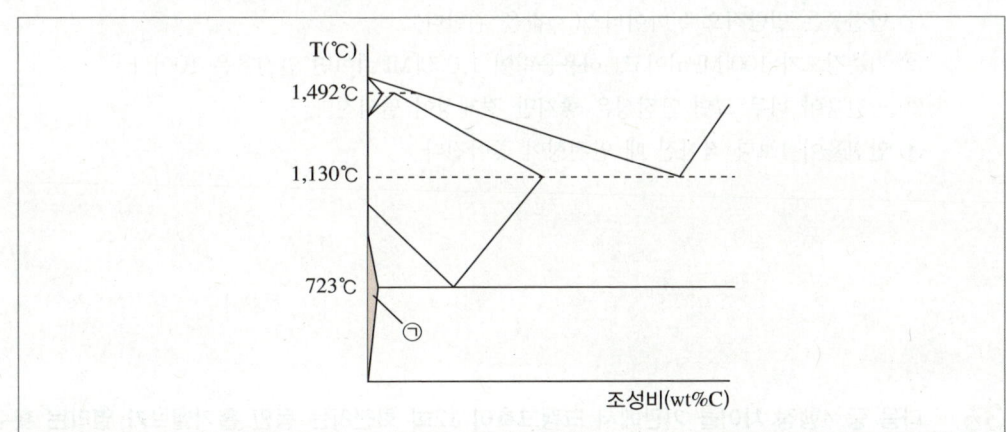

① δ-Fe
② 페라이트(Ferrite)
③ 펄라이트(Pearlite)
④ 시멘타이트(Cementite)

33 다음 〈보기〉 중 디젤 기관의 연료 장치와 관계있는 것을 모두 고르면?

보기

ㄱ. 노즐
ㄴ. 기화기
ㄷ. 점화 플러그
ㄹ. 연료 분사 펌프

① ㄱ, ㄴ ② ㄱ, ㄹ
③ ㄴ, ㄷ ④ ㄷ, ㄹ

34 다음 중 열간가공에 대한 설명으로 옳지 않은 것은?

① 재결정 온도 이상의 온도에서 가공하는 방법이다.
② 치밀하고 균질한 조직과 안정한 재질을 얻을 수 있다.
③ 냉간가공에 비해 가공동력이 적게 든다.
④ 가공 경화로 강도가 증가한다.

35 다음 중 재료의 안전율(Safety Factor)에 대한 설명으로 옳은 것은?

① 안전율은 일반적으로 마이너스(−)값을 취한다.
② 기준강도가 100[MPa]이고, 허용응력이 1,000[MPa]이면 안전율은 10이다.
③ 안전율이 너무 크면 안전성은 좋지만 경제성이 떨어진다.
④ 안전율이 1보다 작아질 때 안전성이 좋아진다.

36 다음 중 4행정 사이클 기관에서 크랭크축이 12회 회전하는 동안 흡기밸브가 열리는 횟수는?

① 3회 ② 4회
③ 6회 ④ 12회

37 다음 중 절삭가공에서 절삭유(Cutting Fluid)의 일반적인 사용 목적에 해당하지 않는 것은?

① 공구와 공작물 접촉면의 마찰 감소
② 절삭력 증가
③ 절삭부로부터 생성된 칩(Chip) 제거
④ 절삭부 냉각

38 다음 중 용접 안전에 대한 설명으로 옳지 않은 것은?

① 아크용접에서 방출되는 자외선에 주의해야 한다.
② 유독가스를 배출하기 위한 환기시설이 필요하다.
③ 아크용접에서 작업자는 감전의 위험이 있다.
④ 가스용접에서 아세틸렌 가스는 화재의 위험이 없다.

39 다음 중 재료의 비파괴시험에 해당하는 것은?

① 인장시험
② 피로시험
③ 방사선투과시험
④ 샤르피충격시험

40 다음 중 회주철을 기호로 GC300과 같이 표시할 때, 300N/mm^{2}가 의미하는 것은?

① 항복강도
② 인장강도
③ 굽힘강도
④ 전단강도

41 다음 중 내연기관에서 도시 열효율, 이론 열효율, 제동 열효율 간 효율의 순서대로 바르게 나열한 것은?

① 이론 열효율 < 도시 열효율 < 제동 열효율
② 제동 열효율 < 이론 열효율 < 도시 열효율
③ 제동 열효율 < 도시 열효율 < 이론 열효율
④ 도시 열효율 < 이론 열효율 < 제동 열효율

42 다음은 사출성형품의 불량 원인과 대책에 대한 설명이다. 이에 해당하는 현상은 무엇인가?

> 금형의 파팅라인(Parting Line)이나 이젝터핀(Ejector Pin) 등의 틈에서 흘러 나와 고화 또는 경화된 얇은 조각 모양의 수지가 생기는 것을 말하는 것으로, 이를 방지하기 위해서는 금형 자체의 밀착성을 좋게 하도록 체결력을 높여야 한다.

① 플로마크(Flow Mark) 현상
② 싱크마크(Sink Mark) 현상
③ 웰드마크(Weld Mark) 현상
④ 플래시(Flash) 현상

43 다음 중 연성파괴에 대한 설명으로 옳지 않은 것은?

① 컵 – 원뿔 파괴(Cup and Cone Fracture) 현상이 나타난다.
② 소성변형이 상당히 일어난 후에 파괴된다.
③ 균열이 매우 빠르게 진전하여 일어난다.
④ 취성파괴에 비해 덜 위험하다.

44 다음 중 연마제를 압축공기를 이용하여 노즐로 고속분사시켜 고운 다듬질면을 얻는 가공법은?

① 액체호닝(Liquid Honing)　② 래핑(Lapping)
③ 호닝(Honing)　④ 슈퍼피니싱(Superfinishing)

45 다음 중 압연가공에 대한 설명으로 옳은 것은?

① 윤활유는 압연하중과 압연토크를 증가시킨다.
② 마찰계수는 냉간가공보다 열간가공에서 작아진다.
③ 압연롤러와 공작물 사이의 마찰력은 중립점을 경계로 반대방향으로 작용한다.
④ 공작물이 자력으로 압입되기 위해서는 롤러의 마찰각이 접촉각보다 작아야 한다.

46 **다음 중 나사산의 각도가 55°인 나사는 무엇인가?**

① 관용나사 ② 미터보통나사
③ 미터계(TM) 사다리꼴나사 ④ 인치계(TW) 사다리꼴나사

47 **다음 중 불활성가스 아크용접법에 대한 설명으로 옳지 않은 것은?**

① 용접부가 불활성가스로 보호되어 용가재합금 성분의 용착효율은 거의 100%에 가깝다.
② 대기 중에서 용접 불가능한 티탄, 질코늄 등의 용접도 가능하다.
③ 비소모성 텅스텐봉을 전극으로 사용하고 별도의 용가재를 사용하는 MIG용접(불활성가스 금속 아크용접)이 대표적이다.
④ 불활성가스는 용접봉 지지기 내를 통과시켜 용접물에 분출시키며 보통의 아크용접법보다 생산비가 고가이다.

PART 4

48 **다음 중 리벳작업에서 코킹을 하는 목적으로 옳은 것은?**

① 패킹재료를 삽입하기 위해 ② 파손재료를 수리하기 위해
③ 부식을 방지하기 위해 ④ 밀폐를 유지하기 위해

49 **다음 중 결합에 사용되는 기계요소끼리 바르게 짝지어진 것은?**

① 관통 볼트, 묻힘 키, 플랜지 너트, 분할 핀
② 삼각나사, 유체 커플링, 롤러 체인, 플랜지
③ 드럼 브레이크, 공기스프링, 웜 기어, 스플라인
④ 스터드 볼트, 테이퍼 핀, 전자 클러치, 원추 마찰차

50 **다음 중 철(Fe)에 탄소(C)를 함유한 탄소강에 대한 설명으로 옳지 않은 것은?**

① 탄소함유량이 높을수록 비중이 증가한다.
② 탄소함유량이 높을수록 비열과 전기저항이 증가한다.
③ 탄소함유량이 높을수록 연성이 감소한다.
④ 탄소함유량이 0.2% 이하인 탄소강은 산에 대한 내식성이 있다.

51 **다음 중 홈이 깊게 가공되어 축의 강도가 약해지는 결점이 있으나 가공하기 쉽고, 60mm 이하의 작은 축에 사용되며, 특히 테이퍼축에 사용하면 편리한 키는?**

① 평행키　　② 경사키
③ 반달키　　④ 평키

52 **다음 중 강의 열처리에서 생기는 조직 중 가장 경도가 높은 것은?**

① 펄라이트(Pearlite)　　② 소르바이트(Sorbite)
③ 마텐자이트(Martensite)　　④ 트루스타이트(Troostite)

53 **다음 중 보일러 효율을 향상시키는 부속장치인 절탄기(Economizer)에 대한 설명으로 옳은 것은?**

① 연도에 흐르는 연소가스의 열을 이용하여 급수를 예열하는 장치이다.
② 석탄을 잘게 부수는 장치이다.
③ 연도에 흐르는 연소가스의 열을 이용하여 연소실에 들어가는 공기를 예열하는 장치이다.
④ 연도에 흐르는 연소가스의 열을 이용하여 고온의 증기를 만드는 장치이다.

54 **다음 중 금속과 결정 구조가 바르게 연결된 것은?**

① 알루미늄(Al) – 체심입방격자
② 금(Au) – 조밀육방격자
③ 크롬(Cr) – 체심입방격자
④ 마그네슘(Mg) – 면심입방격자

55 **다음 중 산화철분말과 알루미늄분말의 혼합물을 이용하는 용접 방법은 무엇인가?**

① 플러그용접　　② 스터드용접
③ TIG용접　　④ 테르밋용접

| 02 | 전기

31 다음 중 코드 상호, 캡타이어 케이블 상호 접속 시 사용해야 하는 것은 무엇인가?

① 와이어 커넥터
② 코드 접속기
③ 케이블 타이
④ 테이블 탭

32 3,300V, 60Hz용 변압기의 와류손이 720W이다. 이 변압기를 2,750V, 570Hz의 주파수에서 사용할 때 와류손은?

① 350W
② 425W
③ 450W
④ 500W

33 전선과 기구 단자 접속 시 나사를 덜 죄었을 경우 발생할 수 있는 위험과 거리가 먼 것은?

① 누전
② 화재 위험
③ 과열 발생
④ 저항 감소

34 다음 RLC 직렬회로에서 회로에 흐르는 전류 I는 전원의 주파수에 따라 크기가 변한다. 임의의 주파수에서 회로에 흐르는 전류가 최대가 되었다고 하면, 그때의 전류 I[A]는?

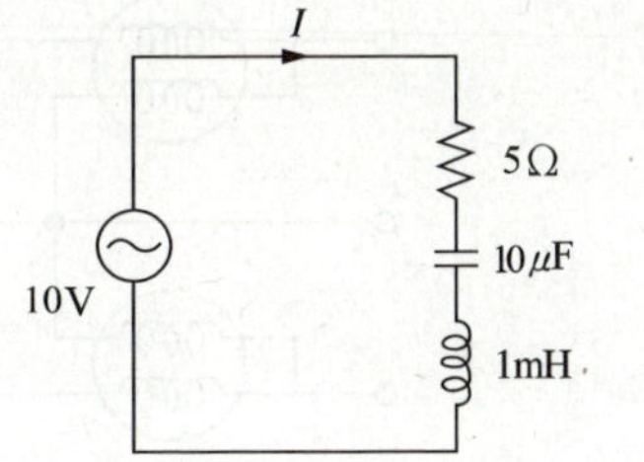

① 0A
② 0.5A
③ 1A
④ 2A

35 어떤 회로에 $V=200\sin\omega t$의 전압을 가했더니 $I=50\sin\left(\omega t+\frac{\pi}{2}\right)$ 전류가 흘렀을 때, 이 회로는 무엇인가?

① 저항회로　　② 유도성회로
③ 용량성회로　　④ 임피던스회로

36 다음 중 차단기에 대한 명칭이 바르게 연결되지 않은 것은?

① ACB - 공기차단기　　② OCB - 유입차단기
③ VCB - 진공차단기　　④ MCB - 자기차단기

37 단상용 전류력계형 역률계에서 전압과 전류가 동위상일 경우 역률은?

① 0　　② 1
③ $+\infty$　　④ $-\infty$

38 다음의 3상 부하에서 소비되는 전력을 2전력계법으로 측정하였더니 전력계의 눈금이 $P_1=150$W, $P_2=50$W를 각각 지시하였다. 이때, 3상 부하의 소비전력[W]은?(단, 부하역률은 0.9이다)

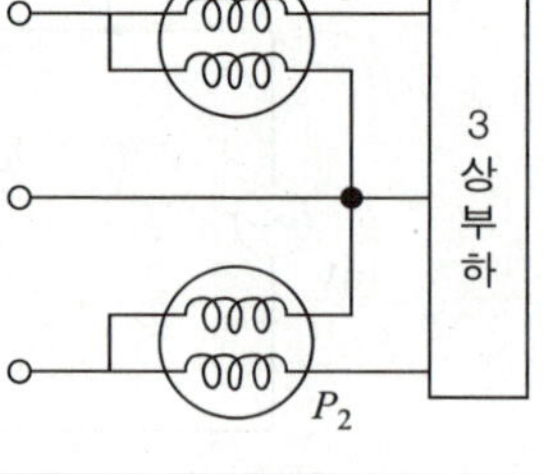

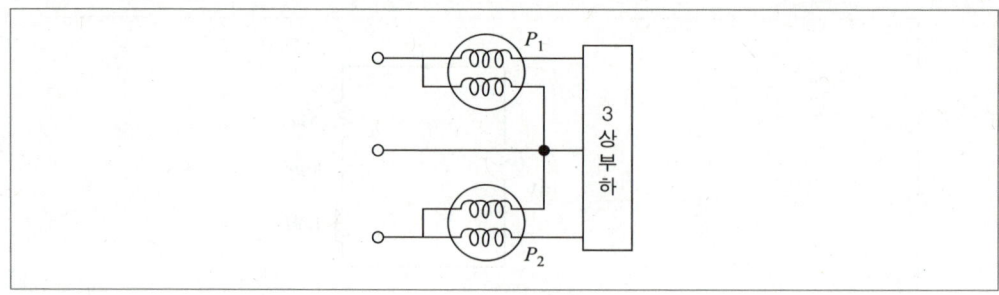

① 90W　　② 100W
③ 180W　　④ 200W

39 다음 중 저항체로서 필요한 조건으로 옳지 않은 것은?

① 고유 저항이 클 것
② 저항의 온도 계수가 작을 것
③ 구리에 대한 열기전력이 적을 것
④ 요구전압이 높을 것

40 다음과 같이 자기인덕턴스가 $L_1=8\text{H}$, $L_2=4\text{H}$, 상호인덕턴스가 $M=4\text{H}$인 코일에 5A의 전류를 흘릴 때, 전체 코일에 축적되는 자기에너지는?(단, 두 인덕턴스의 방향은 서로 다르다)

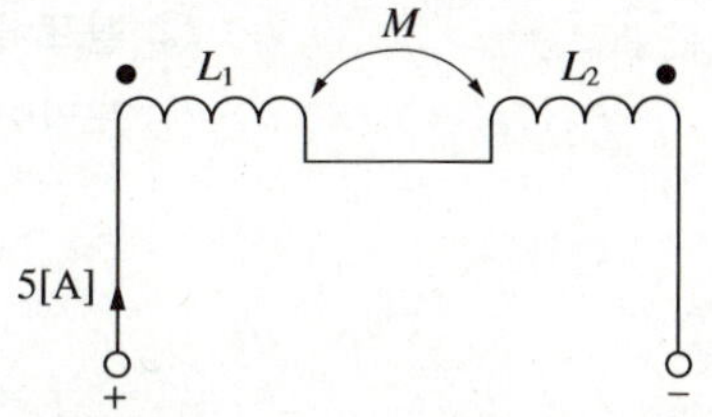

① 10J
② 25J
③ 50J
④ 75J

41 정격전류가 50A인 저압전로의 과전류 차단기를 배선용차단기로 사용하는 경우 정격전류보다 2배 많은 전류가 통과하였다면, 몇 분 이내에 자동적으로 동작하여야 하는가?

① 2분
② 4분
③ 6분
④ 8분

42 다음 중 전기력선에 대한 설명으로 옳지 않은 것은?

① 같은 전기력선은 흡입한다.
② 전기력선은 서로 교차하지 않는다.
③ 전기력선은 도체의 표면에 수직으로 출입한다.
④ 전기력선은 양전하의 표면에서 나와서 음전하의 표면으로 끝난다.

PART 4

43 다음 중 플로어 덕트 공사에 대한 설명으로 옳지 않은 것은?

① 덕트의 끝부분은 막는다.
② 전선은 나전선을 사용한다.
③ 덕트 상호 간 접속은 견고하고 전기적으로 완전하게 접속하여야 한다.
④ 덕트 및 박스 기타 부속품은 물이 고이는 부분이 없도록 시설하여야 한다.

44 다음 중 콘크리트 조영재에 볼트를 시설할 때 필요한 공구는 무엇인가?

① 파이프 렌치 ② 볼트 클리퍼
③ 노크아웃 펀치 ④ 드라이브이트

45 다음 전선 접속방법 중 트위스트 접속에 대한 설명으로 옳은 것은?

① 연선의 직선 접속에 적용된다.
② 연선의 분기 접속에 적용된다.
③ 연선의 간선 접속에 적용된다.
④ $6mm^2$ 이하의 가는 단선인 경우에 적용한다.

46 다음 중 변압기유의 구비조건으로 옳지 않은 것은?

① 냉각효과가 클 것 ② 응고점이 높을 것
③ 절연내력이 클 것 ④ 고온에서 화학반응이 없을 것

47 다음 중 부하의 역률이 규정 값 이하인 경우 역률을 개선하기 위해 설치하는 것은?

① 저항 ② 리액터
③ 컨덕턴스 ④ 진상용 콘덴서

48 전기기계의 효율 중 발전기의 규약효율 η_G는 몇 %인가?(단, P는 입력, Q는 출력, L은 손실이다)

① $\eta_G = \frac{P-L}{P} \times 100$

② $\eta_G = \frac{P-L}{P+L} \times 100$

③ $\eta_G = \frac{Q}{P} \times 100$

④ $\eta_G = \frac{Q}{Q+L} \times 100$

49 100V의 교류 전원에 1.5kW의 전동기를 접속 후 가동하였더니 20A의 전류가 흘렀다면 이때의 선풍기의 역률은?

① 0.8

② 0.77

③ 0.75

④ 0.71

50 20kVA의 단상 변압기 2대를 사용하여 V－V결선으로 하고 3상 전원을 얻고자 한다. 이때, 접속시킬 수 있는 3상 부하용량은 약 몇 kVA인가?

① 34.64kVA

② 44.64kVA

③ 54.64kVA

④ 66.64kVA

51 다음 중 물질 중의 자유전자가 과잉된 상태는?

① (－)대전상태

② (＋)대전상태

③ 중성상태

④ 발열상태

52 **전압과 전류의 순시값이 다음과 같을 때, 교류회로의 특성에 대한 설명으로 옳은 것은?**

> • $v(t) = 200\sqrt{2}\,\sin\left(\omega t + \dfrac{\pi}{6}\right)\text{V}$
>
> • $i(t) = 10\sin\left(\omega t + \dfrac{\pi}{3}\right)\text{A}$

① 전압의 실효값은 $200\sqrt{2}$ V이다.

② 전압의 파형률은 1보다 작다.

③ 전류의 파고율은 10이다.

④ 위상이 30° 앞선 진상전류가 흐른다.

53 **동일한 용량의 콘덴서 5개를 병렬로 접속하였을 때의 합성 용량을 C_P라고 하고, 5개를 직렬로 접속하였을 때의 합성 용량을 C_S라 할 때, C_P와 C_S의 관계는?**

① $C_P = 5C_S$

② $C_P = 10C_S$

③ $C_P = 25C_S$

④ $C_P = 50C_S$

54 **다음 중 합성수지 전선관공사에서 관 상호 간 접속에 필요한 부속품은 무엇인가?**

① 커플링

② 커넥터

③ 리머

④ 노멀 밴드

55 다음 중 저항 R, 인덕터 L, 커패시터 C 등의 회로 소자들을 직렬회로로 연결했을 경우에 나타나는 특성에 대한 설명으로 옳은 것을 〈보기〉에서 모두 고르면?

보기

ㄱ. 인덕터 L만으로 연결된 회로에서 유도 리액턴스 $X_L = \omega L \Omega$이고, 전류는 전압보다 위상이 90° 앞선다.

ㄴ. 저항 R과 인덕터 L이 직렬로 연결되었을 때의 합성 임피던스의 크기 $|Z| = \sqrt{R^2 + (\omega L)^2}\ \Omega$이다.

ㄷ. 저항 R과 커패시터 C가 직렬로 연결되었을 때의 합성 임피던스의 크기 $|Z| = \sqrt{R^2 + (\omega C)^2}\ \Omega$이다.

ㄹ. 저항 R, 인덕터 L, 커패시터 C가 직렬로 연결되었을 때의 일반적인 양호도(Quality Factor) $Q = \frac{1}{R}\sqrt{\frac{L}{C}}$로 정의한다.

① ㄱ, ㄴ　② ㄴ, ㄹ
③ ㄱ, ㄷ, ㄹ　④ ㄴ, ㄷ, ㄹ

PART 4

31 14.8vol%의 아세톤을 함유하는 아세톤과 질소의 혼합물의 20℃, 745mmHg에서의 비교포화도는 몇 %인가?(단, 20℃에서의 아세톤의 증기압은 184.8mmHg이다)

① 43%
② 53%
③ 64%
④ 82%

32 질산 제조방법 중 현재 공업화되어 이용되고 있는 질산 제조법은 무엇인가?

① 칠레 초석의 황산 분해
② 전호법
③ 암모니아 산화법
④ KNO_3의 황산 분해

33 다음 중 식용유 추출에 쓰이는 가장 일반적인 용제는 무엇인가?

① 메탄올
② 노멀헥산
③ 알코올
④ 부탄올

34 다음 중 혼합물을 분리 정제하는 데 승화법이 가장 적합한 것은?

① 요오드의 결정에 불휘발성의 불순물이 있을 때 요오드의 정제
② 벤젠과 톨루엔의 혼합액
③ 쌀겨에서 기름을 분리시키는 법
④ 설탕에 불순물이 혼합되어 있을 때

35 다음 중 수소(H_2)를 얻는 방법 중 가장 비용이 많이 드는 것은 무엇인가?

① 물의 전기 분해
② 석탄의 완전 가스화
③ 석유의 분해
④ 천연 가스의 분해

36 다음 중 냉매의 구비조건으로 옳지 않은 것은?

① 임계온도가 높다.
② 응축압력이 낮다.
③ 증발잠열이 크다.
④ 부식성이 적다.

37 수평과 30°의 각도를 갖는 경사 마노미터의 액면의 차가 20cm일 때, 수직 U자 마노미터에서의 액면의 차는?

① 5cm
② 50cm
③ 10cm
④ 100cm

38 다음 중 수용성기로서 $-SO_3H$ 혹은 $-COOH$기를 가지고 있으며 셀룰로오스에 염착하는 염료는?

① 나프톨 염료
② 오늄 염료
③ 황화 염료
④ 직접 염료

39 **다음 중 관석에 대한 설명으로 옳지 않은 것은?**

① 모든 염은 관석을 생성하는 요인이 된다.
② 관석이 생기면 총괄 저항이 커져서 증발 능력을 감소시킨다.
③ 액체의 순환 속도를 크게 하면 관석의 생성이 늦어진다.
④ 관석은 주로 온도가 가장 높은 관벽에서 생성된다.

40 **다음 중 벤젠 첨가에 의한 알코올의 탈수 증류는?**

① 수증기 증류
② 공비 증류
③ 추출 증류
④ 평형 증류

41 **습벽 탑(젖은 벽탑)에서 물질 전달 인자 j의 값은 얼마인가?(단, 이때의 $N_{Re}=2{,}000$이다)**

① 0.002
② 0.004
③ 0.008
④ 0.009

42 **다음 중 기체의 증습 원리로 옳지 않은 것은?**

① 기체 중에 발생하는 증기를 혼입시키는 방법
② 기체 중에 높은 습도의 기체를 혼입시키는 방법
③ 기체와 물을 직접 접촉시키는 법
④ 기체를 압축 액화시키는 법

43 다음 중 시·도지사가 미세먼지(PM – 10) 주의보를 발령하는 기준으로 옳은 것은?

① $100\mu g/m^3$
② $125\mu g/m^3$
③ $150\mu g/m^3$
④ $175\mu g/m^3$

44 다음 중 황안 비료의 제조 방법에 해당되지 않는 것은?

① 중화법
② 아황산법
③ 석회법
④ 석고법

45 다음 중 주기율표에 대한 설명으로 옳지 않은 것은?

① 장주기형과 단주기형이 있다.
② 멘델레예프는 원자 번호의 증가 순서에 따라 원소들을 배열하였다.
③ 모즐리의 실험에 의해 주기율은 원자 번호의 차례와 일치함이 밝혀졌다.
④ 주기는 7주기로 이루어져 있다.

46 다음 글에서 설명하는 물질은 무엇인가?

• 물에 녹아 염기성을 나타낸다.
• 비누, 펄프, 종이, 섬유 제조에 이용된다.
• 공기 중의 이산화탄소를 흡수하여 탄산나트륨으로 변한다.
• 흰색의 고체로, 공기 중의 수분을 흡수하여 스스로 녹는 조해성이 있다.

① 염산(HCl)
② 황산(H_2SO_4)
③ 암모니아(NH_3)
④ 수산화나트륨(NaOH)

47 다음 중 용매에 비휘발성 물질을 녹일 때 용액의 증기압이 용매의 증기압보다 낮아지는 현상은 무엇인가?

① 잠열　　② 과열도
③ 비점 상승　　④ 증기압

48 다음 중 도막의 주체가 섬유소 유도체인 것은?

① 락카　　② 수지왁스
③ 옻　　④ 에멀전 페인트

49 다음 중 이슬점(Dew Point)에 대한 설명으로 옳지 않은 것은?

① 이슬이 맺기 시작하는 온도이다.
② 대기 중의 수증기의 분압이 그 온도에서 포화 증기압과 같아지는 온도이다.
③ 건구 온도보다 습구 온도가 낮은 상태이다.
④ 상대 습도가 100%가 되는 온도이다.

50 다음 물질들이 수용액 상태에서 공통적으로 나타내는 성질은?

수산화나트륨(NaOH), 수산화칼륨(KOH), 암모니아(NH_3)

① 신맛이 난다.
② 이온화하여 수산화이온(OH^-)을 내놓는다.
③ 푸른 리트머스 종이를 붉게 한다.
④ 금속과 반응하여 수소 기체를 발생한다.

51 다음은 철 조각과 묽은 염산이 반응할 때 발생하는 수소 기체의 부피를 30초 간격으로 측정한 결과이다. 60 ~ 90초 사이의 평균 반응 속도는 몇 mL/초인가?

시간(초)	0	30	60	90	120	150	180
수소기체의 부피(mL)	0	17	28	34	36	38	38

① 0.1mL/초
② 0.2mL/초
③ 0.3mL/초
④ 0.4mL/초

52 다음 글에서 설명하는 반응의 공통점은?

- 간 세포에서 포도당이 글리코겐으로 합성된다.
- 단백질은 위액을 혼합한 용액에서 쉽게 분해된다.
- 수소와 산소의 혼합 기체는 백금 가루가 있으면 실온에서도 잘 반응한다.
- 체내 대사 과정에서 생성된 과산화수소는 철 양이온에 의하여 물과 산소로 분해된다.

① 촉매 반응
② 흡열 반응
③ 효소 반응
④ 분해 반응

53 다음 중 열전도도에 대한 설명으로 옳지 않은 것은?

① 전도에 의한 열전달 속도는 전열 면적과 온도 구배에 비례하며, 이 비례 상수를 열전도도라 한다.
② 열전도도는 온도의 함수이다.
③ 열전도도는 물질 특유의 상수이다.
④ 열전도도의 차원은 $Q/\theta \cdot L \cdot T$ (Q : 열량, θ : 시간, T : 온도, L : 길이)이다.

54 다음은 원소 A ~ C에 대한 설명과 주기율표의 일부이다. A ~ C가 (가) ~ (다) 중 하나에 해당할 때, (가) ~ (다)에 들어갈 원소가 바르게 연결된 것은?(단, A ~ C는 임의의 원소 기호이다)

- A와 B의 전자 껍질 수는 2개이다.
- A와 C는 화학적 성질이 비슷하다.

주기＼족	1	2	13	14	15	16	17	18
1								
2		(가)						(나)
3		(다)						

	(가)	(나)	(다)
①	A	B	C
②	A	C	B
③	B	A	C
④	B	C	A

55 다음 글에서 설명하는 것은 무엇인가?

탄소 원자가 다른 탄소 원자 3개와 결합되어 육각형 벌집무늬를 이루고 있다. 육각형 모양의 그물을 원통형으로 둥글게 마는데, 이때 그물을 마는 각도에 따라 그 지름이 달라지며 이에 따라 전기적 도체가 되기도 하고 반도체가 되기도 한다. 1991년 일본 이지마 박사가 발견하였으며, 지름이 머리카락 굵기의 10만 분의 1 정도에 불과하다. 이것은 구리보다 전기를 더 잘 전도하며, 열전도성 역시 매우 뛰어나다. 그리고 강도는 철강보다 100배 높은 것으로 알려져 있다. 반도체 · 평판 디스플레이 · 배터리 · 초강력 섬유 · 생체 센서 · 텔레비전 브라운관 등 현재 이를 이용한 장치가 다양하게 개발되고 있다.

① 그래핀 ② 그라파이트
③ 탄소강 ④ 탄소 나노튜브

PART 5

채용 가이드

CHAPTER 01

블라인드 채용 소개

1. 블라인드 채용이란?

채용 과정에서 편견이 개입되어 불합리한 차별을 야기할 수 있는 출신지, 가족관계, 학력, 외모 등의 편견요인은 제외하고, 직무능력만을 평가하여 인재를 채용하는 방식입니다.

2. 블라인드 채용의 필요성

- 채용의 공정성에 대한 사회적 요구
  - 누구에게나 직무능력만으로 경쟁할 수 있는 균등한 고용기회를 제공해야 하나, 아직도 채용의 공정성에 대한 불신이 존재
  - 채용상 차별금지에 대한 법적 요건이 권고적 성격에서 처벌을 동반한 의무적 성격으로 강화되는 추세
  - 시민의식과 지원자의 권리의식 성숙으로 차별에 대한 법적 대응 가능성 증가
- 우수인재 채용을 통한 기업의 경쟁력 강화 필요
  - 직무능력과 무관한 학벌, 외모 위주의 선발로 우수인재 선발기회 상실 및 기업경쟁력 약화
  - 채용 과정에서 차별 없이 직무능력중심으로 선발한 우수인재 확보 필요
- 공정한 채용을 통한 사회적 비용 감소 필요
  - 편견에 의한 차별적 채용은 우수인재 선발을 저해하고 외모·학벌 지상주의 등의 심화로 불필요한 사회적 비용 증가
  - 채용에서의 공정성을 높여 사회의 신뢰수준 제고

3. 블라인드 채용의 특징

편견요인을 요구하지 않는 대신 직무능력을 평가합니다.

블라인드 채용 = 편견유발 요인제외 + 직무능력 중심평가

※ 직무능력중심 채용이란?
기업의 역량기반 채용, NCS기반 능력중심 채용과 같이 직무수행에 필요한 능력과 역량을 평가하여 선발하는 채용방식을 통칭합니다.

4. 블라인드 채용의 평가요소

직무수행에 필요한 지식, 기술, 태도 등을 과학적인 선발 기법을 통해 평가합니다.

평가기준 = 직무수행에 필요한 직무능력

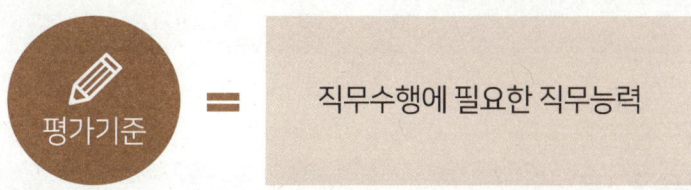

※ 과학적 선발기법이란?
직무분석을 통해 도출된 평가요소를 서류, 필기, 면접 등을 통해 체계적으로 평가하는 방법으로 입사지원서, 자기소개서, 직무수행능력평가, 구조화 면접 등이 해당됩니다.

5. 블라인드 채용 주요 도입 내용

- 입사지원서에 인적사항 요구 금지
  - 인적사항에는 출신지역, 가족관계, 결혼여부, 재산, 취미 및 특기, 종교, 생년월일(연령), 성별, 신장 및 체중, 사진, 전공, 학교명, 학점, 외국어 점수, 추천인 등이 해당
  - 채용 직무를 수행하는 데 있어 반드시 필요하다고 인정될 경우는 제외
    예 특수경비직 채용 시 : 시력, 건강한 신체 요구
    연구직 채용 시 : 논문, 학위 요구 등
- 블라인드 면접 실시
  - 면접관에게 응시자의 출신지역, 가족관계, 학교명 등 인적사항 정보 제공 금지
  - 면접관은 응시자의 인적사항에 대한 질문 금지

6. 블라인드 채용 도입의 효과성

- 구성원의 다양성과 창의성이 높아져 기업 경쟁력 강화
  - 편견을 없애고 직무능력 중심으로 선발하므로 다양한 직원 구성 가능
  - 다양한 생각과 의견을 통하여 기업의 창의성이 높아져 기업경쟁력 강화
- 직무에 적합한 인재선발을 통한 이직률 감소 및 만족도 제고
  - 사전에 지원자들에게 구체적이고 상세한 직무요건을 제시함으로써 허수 지원이 낮아지고, 직무에 적합한 지원자 모집 가능
  - 직무에 적합한 인재가 선발되어 직무이해도가 높아져 업무효율 증대 및 만족도 제고
- 채용의 공정성과 기업이미지 제고
  - 블라인드 채용은 사회적 편견을 줄인 선발 방법으로 기업에 대한 사회적 인식 제고
  - 채용과정에서 불합리한 차별을 받지 않고 실력에 의해 공정하게 평가를 받을 것이라는 믿음을 제공하고, 지원자들은 평등한 기회와 공정한 선발과정 경험

CHAPTER 02

서류전형 가이드

01 채용공고문

1. 채용공고문의 변화

기존 채용공고문	변화된 채용공고문
• 취업준비생에게 불충분하고 불친절한 측면 존재 • 모집분야에 대한 명확한 직무관련 정보 및 평가기준 부재 • 해당분야에 지원하기 위한 취업준비생의 무분별한 스펙 쌓기 현상 발생	• NCS 직무분석에 기반한 채용공고를 토대로 채용전형 진행 • 지원자가 입사 후 수행하게 될 업무에 대한 자세한 정보 공지 • 직무수행내용, 직무수행 시 필요한 능력, 관련된 자격, 직업기초능력 제시 • 지원자가 해당 직무에 필요한 스펙만을 준비할 수 있도록 안내
• 모집부문 및 응시자격 • 지원서 접수 • 전형절차 • 채용조건 및 처우 • 기타사항	• 채용절차 • 채용유형별 선발분야 및 예정인원 • 전형방법 • 선발분야별 직무기술서 • 우대사항

2. 지원 유의사항 및 지원요건 확인

채용 직무에 따른 세부사항을 공고문에 명시하여 지원자에게 적격한 지원 기회를 부여함과 동시에 채용과정에서의 공정성과 신뢰성을 확보합니다.

구성	내용	확인사항
모집분야 및 규모	고용형태(인턴 계약직 등), 모집분야, 인원, 근무지역 등	채용직무가 여러 개일 경우 본인이 해당되는 직무의 채용규모 확인
응시자격	기본 자격사항, 지원조건	지원을 위한 최소자격요건을 확인하여 불필요한 지원을 예방
우대조건	법정·특별·자격증 가점	본인의 가점 여부를 검토하여 가점 획득을 위한 사항을 사실대로 기재
근무조건 및 보수	고용형태 및 고용기간, 보수, 근무지	본인이 생각하는 기대수준에 부합하는지 확인하여 불필요한 지원을 예방
시험방법	서류·필기·면접전형 등의 활용방안	전형방법 및 세부 평가기법 등을 확인하여 지원전략 준비
전형일정	접수기간, 각 전형 단계별 심사 및 합격자 발표일 등	본인의 지원 스케줄을 검토하여 차질이 없도록 준비
제출서류	입사지원서(경력·경험기술서 등), 각종 증명서 및 자격증 사본 등	지원요건 부합 여부 및 자격 증빙서류 사전에 준비
유의사항	임용취소 등의 규정	임용취소 관련 법적 또는 기관 내부 규정을 검토하여 해당여부 확인

02 직무기술서

직무기술서란 직무수행의 내용과 필요한 능력, 관련 자격, 직업기초능력 등을 상세히 기재한 것으로 입사 후 수행하게 될 업무에 대한 정보가 수록되어 있는 자료입니다.

1. 채용분야

설명

NCS 직무분류 체계에 따라 직무에 대한 「대분류 – 중분류 – 소분류 – 세분류」 체계를 확인할 수 있습니다. 채용 직무에 대한 모든 직무기술서를 첨부하게 되며 실제 수행 업무를 기준으로 세부적인 분류정보를 제공합니다.

채용분야	분류체계			
사무행정	대분류	중분류	소분류	세분류
분류코드	02. 경영·회계·사무	03. 재무·회계	01. 재무	01. 예산
				02. 자금
			02. 회계	01. 회계감사
				02. 세무

2. 능력단위

설명

직무분류 체계의 세분류 하위능력단위 중 실질적으로 수행할 업무의 능력만 구체적으로 파악할 수 있습니다.

능력단위	(예산)	03. 연간종합예산수립 05. 확정예산 운영	04. 추정재무제표 작성 06. 예산실적 관리
	(자금)	04. 자금운용	
	(회계감사)	02. 자금관리 05. 회계정보시스템 운용 07. 회계감사	04. 결산관리 06. 재무분석
	(세무)	02. 결산관리 07. 법인세 신고	05. 부가가치세 신고

3. 직무수행내용

설명

세분류 영역의 기본정의를 통해 직무수행내용을 확인할 수 있습니다. 입사 후 수행할 직무내용을 구체적으로 확인할 수 있으며, 이를 통해 입사서류 작성부터 면접까지 직무에 대한 명확한 이해를 바탕으로 자신의 희망직무인지 아닌지, 해당 직무가 자신이 알고 있던 직무가 맞는지 확인할 수 있습니다.

직무수행내용	(예산) 일정기간 예상되는 수익과 비용을 편성, 집행하며 통제하는 일
	(자금) 자금의 계획 수립, 조달, 운용을 하고 발생 가능한 위험 관리 및 성과평가
	(회계감사) 기업 및 조직 내·외부에 있는 의사결정자들이 효율적인 의사결정을 할 수 있도록 유용한 정보를 제공, 제공된 회계정보의 적정성을 파악하는 일
	(세무) 세무는 기업의 활동을 위하여 주어진 세법범위 내에서 조세부담을 최소화시키는 조세전략을 포함하고 정확한 과세소득과 과세표준 및 세액을 산출하여 과세당국에 신고·납부하는 일

4. 직무기술서 예시

태도	(예산) 정확성, 분석적 태도, 논리적 태도, 타 부서와의 협조적 태도, 설득력
	(자금) 분석적 사고력
	(회계 감사) 합리적 태도, 전략적 사고, 정확성, 적극적 협업 태도, 법률준수 태도, 분석적 태도, 신속성, 책임감, 정확한 판단력
	(세무) 규정 준수 의지, 수리적 정확성, 주의 깊은 태도
우대 자격증	공인회계사, 세무사, 컴퓨터활용능력, 변호사, 워드프로세서, 전산회계운용사, 사회조사분석사, 재경관리사, 회계관리 등
직업기초능력	의사소통능력, 문제해결능력, 자원관리능력, 대인관계능력, 정보능력, 조직이해능력

5. 직무기술서 내용별 확인사항

항목	확인사항
모집부문	해당 채용에서 선발하는 부문(분야)명 확인 예 사무행정, 전산, 전기
분류체계	지원하려는 분야의 세부직무군 확인
주요기능 및 역할	지원하려는 기업의 전사적인 기능과 역할, 산업군 확인
능력단위	지원분야의 직무수행에 관련되는 세부업무사항 확인
직무수행내용	지원분야의 직무군에 대한 상세사항 확인
전형방법	지원하려는 기업의 신입사원 선발전형 절차 확인
일반요건	교육사항을 제외한 지원 요건 확인(자격요건, 특수한 경우 연령)
교육요건	교육사항에 대한 지원요건 확인(대졸 / 초대졸 / 고졸 / 전공 요건)
필요지식	지원분야의 업무수행을 위해 요구되는 지식 관련 세부항목 확인
필요기술	지원분야의 업무수행을 위해 요구되는 기술 관련 세부항목 확인
직무수행태도	지원분야의 업무수행을 위해 요구되는 태도 관련 세부항목 확인
직업기초능력	지원분야 또는 지원기업의 조직원으로서 근무하기 위해 필요한 일반적인 능력사항 확인

03 입사지원서

1. 입사지원서의 변화

기존지원서		능력중심 채용 입사지원서	
직무와 관련 없는 학점, 개인신상, 어학점수, 자격, 수상경력 등을 나열하도록 구성	VS	해당 직무수행에 꼭 필요한 정보들을 제시할 수 있도록 구성	
직무기술서		인적사항	성명, 연락처, 지원분야 등 작성 (평가 미반영)
직무수행내용		교육사항	직무지식과 관련된 학교교육 및 직업교육 작성
요구지식 / 기술	→	자격사항	직무관련 국가공인 또는 민간자격 작성
관련 자격증		경력 및 경험사항	조직에 소속되어 일정한 임금을 받거나(경력) 임금 없이(경험) 직무와 관련된 활동 내용 작성
사전직무경험			

2. 교육사항

- 지원분야 직무와 관련된 학교 교육이나 직업교육 혹은 기타교육 등 직무에 대한 지원자의 학습 여부를 평가하기 위한 항목입니다.
- 지원하고자 하는 직무의 학교 전공교육 이외에 직업교육, 기타교육 등을 기입할 수 있기 때문에 전공 제한 없이 직업교육과 기타교육을 이수하여 지원이 가능하도록 기회를 제공합니다.
  (기타교육 : 학교 이외의 기관에서 개인이 이수한 교육과정 중 지원직무와 관련이 있다고 생각되는 교육내용)

구분	교육과정(과목)명	교육내용	과업(능력단위)

3. 자격사항

- 채용공고 및 직무기술서에 제시되어 있는 자격 현황을 토대로 지원자가 해당 직무를 수행하는 데 필요한 능력을 가지고 있는지를 평가하기 위한 항목입니다.
- 채용공고 및 직무기술서에 기재된 직무관련 필수 또는 우대자격 항목을 확인하여 본인이 보유하고 있는 자격사항을 기재합니다.

자격유형	자격증명	발급기관	취득일자	자격증번호

4. 경력 및 경험사항

- 직무와 관련된 경력이나 경험 여부를 표현하도록 하여 직무와 관련한 능력을 갖추었는지를 평가하기 위한 항목입니다.
- 해당 기업에서 직무를 수행함에 있어 필요한 사항만을 기록하게 되어 있기 때문에 직무와 무관한 스펙을 갖추지 않아도 됩니다.
- 경력 : 금전적 보수를 받고 일정기간 동안 일했던 경우
- 경험 : 금전적 보수를 받지 않고 수행한 활동

※ 기업에 따라 경력 / 경험 관련 증빙자료 요구 가능

구분	조직명	직위 / 역할	활동기간(년 / 월)	주요과업 / 활동내용

Tip

입사지원서 작성 방법

○ 경력 및 경험사항 작성
- 직무기술서에 제시된 지식, 기술, 태도와 지원자의 교육사항, 경력(경험)사항, 자격사항과 연계하여 개인의 직무역량에 대해 스스로 판단 가능

○ 인적사항 최소화
- 개인의 인적사항, 학교명, 가족관계 등을 노출하지 않도록 유의

부적절한 입사지원서 작성 사례
- 학교 이메일을 기입하여 학교명 노출
- 거주지 주소에 학교 기숙사 주소를 기입하여 학교명 노출
- 자기소개서에 부모님이 재직 중인 기업명, 직위, 직업을 기입하여 가족관계 노출
- 자기소개서에 석·박사 과정에 대한 이야기를 언급하여 학력 노출
- 동아리 활동에 대한 내용을 학교명과 더불어 언급하여 학교명 노출

04 자기소개서

1. 자기소개서의 변화

- 기존의 자기소개서는 지원자의 일대기나 관심 분야, 성격의 장·단점 등 개괄적인 사항을 묻는 질문으로 구성되어 지원자가 자신의 직무능력을 제대로 표출하지 못합니다.
- 능력중심 채용의 자기소개서는 직무기술서에 제시된 직업기초능력(또는 직무수행능력)에 대한 지원자의 과거 경험을 기술하게 함으로써 평가 타당도의 확보가 가능합니다.

1. 우리 회사와 해당 지원 직무분야에 지원한 동기에 대해 기술해 주세요.

2. 자신이 경험한 다양한 사회활동에 대해 기술해 주세요.

3. 지원 직무에 대한 전문성을 키우기 위해 받은 교육과 경험 및 경력사항에 대해 기술해 주세요.

4. 인사업무 또는 팀 과제 수행 중 발생한 갈등을 원만하게 해결해 본 경험이 있습니까? 당시 상황에 대한 설명과 갈등의 대상이 되었던 상대방을 설득한 과정 및 방법을 기술해 주세요.

5. 과거에 있었던 일 중 가장 어려웠었던(힘들었었던) 상황을 고르고, 어떤 방법으로 그 상황을 해결했는지를 기술해 주세요.

PART 5

Tip

자기소개서 작성 방법

① 자기소개서 문항이 묻고 있는 평가 역량 추측하기

> 예시
>
> • 팀 활동을 하면서 갈등 상황 시 상대방의 니즈나 의도를 명확히 파악하고 해결하여 목표 달성에 기여했던 경험에 대해서 작성해 주시기 바랍니다.
>
> • 다른 사람이 생각해내지 못했던 문제점을 찾고 이를 해결한 경험에 대해 작성해 주시기 바랍니다.

② 해당 역량을 보여줄 수 있는 소재 찾기(시간×역량 매트릭스)

예시

시간 →

평가역량 ↓

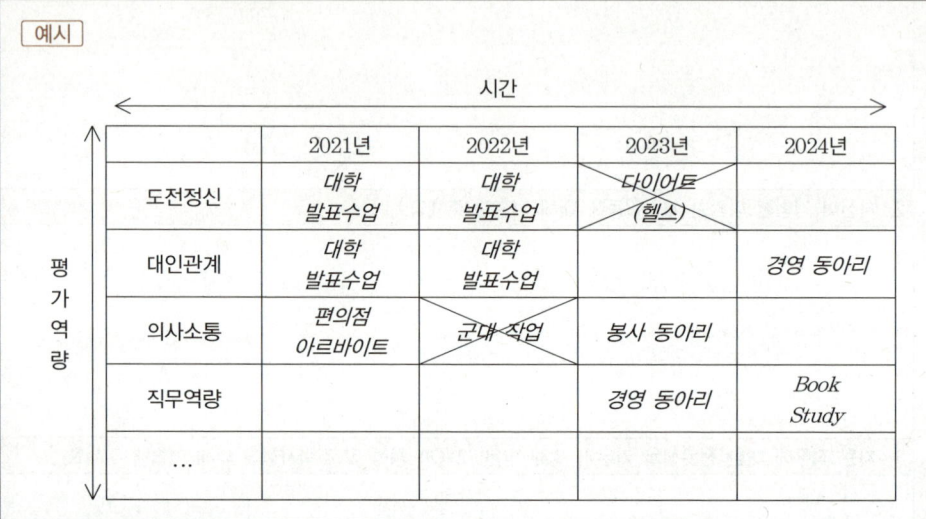

	2021년	2022년	2023년	2024년
도전정신	*대학 발표수업*	*대학 발표수업*	~~*다이어트 (헬스)*~~	
대인관계	*대학 발표수업*	*대학 발표수업*		*경영 동아리*
의사소통	*편의점 아르바이트*	~~*군대 작업*~~	*봉사 동아리*	
직무역량			*경영 동아리*	*Book Study*
…				

③ 자기소개서 작성 Skill 익히기

• 두괄식으로 작성하기

• 구체적 사례를 사용하기

• '나'를 중심으로 작성하기

• 직무역량 강조하기

• 경험 사례의 차별성 강조하기

CHAPTER 03

인성검사 소개 및 모의테스트

01 인성검사 유형

인성검사는 지원자의 성격특성을 객관적으로 파악하고 그것이 각 기업에서 필요로 하는 인재상과 가치에 부합하는가를 평가하기 위한 검사입니다. 인성검사는 KPDI(한국인재개발진흥원), K-SAD(한국사회적성개발원), KIRBS(한국행동과학연구소), SHR(에스에이치알) 등의 전문기관을 통해 각 기업의 특성에 맞는 검사를 선택하여 실시합니다. 대표적인 인성검사의 유형에는 크게 다음과 같은 세 가지가 있으며, 채용 대행업체에 따라 달라집니다.

1. KPDI 검사

조직적응성과 직무적합성을 알아보기 위한 검사로 인성검사, 인성역량검사, 인적성검사, 직종별 인적성검사 등의 다양한 검사 도구를 구현합니다. KPDI는 성격을 파악하고 정신건강 상태 등을 측정하고, 직무검사는 해당 직무를 수행하기 위해 기본적으로 갖추어야 할 인지적 능력을 측정합니다. 역량검사는 특정 직무 역할을 효과적으로 수행하는 데 직접적으로 관련 있는 개인의 행동, 지식, 스킬, 가치관 등을 측정합니다.

2. KAD(Korea Aptitude Development) 검사

K-SAD(한국사회적성개발원)에서 실시하는 적성검사 프로그램입니다. 개인의 성향, 지적 능력, 기호, 관심, 흥미도를 종합적으로 분석하여 적성에 맞는 업무가 무엇인가 파악하고, 직무수행에 있어서 요구되는 기초능력과 실무능력을 분석합니다.

3. SHR 직무적성검사

직무수행에 필요한 종합적인 사고 능력을 다양한 적성검사(Paper and Pencil Test)로 평가합니다. SHR의 모든 직무능력검사는 표준화 검사입니다. 표준화 검사는 표본집단의 점수를 기초로 규준이 만들어진 검사이므로 개인의 점수를 규준에 맞추어 해석・비교하는 것이 가능합니다. S(Standardized Tests), H(Hundreds of Version), R(Reliable Norm Data)을 특징으로 하며, 직군・직급별 특성과 선발 수준에 맞추어 검사를 적용할 수 있습니다.

02 인성검사와 면접

인성검사는 특히 면접질문과 관련성이 높습니다. 면접관은 지원자의 인성검사 결과를 토대로 질문을 하기 때문입니다. 일관적이고 이상적인 답변을 하는 것이 가장 좋지만, 실제 시험은 매우 복잡하여 전문가라 해도 일정 성격을 유지하면서 답변을 하는 것이 힘듭니다. 또한 인성검사에는 라이 스케일(Lie Scale) 설문이 전체 설문 속에 교묘하게 섞여 들어가 있으므로 겉치레적인 답을 하게 되면 회답태도의 허위성이 그대로 드러나게 됩니다. 예를 들어 '거짓말을 한 적이 한 번도 없다.'에 '예'로 답하고, '때로는 거짓말을 하기도 한다.'에 '예'라고 답하여 라이 스케일의 득점이 올라가게 되면 모든 회답의 신빙성이 사라지고 '자신을 돋보이게 하려는 사람'이라는 평가를 받을 수 있으므로 주의해야 합니다. 따라서 모의테스트를 통해 인성검사의 유형과 실제 시험 시 어떻게 문제를 풀어야 하는지 연습해 보고 체크한 부분 중 자신의 단점과 연결되는 부분은 면접에서 질문이 들어왔을 때 어떻게 대처해야 하는지 생각해 보는 것이 좋습니다.

03 유의사항

1. 기업의 인재상을 파악하라!

인성검사를 통해 개인의 성격 특성을 파악하고 그것이 기업의 인재상과 가치에 부합하는지를 평가하는 시험이기 때문에 해당 기업의 인재상을 먼저 파악하고 시험에 임하는 것이 좋습니다. 모의테스트에서 인재상에 맞는 가상의 인물을 설정하고 문제에 답해 보는 것도 많은 도움이 됩니다.

2. 일관성 있는 대답을 하라!

짧은 시간 안에 다양한 질문에 답을 해야 하는데, 그 안에는 중복되는 질문이 여러 번 나옵니다. 이때 앞서 자신이 체크했던 대답을 잘 기억해뒀다가 일관성 있는 답을 하는 것이 중요합니다.

3. 모든 문항에 대답하라!

많은 문제를 짧은 시간 안에 풀려다 보니 다 못 푸는 경우도 종종 생깁니다. 하지만 대답을 누락하거나 끝까지 다 못했을 경우 좋지 않은 결과를 가져올 수도 있으니 최대한 주어진 시간 안에 모든 문항에 답할 수 있도록 해야 합니다.

04 KPDI 모의테스트

※ 모의테스트는 질문 및 답변 유형 연습을 위한 것으로 실제 시험과 다를 수 있습니다.
※ 인성검사는 정답이 따로 없는 유형의 검사이므로 결과지를 제공하지 않습니다.

번호	내용	예	아니요
001	나는 솔직한 편이다.	☐	☐
002	나는 리드하는 것을 좋아한다.	☐	☐
003	법을 어겨서 말썽이 된 적이 한 번도 없다.	☐	☐
004	거짓말을 한 번도 한 적이 없다.	☐	☐
005	나는 눈치가 빠르다.	☐	☐
006	나는 일을 주도하기보다는 뒤에서 지원하는 것을 선호한다.	☐	☐
007	앞일은 알 수 없기 때문에 계획은 필요하지 않다.	☐	☐
008	거짓말도 때로는 방편이라고 생각한다.	☐	☐
009	사람이 많은 술자리를 좋아한다.	☐	☐
010	걱정이 지나치게 많다.	☐	☐
011	일을 시작하기 전 재고하는 경향이 있다.	☐	☐
012	불의를 참지 못한다.	☐	☐
013	처음 만나는 사람과도 이야기를 잘 한다.	☐	☐
014	때로는 변화가 두렵다.	☐	☐
015	나는 모든 사람에게 친절하다.	☐	☐
016	힘든 일이 있을 때 술은 위로가 되지 않는다.	☐	☐
017	결정을 빨리 내리지 못해 손해를 본 경험이 있다.	☐	☐
018	기회를 잡을 준비가 되어 있다.	☐	☐
019	때로는 내가 정말 쓸모없는 사람이라고 느낀다.	☐	☐
020	누군가 나를 챙겨주는 것이 좋다.	☐	☐
021	자주 가슴이 답답하다.	☐	☐
022	나는 내가 자랑스럽다.	☐	☐
023	경험이 중요하다고 생각한다.	☐	☐
024	전자기기를 분해하고 다시 조립하는 것을 좋아한다.	☐	☐

PART 5

025	감시받고 있다는 느낌이 든다.	☐	☐
026	난처한 상황에 놓이면 그 순간을 피하고 싶다.	☐	☐
027	세상엔 믿을 사람이 없다.	☐	☐
028	잘못을 빨리 인정하는 편이다.	☐	☐
029	지도를 보고 길을 잘 찾아간다.	☐	☐
030	귓속말을 하는 사람을 보면 날 비난하고 있는 것 같다.	☐	☐
031	막무가내라는 말을 들을 때가 있다.	☐	☐
032	장래의 일을 생각하면 불안하다.	☐	☐
033	결과보다 과정이 중요하다고 생각한다.	☐	☐
034	운동은 그다지 할 필요가 없다고 생각한다.	☐	☐
035	새로운 일을 시작할 때 좀처럼 한 발을 떼지 못한다.	☐	☐
036	기분 상하는 일이 있더라도 참는 편이다.	☐	☐
037	업무능력은 성과로 평가받아야 한다고 생각한다.	☐	☐
038	머리가 맑지 못하고 무거운 느낌이 든다.	☐	☐
039	가끔 이상한 소리가 들린다.	☐	☐
040	타인이 내게 자주 고민상담을 하는 편이다.	☐	☐

05 SHR 모의테스트

※ 모의테스트는 질문 및 답변 유형 연습을 위한 것으로 실제 시험과 다를 수 있습니다.
※ 인성검사는 정답이 따로 없는 유형의 검사이므로 결과지를 제공하지 않습니다.

※ 이 성격검사의 각 문항에는 서로 다른 행동을 나타내는 네 개의 문장이 제시되어 있습니다. 이 문장들을 비교하여, 자신의 평소 행동과 가장 가까운 문장을 'ㄱ' 열에 표기하고, 가장 먼 문장을 'ㅁ' 열에 표기하십시오.

01 나는 ___________________________

	ㄱ	ㅁ
A. 실용적인 해결책을 찾는다.	☐	☐
B. 다른 사람을 돕는 것을 좋아한다.	☐	☐
C. 세부 사항을 잘 챙긴다.	☐	☐
D. 상대의 주장에서 허점을 잘 찾는다.	☐	☐

02 나는 ___________________________

	ㄱ	ㅁ
A. 매사에 적극적으로 임한다.	☐	☐
B. 즉흥적인 편이다.	☐	☐
C. 관찰력이 있다.	☐	☐
D. 임기응변에 강하다.	☐	☐

03 나는 ___________________________

	ㄱ	ㅁ
A. 무서운 영화를 잘 본다.	☐	☐
B. 조용한 곳이 좋다.	☐	☐
C. 가끔 울고 싶다.	☐	☐
D. 집중력이 좋다.	☐	☐

04 나는 ___________________________

	ㄱ	ㅁ
A. 기계를 조립하는 것을 좋아한다.	☐	☐
B. 집단에서 리드하는 역할을 맡는다.	☐	☐
C. 호기심이 많다.	☐	☐
D. 음악을 듣는 것을 좋아한다.	☐	☐

05 나는 ______________________

	ㄱ	ㅁ
A. 타인을 늘 배려한다.	☐	☐
B. 감수성이 예민하다.	☐	☐
C. 즐겨하는 운동이 있다.	☐	☐
D. 일을 시작하기 전에 계획을 세운다.	☐	☐

06 나는 ______________________

	ㄱ	ㅁ
A. 타인에게 설명하는 것을 좋아한다.	☐	☐
B. 여행을 좋아한다.	☐	☐
C. 정적인 것이 좋다.	☐	☐
D. 남을 돕는 것에 보람을 느낀다.	☐	☐

07 나는 ______________________

	ㄱ	ㅁ
A. 기계를 능숙하게 다룬다.	☐	☐
B. 밤에 잠이 잘 오지 않는다.	☐	☐
C. 한 번 간 길을 잘 기억한다.	☐	☐
D. 불의를 보면 참을 수 없다.	☐	☐

08 나는 ______________________

	ㄱ	ㅁ
A. 종일 말을 하지 않을 때가 있다.	☐	☐
B. 사람이 많은 곳을 좋아한다.	☐	☐
C. 술을 좋아한다.	☐	☐
D. 휴양지에서 편하게 쉬고 싶다.	☐	☐

09	나는 ______________________	ㄱ	ㅁ
	A. 뉴스보다는 드라마를 좋아한다.	☐	☐
	B. 길을 잘 찾는다.	☐	☐
	C. 주말엔 집에서 쉬는 것이 좋다.	☐	☐
	D. 아침에 일어나는 것이 힘들다.	☐	☐

10	나는 ______________________	ㄱ	ㅁ
	A. 이성적이다.	☐	☐
	B. 할 일을 종종 미룬다.	☐	☐
	C. 어른을 대하는 게 힘들다.	☐	☐
	D. 불을 보면 매혹을 느낀다.	☐	☐

11	나는 ______________________	ㄱ	ㅁ
	A. 상상력이 풍부하다.	☐	☐
	B. 예의 바르다는 소리를 자주 듣는다.	☐	☐
	C. 사람들 앞에 서면 긴장한다.	☐	☐
	D. 친구를 자주 만난다.	☐	☐

12	나는 ______________________	ㄱ	ㅁ
	A. 나만의 스트레스 해소 방법이 있다.	☐	☐
	B. 친구가 많다.	☐	☐
	C. 책을 자주 읽는다.	☐	☐
	D. 활동적이다.	☐	☐

CHAPTER

04 면접전형 가이드

01 면접 주요사항

1. 면접전형의 변화

기존 면접전형에서는 일상적이고 단편적인 대화나 지원자의 첫인상 및 면접관의 주관적인 판단 등에 의해서 입사 결정 여부를 판단하는 경우가 많았습니다. 이러한 면접전형은 면접 내용의 일관성이 결여되거나 직무 관련 타당성이 부족하였고, 면접에 대한 신뢰도에 영향을 주었습니다.

기존 면접(전통적 면접)		능력중심 채용 면접(구조화 면접)
• 일상적이고 단편적인 대화 • 인상, 외모 등 외부 요소의 영향 • 주관적인 판단에 의존한 총점 부여 ⇩ • 면접 내용의 일관성 결여 • 직무관련 타당성 부족 • 주관적인 채점으로 신뢰도 저하	VS	• 일관성 – 직무관련 역량에 초점을 둔 구체적 질문 목록 – 지원자별 동일 질문 적용 • 구조화 – 면접 진행 및 평가 절차를 일정한 체계에 의해 구성 • 표준화 – 평가 타당도 제고를 위한 평가 Matrix 구성 – 척도에 따라 항목별 채점, 개인 간 비교 • 신뢰성 – 면접진행 매뉴얼에 따라 면접위원 교육 및 실습

2. 능력중심 채용의 면접 유형

① 경험 면접
- 목적 : 선발하고자 하는 직무 능력이 필요한 과거 경험을 질문합니다.
- 평가요소 : 직업기초능력과 인성 및 태도적 요소를 평가합니다.

② 상황 면접
- 목적 : 특정 상황을 제시하고 지원자의 행동을 관찰함으로써 실제 상황의 행동을 예상합니다.
- 평가요소 : 직업기초능력과 인성 및 태도적 요소를 평가합니다.

③ 발표 면접
- 목적 : 특정 주제와 관련된 지원자의 발표와 질의응답을 통해 지원자 역량을 평가합니다.
- 평가요소 : 직무수행능력과 인지적 역량(문제해결능력)을 평가합니다.

④ 토론 면접
- 목적 : 토의과제에 대한 의견수렴 과정에서 지원자의 역량과 상호작용능력을 평가합니다.
- 평가요소 : 직무수행능력과 팀워크를 평가합니다.

02 면접유형별 준비 방법

1. 경험 면접

① 경험 면접의 특징

- 주로 직업기초능력에 관련된 지원자의 과거 경험을 심층 질문하여 검증하는 면접입니다.
- 직무능력과 관련된 과거 경험을 평가하기 위해 심층 질문을 하며, 이 질문은 지원자의 답변에 대하여 '꼬리에 꼬리를 무는 형식'으로 진행됩니다.

> • 능력요소, 정의, 심사 기준
>   – 평가하고자 하는 능력요소, 정의, 심사기준을 확인하여 면접위원이 해당 능력요소 관련 질문을 제시합니다.
>
> • Opening Question
>   – 능력요소에 관련된 과거 경험을 유도하기 위한 시작 질문을 합니다.
>
> • Follow-up Question
>   – 지원자의 경험 수준을 구체적으로 검증하기 위한 질문입니다.
>   – 경험 수준 검증을 위한 상황(Situation), 임무(Task), 역할 및 노력(Action), 결과(Result) 등으로 질문을 구분합니다.

경험 면접의 형태

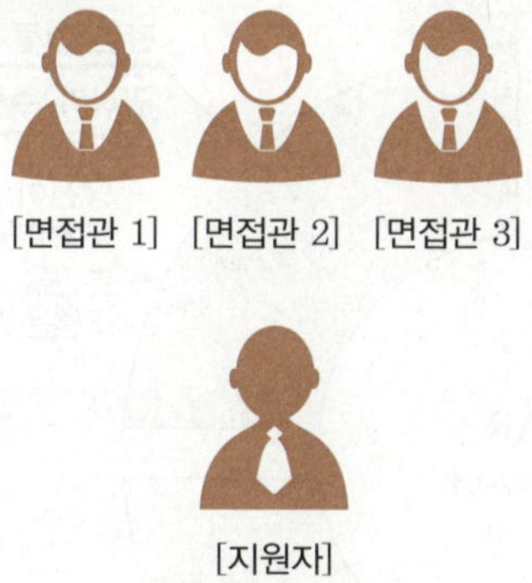

〈일대다 면접〉

〈다대다 면접〉

② 경험 면접의 구조

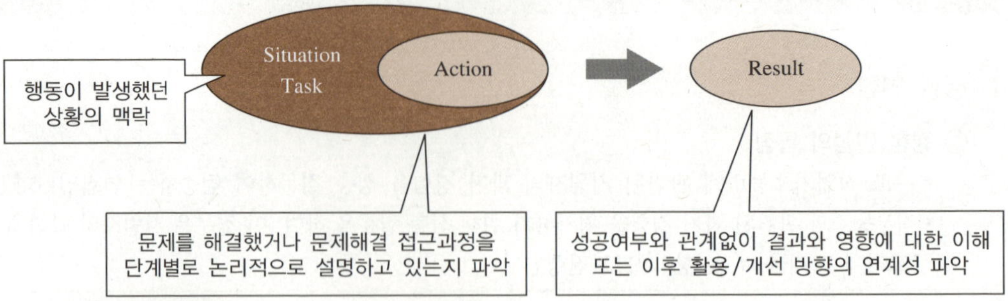

S(Situation)	귀하가 처해 있던 상황에 대해 말해 보시오.
T(Task)	귀하가 수행한 과제 / 과업은 무엇인가?
A(Action)	어떻게 행동(대응)했는가?
R(Result)	그 행동의 결과는 어땠는가?

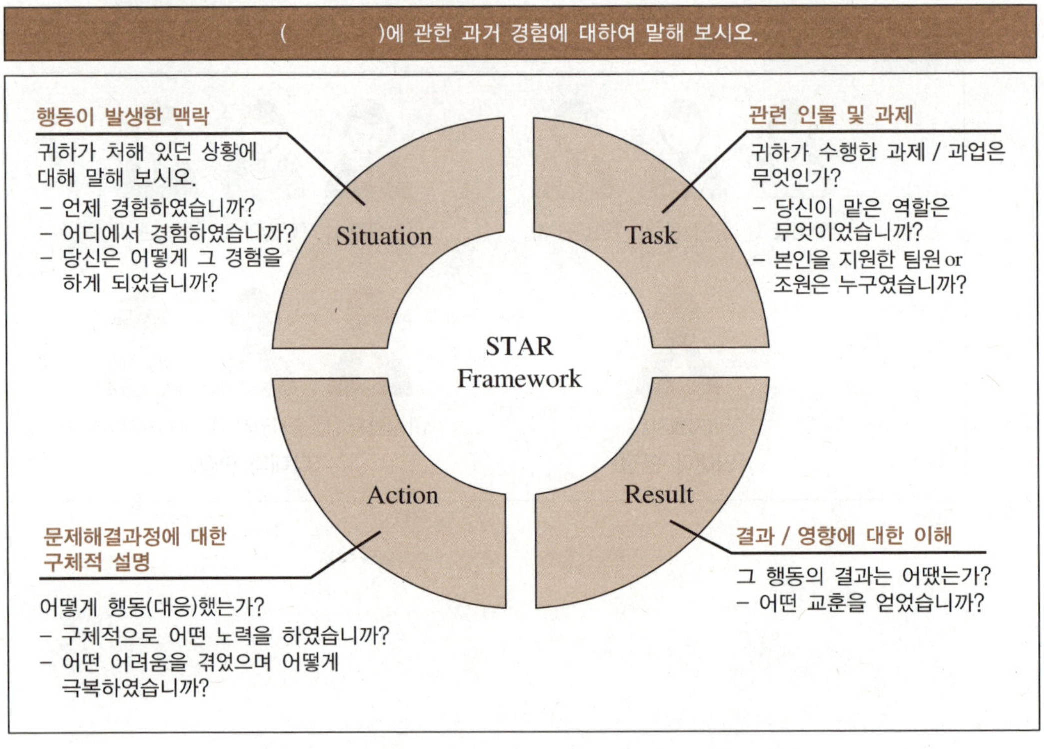

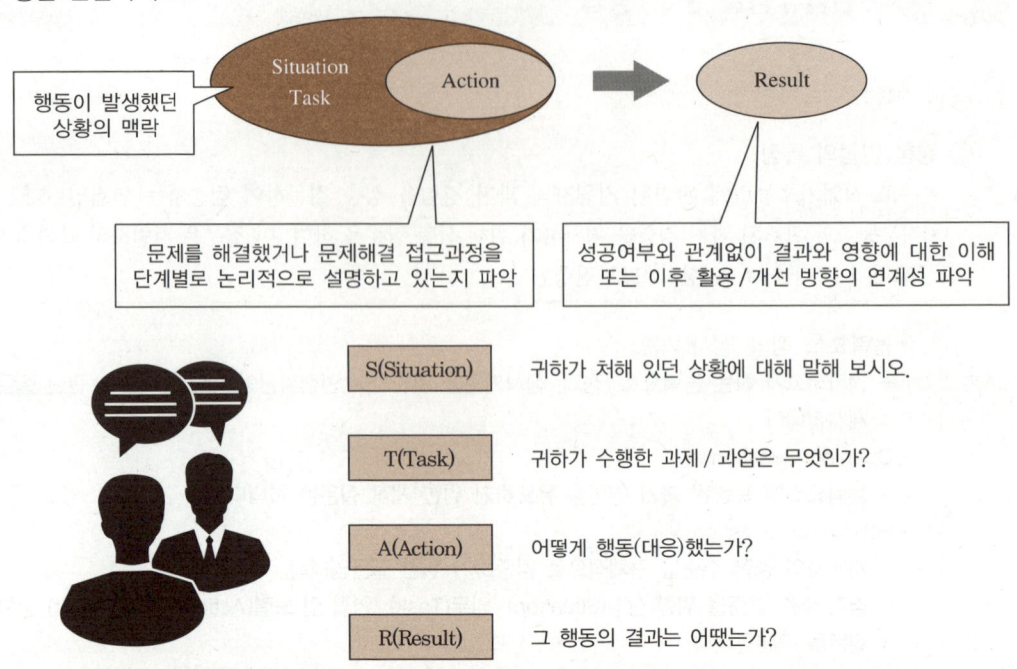

③ 경험 면접 질문 예시(직업윤리)

시작 질문	
1	남들이 신경 쓰지 않는 부분까지 고려하여 절차대로 업무(연구)를 수행하여 성과를 낸 경험을 구체적으로 말해 보시오.
2	조직의 원칙과 절차를 철저히 준수하며 업무(연구)를 수행한 것 중 성과를 향상시킨 경험에 대해 구체적으로 말해 보시오.
3	세부적인 절차와 규칙에 주의를 기울여 실수 없이 업무(연구)를 마무리한 경험을 구체적으로 말해 보시오.
4	조직의 규칙이나 원칙을 고려하여 성실하게 일했던 경험을 구체적으로 말해 보시오.
5	타인의 실수를 바로잡고 원칙과 절차대로 수행하여 성공적으로 업무를 마무리하였던 경험에 대해 말해 보시오.

후속 질문		
상황 (Situation)	상황	구체적으로 언제, 어디에서 경험한 일인가?
		어떤 상황이었는가?
	조직	어떤 조직에 속해 있었는가?
		그 조직의 특성은 무엇이었는가?
		몇 명으로 구성된 조직이었는가?
	기간	해당 조직에서 얼마나 일했는가?
		해당 업무는 몇 개월 동안 지속되었는가?
	조직규칙	조직의 원칙이나 규칙은 무엇이었는가?
임무 (Task)	과제	과제의 목표는 무엇이었는가?
		과제에 적용되는 조직의 원칙은 무엇이었는가?
		그 규칙을 지켜야 하는 이유는 무엇이었는가?
	역할	당신이 조직에서 맡은 역할은 무엇이었는가?
		과제에서 맡은 역할은 무엇이었는가?
	문제의식	규칙을 지키지 않을 경우 생기는 문제점 / 불편함은 무엇인가?
		해당 규칙이 왜 중요하다고 생각하였는가?
역할 및 노력 (Action)	행동	업무 과정의 어떤 장면에서 규칙을 철저히 준수하였는가?
		어떻게 규정을 적용시켜 업무를 수행하였는가?
		규정은 준수하는 데 어려움은 없었는가?
	노력	그 규칙을 지키기 위해 스스로 어떤 노력을 기울였는가?
		본인의 생각이나 태도에 어떤 변화가 있었는가?
		다른 사람들은 어떤 노력을 기울였는가?
	동료관계	동료들은 규칙을 철저히 준수하고 있었는가?
		팀원들은 해당 규칙에 대해 어떻게 반응하였는가?
		규칙에 대한 태도를 개선하기 위해 어떤 노력을 하였는가?
		팀원들의 태도는 당신에게 어떤 자극을 주었는가?
	업무추진	주어진 업무를 추진하는 데 규칙이 방해되진 않았는가?
		업무수행 과정에서 규정을 어떻게 적용하였는가?
		업무 시 규정을 준수해야 한다고 생각한 이유는 무엇인가?

결과 (Result)	평가	규칙을 어느 정도나 준수하였는가?
		그렇게 준수할 수 있었던 이유는 무엇이었는가?
		업무의 성과는 어느 정도였는가?
		성과에 만족하였는가?
		비슷한 상황이 온다면 어떻게 할 것인가?
	피드백	주변 사람들로부터 어떤 평가를 받았는가?
		그러한 평가에 만족하는가?
		다른 사람에게 본인의 행동이 영향을 주었다고 생각하는가?
	교훈	업무수행 과정에서 중요한 점은 무엇이라고 생각하는가?
		이 경험을 통해 느낀 바는 무엇인가?

2. 상황 면접

① 상황 면접의 특징

직무 관련 상황을 가정하여 제시하고 이에 대한 대응능력을 직무관련성 측면에서 평가하는 면접입니다.

- 상황 면접 과제의 구성은 크게 2가지로 구분
  - 상황 제시(Description) / 문제 제시(Question or Problem)
- 현장의 실제 업무 상황을 반영하여 과제를 제시하므로 직무분석이나 직무전문가 워크숍 등을 거쳐 현장성을 높임
- 문제는 상황에 대한 기본적인 이해능력(이론적 지식)과 함께 실질적 대응이나 변수 고려능력(실천적 능력) 등을 고르게 질문해야 함

상황 면접의 형태

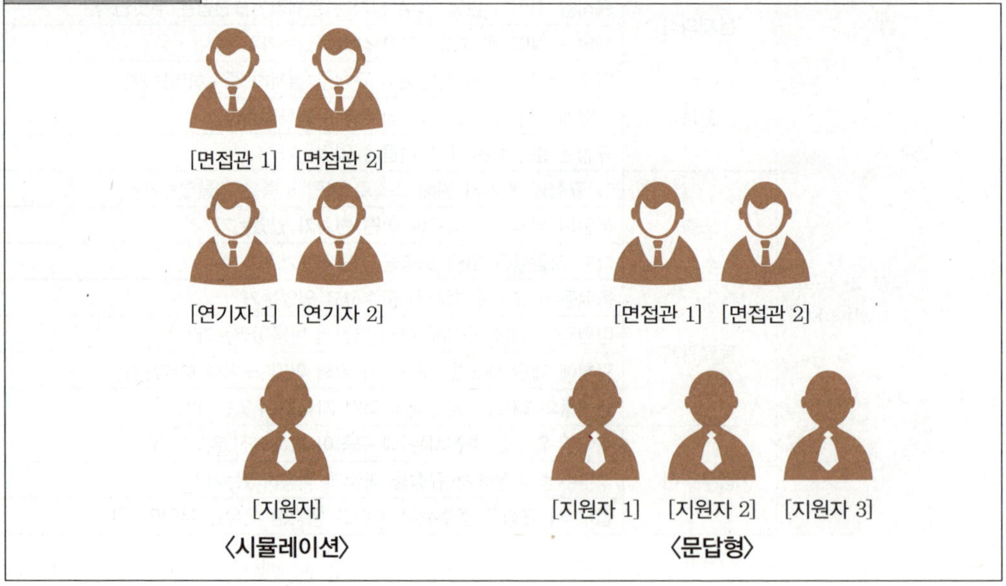

② 상황 면접 예시

상황 제시	인천공항 여객터미널 내에는 다양한 용도의 시설(사무실, 통신실, 식당, 전산실, 창고 면세점 등)이 설치되어 있습니다.	실제 업무 상황에 기반함
	금년에 소방배관의 누수가 잦아 메인 배관을 교체하는 공사를 추진하고 있으며, 당신은 이번 공사의 담당자입니다.	배경 정보
	주간에는 공항 운영이 이루어져 주로 야간에만 배관 교체 공사를 수행하던 중, 시공하는 기능공의 실수로 배관 연결 부위를 잘못 건드려 고압배관의 소화수가 누출되는 사고가 발생하였으며, 이로 인해 인근 시설물에 누수에 의한 피해가 발생하였습니다.	구체적인 문제 상황
문제 제시	일반적인 소방배관의 배관연결(이음)방식과 배관의 이탈(누수)이 발생하는 원인에 대해 설명해 보시오.	문제 상황 해결을 위한 기본 지식 문항
	담당자로서 본 사고를 현장에서 긴급히 처리하는 프로세스를 제시하고, 보수완료 후 사후적 조치가 필요한 부분 및 재발방지 방안에 대해 설명해 보시오.	문제 상황 해결을 위한 추가 대응 문항

3. 발표 면접

① 발표 면접의 특징

- 직무관련 주제에 대한 지원자의 생각을 정리하여 의견을 제시하고, 발표 및 질의응답을 통해 지원자의 직무능력을 평가하는 면접입니다.
- 발표 주제는 직무와 관련된 자료로 제공되며, 일정 시간 후 지원자가 보유한 지식 및 방안에 대한 발표 및 후속 질문을 통해 직무적합성을 평가합니다.

> • 주요 평가요소
>   – 설득적 말하기 / 발표능력 / 문제해결능력 / 직무관련 전문성
> • 이미 언론을 통해 공론화된 시사 이슈보다는 해당 직무분야에 관련된 주제가 발표면접의 과제로 선정되는 경우가 최근 들어 늘어나고 있음
> • 짧은 시간 동안 주어진 과제를 빠른 속도로 분석하여 발표문을 작성하고 제한된 시간 안에 면접관에게 효과적인 발표를 진행하는 것이 핵심

발표 면접의 형태

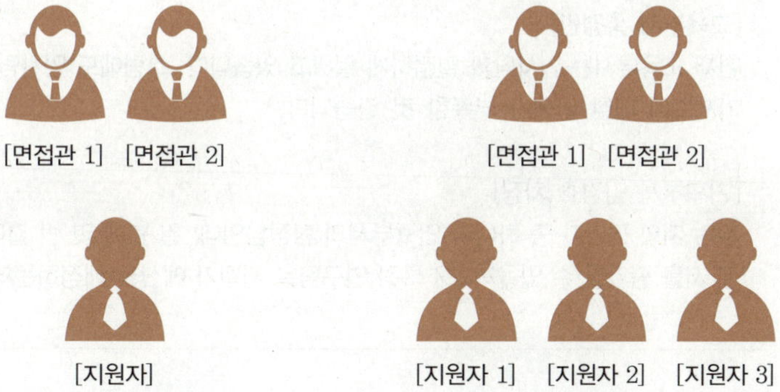

〈개별 과제 발표〉 〈팀 과제 발표〉

※ 면접관에게 시각적 효과를 사용하여 메시지를 전달하는 쌍방향 커뮤니케이션 방식

※ 심층면접을 보완하기 위한 방안으로 최근 많은 기업에서 적극 도입하는 추세

② 발표 면접 예시

1. 지시문

당신은 현재 A사에서 직원들의 성과평가를 담당하고 있는 팀원이다. 인사팀은 지난주부터 사내 조직문화관련 인터뷰를 하던 도중 성과평가제도에 관련된 개선 니즈가 제일 많다는 것을 알게 되었다. 이에 팀장님은 인터뷰 결과를 종합하려 성과평가제도 개선 아이디어를 A4용지에 정리하여 신속 보고할 것을 지시하셨다. 당신에게 남은 시간은 1시간이다. 자료를 준비하는 대로 당신은 팀원들이 모인 회의실에서 5분 간 발표할 것이며, 이후 질의응답을 진행할 것이다.

2. 배경자료

〈성과평가제도 개선에 대한 인터뷰〉

최근 A사는 회사 사세의 급성장으로 인해 작년보다 매출이 두 배 성장하였고, 직원 수 또한 두 배로 증가하였다. 회사의 성장은 임금, 복지에 대한 상승 등 긍정적인 영향을 주었으나 업무의 불균형 및 성과보상의 불평등 문제가 발생하였다. 또한 수시로 입사하는 신입직원과 경력직원, 퇴사하는 직원들까지 인원들의 잦은 변동으로 인해 평가해야 할 대상이 변경되어 현재의 성과평가제도로는 공정한 평가가 어려운 상황이다.

[생산부서 김상호]
우리 팀은 지난 1년 동안 생산량이 급증했기 때문에 수십 명의 신규인력이 급하게 채용되었습니다. 이 때문에 저희 팀장님은 신규 입사자들의 이름조차 기억 못할 때가 많이 있습니다. 성과평가를 제대로 하고 있는지 의문이 듭니다.

[마케팅 부서 김흥민]
개인의 성과평가의 취지는 충분히 이해합니다. 그러나 현재 평가는 실적기반이나 정성적인 평가가 많이 포함되어 있어 객관성과 공정성에는 의문이 드는 것이 사실입니다. 이러한 상황에서 평가제도를 재수립하지 않고, 인센티브에 계속 반영한다면, 평가제도에 대한 반감이 커질 것이 분명합니다.

[교육부서 홍경민]
현재 교육부서는 인사팀과 밀접하게 일하고 있습니다. 그럼에도 인사팀에서 실시하는 성과평가제도에 대한 이해가 부족한 것 같습니다.

[기획부서 김경호 차장]
저는 저의 평가자 중 하나가 연구부서의 팀장님인데, 일 년에 몇 번 같이 일하지 않는데 어떻게 저를 평가할 수 있을까요? 특히 연구팀은 저희가 예산을 배정하는데, 저에게는 좋지만….

4. 토론 면접

① 토론 면접의 특징

• 다수의 지원자가 조를 편성해 과제에 대한 토론(토의)을 통해 결론을 도출해 가는 면접입니다.

• 의사소통능력, 팀워크, 종합인성 등의 평가에 용이합니다.

> • 주요 평가요소
>   – 설득적 말하기, 경청능력, 팀워크, 종합인성
> • 의견 대립이 명확한 주제 또는 채용분야의 직무 관련 주요 현안을 주제로 과제 구성
> • 제한된 시간 내 토론을 진행해야 하므로 적극적으로 자신 있게 토론에 임하고 본인의 의견을 개진할 수 있어야 함

토론 면접의 형태

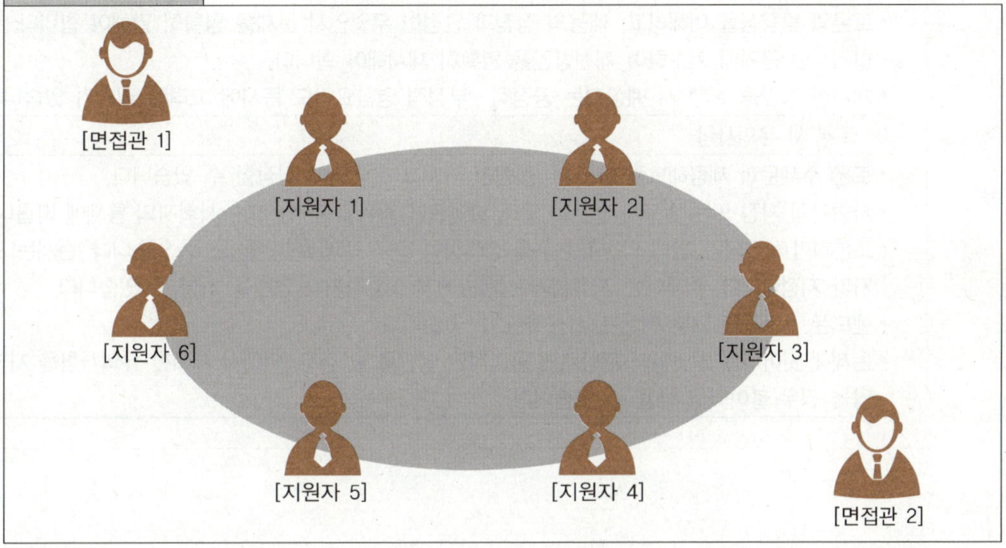

② 토론 면접' 예시

고객 불만 고충처리
1. 들어가며
최근 우리 상품에 대한 고객 불만의 증가로 고객고충처리 TF가 만들어졌고 당신은 여기에 지원해 배치받았다. 당신의 업무는 불만을 가진 고객을 만나서 애로사항을 듣고 처리해 주는 일이다. 주된 업무로는 고객의 니즈를 파악해 방향성을 제시해 주고 그 해결책을 마련하는 일이다. 하지만 경우에 따라서 고객의 주관적인 의견으로 인해 제대로 된 방향으로 의사결정을 하지 못할 때가 있다. 이럴 경우 설득이나 논쟁을 해서라도 의견을 관철시키는 것이 좋을지 아니면 고객의 의견대로 진행하는 것이 좋을지 결정해야 할 때가 있다. 만약 당신이라면 이러한 상황에서 어떤 결정을 내릴 것인지 여부를 자유롭게 토론해 보시오.
2. 1분 자유 발언 시 준비사항
• 당신은 의견을 자유롭게 개진할 수 있으며 이에 따른 불이익은 없습니다. • 토론의 방향성을 이해하고, 내용의 장점과 단점이 무엇인지 문제를 명확히 말해야 합니다. • 합리적인 근거에 기초하여 개선방안을 명확히 제시해야 합니다. • 제시한 방안을 실행 시 예상되는 긍정적·부정적 영향요인도 동시에 고려할 필요가 있습니다.
3. 토론 시 유의사항
• 토론 주제문과 제공해드린 메모지, 볼펜만 가지고 토론장에 입장할 수 있습니다. • 사회자의 지정 또는 발표자가 손을 들어 발언권을 획득할 수 있으며, 사회자의 통제에 따릅니다. • 토론회가 시작되면, 팀의 의견과 논거를 정리하여 1분간의 자유발언을 할 수 있습니다. 순서는 사회자가 지정합니다. 이후에는 자유롭게 상대방에게 질문하거나 답변을 하실 수 있습니다. • 핸드폰, 서적 등 외부 매체는 사용하실 수 없습니다. • 논제에 벗어나는 발언이나 지나치게 공격적인 발언을 할 경우, 위에서 제시한 유의사항을 지키지 않을 경우 불이익을 받을 수 있습니다.

03 면접 Role Play

1. 면접 Role Play 편성

- 교육생끼리 조를 편성하여 면접관과 지원자 역할을 교대로 진행합니다.
- 지원자 입장과 면접관 입장을 모두 경험해 보면서 면접에 대한 적응력을 높일 수 있습니다.

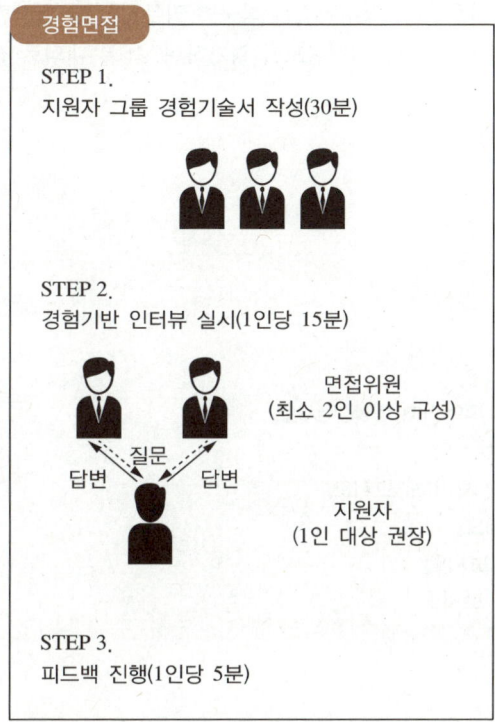

경험면접

STEP 1.
지원자 그룹 경험기술서 작성(30분)

STEP 2.
경험기반 인터뷰 실시(1인당 15분)

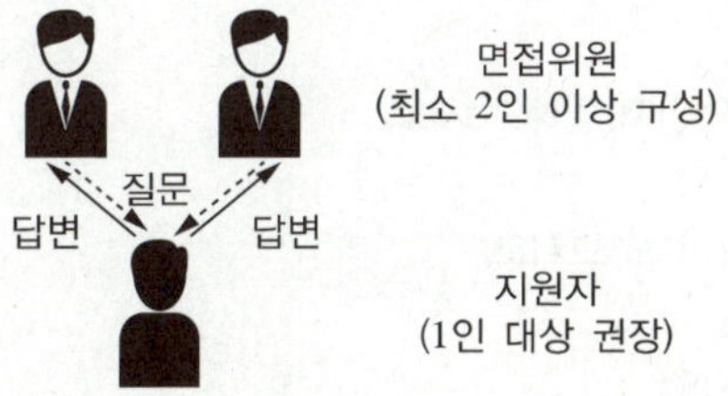

STEP 3.
피드백 진행(1인당 5분)

발표면접

STEP 1.
지원자 그룹 발표 내용 작성(30분)

STEP 2.
발표 5분+추가질의 5분(1인당 10분)

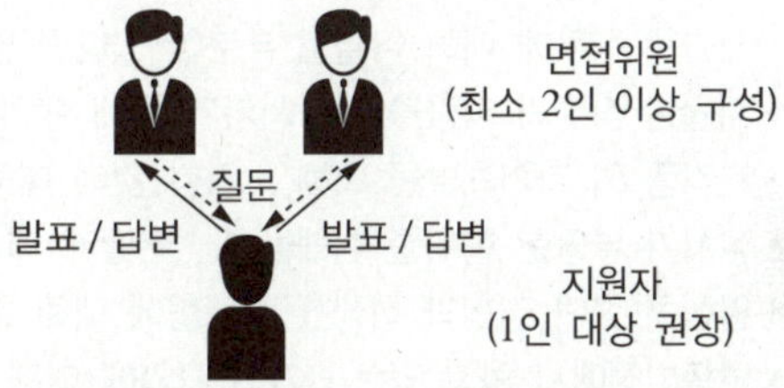

STEP 3.
피드백 진행(1인당 5분)

Tip

면접 준비하기

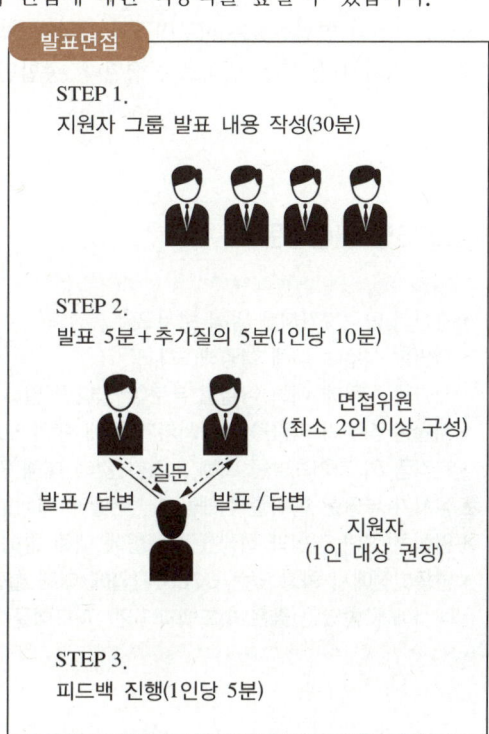

1. 면접 유형 확인 필수
   - 기업마다 면접 유형이 상이하기 때문에 해당 기업의 면접 유형을 확인하는 것이 좋음
   - 일반적으로 실무진 면접, 임원면접 2차례에 거쳐 면접을 실시하는 기업이 많고 실무진 면접과 임원 면접에서 평가 요소가 다르기 때문에 유형에 맞는 준비 방법이 필요
2. 후속 질문에 대한 사전 점검
   - 블라인드 채용 면접에서는 주요 질문과 함께 후속 질문을 통해 지원자의 직무능력을 판단
     → STAR 기법을 통한 후속 질문에 미리 대비하는 것이 필요

PART 5

CHAPTER

05 한국남동발전 면접 기출질문

한국남동발전의 면접전형은 직무면접과 종합면접으로 진행된다. 직무면접은 직군별 직무지식 및 회사관련 이해도를 평가하며, 15분 내외로 진행된다. 종합면접은 인성 및 조직적합도를 평가하며, 15분 내외로 진행된다.

1. 2025년 기출질문

- 자신의 단점 2가지를 말해 보시오.
- 지원한 직무에 대해 설명해 보시오.
- 지원한 직무에 대해 어필할 부분이 있다면 말해 보시오.
- 지원한 직무의 역량을 향상시키기 위해 했던 노력이 무엇인지 말해 보시오.
- 자격증 외 자기개발을 위해 노력한 것에 대해 말해 보시오.
- 상사가 부당한 행위를 취했을 때, 어떻게 대처할 것인지 말해 보시오.
- 열심히 했던 경험과 희생했던 경험에 대해 말해 보시오.
- 남동발전에서 하고 있는 CCUS 사업에 대해 설명해 보시오.
- 상사에게 받았던 좋은 피드백과 나쁜 피드백을 말해 보시오.

2. 2024년 기출질문

- 한국남동발전에 지원하게 된 동기를 말해 보시오.
- 한국남동발전의 사명과 가치에 대해 설명하고, 이에 부합하기 위해 어떤 노력을 하였는지 말해 보시오.
- 지원 분야에 대한 본인의 강점을 말해 보시오.
- 본인의 생활신조가 무엇인지 말해 보시오.
- 발전 시설의 기술적 문제나 장비 고장과 관련된 상황을 처리하는 방법에 대해 말해 보시오.
- 발전 설비의 효율이나 성능 향상에 성공적으로 기여한 사례를 말해 보시오.
- 경량골재에 대해 설명해 보시오.
- 복수노조에 대한 본인의 생각을 말해 보시오.

3. 2023년 기출질문

- 1분 자기소개를 해 보시오.
- 갈등을 해결했던 경험이 있다면 말해 보시오.
- 갈등을 해결하면서 겪었던 어려움이 있었다면 무엇인지 말해 보시오.
- 한국남동발전에 입사하기 위해 어떻게 준비했는지 말해 보시오.
- 발전소 효율 향상에 기여할 수 있는 부분이 있다면 말해 보시오.
- 수소 에너지에 대한 본인의 생각을 말해 보시오.
- 지금까지 취업이 어려웠다면 그 이유에 대해 말해 보시오.
- 연료전지에 대해 설명해 보시오.
- 화력발전의 원리를 쉽게 설명해 보시오.
- 직장에 다녀본 경험이 있다면 직장 내에서 어려웠던 점에 대해 말해 보시오.

4. 2022년 기출질문

- 한국남동발전에 대해 아는 대로 말해 보시오.
- 연료전지가 무엇인지 설명해 보시오.
- 본인의 의사소통 역량을 보여줄 수 있는 사례를 말해 보시오.
- 한국남동발전의 발전소 현황과 추진 사업에 대해 말해 보시오.
- 본인의 스트레스 해소법에 대해 말해 보시오.
- 실패를 경험한 적이 있다면 말해 보시오.
- 안전사고 해결 방안에 대해 말해 보시오.

5. 2021년 기출질문

- MOF(계기용 변성기)에 대해 아는 대로 말해 보시오.
- 변압기에 대해 아는 대로 말해 보시오.
- 신재생에너지의 과부화에 대한 해결 방안을 말해 보시오.
- 본인의 강점에 대해 말해 보시오.
- 업무 수행 시 팀원이 협조적이지 않을 때 어떻게 행동해야 할지 말해 보시오.
- 최근 한국남동발전 기사를 접해 본 적이 있는가? 있다면 어떤 기사를 읽어 보았는가?
- 새로운 기술을 도입하여 실무에 적용시켜 본 적이 있는가?
- 공기업으로서 한국남동발전이 지켜야 할 덕목에 대해 말해 보시오.
- 공기업 직원으로서 갖춰야 하는 직업윤리에 대해 말해 보시오.
- 단체 생활에서 가장 중요하게 생각하는 것은 무엇인지 말해 보시오.
- 새로운 조직에 적응하는 본인만의 노하우가 있다면 말해 보시오.
- 갈등을 겪은 경험이 있다면 갈등이 생긴 이유와 해결 방안에 대해 말해 보시오.
- 지역사회와 한국남동발전의 상생방안에 대해 말해 보시오.
- 스스로 원칙을 지킨 경험이 있는가? 있다면 그 경험에 대해 말해 보시오.
- 한국남동발전이 추진 중인 사업이나 현재 이슈에 대해 하나를 말하고, 이에 대한 본인의 생각을 말해 보시오.
- 한국남동발전이 현재 사회에 기여하고 있는 활동에 대해 알고 있는 것이 있다면 말해 보시오.

6. 2020 ~ 2019년 기출질문

- 바이오매스 발전소 건설에 관해 토론하시오.
- 노후화된 화력발전소를 적절하게 운영・관리하는 방법을 찾으시오.
- 현재 육아정책이 적용되고 있다. 앞으로 한국남동발전은 어떤 방향으로 육아정책을 발전해 나가야겠는가?
- 고졸채용 확대로 인한 역차별에 대해 토론하시오.
- 병역기피 현상을 근절할 수 있는 해결방안에 대해 토론하시오.
- 남자들의 육아휴직에 대한 회사의 입장에 대해 토론하시오.
- 산업개발과 환경보존의 공존방안에 대해 토론하시오.
- 공기업 본사의 지방이전에 따른 지역균형개발의 영향에 대해 토론하시오.
- 이성친구의 집에 초대되어 밥을 먹을 때 어머님이 해주신 밥이 너무 맛이 없다면 어떻게 행동할 것인가?
- 상사가 무리한 부탁을 한다면 어떻게 대처할 것인지 말해 보시오.
- 4차 산업혁명 시대에서 한국남동발전이 나아가야 할 방향에 대해 말해 보시오.
- 여러 업무를 처리할 때 업무의 우선순위를 정하는 기준은 무엇인가?
- 다른 사람과의 갈등을 해결하는 본인만의 방법과 그 사례에 대해 말해 보시오.
- 무언가에 몰입한 경험에 대해 말해 보시오.
- 화학직무에서 어떤 일을 할 것 같은가?
- 업무 중에 후임의 실수로 고객이 화가 많이 났다면 어떻게 수습할 것인가?
- 가장 힘들었던 경험은 무엇인가?
- 가장 열정적으로 무언가에 임했던 경험에 대해 말해 보시오.
- 본인의 부족한 부분과 그것을 어떻게 극복했는지 말해 보시오.
- 한국남동발전에 대해 말해 보시오.
- 2차 필기전형을 준비하면서 어려웠던 점과 필기전형에서 개선할 점을 말해 보시오.
- 태양광 발전의 이용률은 12%인데, 풍력 발전의 이용률은 몇 %인가?
- 신입사원으로서 회사사람들과 잘 어울리기 위해 가장 중요하다고 생각하는 3가지가 무엇인가?
- 한국남동발전에 입사하기 위해 무엇을 준비했는가?
- 삼성전자에 근무했던데, 한국남동발전과 삼성전자의 가장 큰 차이점이 무엇이라 생각하는가?
- 스마트그리드에 관해 아는 대로 말해 보시오.
- 자기소개서에 작성한 장점 이외에 본인의 장점을 어필해 보시오.
- 최근 이슈에 관해 아는 것이 있는가?
- 타 전공자인데 왜 전기직을 선택했는가?

PART 5

7. 2018년 기출질문

- 스마트팩토리 도입의 문제점과 해결방안에 대해 토론하시오.
- 바이오메스 발전의 효용성에 대해 토론하시오.
- 문제해결능력에 대한 경험을 말해 보시오.
- 갈등을 극복한 사례에 대해 말해 보시오.
- 대인관계에 있어 문제가 발생한다면 스트레스를 어떻게 해소하는가?
- 한국남동발전의 비전과 미션을 말하고, 본인이 기여할 수 있는 부분이 무엇인지 말해 보시오.
- 발전계통의 흐름을 아는 대로 말해 보시오.
- 가장 인상 깊었던 교수님에 대해 말해 보시오.
- 실수해서 팀에 문제를 일으킨 경험에 대해 말해 보시오.
- 현재 한국남동발전의 상황과 그 해결책에 대해 말해 보시오.
- 남들이 피하는 일을 먼저 나서서 성공한 일이 있다면 설명하고, 만일 그때로 돌아간다면 해 보고 싶은 더 좋은 방법을 말해 보시오.
- 많은 공기업 중 한국남동발전에 지원한 이유에 대해 말해 보시오.
- 다른 지원자보다 특출난 강점이 있다면 무엇인가?

시대에듀

M E M O

답안채점 • 성적분석 서비스

모바일 OMR

QR코드	LOG IN	시작하기	응시하기	답안 입력	성적분석 & 채점결과	확인
도서 내 모의고사 우측 상단에 위치한 QR코드 찍기	로그인 하기	'시작하기' 클릭	'응시하기' 클릭	나의 답안을 모바일 OMR 카드에 입력	'성적분석 & 채점결과' 클릭	현재 내 실력 확인하기

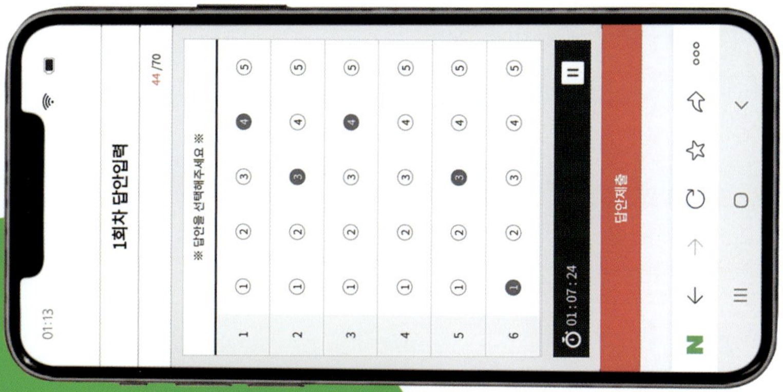

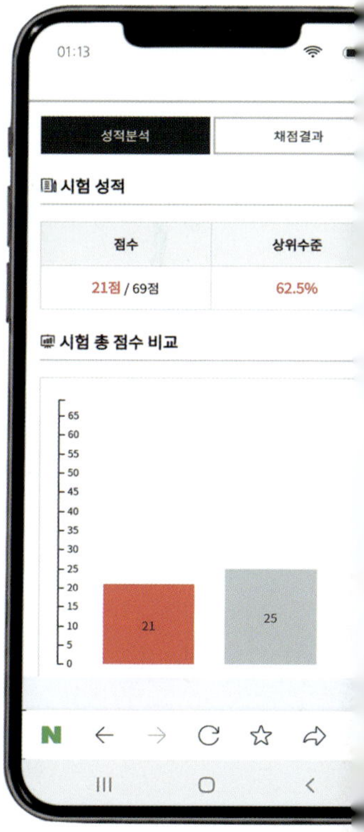

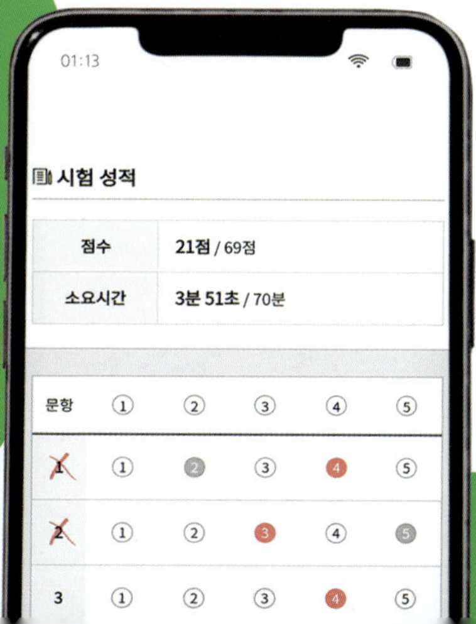

도서에 수록된 모의고사에 대한
객관적인 결과(정답률, 순위)를
종합적으로 분석하여 제공합니다.

※OMR 답안채점 / 성적분석 서비스는 등록 후 30일간 사용 가능합니다.

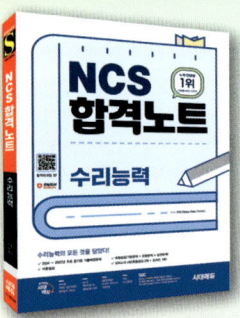

2026
최신판

한국 남동발전

통합기본서

편저 | SDC(Sidae Data Center)

판매량
1위
YES24
한국남동발전

정답 및 해설

기출복원문제부터
대표기출유형 및
모의고사까지

**한 권으로
마무리!**

시대에듀

Add+

주요 공기업 기출복원문제

CHAPTER 01 2025년 상반기 NCS 기출복원문제

CHAPTER 02 2025 ~ 2024년 전공 기출복원문제

CHAPTER 01

2025년 상반기 NCS 기출복원문제

01	02	03	04	05	06	07	08	09	10	11	12	13	14	15	16	17	18	19	20
②	③	⑤	③	③	①	④	⑤	①	⑤	②	④	②	③	④	①	①	⑤	⑤	③
21	22	23	24	25	26	27	28	29	30	31	32	33	34	35	36	37	38	39	40
③	③	①	①	③	③	①	④	③	④	③	②	②	①	①	②	②	④	①	③
41	42	43	44	45	46	47	48	49	50										
②	③	①	②	③	②	③	③	④	③										

01

정답 ②

마지막 문단을 보면 현재 AI 음성 합성 기술이 사람의 감정까지 담아 표현할 수 없다는 한계점이 존재한다고 했다. 따라서 현재는 AI 음성 합성 기술이 오디오북 제작에서 전문 성우의 역할을 대체할 수 있다고 보기는 어렵다.

오답분석

① 세 번째 문단을 통해 AI 음성 합성 기술이 비용과 시간 측면에서 전문 성우 녹음보다 효율적임을 알 수 있다.
③ 마지막 문단에서 문학 도서의 경우 AI 음성 합성 기술이 사람의 감정까지 담아 표현할 수 없는 반면, 비문학 도서들은 전문 성우가 반드시 필요하지는 않으므로 AI 음성 합성 기술로 제작이 가능하다고 하였다.
④·⑤ 두 번째 문단에서 전문 성우의 오디오북 녹음에는 많은 시간이 필요하며, 비용 또한 많이 들어 현실적인 한계에 부딪히고 있다고 하였다.

02

정답 ③

두 번째 문단을 통해 2024년 설날 노쇼 비율은 46%이지만, 이 중 19만 매 이상이 재판매가 되지 않아 공석으로 운행되었다는 것을 알 수 있다.

오답분석

① 첫 번째 문단에서 명절에 예매 경쟁률이 수십 배에 달하는 경우도 흔하다고 하였다.
② 세 번째 문단에서 노쇼 문제는 사회적 비용 증가로 연결되며, 이에 따른 비용이나 정책 변경은 국민의 부담으로 돌아올 것이라고 하였다.
④ 네 번째 문단에서 노쇼 문제를 해결하기 위해 코레일은 2025년부터 명절 특별수송기간에 출발 후 20분까지의 위약금을 기존 15%에서 30%로 상향 조정한다고 하였다.
⑤ 마지막 문단에서 노쇼 문제는 단순히 코레일의 노력만으로 해결될 수 없고, 근본적인 제도 개선과 국민 인식 변화가 함께 이루어져야 함을 이야기하고 있다.

03

정답 ⑤

선주는 문제점을 자신의 탓으로 돌리며 상대방에게 부탁을 하고 있다. 따라서 관용의 격률에 해당하는 사례이다.

오답분석

① 민재는 상대방을 칭찬하는 표현을 최대화해서 말하고 있다. 따라서 타인에 대한 비난은 최소화하고 칭찬은 최대화하여 말하는 표현법인 찬동의 격률에 해당하는 사례로 볼 수 있다.
② 지우는 문제점을 상대방의 탓으로 돌리며 상대방에게 부탁을 하고 있다. 따라서 관용의 격률에 해당하지 않는다.
③ 다예는 자신의 이익을 위해 상대방에게 부담을 주며 말하고 있다. 따라서 관용의 격률에 해당하지 않는다.
④ 동현은 상대에게 부담이 되는 표현은 최소화하면서 도움을 요청하고 있다. 따라서 상대방의 부담은 최소화하고 이익은 최대화하여 말하는 표현법인 요령의 격률에 해당하는 사례로 볼 수 있다.

04

정답 ③

먼저 분자와 분모를 따로 계산하면 다음과 같다.

- 분자 : $18\times(15^2+12+3)$
  $\rightarrow 18\times(225+12+3)$
  $\therefore 18\times240=4,320$
- 분모 : $90^2-2\times45\times4$
  $\rightarrow 8,100-(2\times45\times4)$
  $\therefore 8,100-360=7,740$

주어진 식을 정리하면 다음과 같다.

$\frac{4,320}{7,740}+1=\frac{4,320+7,740}{7,740}=\frac{12,060}{7,740}$

$\frac{12,060}{7,740}$을 기약분수로 만들기 위해 최대공약수 180으로 약분하면 $\frac{67}{43}$이므로 $p=43$, $q=67$이다.

따라서 $p+q=110$이다.

05

정답 ③

K시 전철의 기본요금은 1회 1,500원이고, 아침에 20% 할인을 받으면 $1,500\times0.8=1,200$원이다. A씨의 전철 이용 횟수는 총 $22\times2=44$회이며, 할인은 출근 시간에만 적용된다. 그러므로 퇴근 시 이용하는 전철 요금은 $1,500\times22=33,000$원이다.

한 달 전철 요금을 62,000원 이하로 유지하고자 하므로 출근 시 지불 가능한 전철 요금은 $62,000-33,000=29,000$원이다.

할인을 받은 일수를 x일이라 하면, 할인을 받지 않은 일수는 $(22-x)$일이므로 다음과 같은 식이 성립한다.

$1,200x+1,500(22-x)\le29,000$

$\rightarrow 1,200x+33,000-1,500x\le29,000$

$\rightarrow -300x\le-4,000$

$\therefore x\le13.33\cdots$

따라서 A씨는 최소 14일은 할인을 받아야 한 달 전철 요금을 62,000원 이하로 유지할 수 있다.

06

정답 ①

먼저 1부터 6까지 숫자를 사용하여 만들 수 있는 4자리 수의 조합을 계산하면 $6^4=1,296$이다.

조건에 따라 중복된 숫자는 최대 2번 사용할 수 있으므로 같은 숫자가 3번 이상 사용된 경우의 수를 구하여 제외해야 한다.

- 같은 숫자가 4번 사용된 경우는 6가지이다(1111, 2222, …, 6666).
- 같은 숫자가 3번 사용된 경우는 aaab, aaba, abaa, baaa 4가지 경우가 있고, a로 가능한 수는 6가지, b로 가능한 수는 a를 제외한 5가지이므로 $4\times6\times5=120$가지이다.

따라서 조건을 만족하는 4자리 비밀번호는 총 $1,296-(6+120)=1,170$가지이다.

07

정답 ④

조사기간인 1～4월의 리뷰 수가 판매 건수이므로 월별 판매 건수와 반품 및 환불 건수를 계산하면 다음과 같다.

(단위 : 건)

구분	판매 건수	반품 건수	환불 건수
1월	1,000	1,000×0.03=30	1,000×0.02=20
2월	1,200	1,200×0.02=24	1,200×0.03=36
3월	1,500	1,500×0.04=60	1,500×0.01=15
4월	1,300	1,300×0.03=39	1,300×0.02=26
합계	5,000	153	97

따라서 반품 건수와 환불 건수를 모두 합하면 153+97=250건이다.

08

정답 ⑤

구로디지털단지역 하차 인원은 출근시간대 400명, 퇴근시간대 2,150명이므로 2,150÷400=5.375이다. 따라서 퇴근시간대 하차 인원은 출근시간대 하차 인원의 5배 이상이다.

오답분석

① 역삼역의 점심시간대와 퇴근시간대는 탑승 인원보다 하차 인원이 더 많다.
② 시청역의 탑승 인원은 점심시간대에 530명, 퇴근시간대에 420명으로 점심시간대에 탑승 인원이 더 많다.
③ 역삼역의 출근시간대는 탑승 1,150명, 하차 350명으로 탑승 인원이 더 많다.
④ 시청역의 출근시간대 대비 퇴근시간대 하차 인원의 증가 폭은 1,480−870=610명, 역삼역의 출근시간대 대비 퇴근시간대 하차 인원의 증가 폭은 1,250−350=900명이므로 시청역의 증가 폭이 더 작다.

09

정답 ①

A주임은 복잡한 역사 구조로 승객들이 길을 헤매는 문제를 해결하기 위한 아이디어를 지하철역과 비슷한 대상인 쇼핑센터의 증강현실 지도 기술에서 얻었고, 지하철역에서 이용 가능한 증강현실 길안내 서비스를 기획하였다. 따라서 주어진 사례에서 나타나는 창의적 사고 개발방법으로 가장 적절한 것은 대상과 비슷한 것을 찾아내 그것을 힌트로 새로운 아이디어를 생각해 내는 비교발상법인 NM법이다.

오답분석

② Synectics : 서로 관련이 없어 보이는 것들을 조합하여 새로운 것을 도출해 내는 비교발상법이다.
③ 체크리스트 : 미리 준비된 힌트들을 시각화하고, 주제를 힌트에 연결 지어 발상하는 강제연상법이다.
④ SCAMPER : 체크리스트의 발전된 기법으로, 대체, 결합, 응용, 수정, 전용, 제거, 반전과 같이 7가지 키워드를 주제와 연결 지어 발상하는 강제연상법이다.
⑤ 브레인스토밍 : 어떤 주제에서 자유롭게 생각나는 것을 계속해서 열거하여 창의적인 아이디어를 이끌어 내는 자유연상법이다.

10

정답 ⑤

A씨는 사고로 학생과 부딪힌 사건 하나만을 부풀려 젊은이들이 모두 조심성이 없으며 남을 배려하지 않는다고 주장하고 있다. 이는 특정한 사례 하나를 토대로 집단을 일반화하는 주장이므로 성급한 일반화의 오류에 해당한다.

오답분석

① 무지의 오류 : '외계인이 있다는 증거가 없으므로 외계인은 존재하지 않는다.'처럼 어떠한 주장이 증명되지 않았다고 해서 그 반대의 주장이 참이라고 주장하는 오류이다.
② 결합의 오류 : '머리카락 1개가 빠지면 대머리가 되지 않는다. 2개가 빠져도, 100개가 빠져도 그렇다. 따라서 1만 개가 빠져도 대머리가 되지 않는다.'처럼 하나의 사례에는 오류가 없지만, 여러 사례를 잘못 결합하여 발생하는 오류이다.
③ 애매성의 오류 : '여자는 남자보다 약하다. 따라서 여자는 오래 살지 못한다.'처럼 애매한 어휘의 사용으로 발생하는 오류이다.
④ 과대 해석의 오류 : '퇴근길에 조심하세요.'라는 말을 퇴근길에만 조심하라는 의미로 받아들이는 것처럼 문맥을 무시하고 과도하게 문구에만 집착하여 발생하는 오류이다.

11

정답 ②

ㄱ. 철도 이용객 수 증가는 외부환경요인인 법안에 의한 긍정적 효과이므로 기회에 해당한다.
ㄷ. 민간투자의 확대는 외부환경요인의 긍정적인 효과이므로 기회에 해당한다.
ㅂ. 기업 외부에서 발생한 공동 프로젝트에 참여하는 것은 기술혁신 등 긍정적인 측면이므로 기회에 해당한다.

오답분석

ㄴ. 내부환경요인인 운영 노하우는 기업 내부의 긍정적인 요소로 강점(Strength)에 해당한다.
ㄹ. 외부환경요인인 정부의 교통요금 동결 정책은 위협(Threat)에 해당한다.
ㅁ. 내부환경요인인 직원 수 부족으로 인한 저조한 고객 만족도는 약점(Weakness)에 해당한다.

12

정답 ④

ㄱ. A차장은 노인 이용자 대표와 논리적 토론을 통해 합리적 타협점을 찾고 있다. 이는 상이한 문화적 토양을 가지고 있는 구성원을 가정하여 서로의 생각을 직설적으로 주장하고 논쟁이나 협상을 통해 의견을 조정하는 하드 어프로치에 해당한다.
ㄴ. A센터장은 역할극과 브레인스토밍 기법을 통하여 직원들이 자발적으로 의견을 제시하고, 창의적인 해결방법을 도모할 수 있도록 촉진하고 있다. 이는 어떤 그룹이나 집단이 자발적으로 창의적인 문제해결을 할 수 있도록 촉진하는 퍼실리테이션에 해당한다.
ㄷ. A팀장은 B사원에게 실수에 대한 결과를 시사하여 실수를 줄일 수 있도록 넌지시 제안하였으며, 다른 팀원들에게도 B사원을 잘 도와줄 수 있도록 요청하였다. A팀장은 중재자로서 같은 문화적 토양을 가지고 있는 팀원들이 서로를 이해할 수 있도록 돕고, 권위와 공감에 의지하여 의견을 중재하고 있으므로 소프트 어프로치에 해당한다.

13

정답 ②

'된서리'는 늦가을에 아주 되게 내리는 서리를 의미하며, 이런 특성으로 인해 모진 재앙이나 타격을 비유적으로 이르는 말이다. 따라서 가장 비슷한 어휘는 '어떤 일에서 크게 기를 꺾음. 또는 그로 인한 손해·손실'을 의미하는 '타격(打擊)'이다.

오답분석

① 타계(他界) : 인간계를 떠나서 다른 세계로 간다는 뜻으로, 사람의 죽음 특히 귀인(貴人)의 죽음을 이르는 말
③ 타점(打點) : 붓이나 펜 따위로 점을 찍음, 야구에서 안타 따위로 득점한 점수
④ 타락(墮落) : 올바른 길에서 벗어나 잘못된 길로 빠지는 일
⑤ 타산(打算) : 자신에게 도움이 되는지를 따져 헤아림

14

정답 ③

빈칸에 들어갈 단어의 대상은 앞의 애민주의이므로 '어떤 명목을 붙여 주의나 주장 또는 처지를 앞에 내세움'을 의미하는 '표방(標榜)'이 가장 적절한 단어이다.

오답분석

① 표징(表徵) : 겉으로 드러나는 특징이나 상징
② 표집(標集) : 사회 조사에서 모집단의 특성을 잘 반영할 수 있는 표본을 추출하는 방법
④ 표류(漂流) : 물 위에 떠서 정처 없이 흘러감
⑤ 표리(表裏) : 물체의 겉과 속 또는 안과 밖을 통틀어 이르는 말

15

정답 ④

제시문은 원자력 발전소에서 방사성 물질의 차단과 외부 오염물질 유입 방지를 위해 강력한 공기조화시스템이 필요함을 주장하며, 이 시스템의 핵심 장치인 헤파필터에 대해 상세히 설명하고, 원자력 발전소에서 헤파필터의 역할과 중요성에 대해 서술하고 있다. 따라서 글의 주제로 가장 적절한 것은 '원자력 발전소에서의 헤파필터의 역할'이다.

16

정답 ①

제시문은 잠복결핵감염에 대해 설명하는 글로, 잠복결핵감염의 특성과 치료 방법 등을 서술하면서 잠복결핵감염이 어떻게 개인 건강뿐 아니라 사회 전체의 공중보건에 영향을 주는지 서술하고 있다.
따라서 글의 전체 내용을 포괄하는 주제로 '잠복결핵감염의 위험성'이 가장 적절하다.

17

정답 ①

메뉴별 손익분기점을 구하면 다음과 같으며, 손익분기점을 넘기 위해서 필요한 판매량은 이보다 1단위 더 많아야 한다.

- 제육볶음 : 2,800,000÷(10,000−2,000)=350 → 351인분
- 오징어볶음 : 3,300,000÷(12,000−2,000)=330 → 331인분
- 돈가스 : 2,600,000÷(9,000−1,500)≒346.7 → 347인분
- 라면 : 1,800,000÷(6,000−800)≒346.2 → 347인분
- 고등어구이 : 3,100,000÷(11,000−2,000)≒344.4 → 345인분

따라서 손익분기점을 넘기 위해 필요한 판매량이 가장 많은 메뉴는 제육볶음이다.

18

정답 ⑤

B지점에서 C지점까지의 거리를 $x$km라고 하고 식을 세우면 다음과 같다.

$(x+110)+x=190$

$\rightarrow 2x=80$

$\therefore x=40$

즉, A지점에서 B지점까지의 거리는 150km, B지점에서 C지점까지의 거리는 40km이다.
K주임은 A지점에서 B지점까지 150km를 100km/h의 속력으로 이동하였으므로 소요된 시간은 1.5시간이고, B지점에서 C지점까지 40km를 80km/h의 속력으로 이동하였으므로 소요된 시간은 0.5시간이다.
그러므로 A지점에서 C지점까지 이동하는 데 걸린 시간은 2시간이다. 단, B지점에서 1시간 동안 업무를 수행하였으므로 C지점에 도착한 시간은 오후 3시이다.
따라서 이동할 때의 평균 속력의 경우 총 190km를 2시간 동안 이동하였으므로 평균 속력은 $\frac{190}{2}$=95km/h이다.

19

정답 ⑤

본회의 시간이 1시간이고, 전후 30분간 회의 준비 및 회의록 작성을 진행해야 하므로 모두 2시간이 필요하다. 제시된 조건에 따라 회의가 불가능한 시간을 표시하면 다음과 같다.

9시		10시		11시		12시		13시		14시		15시		16시		17시	
		예약				점심시간				예약		외부일정					

30분 간격으로 칸을 나누었으므로 회의를 진행하기 위해서는 총 4칸이 필요하다.
따라서 16시부터 회의 준비를 할 수 있으므로 본회의를 시작할 수 있는 가장 빠른 시각은 오후 4시 30분(=16시 30분)이다.

20

정답 ③

약술형에서 48점을 득점하여 과락이 된 D를 제외하고 나머지 4명의 필기시험 점수의 평균과 가점을 더한 값은 다음과 같다.

- A : {(85+52+61+57)÷4}+6=69.75점 → 불합격
- B : (75+71+67+81)÷4=73.5점 → 합격
- C : {(67+81+72+54)÷4}+2=70.5점 → 합격
- E : (66+82+58+78)÷4=71점 → 합격

따라서 J국가자격 필기시험에 합격한 사람은 B, C, E 3명이다.

21

정답 ③

HDD(Hard Disk Drive)는 회전하는 자기 디스크와 기계적인 헤드를 사용해 데이터를 저장하고 읽는 저장장치로 플래시 메모리를 사용해 전자적으로 데이터를 저장하는 SSD(Solid State Drive)에 비해 가격이 저렴하다.

오답분석

① HDD는 움직이는 자기 디스크나 헤드가 필요하므로 SSD에 비해 무겁고, 소형화가 어렵다.
② HDD는 자기 디스크와 헤드를 움직이는 모터 및 회전 부품으로 인해 전력 소모가 SSD에 비해 더 크다.
④ SSD는 읽고 쓰는 데 물리적인 움직임이 필요 없으나, HDD는 회전하는 자기 디스크와 헤드가 데이터 위치를 찾기 위해 움직여야 하므로 데이터 접근이 SSD에 비해 느리다.
⑤ 플래시 드라이브로 구성되어 있는 SSD는 움직이는 부품이 없으나, HDD는 움직이는 기계적 부품이 많으며, 충격으로 인해 헤드가 자기 디스크에 닿아 스크래치가 생기는 등의 심각한 손상이 발생할 수 있다. 따라서 HDD는 SSD보다 외부 충격에 대한 내구력이 낮다.

22

정답 ③

제시된 상황은 조건이 참인지 거짓인지에 따라 서로 다른 값을 반환해야 하므로 IF 함수를 활용해야 한다. IF 함수의 함수식은 「=IF(조건,"참일 때의 값","거짓일 때의 값")」이며, 조건은 참조 대상의 값이 90 이상이어야 하므로 "참조 대상>=90"이어야 한다. 따라서 옳은 함수식은 「=IF(참조 대상>=90,"합격","불합격")」이다.

오답분석

① 90점을 초과해야 합격으로 값이 나온다.
② 90점 이상이면 불합격, 90점 미만이면 합격으로 값이 나온다.
④·⑤ CHOOSE 함수는 지정된 인덱스 번호를 기준으로 목록에서 특정 값을 선택하여 반환하는 함수로 제시된 상황에는 옳지 않은 함수이다.

23

정답 ①

제시문은 허리 통증을 유발하는 직업적 요인에 대해 서술하고 있다. 따라서 글의 주제로 가장 적절한 것은 '허리 통증의 직업적 요인'이다.

오답분석

② 제시문은 허리 통증이나 질환이 어떻게 발생하는지만 서술하고, 관리 방법에 대해서는 서술하고 있지 않다.
③ 허리 질환의 원인을 여러 직업적 요인을 나누어 설명하지만, 직업에 따라 질환이 달라진다고는 서술하고 있지 않다. 오히려 허리 질환의 직업적 요인들이 대부분 추간판탈출증, 척추협착증 같이 비슷한 질환을 유발하는 것을 알 수 있다.
④ 세 번째 문단에서 허리 구부림 자세가 많은 업종이 허리 통증 관련 산재 신청이 많음에 대해 서술하고는 있지만, 글 전체를 포괄하는 주제로 적절하지 않다.

24

정답 ①

A교수의 발표 주제는 사람이 제공하던 서비스를 인공지능 기술로 대체하자는 것이 아닌, 인공지능 기술이 건강보험 가입자의 데이터를 기반으로 가입자에게 필요한 맞춤형 서비스를 제공해 주는지에 대한 것이다. 따라서 제시된 자료의 내용과 일치하지 않는다.

오답분석

② B교수의 발표 주제는 sLLM(소형 언어 모델)을 사용한 고객 서비스의 향상과 공단 근로자의 업무 효율성을 증대 사례이므로 이에 대한 고객과 공단 근로자의 의견이 필요하다.
③ D교수의 발표 주제는 야간 인공조명이 인간의 건강에 미치는 영향에 대한 것이므로, 야간 인공조명을 받은 사람과 이를 받지 않은 사람과의 건강상의 차이에 대한 구분되는 수치가 필요하다.
④ F팀장의 발표 주제는 병원 내에서 발생하는 폐렴의 데이터 분석을 통해 감염관리 체계 마련이 필요함을 제시하는 것이므로, 병원 내 감염병에 대한 데이터 정보가 필요하다. 따라서 병원 내 어느 병동에서 어떠한 상황에서 발생하였는지, 또 어느 연령대에서 주로 발생하는지 등에 대한 데이터가 필요하다.

25

정답 ③

네 번째 문단에 따르면 천식 환자는 심장박동 및 호흡수를 증가시키는 운동은 발작을 일으킬 수 있으므로 피해야 하고, 건조하지 않고 심장 박동이나 호흡수가 급격히 증가하지 않는 수영과 같은 운동이 좋다고 하였다. 따라서 등산의 경우 가파른 오르막이나 건조한 환경 등 천식 환자에게 좋지 않은 운동 환경일 가능성이 높다.

오답분석

① 세 번째 문단에 따르면 당뇨는 인슐린이 제 기능을 하지 못해 혈당을 낮추지 못하는 질환으로, 유산소 운동을 통해 혈당을 낮출 수 있다.

② 세 번째 문단에 따르면 당뇨 환자와 심장병 환자는 유산소 운동이 좋다고 하였으며, 특히 심장병 환자의 경우 규칙적인 유산소 운동은 심혈관계를 향상시킨다고 하였다.

④ 마지막 문단에 따르면 허리 통증 환자는 유산소 운동보다는 척추를 지지하는 근육을 발달시킬 수 있는 코어 운동이 도움이 된다고 하였다.

26

정답 ③

제시된 문단은 국민건강보험공단이 담배 소송 변론에서 적극적으로 입장을 표명했다고 서술하고 있다. 그러므로 이어질 문단으로 공단의 주장이 포함된 (나) 문단 또는 (다) 문단이 와야 한다. 이 중 (다) 문단은 '마지막으로'로 시작하므로 글의 가장 마지막에 오는 것이 적절하다. 그러므로 첫 문단 뒤에 이어질 문단으로 가장 적절한 것은 (나) 문단이다. 다음 (가) 문단과 (라) 문단을 살펴보면, (가) 문단은 담배와 암 사이에는 인과관계가 있다는 주장, (라) 문단은 담배와 암 사이에 인과관계에 대한 뒷받침 자료로 제출한 증거의 목록에 대한 것이므로 (가) – (라) 순으로 이어져야 한다. 따라서 (나) – (가) – (라) – (다) 순으로 나열하는 것이 적절하다.

27

정답 ①

조사 지역별 법인 기업에서 사단법인이 차지하는 비율은 다음과 같다.

- 수도권 : $\frac{50,000}{60,000}\times100 ≒ 83.33\%$
- 강원권 : $\frac{500}{1,000}\times100=50\%$
- 충청권 : $\frac{2,500-800}{2,500}\times100=68\%$
- 호남권 : $\frac{3,000-1,000}{3,000}\times100 ≒ 66.67\%$
- 영남권 : $\frac{1,500}{2,500}\times100=60\%$

수도권, 충청권, 호남권, 영남권, 강원권 순으로 높으므로 세 번째로 높은 지역은 호남권이다.

오답분석

② 5대 업종의 대기업 중 IT업이 아닌 기업의 수는 $11,000-6,000=5,000$개소이며, 수도권의 기타 기업도 5,000개소로 같다.

③ 조사 지역에서 대기업이 20% 증가하면 $13,500\times0.2=2,700$개소 증가하고, 중소기업이 10% 감소하면 $25,000\times0.1=2,500$개소 감소하므로 전체 기업 수는 증가한다.

④ 조사 지역의 재단법인 중 강원권 재단법인이 차지하는 비율은 $\frac{1,000-500}{13,300}\times100 ≒ 3.76\%$이고, 조사 지역의 대기업 중 강원권 대기업이 차지하는 비율은 $\frac{500}{13,500}\times100 ≒ 3.7\%$이므로 옳은 설명이다.

28

정답 ④

조사 지역의 전체 기업 중 운송업에 해당하는 중소기업 및 5인 미만 기업의 비율은 다음과 같다.

- 중소기업 : $\frac{9,000}{25,000}\times100=36\%$
- 5인 미만 : $\frac{100,000}{290,000}\times100\fallingdotseq34.48\%$

따라서 5인 미만 기업의 운송업 비율은 중소기업보다 낮다.

오답분석

① 조사 지역의 전체 기업 중 5인 미만인 기업의 비율은 $\frac{290,000}{405,000}\times100\fallingdotseq71.6\%$로 70% 이상이다.

② 조사 지역의 5인 미만 기업 중 수도권이 차지하는 비율은 $\frac{200,000}{290,000}\times100\fallingdotseq68.97\%$로 60% 이상이다.

③ 조사 지역 전체 기업 중 5대 업종에 해당하지 않는 기업의 수는 다음과 같다.

- 대기업 : 13,500−11,000=2,500개소
- 중소기업 : 25,000−22,000=3,000개소
- 5인 미만 : 290,000−235,000=55,000개소
- 사단법인 : 55,700−20,000=35,700개소
- 재단법인 : 13,300−9,000=4,300개소

이에 따라 대기업보단 중소기업이, 중소기업보단 5인 미만이 많고, 사단법인이 재단법인보다 많다.

29

정답 ③

제시된 자료는 7대 주요 범죄 현황이므로 한 해 전체 범죄 현황은 알 수 없다. 따라서 옳지 않은 설명이다.

오답분석

① 살인이 가장 많이 발생한 해는 1995년이며, 절도 역시 1995년에 가장 많이 발생하였다.
② K국 교도소의 잔여 형량별 복역자 수 자료를 통해 잔여 형량이 많을수록 복역자 수가 적음을 알 수 있다.
④ 잔여 형량이 1년 미만인 복역자의 수가 가장 많은 교도소는 F교도소이며, 전체 복역자 수 역시 F교도소가 가장 많다.

30

정답 ④

교도소별 잔여 형량이 1년 미만인 복역자 수 대비 3년 이상 5년 미만인 복역자 수의 비율은 다음과 같다.

- A : $\frac{400}{3,000}\times100\fallingdotseq13.3\%$
- B : $\frac{400}{4,000}\times100=10\%$
- C : $\frac{500}{5,000}\times100=10\%$
- D : $\frac{600}{6,000}\times100=10\%$
- E : $\frac{800}{7,000}\times100\fallingdotseq11.43\%$
- F : $\frac{1,000}{8,000}\times100=12.5\%$

A교도소가 가장 높으므로 옳지 않은 해석이다.

오답분석

① 1990년부터 1995년까지 전년 대비 살인 사건 발생 건수는 100건씩 일정하게 증가하고 있다. 그러나 기준이 되는 전년의 수치가 점점 커지기 때문에 전년 대비 변화율은 점점 감소한다(1990년 20% 증가, 1991년 약 16.6% 증가, …).

② K국 전체 교도소 복역자 수는 5,300+5,700+7,800+10,000+10,300+11,600=50,700명이므로 D교도소에 복역하는 비율은 $\frac{10,000}{50,700} \times 100 \fallingdotseq 19.72\%$이다. 따라서 20% 이하이다.

③ 1993년부터 1995년까지 7대 주요 범죄 중 절도가 차지하는 비율을 구하기 위해 연도별 7대 주요 범죄 발생 건수를 계산하면 다음과 같다.

- 1993년 : 900+3,000+10,000+10,000+20,000+3,000+1,000=47,900건
- 1994년 : 1,000+2,000+20,000+10,000+27,000+5,000+900=65,900건
- 1995년 : 1,100+3,500+17,000+9,000+34,000+2,000+1,100=67,700건

절도가 차지하는 비율을 계산하면 다음과 같다.

$$\frac{20,000+27,000+34,000}{47,900+65,900+67,700} \times 100$$

$$\rightarrow \frac{81,000}{181,500} \times 100 \fallingdotseq 44.63\%$$

따라서 절도가 차지하는 비율은 45% 이하이다.

31

정답 ③

계란 가격은 2024년 7월부터 9월까지 증가하다가, 10월부터 감소한 후 12월에 다시 증가 추세를 보이고 있으므로 옳지 않다.

오답분석

① • 2024년 8월 대비 9월 쌀 가격 증가율 : $\frac{1,970-1,083}{1,083} \times 100 \fallingdotseq 81.90\%$

• 2024년 11월 대비 12월 무 가격 증가율 : $\frac{2,474-2,245}{2,245} \times 100 \fallingdotseq 10.20\%$

따라서 2024년 8월 대비 9월 쌀 가격의 증가율이 2024년 11월 대비 12월 무 가격의 증가율보다 크다.

② 국산, 미국산, 호주산 소 가격 모두 2024년 7월부터 9월까지 증가하다가 10월에 감소하였다.

④ 쌀 가격은 2024년 7월 1,992원에서 8월 1,083원으로 감소했다가, 9월 1,970원으로 증가한 후 10월부터는 감소하고 있다.

32

정답 ②

식재료별 2024년 12월 대비 2025년 1월 증감률을 계산하면 다음과 같다.

- 쌀 : $\frac{1,805-1,809}{1,809} \times 100 \fallingdotseq -0.22\%$
- 양파 : $\frac{1,759-1,548}{1,548} \times 100 \fallingdotseq 13.63\%$
- 무 : $\frac{2,543-2,474}{2,474} \times 100 \fallingdotseq 2.78\%$
- 건멸치 : $\frac{25,200-25,320}{25,320} \times 100 \fallingdotseq -0.47\%$

따라서 증감률이 가장 큰 재료는 양파이다.

33

정답 ②

신입사원 선발 조건에 따라 각 지원자에게 점수를 부여하면 다음과 같다.

(단위 : 점)

구분	학위점수	어학점수	면접점수	실무경험점수	총점
A	18	20	30	18	86
B	25	17	24	18	84
C	18	17	24	18	77
D	30	14	18	12	74

따라서 최고득점자는 A이고, 최저득점자는 D이다.

34

정답 ①

A씨의 소규모 카페는 잘못된 위치 선정, 치열한 경쟁, 운영 경험 부족 등 여러 위기를 겪게 되었지만, A씨는 위기를 기회로 삼아 성공한 컨설팅 업체라는 좋은 결과를 얻었다. 따라서 '화를 바꾸어 복이 되게 하다.'의 의미를 지닌 '전화위복(轉禍爲福)'이 제시문과 가장 관련 있는 한자성어이다.

오답분석

② 사필귀정(事必歸正) : 모든 일은 반드시 바른길로 돌아감
③ 일취월장(日就月將) : 나날이 다달이 자라거나 발전함
④ 우공이산(愚公移山) : 어떤 일이든 끊임없이 노력하면 반드시 이루어짐

35

정답 ①

①의 '차원'은 '물리학적 구성 요소인 시간'을 의미한다. 반면 나머지는 '사물을 보거나 생각하는 처지. 또는 어떤 생각이나 의견 따위를 이루는 사상이나 학식의 수준'을 의미한다.

36

정답 ②

큐비트는 양자 중첩 특성을 가지고 있기 때문에 0과 1의 상태를 동시에 가진다. 반면 기존의 고전적 컴퓨터는 비트(Bit)를 통해 정보를 0과 1의 형태로 나타낸다.

오답분석

①·③ 큐비트는 측정하기 전에는 0과 1의 값을 동시에 지니지만, 측정과 동시에 하나의 값으로 확정된다.
④ 4개의 큐비트를 활용하면 $2^4=16$번의 상태를 동시에 표현할 수 있다.

37

정답 ②

SMR은 다양한 입지 조건에서 설치가 가능하여 전력망이 없는 지역이나 해상에서도 활용할 수 있다. 또한 크기가 작고 유연한 설계 덕분에 다양한 환경에서 활용이 가능하다.

오답분석

① SMR은 방사성 물질의 저장 및 관리 측면에서 유리하지만, 폐기물이 발생하지 않는다고는 서술되어 있지 않다.
③ SMR은 공장에서 모듈화된 기기를 제작하고, 현장으로 운송해 조립하는 방식이다.
④ 한국을 포함한 여러 국가가 SMR 개발에 적극적으로 나서고 있지만, 현재 기존 원전이 SMR로 전환되었는지는 확인할 수 없다.

38

정답 ④

J공사의 비밀번호 규칙을 정리하면 다음과 같다.

• 첫 번째와 아홉 번째 숫자 : 직원 종류별 코드(1 ~ 3)
• 두 번째 ~ 일곱 번째 숫자 : 입사 연, 월, 일(YYMMDD)
• 여덟 번째 문자 : 앞의 숫자를 모두 더하고 2를 뺀 값에 해당하는 알파벳 대문자

위의 규칙에 맞지 않는 비밀번호를 고르면 다음과 같다.

• 1942131S1 : 월 부분의 숫자가 21로 존재할 수 없다.
• 1241215N2 : 첫 번째와 아홉 번째 숫자가 동일하게 부여되지 않았다.
• 2210830P2 : 여덟 번째 문자가 2+2+1+0+8+3+0−2=14번째 알파벳인 N이 부여되어야 한다.
• 4200817T4 : 4는 없는 직원 종류별 코드이다.
• 2191229Z2 : 여덟 번째 문자가 2+1+9+1+2+2+9−2=24번째 알파벳인 X가 부여되어야 한다.

따라서 J공사 비밀번호 규칙에 맞지 않는 비밀번호는 모두 5개이다.

39

정답 ①

A씨는 고향 친구의 말끔한 정장을 보고, 부자일 확률보다 부자이면서 좋은 차도 끌고 다닐 확률이 높다고 생각하고 있다. 이는 두 사건(부자, 좋은 차 소유)이 동시에 일어날 확률이 실제로는 각 사건 중 하나가 단독으로 일어날 확률보다 항상 작거나 같음에도 불구하고, 두 사건이 동시에 일어날 확률이 더 높다고 잘못 판단하는 인지적 편향이다. 따라서 A씨의 사례는 결합의 오류에 해당한다.

오답분석

② 무지의 오류 : "담배가 암을 일으킨다는 확실한 증거가 없으므로 정부의 금연 정책은 잘못된 것이다."처럼 어떤 논리가 증명되지 않았다고 해서 그 반대의 주장이 참이라고 단정하는 오류이다.
③ 연역법의 오류 : "TV를 많이 보면 눈이 나빠진다.", "철수는 TV를 많이 보지 않는다.", "따라서 철수는 눈이 나빠지지 않는다."처럼 대전제와 주장이 잘못 연결되었지만, 삼단논법에 의하기 때문에 참이라고 단정하는 오류이다.
④ 과대해석의 오류 : "퇴근길에 조심하세요."라는 말을 퇴근길에만 조심하라는 의미로 받아들이는 것처럼 문맥을 무시하고 과도하게 문구에만 집착하여 발생하는 오류이다.

40

정답 ③

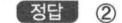

고속국도를 제외하면 본사와 이어지는 길은 A공장과 B공장밖에 없으므로 S대리는 A공장을 처음 방문하고 마지막으로 B공장을 방문하거나, B공장을 처음 방문하고 A공장을 마지막으로 방문해야 한다. 따라서 S대리는 'A → D → C → E → B' 순서로 방문하거나, 그 반대인 'B → E → C → D → A' 순서로 방문해야 한다.

두 경로의 길이는 같으므로 '본사 → A → D → C → E → B → 본사'의 이동 거리를 구하면 8+14+12+20+10+16=80km이다.

따라서 S대리가 일반국도만을 이용하여 본사에서 출발해서 모든 부속 공장을 방문하고 본사로 돌아오는 최단거리는 80km이다.

41

정답 ②

고속국도를 이용한다면 본사에서 출발하거나 본사에 도착할 때, 반드시 E공장을 거쳐야 한다. 따라서 S대리는 'E → B → C → D → A' 또는 'A → D → C → B → E' 순서로 방문해야 한다.

두 경로의 길이는 같으므로 '본사 → E → B → C → D → A → 본사'의 이동거리를 구하면 20+10+8+12+14+8=72km이다.

따라서 S대리가 고속국도를 이용할 때의 최단거리는 고속국도를 이용하지 않을 때와 80−72=8km 차이가 난다.

42

정답 ③

문단별 J기업의 기술시스템 발전 단계를 살펴보면 다음과 같다.

- (가) : J기업의 종합관리시스템이 경쟁에서 승리하여 기술표준이 되었으므로 기술 공고화 단계에 해당한다.
- (나) : J기업의 종합관리시스템이 실무적 안정성을 인정받아 다른 분야에서도 차용하였으므로 기술 이전의 단계에 해당한다.
- (다) : J기업의 종합관리시스템이 다른 기술시스템과 경쟁하고 있으므로 기술 경쟁의 단계에 해당한다.
- (라) : J기업의 종합관리시스템이 개발되고 발전한 것이므로 발명, 개발, 혁신의 단계에 해당한다.

기술시스템 발전 단계의 순서는 발명, 개발, 혁신의 단계 → 기술 이전의 단계 → 기술 경쟁의 단계 → 기술 공고화 단계로 진행되므로 J기업 종합관리시스템을 기술시스템의 발전 단계에 따라 순서대로 나열하면 (라) – (나) – (다) – (가)이다.

43

정답 ①

상사가 A주임에게 요청한 작업과 이에 대한 엑셀 단축키는 다음과 같다.

- [F12] 셀에서 왼쪽에 있는 값을 모두 선택하기 : 〈Shift〉+〈Home〉
- 차트 만들기 : 〈Alt〉+〈F1〉
- 오늘 날짜 입력하기 : 〈Ctrl〉+〈;〉

따라서 A주임이 사용하지 않은 단축키는 셀 서식의 단축키인 〈Ctrl〉+〈1〉이다.

44

정답 ②

'맹아(萌芽)'는 '풀이나 나무에 새로 돋아 나오는 싹, 사물의 시초가 되는 것'을 뜻하는 말이다.

오답분석

① 호도(糊塗) : 풀을 바른다는 뜻으로, 명확하게 결말을 내지 않고 일시적으로 감추거나 흐지부지 덮어 버림을 비유적으로 이르는 말
③ 무마(撫摩) : 분쟁이나 사건 따위를 어물어물 덮어 버림
④ 은폐(隱蔽) : 덮어 감추거나 가리어 숨김

45

정답 ③

③에 쓰인 '불이 붙었다'는 비유적으로 어떤 일이나 감정 따위가 치솟기 시작함을 의미한다.

오답분석

①·②·④ '물체에 불이 붙어 타기 시작하다'의 의미로 사용되었다.

46

정답 ②

등변 사다리꼴의 가장자리(변)를 따라 2m 간격으로 의자를 배치하므로 둘레를 구해야 한다. K고등학교의 운동장은 20m의 정사각형 공간에 양쪽에 밑변이 15m, 높이가 20m인 직각삼각형이 붙어있는 형태이므로 피타고라스 정리에 따라 빗변의 길이 xm는 다음과 같다.

$x^2=15^2+20^2=625$

$\therefore\ x=\sqrt{625}=25$

그러므로 K고등학교 운동장의 둘레는 20+25+50+25=120m이며, 2m 간격으로 의자를 배치하므로 120÷2=60개의 의자를 배치할 수 있다(시작점과 끝점이 같은 폐곡선의 형태이므로 1을 더하지 않음).

따라서 의자에 앉을 수 있는 학생의 수는 60명이다.

47

정답 ③

오답분석

① 2021년의 값이 서로 바뀌었다.
② 2024년 충주댐의 발전량 값이 잘못되었다.
④ 2023년 소양강댐의 발전량 값이 잘못되었다.

48

정답 ③

현대사회에서 기업은 일을 수행하는 데 소요되는 시간을 줄이기 위해 많은 노력을 기울이고 있다. 기업의 입장에서 작업 소요 시간의 단축으로 인해 볼 수 있는 효과는 다음과 같다.

- 생산성 향상 : 시간당 산출량이 증가하여 같은 시간 안에 더 많은 제품이나 서비스를 제공할 수 있으므로 노동 생산성이 향상된다.
- 가격 인상 : 일을 수행할 때 소요되는 시간을 단축함으로써 비용이 절감되고, 상대적으로 이익이 늘어남으로써 사실상 가격 인상 효과가 있다.
- 위험 감소 : 위험에 노출되는 시간을 줄이고, 계획적 작업 운영을 통해 불확실성이 감소하므로 위험이 감소하는 효과가 있다.
- 시장 점유율 증가 : 빠르고 효율적인 생산은 납기 준수 능력 향상, 원가 절감, 품질 유지로 이어지므로 고객 만족도를 높이고, 결과적으로 경쟁사보다 유리한 조건을 만들며 시장 점유율 확대에 기여한다.

한편, 정확한 예산 분배는 효율적인 예산관리를 통하여 기업이 얻을 수 있는 효과이다.

49

정답 ④

효율적이고 합리적인 인사관리 원칙

- 적재적소 배치의 원칙 : 해당 직무 수행에 가장 적합한 인재를 배치해야 한다.
- 공정 보상의 원칙 : 근로자의 인권을 존중하고 공헌도에 따라 노동의 대가를 공정하게 지급해야 한다.
- 공정 인사의 원칙 : 직무 배당, 승진, 상벌, 근무 성적의 평가, 임금 등을 공정하게 처리해야 한다.
- 종업원 안정의 원칙 : 직장에서 신분이 보장되고 계속해서 근무할 수 있다는 믿음을 갖게 하여 근로자가 안정된 회사 생활을 할 수 있도록 해야 한다.
- 창의력 계발의 원칙 : 근로자가 창의력을 발휘할 수 있도록 새로운 제안, 건의 등의 기회를 마련하고, 적절한 보상을 하여 인센티브를 제공해야 한다.
- 단결의 원칙 : 직장 내에서 구성원들이 소외감을 갖지 않도록 배려하고, 서로 유대감을 가지고 협동, 단결하는 체제를 이루도록 한다.

50

정답 ③

회전대응의 원칙은 입·출하의 빈도가 높은 품목은 출입구 가까운 곳에 보관하는 것으로, 활용빈도가 상대적으로 높은 물품을 가져다 쓰기 쉬운 위치에 먼저 보관하는 방식을 말한다.

오답분석

① 동일성의 원칙 : 같은 품종은 같은 장소에 보관하는 원칙이다.
② 유사성의 원칙 : 유사품은 인접한 장소에 보관하는 원칙이다.
④ 기호화의 원칙 : 바코드, QR코드 등 물품을 기호화하여 관리하는 것을 의미한다.

CHAPTER

02 2025 ~ 2024년 전공 기출복원문제

01 기계

01	02	03	04	05	06	07	08	09	10	11	12	13	14	15	16	17	18	19	20
①	②	⑤	③	②	③	③	②	⑤	④	①	③	③	⑤	②	③	④	①	②	③
21	22	23	24	25															
①	④	②	④	④															

01

정답 ①

분할 핀(Split Pin)은 가운데가 갈라져 나사의 풀림 방지나 부품을 축에 결부하는 데 사용하는 핀으로, 비교적 작은 힘을 받을 때 사용하며 한 번 사용한 핀은 재사용하지 않는다.

오답분석

② 테이퍼 핀(Taper Pin) : $\frac{1}{50}$의 테이퍼를 붙인 핀으로, 보스를 축에 고정할 때 사용하는 핀이다.

③ 너클 핀(Knuckle Pin) : 자동연결기에서 상호 연결・해방에 사용되는 너클을 회전시키는 부품이다.

④ 앵커 핀(Anchor Pin) : 핸드 브레이크에 작용하는 힘을 좌우 바퀴에 균등하게 분배하는 이퀄라이저를 지지하는 핀이다.

02

정답 ②

외팔보형 단판스프링의 양단은 고정단과 자유단으로 구성되며 자유단에 하중(P)이 작용한다.
자유단의 최대처짐 구하는 식을 정리하면 다음과 같다.

$\delta_{\max} = \delta_0 = \frac{4Pl^3}{bh^3E}$

여기서 두께인 h를 $2h$로 하고, 두께와 처짐만을 고려하면 다음과 같다.

$\delta_0 : \frac{1}{{h_0}^3} = \delta : \frac{1}{h^3}$

$\delta_0 \frac{1}{h^3} = \delta \frac{1}{{h_0}^3}$

$\rightarrow \frac{1}{8}\delta_0 = \delta$

$\therefore \frac{\delta}{\delta_0} = \frac{1}{8}$

03

정답 ⑤

하중의 종류

정하중	동하중
• 인장하중 • 압축하중 • 전단하중 • 비틀림하중 • 굽힘하중	• 반복하중 • 충격하중 • 교번하중 • 이동하중 • 임의진동하중

04

정답 ③

$Q = W + \triangle U_1$에서 열량이 20kJ 증가하고 일의 양 또한 20kJ 증가하므로 $(Q+20) = (W+20) + \triangle U_2$이다.
따라서 $\triangle U_1 = \triangle U_2$이므로 내부에너지는 변하지 않는다.

05

정답 ②

양단고정보의 중앙에 집중하중이 작용할 때의 처짐량은 $\delta = \frac{PL^3}{192EI}$이다.

06

정답 ③

합금은 결정구조의 변화 등에 의해 전기전도도가 떨어질 수 있다.

07

정답 ③

윤활유 공급방법의 종류

비순환 급유방식	순환 급유방식
• 손 급유법 • 적하 급유법 • 패드 급유법 • 심지 급유법 • 기계식 강제 급유법 • 분무식 급유법	• 오일 순환식 급유법 • 비말 급유법 • 제트 급유법 • 유욕 급유법

08

정답 ②

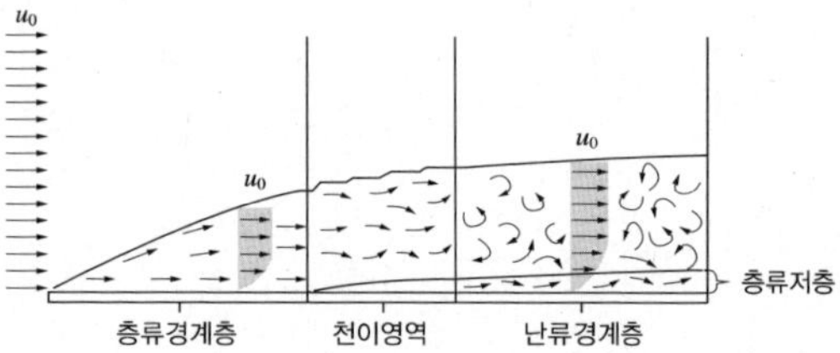

층류경계층에서는 유체의 와동 없이 안정적으로 흐르지만, 천이영역을 거쳐 난류경계층으로 갈수록 유체 입자의 박리가 훨씬 뒤에서 발생하여 유체의 와동이 심해져 난류가 발생한다. 한편, 천이영역 이후로 관 표면에 흐르는 유체는 마찰에 의해 층류로 흐르게 되는데, 이 영역을 층류저층이라 한다.

09

정답 ⑤

고용체는 액체 상태의 용매금속에 용질금속의 원자 또는 분자가 섞인 금속을 의미한다. 용질금속의 양에 따라 본래 성질이 변하기도 하고 금속에 따라 섞일 수 있는 양이 다르다. 이때 섞일 수 있는 양 이상의 금속은 더 이상 섞이지 못하고 본래 금속으로 석출된다.

오답분석

① 공석 : 고체 상태에서 고용체가 특정 온도에서 동시에 2개가 석출되는 반응이다.
② 공정 : 서로 다른 두 금속이 액체 상태일 때에는 균일한 액체로 섞여 있으나, 응고 후에는 분리되어 기계적으로 결합된 상태로 조직을 형성하는 반응이다.
③ 포정 : 하나의 금속에 다른 액체 상태의 금속이 작용하여 성질이 다른 금속을 생성하는 반응이다.
④ 편정 : 하나의 액체 상태의 혼합물에서 서로 다른 금속과 액체를 동시에 생성하는 반응이다.

10

정답 ④

흑연의 기본형상은 조직이 구 형태인 구상흑연, 조직의 끝이 뾰족하고 긴 형태인 편상흑연, 조직이 불규칙한 괴상흑연으로 구분할 수 있다. 국화상흑연은 조직이 국화꽃 형태이고, 장미상흑연은 조직이 장미꽃 모양을 가지고 있지만 기본형상으로 구분하지는 않는다.

11

정답 ①

질량 1kg의 물을 1℃ 가열하는 데 필요한 열량은 1kcal이다. 따라서 질량 10kg의 물을 10℃에서 60℃로 가열하는 데 필요한 열량을 구하면 다음과 같다.

$$Q=cm\Delta t=1\times10\times(60-10)=500\text{kcal}=500\times\frac{4.2\text{kJ}}{1\text{kcal}}=2,100\text{kJ}$$

12

정답 ③

ㄴ. n몰의 단원자 분자인 이상기체의 내부에너지는 $U=\frac{3}{2}nRT$이다.

ㄷ. n몰의 단원자 분자인 이상기체의 엔탈피는 $H=U+W=\frac{5}{2}nRT$이다.

오답분석

ㄱ. n몰의 단원자 분자인 이상기체의 내부에너지는 $U=\frac{3}{2}nRT$이고, 이원자 분자인 이상기체의 내부에너지는 $U=\frac{5}{2}nRT$, 삼원자 이상의 분자인 이상기체의 내부에너지는 $U=\frac{6}{2}nRT$이다.
ㄹ. 이상기체의 무질서도를 표현한 함수는 엔트로피이다.

13

정답 ③

자동차가 안정적으로 선회하기 위해서는 양 바퀴의 회전수가 달라야 한다. 이를 조절하기 위해 사용하는 기어는 유성기어와 태양기어이다. 먼저, 외부로부터 전달받은 동력을 베벨기어를 통해 링기어에 전달하여 회전시킨다. 회전하는 링기어는 유성기어와 태양기어를 회전시킨다. 정상적인 직선 주행 중에는 양 바퀴의 회전수가 같으므로 유성기어와 태양기어가 같은 속력으로 회전하지만, 선회 시에는 양 바퀴에 작용하는 마찰저항이 서로 다르게 작용한다. 이를 유성기어, 태양기어에 전달하면 안쪽 바퀴의 회전저항은 증가하고 바깥쪽 바퀴의 회전수는 안쪽 바퀴의 감소한 회전수만큼 증가한다.

14

정답 ⑤

파텐팅은 오스템퍼링 온도의 상한에서 미세한 소르바이트 조직을 얻기 위하여 오스테나이트 가열온도부터 항온 유지 후 공랭시키는 열처리법이다.

오답분석

① 청화법 : 사이안화산칼륨 또는 사이안화나트륨을 이용하여 강 표면에 질소를 침투시켜 경화시키는 표면 처리법이다.
② 침탄법 : 재료의 표면을 단단하게 강화하기 위해 저탄소강을 침탄제 속에 묻고 가열하여 강 표면에 탄소를 침입시키는 표면 열처리법이다.
③ 마퀜칭 : 오스테나이트 구역에서 강 내부의 온도와 외부의 온도가 동일하도록 항온 유지 후 공랭하는 항온 열처리법이다.
④ 질화법 : 강 표면에 질소를 침투시켜 매우 단단한 질소화합물 층을 형성하는 표면 열처리법이다.

15

정답 ②

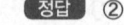

세레이션은 축과 보스를 결합하기 위해 축에 삼각형 모양의 톱니를 새긴 가늘고 긴 키 홈이다.

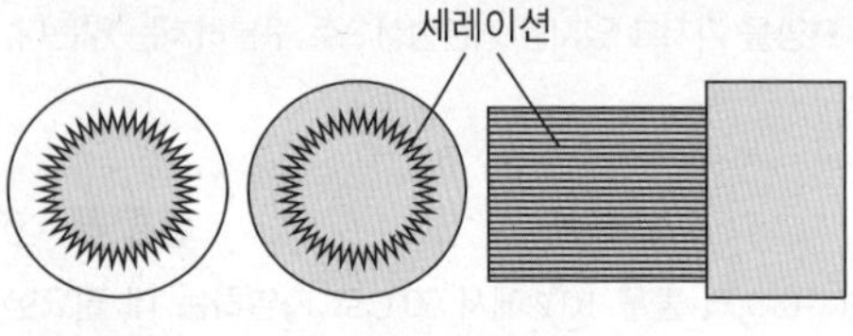

오답분석

① 묻힘키 : 보스와 축 모두 키 홈을 파낸 후 그 구멍에 키를 끼워 넣어 보스와 축을 고정한 것이다.

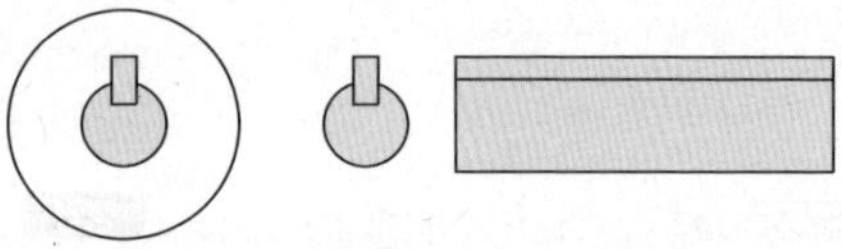

③ 둥근키 : 키 홈을 원모양으로 만든 묻힘키의 하나이다.

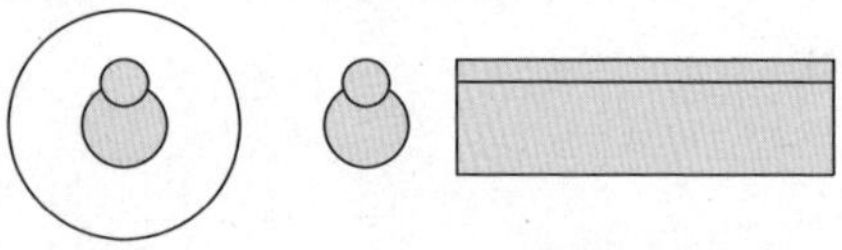

④ 테이퍼 : 경사도가 1/50 이하인 핀이다.

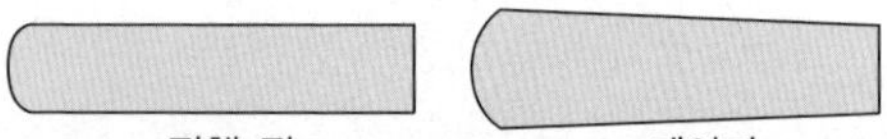

⑤ 스플라인 : 축과 보스를 결합하기 위해 다각형 또는 곡선 형태의 톱니를 새긴 가늘고 긴 홈이다.

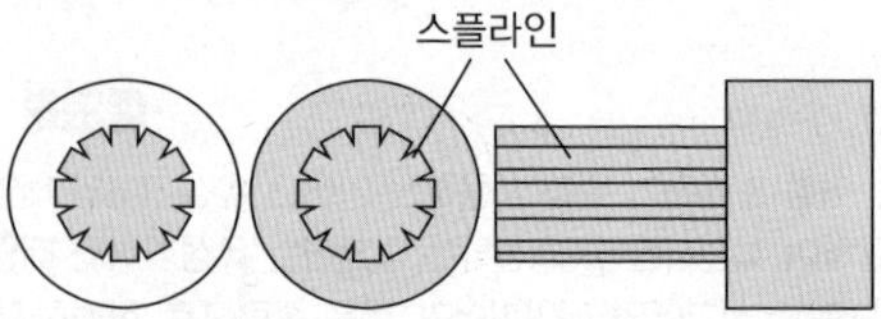

16

정답 ③

카르노 사이클은 외부로부터 열을 받아 등온 팽창한다. 팽창한 기체는 외부와의 열 교환 없이 단열 팽창하고, 팽창한 기체는 열을 버리면서 등온 수축하게 된다. 이후 수축한 기체는 외부와의 열 교환 없이 단열 수축하여 처음 상태로 돌아온다. 이때 카르노 사이클은 흡열한 열량과 버린 열량의 차이만큼 일을 한다.

17

정답 ④

사바테 사이클은 복합 사이클, 또는 정적 – 정압 사이클이라고도 하며, 정적 가열과 정압 가열로 열을 받아 일을 한 후 정적 방열을 하는 열 사이클이다. 고속 디젤 기관에서는 짧은 시간 내에 연료를 연소시켜야 하므로 압축행정이 끝나기 전에 연료를 분사하여 행정 말기에 착화되도록 하면 공급된 연료는 정적 아래에서 연소하고 후에 분사된 연료는 대부분 정압 아래에서 연소하게 된다.

오답분석

① 오토 사이클 : 2개의 단열과정과 2개의 정적과정으로 이루어진 사이클로, 가솔린 기관 및 가스터빈의 기본 사이클이다.
② 랭킨 사이클 : 2개의 단열과정과 2개의 가열 및 팽창과정으로 이루어진 증기터빈의 기본 사이클이다.
③ 브레이턴 사이클 : 2개의 단열과정과 2개의 정압과정으로 이루어진 사이클로, 가스터빈의 기본 사이클이다.
⑤ 카르노 사이클 : 2개의 단열과정과 2개의 등온과정으로 이루어진 사이클로, 모든 과정이 가역적인 가장 이상적인 사이클이다.

열기관 사이클의 P – V 선도, T – S 선도

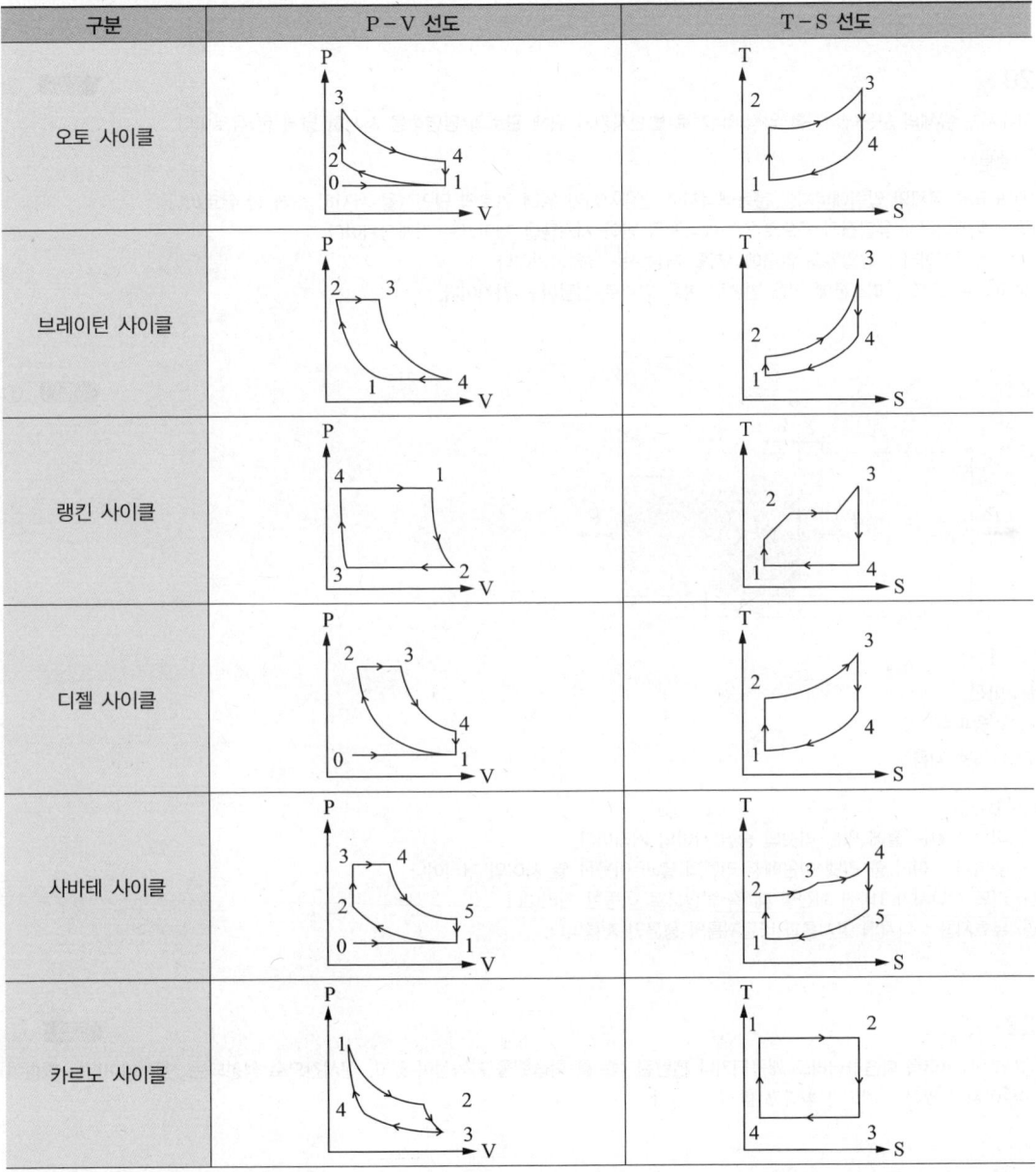

구분	P – V 선도	T – S 선도
오토 사이클	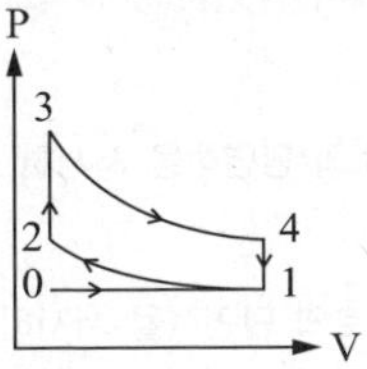	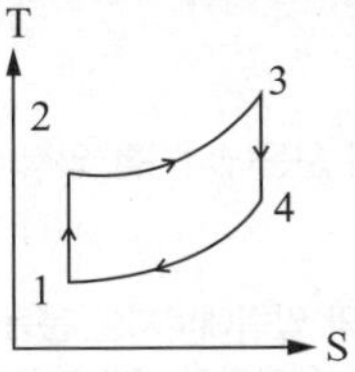
브레이턴 사이클	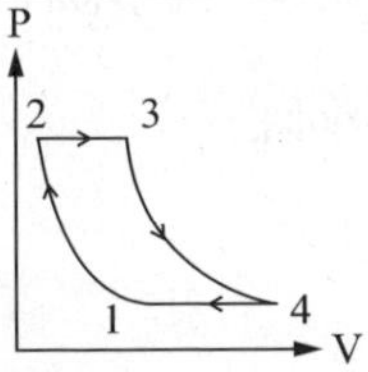	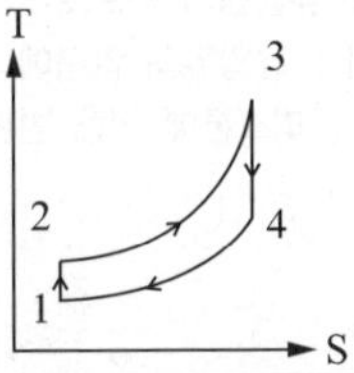
랭킨 사이클	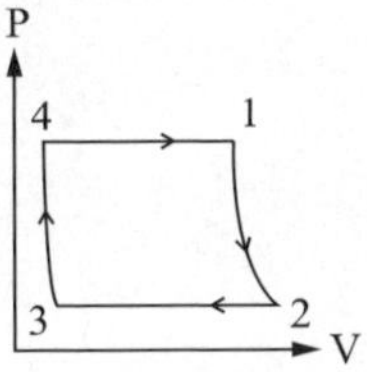	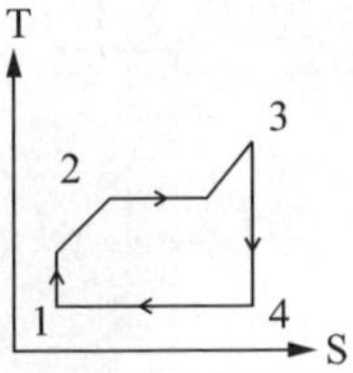
디젤 사이클	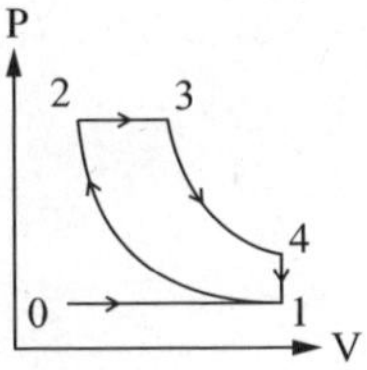	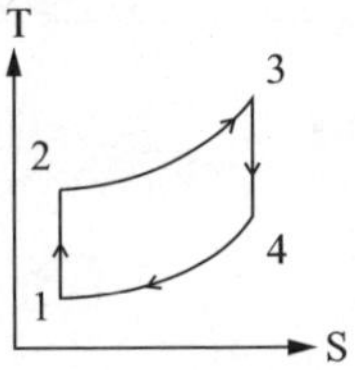
사바테 사이클	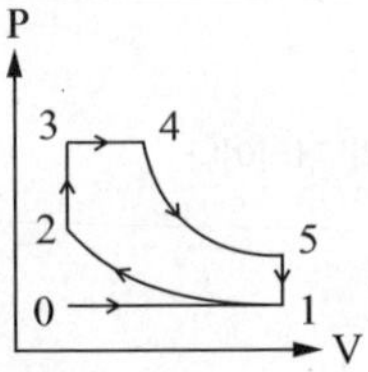	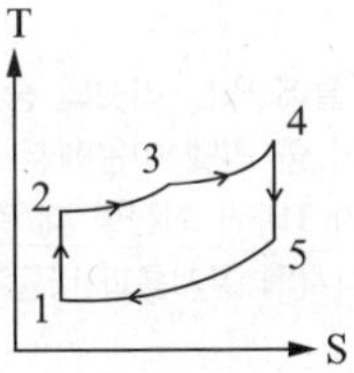
카르노 사이클	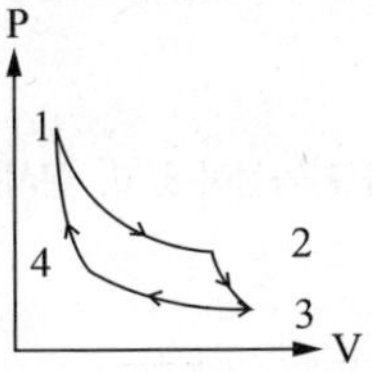	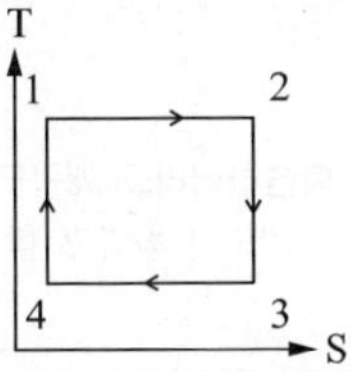

18

정답 ①

페라이트는 탄소 함량이 매우 적어 무르므로 담금질 효과가 거의 없다.

19

정답 ②

오답분석

① 정하중 : 하중의 크기, 방향, 작용점이 일정하게 작용하는 하중이다.
③ 반복하중 : 하중이 일정한 크기와 일정한 작용점에서 주기적으로 반복하여 작용하는 하중이다.
④ 충격하중 : 한 작용점에서 매우 짧은 시간 동안 강하게 작용하는 하중이다.
⑤ 임의진동하중 : 하중의 크기, 방향, 작용점이 불규칙적으로 변하는 하중이다.

20

정답 ③

디퓨저는 유체의 운동에너지를 압력에너지로 변환시키기 위해 관로의 단면적을 서서히 넓게 한 유로이다.

오답분석

① 노즐 : 유체의 압력에너지를 운동에너지로 변환시키기 위해 관로의 단면적을 서서히 좁게 한 유로이다.
② 액추에이터 : 유압장치 등으로부터 에너지를 받아 시스템을 제어하는 기계장치이다.
④ 어큐뮬레이터 : 유압유의 압력에너지를 저장하는 유압기기이다.
⑤ 피스톤 로드 : 피스톤에 의해 변환된 힘을 외부로 전달하는 기기이다.

21

정답 ①

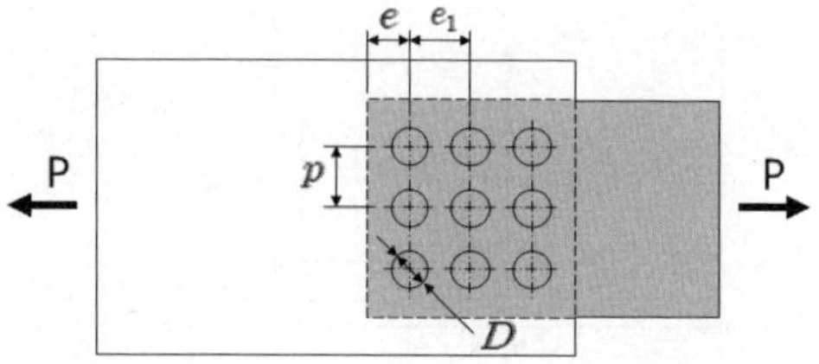

p : 피치
e : 마진
e_1 : 뒷피치
D : 리벳 지름

오답분석

② 피치 : 같은 줄에 있는 리벳의 중심 사이의 거리이다.
③ 뒷피치 : 여러 줄 리벳 이음에서 리벳의 열과 이웃한 열 사이의 거리이다.
④ 리드 : 나사가 1바퀴 회전할 때 축 방향으로 이동한 거리이다.
⑤ 유효지름 : 나사의 골지름과 바깥지름의 평균인 지름이다.

22

정답 ④

방대한 데이터를 학습하더라도 왜곡되거나 편향된 정보를 학습했을 가능성이 있고, 실시간으로 생성되는 신규 데이터는 학습이 이루어지지 않아 신뢰도가 높다고 할 수는 없다.

23

정답 ②

오답분석

① 회주철 : 가장 일반적인 주철이다.
③ 칠드주철 : 표면을 급랭시켜 경도를 증가시킨 주철이다.
④ 구상흑연주철 : Ni, Cr, Mo, Cu 등을 첨가하여 흑연을 구상화시켜 가공성, 내마모성, 연성 등을 향상시킨 주철이다.

24

정답 ④

탄소의 양과 탄소 연소 시 필요한 산소의 양의 비는 1 : 1이고 탄소의 원자량은 12, 산소의 원자량은 16이다.

따라서 $12 : 32 = 5 : x \rightarrow x = \frac{32 \times 6}{12} = 16$이므로 공기 내 산소의 비는 20%이고, 전체 공기의 양은 $\frac{16}{0.2} = 80$kg이다.

25

정답 ④

교번하중은 크기와 방향이 지속적으로 변하는 하중이며, 일정한 크기와 방향을 가진 하중이 반복적으로 작용하는 하중은 반복하중이다.

02 전기

01	02	03	04	05	06	07	08	09	10	11	12	13	14	15	16	17	18	19	20
③	③	①	④	③	②	⑤	④	③	②	⑤	④	⑤	④	⑤	①	④	④	③	①
21	22	23	24	25	26	27	28	29	30										
④	③	①	④	②	④	③	②	③	②										

01

정답 ③

정격부하 시 역기전력 $E=V-I_a R_a$

→ $I_a R_a = V-E$

→ $10\times R_a = 10$

∴ $R_a = 1\Omega$

02

정답 ③

VCTF 케이블은 실내 전기기기용으로 절연이 약하며 차폐 능력이 없어 초고압 케이블로 부적절하다.

초고압에 사용 가능한 케이블
- XLPE 케이블 : 가장 널리 사용되는 초고압 케이블로, 내열성이 우수하며 전력손실이 적고 시공이 용이하다.
- OF 케이블 : 유중압력 방식 케이블로 절연유로 절연 성능을 확보 가능하다.
- 가스절연(GIS)케이블 : 특수 구조의 초고압용 케이블로 SF_6 등 가스로 절연한다.
- HPFF 케이블 : 고압 유체 절연방식으로 안정성은 높지만 복잡하다.

03

정답 ①

권선형 유도 전동기는 기동 토크가 높고 속도 제어가 용이하지만, 구조가 복잡하고 유지보수가 어렵다. 크레인, 엘리베이터 등 고토크 기동이 필요한 곳에 사용된다.

0.2kW 이하 소형 전동기 특징
- 단상 유도전동기 : 구조가 간단하고 가격이 저렴하며, 기동 토크가 작다.
- 유니버설 모터 : 교류 직류 겸용으로 회전력이 크고 속도 제어가 용이하다.
- 스텝 모터 : 정밀한 위치 제어가 가능하며 효율이 낮다.
- 서보 모터 : 위치/속도 제어에 적합하며, 피드백 장치를 포함하여 고가이다.

04

정답 ④

장거리 송전선로(일반적으로 250km 이상)에서는 선로의 길이가 매우 길어지므로, 직렬 임피던스(R, L)뿐만 아니라 병렬 커패시턴스(C)와 병렬 컨덕턴스(G)의 영향 또한 받는다. 따라서 선로 정수가 전체 길이에 걸쳐 분포되어 있다고 가정하고 해석하는 분포정수 회로를 적용해야 한다.

05

정답 ③

어드미턴스(Y)는 교류 회로에서 전류가 얼마나 잘 흐르는지를 나타내는 정도로, 임피던스 (Z)의 역수이다. 병렬로 연결된 회로의 총 어드미턴스(Y_{total})는 각 가지의 어드미턴스의 합과 같다($Y_1+Y_2+Y_3+\cdots+Y_n$).
따라서 병렬 연결된 어드미턴스 $Y_{total}=Y_1+Y_2+Y_3$이다.

06

정답 ②

반지름의 길이가 am인 원형코일의 중심의 자계 $H=\frac{NI}{2a}$AT/m 이므로, $2Ha=NI \rightarrow I=\frac{2Ha}{N}$이다.
따라서 전류와 권수는 반비례한다.

07

정답 ⑤

가우스 법칙

- 전기력선 총수 및 대칭 정전계의 세기를 계산하는 식 : $\int_s E \cdot dS=\frac{Q}{\epsilon_0}$
- 전속의 총수 및 폐곡면을 통과하는 전속과 폐곡면 내부의 전하와의 관계를 나타내는 식 : $\int_s D \cdot dS=Q$

08

정답 ④

변위전류밀도 $i_d=j\omega\epsilon E\text{A/m}^2 \rightarrow \omega=2\pi f=\frac{i_d}{\epsilon E}$

$\therefore f=\frac{i_d}{2\pi\epsilon E}$

09

정답 ③

분극의 세기 $P=D\left(1-\frac{1}{\epsilon_s}\right)$

$=8\times10^{-6}\times\left(1-\frac{1}{2}\right)=4\times10^{-6}\text{C/m}^2$

10

정답 ②

페란티 현상은 선로의 정전용량 때문에 무부하 시 수전단 전압(앞선 충전전류)이 송전단 전압보다 커지는 현상이다. 페란티 현상의 방지법으로는 분로 리액터 설치 및 동기조상기의 지상용량을 공급하는 방법이 있다.

11

정답 ⑤

플레밍의 왼손법칙에 의해 $F=IBl\sin\theta=50\times1\times0.1=5\text{N}$이다.

12

정답 ④

비정현파 교류 전력에서

$v=100\sin\omega t+20\sin2\omega t+30\sin(3\omega t+60°)$V이고,

$i=10\sin(\omega t-60°)+10\sin(3\omega t+105°)$A일 때

평균전력 $P=V_1I_1\cos\theta_1+V_3I_3\cos\theta_3$ 이므로

$P=\frac{100}{\sqrt{2}}\times\frac{10}{\sqrt{2}}\cos60°+\frac{30}{\sqrt{2}}\times\frac{2}{\sqrt{2}}\cos45°=271.2≒271$W이다.

13

정답 ⑤

$R_Y=\frac{R_\triangle}{3}\rightarrow R_\triangle=3R_Y=3\times10=30\Omega$

14

정답 ④

합성 정전용량에서 전압 분배법칙에 의해 C_1에 분배받는 전압 $V_1=\frac{1}{C_1}\div\left(\frac{1}{C_1}+\frac{1}{C_2}+\frac{1}{C_3}\right)\times V$이므로

양단 사이에 걸리는 전압 $V_1=\frac{1}{1}\div\left(\frac{1}{1}+\frac{1}{2}+\frac{1}{3}\right)\times50=27.27≒27$V이다.

15

정답 ⑤

철도 전력 시스템은 전기의 불법적인 사용이나 도난을 감지하고 방지하기 위한 시스템을 말하며, 주로 전력 계량기를 조작하거나, 전력선을 불법적으로 연결하여 전기를 빼내는 행위를 탐지하고 관리하는 기능을 한다. 철도 전력 시스템은 에너지 낭비를 줄이고, 전력망의 안정성을 확보하며, 전력 절도 범죄를 예방하는 데 중요한 역할을 한다. 한편, 열차의 위치를 실시간으로 파악하는 것은 신호 시스템이나 관제 시스템의 역할이다.

철도 전력 시스템의 주요 기능

- 에너지 절도 감지 : 계량기 조작, 전력선 도난, 불법적인 에너지 사용 등을 감지함
- 경고 및 알림 : 감지된 철도 상황을 관련 당사자에게 알리고 경고를 발생함
- 수동 및 자동 제어 : 철도 상황에 따라 자동으로 전력 공급을 중단하거나, 수동으로 조치가 가능함
- 자산 보호 : 전력 설비 및 장비를 보호하고, 에너지 손실을 최소화함

16

정답 ①

직류직권전동기는 $T\propto I^2\propto\frac{1}{N^2}$ 이므로 전차, 기중기 등의 부하 변동이 심하고 큰 기동토크가 요구되는 기기에 주로 사용된다.

17

정답 ④

자기저항 $R=\frac{l}{\mu_0\mu_sS}$ 이므로 $R\propto\frac{1}{\mu}$ 이다.

따라서 자기저항은 투자율에 반비례한다.

18

정답 ④

P점에 작용하는 자계의 세기는 2개이며, 자계의 방향이 반대이므로 크기가 같으면 P점의 자계의 세기가 0이 된다.

$H_1 = \frac{I}{2\pi a}$, $H_2 = \frac{2I}{2\pi b}$에서 자계의 세기가 0이 되는 조건은 $H_1 = H_2$이고, $\frac{I}{2\pi a} = \frac{2I}{2\pi b}$이다.

따라서 이를 정리하면 $\frac{a}{b} = \frac{1}{2}$이다.

19

정답 ③

전기 쌍극자에 의한 전위 $V = \frac{M\cos\theta}{4\pi\epsilon_0 r^2}$이고, 전기 쌍극자에 의한 전계 $E = \frac{M\sqrt{1+3\cos^2\theta}}{4\pi\epsilon_0 r^3}$이다.

따라서 전위는 $\frac{1}{r^2}$에 비례, 전계는 $\frac{1}{r^3}$에 비례한다.

20

정답 ①

경계면에서 전계와 전속밀도의 방향은 서로 같다.

유전체 경계면에서의 특징

경계면에서 전계와 전속밀도는 불연속이다.
그러나 전속밀도는 법선 성분이, 전계의 세기는 접선 성분이 연속이다.
전계와 전속밀도의 방향은 서로 같고, 굴절한다$\left(\frac{\tan\theta_1}{\tan\theta_2} = \frac{\epsilon_1}{\epsilon_2}\right)$.
또한 전속선은 유전율이 큰 유전체 쪽으로 모이려는 성질이 있다.

21

정답 ④

태양전지 표면온도 상승 시 전압은 감소하고, 전류는 약간 증가하고, 출력은 감소한다. 이러한 특성 때문에 태양광 발전 시스템 설계 시에는 온도 상승에 따른 효율 저하를 고려해야 하며, 적절한 환기 및 냉각 설비를 통해 태양전지 모듈의 온도를 관리하는 것이 중요하다.

22

정답 ③

무손실선로의 전파속도 $v = \frac{3\times10^8}{\sqrt{\epsilon_s\mu_s}} = \frac{3\times10^8}{\sqrt{9\times1}} = 1.0\times10^8\,\text{m/sec}$

23

정답 ①

푸리에 급수 해석을 통해 모든 주기적인 비정현파는 직류 성분과 다양한 주파수의 정현파(기본파 및 고조파)의 합으로 나타낼 수 있다.

24

정답 ④

표피효과는 도체에 교류전류가 흐를 때, 전류가 도체의 중심부보다는 표면 가까운 곳에 집중되어 흐르는 현상을 말한다. 표피효과는 주파수가 높을수록, 도전율이 높을수록, 투자율이 높을수록, 도체가 굵을수록 중심부의 인덕턴스가 커져 표피효과가 더욱 커진다.

25

정답 ②

결합계수 $k=1$일 때, 상호 인덕턴스 $M_{21}=M_{12}=M=\frac{N_2\phi_{21}}{I_1}=\frac{N_1\phi_{12}}{I_2}=\frac{N_1N_2}{R_m}=\frac{\mu SN_1N_2}{l}$

26

정답 ④

무손실선로의 전파속도 $v=\frac{\omega}{\beta}=\frac{1}{\sqrt{LC}}=\lambda f$이므로, 파장 $\lambda=\frac{1}{f\sqrt{LC}}$이다.

27

정답 ③

변압기 보호 계전기 종류

- 과전류 계전기(OCR; Over-Current Relay) : 정격 전류를 초과하면 동작하며, 외부 단락이나 과부하 등 외부 고장 시 빠르게 차단한다.
- 과전압 계전기(OVR; Over-Voltage Relay) : 전압이 과도하게 상승했을 때 동작하며 절연 파괴, 장비 손상을 방지한다.
- 부족전압 계전기(UVR; Under-Voltage Relay) : 전압이 비정상적으로 낮아졌을 때 동작하며 역상 운전 또는 기기 오동작을 방지한다.
- 차동 계전기(DPR; Differential Protection Relay) : 변압기의 1차측과 2차측 전류를 비교하여 내부 고장(권선 단락 등) 여부를 판단한다.
- 지락 계전기(GR; Ground Relay) : 접지(지락) 전류 발생 시 동작한다.

28

정답 ②

$N_s=\frac{120f}{P}=\frac{120\times60}{6}=1{,}200$

$s=\frac{N_s-N}{N_s}$

$\therefore\ N=(1-s)N_s=(1-0.04)\times1{,}200=1{,}152\text{rpm}$

29

정답 ③

두 점전하 사이에 작용하는 힘의 크기는

$F_1=\frac{1}{4\pi\epsilon_0}\frac{Q_1Q_2}{r^2}=9\times10^9\times\frac{Q_1Q_2}{r^2}$ 이다.

$Q_1=Q_2=10^{-4}$ C이고 $r=3$m이므로

$F_1=9\times10^9\times\frac{10^{-4}\times10^{-4}}{3^2}=10$N이다.

따라서 정삼각형의 꼭짓점에 있는 한 점전하가 다른 두 점전하로부터 받는 힘의 크기는

$F=\sqrt{F_1^2+F_2^2+2F_1F_2}$

$=\sqrt{10^2+10^2+2\times10\times10\times\cos60°}\fallingdotseq17.32$N이다.

30

정답 ②

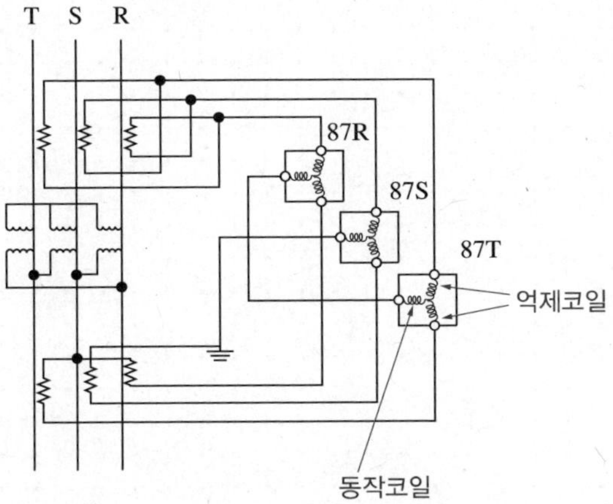

따라서 A는 동작코일이고, B는 억제코일이다.

시대에듀

M E M O

PART 1

직무능력검사(공통)

CHAPTER

01 의사소통능력

대표기출유형 01 기출응용문제

01

정답 ④

개념에 대해 충분히 이해하면서도 개념의 사례를 제대로 구별하지 못할 수 있다. 따라서 비둘기와 참새를 구별하지 못했다고 해서 비둘기의 개념을 이해하지 못하고 있다고 평가할 수는 없다.

오답분석

① 개념의 사례를 식별하는 능력이 개념을 이해하는 능력을 함축하는 것은 아니므로 정사각형을 구별했다고 해서 정사각형의 개념을 이해하고 있다고 볼 수 없다.
② 개념을 이해하는 능력이 개념의 사례를 식별하는 능력을 함축하는 것 또한 아니므로 개념을 이해했다고 해서 개념의 사례를 완벽하게 식별할 수 있는 것은 아니다.
③ 개념을 충분히 이해하면서도 개념의 사례를 제대로 구별하지 못할 수 있으므로 개념의 사례를 구별하지 못했다고 해서 개념을 충분히 이해하지 못하고 있다고 판단할 수 없다.

02

정답 ④

시민 단체들은 농부와 노동자들이 스스로 조합을 만들어 환경친화적으로 농산물을 생산하도록 교육하고 이에 필요한 자금을 지원하는 역할을 했을 뿐, 이들이 농산물을 직접 생산하고 판매한 것은 아니다.

03

정답 ③

제시문에서 실재론은 세계가 정신과 독립적으로 존재함을, 반실재론은 세계가 감각적으로 인식될 때만 존재함을 주장하므로 두 이론 모두 세계는 존재한다는 전제를 깔고 있다.

오답분석

① 세 번째 문단에서 어떤 사람이 버클리의 주장을 반박하기 위해 돌을 발로 차서 날아간 돌이 존재한다는 사실을 증명하려고 하였으나, 반실재론을 제대로 반박한 것은 아니라고 하였다. 따라서 실재론자의 주장이 옳다는 사실을 증명하는 것은 아니다.
② 세계가 감각으로 인식될 때만 존재한다는 것은 반실재론자의 입장이다.
④ 버클리는 객관적 성질이라고 여겨지는 것들도 우리가 감각할 수 있을 때만 존재하는 주관적 속성이라고 하였다.

대표기출유형 02 기출응용문제

01

정답 ②

글의 내용을 요약하여 필자가 주장하는 핵심을 파악해야 한다. 제시문은 텔레비전의 언어가 개인의 언어 습관에 미치는 악영향을 경계하면서, 올바른 언어 습관을 길들이기 위해 문학 작품의 독서를 강조하고 있다. 따라서 글의 핵심 내용으로 ②가 가장 적절하다.

02

정답 ④

제시된 기사에서는 대기업과 중소기업 간의 상생경영의 중요성을 강조하고 있다. 기존에는 대기업이 시혜적 차원에서 중소기업에게 베푸는 느낌이 강했지만 현재는 협력사의 경쟁력 향상이 곧 기업의 성장으로 이어질 것으로 보고, 상생경영의 중요성을 높이고 있다. 또한 세 번째 문단을 통해 대기업이 지원해 준 업체의 기술력 향상으로 더 큰 이득을 보상받는 등 상생협력이 대기업과 중소기업 모두에게 효과적임을 알 수 있다. 따라서 '시혜적 차원에서의 대기업 지원의 중요성'은 기사의 제목으로 적절하지 않다.

03

정답 ②

제시문은 화성의 운하를 사례로 들어 과학적 진실이란 무엇인지를 설명하고 있다. 존재하지 않는 화성의 운하 사례를 들어 사회적인 영향 때문에 오류를 사실로 착각해 진실을 왜곡하는 경우가 있음을 소개함으로써 사실을 추구해야 하는 과학자들에게는 객관적인 증거와 연구 태도가 필요함을 강조하였다. 따라서 글의 제목으로 가장 적절한 것은 ②이다.

PART 1

대표기출유형 03 기출응용문제

01

정답 ④

세 번째 문단에서 '우리가 일반적으로 잘못인 것으로 판단하는 믿음까지 용인하는 경우에도 그 사람이 더 관용적이라고 말해야 한다.'라고 하였다. 따라서 ④와 같이 우리가 일반적으로 잘못이라고 판단할 수 있는 '보편적 도덕 원칙에 어긋나는 가르침'을 주장하는 종교까지 용인하는 사람을 더 관용적이라고 평가한다는 내용의 글을 추측할 수 있고, 이로부터 '우리는 관용의 맥락에서, 용인하는 믿음이나 관습의 내용에 일정한 한계가 있어야 함을 알 수 있다.'는 말로 이어지는 것이 흐름상 적절하다.

02

정답 ③

제시문에 따르면 경덕왕 시기에는 통일된 석탑양식이 전국으로까지 파급되지는 못하고 경주에 밀집된 모습을 보였다.

오답분석

① 문화가 부흥할 수 있었던 배경에는 안정된 왕권과 정치제도가 깔려 있었다.
② 장항리 오층석탑 역시 통일 신라 경덕왕 시기에 유행했던 통일된 석탑양식으로 주조되었다.
④ 통일된 석탑양식 이전에는 시원양식과 전형기가 유행했다.

03

정답 ②

클라우드를 '그린 IT 전략'으로 볼 수 있는 것은 남는 서버를 활용하고, 개인 컴퓨터의 가용률을 높여 자원을 유용하게 활용하기 때문이다.

대표기출유형 04 기출응용문제

01

정답 ④

빈칸에 들어갈 내용을 판단하기 위해 앞 문단에서 제기한 질문의 형태에 유의하자. 즉, 올바른 답을 추론해 내는 데 필요한 모든 정보와 정답 제시가 올바른 추론능력의 필요충분조건은 아니라는 것이 제시문의 중심 내용이다. 따라서 왓슨의 어리석음은 추론에 필요한 정보를 활용하지 못한 데에 있는 것이므로 빈칸에 들어갈 내용으로 ④가 가장 적절하다.

오답분석

① 왓슨의 문제는 정보를 올바로 추론하지 못한 데 있다.
② 왓슨은 올바른 추론의 방법을 알고 있지 못했다.
③ 왓슨이 전문적인 추론 훈련을 받지 못했다는 정보는 없다.

02

정답 ④

- (가) : ⓒ은 빈칸 앞 문장의 '음원의 위치가 정중앙이 아니라 어느 한쪽으로 치우쳐 있으면, 소리가 두 귀 중에서 어느 한쪽에 먼저 도달한다.'는 내용을 보충 설명한다. 따라서 빈칸 (가)에는 ⓒ이 적절하다.
- (나) : 빈칸 앞의 내용에서는 '소리의 크기를 통해 음원의 위치를 알 수 있다.'고 하였는데, 빈칸 뒤에서는 '소리가 저주파로만 구성되어 있는 경우 소리의 크기 차이를 이용한 위치 추적은 효과적이지 않다.'고 하였다. 따라서 빈칸 (나)에는 저주파에서는 소리의 크기 차이가 일어나지 않는다는 내용의 ⓛ이 적절함을 알 수 있다.
- (다) : 빈칸 앞의 내용에서 '머리와 귓바퀴의 굴곡'이 '고막에 도달하기 전'의 소리를 변형시키는 필터 역할을 한다고 하였으므로 빈칸 (다)에는 이러한 굴곡으로 인해 두 고막에 도달하는 소리의 음색 차이가 생긴다는 내용의 ㉠이 적절함을 알 수 있다.

03

정답 ④

(라)의 앞 문단에서 정보와 지식이 커뮤니케이션 속에서 살아 움직이며 진화한다고 말하고 있기 때문에 (라)의 뒷 문단에는 정보의 순환 속에서 새로운 정보로 거듭나는 역동성에 대한 사례가 이어질 수 있다. 따라서 관광 안내 책자가 소비자들에 의해 오류가 수정되고 개정된다는 보기의 내용은 (라)에 들어가는 것이 가장 적절하다.

대표기출유형 05 기출응용문제

01

정답 ④

먹고 난 뒤의 그릇을 씻어 정리하는 일을 뜻하는 단어는 '설거지'이다.

오답분석

① ~로서 : 지위나 신분 또는 자격을 나타내는 격조사
② 왠지 : 왜 그런지 모르게. 또는 뚜렷한 이유도 없이
③ 드러나다 : 가려져 있거나 보이지 않던 것이 보이게 됨

02

정답 ②

㉡의 '데'는 '일'이나 '것'의 뜻을 나타내는 의존 명사로 사용되었으므로 '수행하는 데'와 같이 띄어 쓴다.

오답분석

㉠ '만하다' : 어떤 대상이 앞말이 뜻하는 행동을 할 타당한 이유를 가질 정도로 가치가 있음을 나타내는 보조 형용사이다. 보조 용언은 띄어 씀을 원칙으로 하나, ㉠과 같은 경우 붙여 씀도 허용하므로 앞말에 붙여 쓸 수 있다.

㉢ '-만' : 다른 것으로부터 제한하여 어느 것을 한정함을 나타내는 보조사로 사용되었으므로 앞말에 붙여 쓴다.

03

정답 ③

- 고객에게 불편을 초례한 경우 : 초례 → 초래
- 즉시 계선·시정하고 : 계선 → 개선
- 이를 성실이 준수할 것을 : 성실이 → 성실히

대표기출유형 06 기출응용문제

01

정답 ③

제시된 사례에 나타난 의사 표현에 영향을 미치는 요소는 연단공포증이다. 연단공포증은 90% 이상의 사람들이 호소하는 불안이므로, 이러한 심리현상을 잘 통제하면서 표현을 한다면 청자는 더 인간답다고 생각하게 될 것이다. 이러한 공포증은 본질적인 것이기 때문에 완전히 치유할 수는 없으나, 노력에 의해서 심리적 불안을 어느정도 유화시킬 수 있다. 따라서 완전히 치유할 수 있다는 ③은 적절하지 않다.

02

정답 ④

서희가 말하고 있는 비위 맞추기는 올바른 경청의 자세가 아닌 방해 요인이므로 이를 올바른 자세니 고치지 않아도 된다고 말하는 선미의 의견은 옳지 않다.

CHAPTER

02 자원관리능력

대표기출유형 01 기출응용문제

01

정답 ④

전 직원이 이미 확정된 스케줄의 변동 없이 1시간을 사용할 수 있는 시간은 10:00～11:00와 14:00～15:00의 두 시간대이다. 하지만 전무이사는 가능한 한 빨리 완료할 것을 지시하였으므로 자기진단을 실시할 시간으로는 10:00～11:00가 가장 적절하다.

02

정답 ①

- 치과 진료 : 수요일 3주 연속으로 진료를 받는다고 하였으므로 13일, 20일은 무조건 치과 진료가 있다.
- 신혼여행 : 8박 9일간 신혼여행을 가고 휴가는 5일간 사용할 수 있으므로 주말 4일을 포함해야 한다.

이 사실과 두 번째 조건을 종합하면, 2일(토요일)부터 10일(일요일)까지 주말 4일을 포함하여 9일 동안 신혼여행을 다녀오게 되고, 치과는 6일이 아닌 27일에 예약되어 있다. 신혼여행은 결혼식 다음 날 간다고 하였으므로 주어진 일정을 달력에 표시하면 다음과 같다.

일	월	화	수	목	금	토
					1 결혼식	2 신혼여행
3 신혼여행	4 신혼여행 / 휴가	5 신혼여행 / 휴가	6 신혼여행 / 휴가	7 신혼여행 / 휴가	8 신혼여행 / 휴가	9 신혼여행
10 신혼여행	11	12	13 치과	14	15	16
17	18	19	20 치과	21	22	23
24	25	26	27 치과	28 회의	29	30 추석연휴

따라서 A대리의 결혼날짜는 9월 1일이다.

03

정답 ①

- 인천에서 아디스아바바까지 소요 시간

(인천 → 광저우)	3시간 50분
(광저우 경유시간)	+4시간 55분
(광저우 → 아디스아바바)	+11시간 10분
	=19시간 55분

- 아디스아바바에 도착한 현지 날짜 및 시각

한국시각	8월 5일 오전 8시 40분
소요 시간	+19시간 55분
시차	−6시간
	=8월 5일 오후 10시 35분

04

정답 ④

• 인천에서 말라보까지 소요 시간

(인천 → 광저우)	3시간 50분
(광저우 경유시간)	+4시간 55분
(지연출발)	+2시간
(광저우 → 아디스아바바)	+11시간 10분
(아디스아바바 경유시간)	+6시간 10분
(아디스아바바 → 말라보)	+5시간 55분
	=34시간

• 말라보에 도착한 현지 날짜 및 시각

한국시각	8월 5일 오전 8시 40분
소요 시간	+34시간
시차	−8시간
	=8월 6일 오전 10시 40분

05

정답 ③

대화 내용을 살펴보면 A과장은 패스트푸드점, B대리는 화장실, C주임은 은행, K사원은 편의점을 이용한다. 이는 동시에 이루어지는 일이므로 가장 오래 걸리는 일의 시간만 고려하면 된다. 은행이 30분으로 가장 오래 걸리므로 17:20에 모두 모이게 된다. 따라서 17:00, 17:15에 출발하는 버스는 이용하지 못하며, 17:30에 출발하는 버스는 잔여석이 부족하여 이용하지 못한다. 따라서 17:45에 출발하는 버스를 탈 수 있고, 가장 빠른 서울 도착 예정시각은 19:45이다.

대표기출유형 02 기출응용문제

01

정답 ②

X산지와 Y산지의 배추의 재배 원가에 대하여 각 유통 과정에 따른 판매가격을 계산하면 다음과 같다.

구분	X산지	Y산지
재배 원가	1,000원	1,500원
산지 → 경매인	1,000원×(1+0.2)=1,200원	1,500원×(1+0.1)=1,650원
경매인 → 도매상인	1,200원×(1+0.25)=1,500원	1,650원×(1+0.1)=1,815원
도매상인 → 마트	1,500원×(1+0.3)=1,950원	1,815원×(1+0.1)=1,996.5≒1,997원

따라서 최대 이익을 내고자 할 때, X산지에서 재배한 배추를 구매하고, 최종적으로 A마트에서 얻는 이익은 3,000−1,950=1,050원이다.

02

정답 ④

제품군별 지급해야 할 보관료는 다음과 같다.

• A제품군 : 300억×0.01=3억 원
• B제품군 : 2,000CUBIC×20,000=4천만 원
• C제품군 : 500톤×80,000=4천만 원

따라서 K공사가 보관료로 지급해야 할 총금액은 3억+4천만+4천만=3억 8천만 원이다.

03

정답 ④

라벨지 50mm, 1단 받침대, 블루투스 마우스 가격을 차례대로 계산하면 (18,000×2)+24,000+(27,000×5)=195,000원이다. 또한 블루투스 마우스를 3개 이상 구매하면 건전지 3SET를 무료로 증정하기 때문에 AAA건전지는 2SET만 더 구매하면 된다. 따라서 총 주문 금액은 195,000+(4,000×2)=203,000원이다.

04

정답 ②

라벨지는 91mm로 사이즈 변경 시 SET당 5%를 가산하기 때문에 가격은 (18,000×1.05)×4=75,600원이다. 3단 받침대의 가격은 1단 받침대에 2,000원씩을 추가하므로 (24,000+2,000)×2=52,000원이다. 그리고 블루투스 마우스의 가격은 27,000×3=81,000원이고 마우스 3개 이상 구매 시 AAA건전지 3SET를 무료로 증정하기 때문에 따로 주문하지 않는다. 마지막으로 탁상용 문서수동세단기의 가격인 36,000원을 더해 총 주문 금액을 구하면 75,600+52,000+81,000+36,000=244,600원이다.

05

정답 ③

상 종류별로 수상인원을 고려하여, 상패와 물품의 총수량과 비용을 계산하면 다음과 같다.

(단위 : 개, 원)

상패 혹은 물품	총수량	개당 비용	총비용
금 도금 상패	7	49,500원(10% 할인)	7×49,500=346,500
은 도금 상패	5	42,000	42,000×4(1개 무료)=168,000
동 상패	2	35,000	35,000×2=70,000
식기 세트	5	450,000	5×450,000=2,250,000
신형 노트북	1	1,500,000	1×1,500,000=1,500,000
태블릿PC	6	600,000	6×600,000=3,600,000
안마의자	4	1,700,000	4×1,700,000=6,800,000
만년필	8	100,000	8×100,000=800,000
합계	−	−	15,534,500

따라서 상품 구입비용은 총 15,534,500원이다.

대표기출유형 03 기출응용문제

01

정답 ④

A～D기관의 내진성능평가 지수와 내진보강공사 지수를 구한 뒤 내진성능평가 점수와 내진보강공사 점수를 부여하면 다음과 같다.

구분	A기관	B기관	C기관	D기관
내진성능 평가 지수	$\frac{82}{100}\times100=82$	$\frac{72}{80}\times100=90$	$\frac{72}{90}\times100=80$	$\frac{83}{100}\times100=83$
내진성능 평가 점수	3점	5점	1점	3점
내진보강 공사 지수	$\frac{91}{100}\times100=91$	$\frac{76}{80}\times100=95$	$\frac{81}{90}\times100=90$	$\frac{96}{100}\times100=96$
내진보강 공사 점수	3점	3점	1점	5점
합산 점수	3+3=6점	5+3=8점	1+1=2점	3+5=8점

B, D기관의 합산 점수는 8점으로 동점이다. 최종순위 결정조건에 따르면 합산 점수가 동점인 경우에는 내진보강대상 건수가 가장 많은 기관이 높은 순위가 된다.
따라서 최상위기관은 D기관이고, 최하위기관은 C기관이다.

02

정답 ②

A～D선생님의 급여 산출 방식을 비교해 보면 다음과 같다.

- A선생님
  - 1안 : (15×5,000)+(10×10,000)+(3×15,000)=220,000원
  - 2안 : (15×3,000)+(10×12,000)+(3×10,000)=195,000원
- B선생님
  - 1안 : (6×5,000)+(5×15,000)+(3×7,000)=126,000원
  - 2안 : (6×3,000)+(5×10,000)+(3×10,000)=98,000원
- C선생님
  - 1안 : (8×5,000)+(5×10,000)+(7×7,000)=139,000원
  - 2안 : (8×3,000)+(5×12,000)+(7×10,000)=154,000원
- D선생님
  - 1안 : (14×5,000)+(2×15,000)+(9×7,000)=163,000원
  - 2안 : (14×3,000)+(2×10,000)+(9×10,000)=152,000원

따라서 B선생님은 2안보다 1안을 선택해야 최대의 이익을 얻을 수 있다.

03

정답 ③

1) 예약가능 객실 수 파악

7월 23일부터 2박 3일간 워크숍을 진행한다고 했으므로 23일, 24일에 객실 예약이 가능한지를 확인하여야 한다. 호텔별 잔여객실 수를 파악하면 다음과 같다.

(단위 : 실)

구분	A호텔	B호텔	C호텔	D호텔
7/23	88−20=68	70−11=59	76−10=66	84−18=66
7/24	88−26=62	70−27=43	76−18=58	84−23=61

2) 필요 객실 수 파악

K공사의 전체 임직원 수는 총 80명이다. 조건에 따르면 부장급 이상은 1인 1실을 이용하므로 4(차장)+12(부장)=16명, 즉 16실이 필요하고, 나머지 직원 80−16=64명은 2인 1실을 사용하므로 총 64÷2=32실이 필요하다. 따라서 이틀간 48실이 필요하므로 A호텔, C호텔, D호텔이 워크숍 장소로 적합하다.

3) 세미나룸 현황 파악

총 임직원이 80명인 것을 고려할 때, A호텔의 세미나룸은 최대수용인원이 70명이므로 제외하며 D호텔은 4인용 테이블을 총 15개 보유하고 있어 부족하므로 제외된다.

따라서 N대리는 모든 조건을 충족하는 C호텔을 예약할 것이다.

대표기출유형 04 기출응용문제

01

정답 ③

최나래, 황보연, 이상윤, 한지혜는 업무성과 평가에서 상위 40%(인원이 10명이므로 4명)에 해당하지 않으므로 대상자가 아니다. 업무성과 평가 결과에서 40% 이내에 드는 사람은 4명까지이지만 B를 받은 사람 4명을 동순위자로 보아 6명이 대상자 후보가 된다. 6명 중 박희영은 통근 거리가 50km 미만이므로 대상자에서 제외된다. 나머지 5명 중에서 자녀가 없는 김성배, 이지규는 우선순위에서 밀려나고, 나머지 3명 중에서는 통근 거리가 가장 먼 순서대로 이준서, 김태란이 동절기 업무시간 단축 대상자로 선정된다.

02

정답 ③

㉠ 각 팀장이 매긴 순위에 대한 가중치는 모두 동일하다고 했으므로 1, 2, 3, 4순위의 가중치를 각각 4, 3, 2, 1점으로 정해 네 사람의 면접점수를 산정하면 다음과 같다.

- 갑 : 2+4+1+2=9점
- 을 : 4+3+4+1=12점
- 병 : 1+1+3+4=9점
- 정 : 3+2+2+3=10점

면접점수가 높은 을, 정 중 1명이 입사를 포기하면 갑, 병 중 1명이 채용된다. 갑과 병의 면접점수는 9점으로 동점이지만 조건에 따라 인사팀장이 부여한 순위가 높은 갑을 채용하게 된다.

㉢ 경영관리팀장이 갑과 병의 순위를 바꿨을 때, 네 사람의 면접점수를 산정하면 다음과 같다.

- 갑 : 2+1+1+2=6점
- 을 : 4+3+4+1=12점
- 병 : 1+4+3+4=12점
- 정 : 3+2+2+3=10점

따라서 을과 병이 채용되므로 정은 채용되지 못한다.

오답분석

㉡ 인사팀장이 을과 정의 순위를 바꿨을 때, 네 사람의 면접점수를 산정하면 다음과 같다.

- 갑 : 2+4+1+2=9점
- 을 : 3+3+4+1=11점
- 병 : 1+1+3+4=9점
- 정 : 4+2+2+3=11점

따라서 을과 정이 채용되므로 갑은 채용되지 못한다.

03

정답 ②

- 본부에서 36개월 동안 연구원으로 근무 → 0.03×36=1.08점
- 지역본부에서 24개월 근무 → 0.015×24=0.36점
- 특수지에서 12개월 동안 파견근무(지역본부 근무경력과 중복되어 절반만 인정) → 0.02×12÷2=0.12점
- 본부로 복귀 후 현재까지 총 23개월 근무 → 0.03×23=0.69점
- 현재 팀장(과장) 업무 수행 중
  - 내부평가결과 최상위 10% 총 12회 → 0.012×12=0.144점
  - 내부평가결과 차상위 10% 총 6회 → 0.01×6=0.06점
  - 금상 2회, 은상 1회, 동상 1회 수상 → (0.25×2)+(0.15×1)+(0.1×1)=0.75점 → 0.5점(∵ 인정 범위 조건)
  - 시행결과평가 탁월 2회, 우수 1회 → (0.25×2)+(0.15×1)=0.65점 → 0.5점(∵ 인정 범위 조건)

따라서 A과장에게 부여해야 할 가점은 3.454점이다.

CHAPTER

03 문제해결능력

대표기출유형 01 기출응용문제

01

정답 ③

1행과 2행에 빈자리가 한 곳씩 있고, a자동차는 대각선을 제외하고 주변에 주차된 차가 없다고 하였으므로 a자동차는 1열이나 3열에 주차되어 있다. 따라서 'a자동차는 2열에 주차되어 있다.'는 옳지 않다.

한편, b자동차와 c자동차는 바로 옆에 주차되어 있다고 하였으므로 같은 행에 주차되어 있다. 1행과 2행에 빈자리가 한 곳씩 있다고 하였으므로 b자동차와 c자동차가 주차된 행에는 a자동차와 d자동차가 주차되어 있을 수 없다. 그러므로 a자동차와 d자동차는 같은 행에 주차되어 있다. 이를 정리하면 다음과 같다.

• 경우 1

a		d
	b	c

• 경우 2

a		d
	c	b

• 경우 3

d		a
b	c	

• 경우 4

d		a
c	b	

오답분석

① 경우 1, 4에서는 b자동차의 앞 주차공간이 비어있지만, 경우 2, 3에서는 b자동차의 앞 주차공간에 d자동차가 주차되어 있으므로 항상 옳지 않은 것은 아니다.

② 경우 1, 4에서는 c자동차의 옆 주차공간에 빈자리가 없지만, 경우 2, 3에서는 c자동차의 옆 주차공간에 빈자리가 있으므로 항상 옳지 않은 것은 아니다.

④ 경우 1, 2, 3, 4에서 모두 a자동차와 d자동차는 1행에 주차되어 있으므로 항상 옳다.

02

정답 ③

주어진 조건을 정리하면 다음과 같다.

구분	A단체	B단체	C단체	D단체
경우 1	호밀식빵	우유식빵	밤식빵	옥수수식빵
경우 2	호밀식빵	밤식빵	우유식빵	옥수수식빵

따라서 항상 참인 것은 '호밀식빵은 A단체에 납품될 것이다.'이다.

오답분석

①·②·④ 주어진 조건만으로는 판단하기 어렵다.

03

정답 ④

제시된 조건들을 순서대로 논리 기호화하면 다음과 같다.

- 첫 번째 조건 : 재고
- 두 번째 조건 : ~설비투자 → ~재고
- 세 번째 조건 : 건설투자 → 설비투자('~때에만'이라는 한정 조건이 들어가면 논리 기호의 방향이 바뀐다)

첫 번째 조건이 참이므로 두 번째 조건의 대우(재고 → 설비투자)에 따라 설비투자를 늘린다. 세 번째 조건은 건설투자를 늘릴 때에만 이라는 한정 조건이 들어갔으므로 역(설비투자 → 건설투자) 또한 참이다. 이를 토대로 공장을 짓는다는 결론을 얻기 위해서는 '건설투자를 늘린다면, 공장을 짓는다(건설투자 → 공장건설).'라는 명제가 필요하다.

04

정답 ④

한 분야의 모든 사람이 한 팀에 들어갈 수는 없으므로 가와 나는 한 팀이 될 수 없다.

오답분석

① 한 분야의 모든 사람이 한 팀에 들어갈 수 없기 때문에 갑과 을이 한 팀이 되는 것과 상관없이 가와 나는 반드시 다른 팀이어야 한다.

② 두 팀에 남녀가 각각 2명씩 들어갈 수도 있지만, (남자 셋, 여자 하나), (여자 셋, 남자 하나)의 경우도 있다.

③ a와 c는 성별이 다르기 때문에 같은 팀에 들어갈 수 있다.

05

정답 ①

한 번 배정받은 층은 다시 배정받을 수 없기 때문에 A는 3층, B는 2층에 배정받을 수 있다. C는 1층 또는 4층에 배정받을 수 있지만, D는 1층에만 배정받을 수 있기 때문에, C는 4층, D는 1층에 배정받는다. 이를 표로 정리하면 다음과 같다.

A	B	C	D
3층	2층	4층	1층

따라서 항상 참인 것은 'C는 4층에 배정될 것이다.'이다.

오답분석

②·③·④ 주어진 조건만으로는 판단하기 힘들다.

06

정답 ④

주어진 조건에 따라 엘리베이터 점검 순서를 정리하면 다음과 같다.

첫 번째	5호기
두 번째	3호기
세 번째	1호기
네 번째	2호기
다섯 번째	6호기
여섯 번째	4호기

따라서 1호기 다음은 2호기, 그다음이 6호기이며 6호기는 다섯 번째로 점검하게 된다.

대표기출유형 02 기출응용문제

01

정답 ③

프로젝트에 소요되는 비용은 인건비와 작업장 사용료로 구성된다. 인건비의 경우 각 작업의 필요 인원은 증원 또는 감원될 수 없으므로, 조절이 불가능하다. 다만, 작업장 사용료는 작업기간이 감소하면 비용이 줄어들 수 있다. 따라서 최단기간으로 프로젝트를 완료하는 데 드는 비용을 산출하면 다음과 같다.

프로젝트	인건비	작업장 사용료
A작업	(10만 원×5명)×10일=500만 원	50만 원×50일 =2,500만 원
B작업	(10만 원×3명)×18일=540만 원	
C작업	(10만 원×5명)×50일=2,500만 원	
D작업	(10만 원×2명)×18일=360만 원	
E작업	(10만 원×4명)×16일=640만 원	
합계	4,540만 원	2,500만 원

프로젝트를 완료하는 데 소요되는 최소비용은 4,540+2,500=7,040만 원이다. 따라서 최소비용은 6천만 원 이상이라고 판단하는 것이 옳다.

오답분석

① 각 작업에서 필요한 인원을 증원하거나 감원할 수 없다. 그러므로 주어진 자료와 같이 각 작업에 필요한 인원만큼만 투입된다. 따라서 가장 많은 인원이 투입되는 A작업과 C작업의 필요인원이 5명이므로 해당 프로젝트를 완료하는 데 필요한 최소 인력은 5명이다.

② 프로젝트를 최단기간으로 완료하기 위해서는 각 작업을 동시에 진행해야 한다. 다만, B작업은 A작업이 완료된 이후에 시작할 수 있고, E작업은 D작업이 완료된 이후에 시작할 수 있다는 점을 고려하여야 한다. C작업은 50일, A+B작업은 28일, D+E작업은 34일이 걸리므로, 프로젝트가 완료되는 최단기간은 50일이다.

④ 프로젝트를 완료할 수 있는 최단기간은 50일이다. C작업은 50일 내내 작업해야 하므로 반드시 5명이 필요하다. 그러나 나머지 작업은 50일을 안분하여 진행해도 된다. 먼저 A작업에 5명을 투입한다. 작업이 완료된 후 그들 중 3명은 B작업에, 2명은 D작업에 투입한다. 그리고 B, D작업을 완료한 5명 중 4명만 E작업에 투입한다. 이 경우 작업기간은 10일(A)+18일(B와 D 동시진행)+16일(E)=44일이 걸린다. 따라서 프로젝트를 최단기간에 완료하는 데 투입되는 최소 인력은 10명이다.

02

정답 ①

음료의 종류별로 부족한 팀 수를 구하면 다음과 같다.

- 이온음료 : 총무팀(1팀)
- 탄산음료 : 총무팀, 개발팀, 홍보팀, 고객지원팀(4팀)
- 에너지음료 : 개발팀, 홍보팀, 고객지원팀(3팀)
- 캔 커피 : 총무팀, 개발팀, 영업팀, 홍보팀, 고객지원팀(5팀)

음료 구매 시 각 음료의 최소 구비 수량의 1.5배를 구매해야 하므로 이온음료는 9캔, 탄산음료는 18캔, 에너지음료는 15캔, 캔 커피는 45캔씩 구매해야 한다. 그러므로 구매해야 하는 전체 음료의 수는 다음과 같다.

- 이온음료 : 9×1=9캔
- 탄산음료 : 18×4=72캔
- 에너지음료 : 15×3=45캔
- 캔 커피 : 45×5=225캔

따라서 음료는 정해진 묶음으로만 판매하므로 최소 주문해야 할 개수는 이온음료는 12캔, 탄산음료는 72캔, 에너지음료는 48캔, 캔 커피는 240캔이다.

03

정답 ④

A ~ D 4명의 학생에게 부여되는 점수는 다음과 같다.

- A : 기본 점수 80점에 오탈자 33건이므로 5점 감점, 전체 글자 수 654자이므로 3점 추가, A등급 2개와 C등급 1개이므로 15점 추가하여 총 80−5+3+15=93점이다.
- B : 기본 점수 80점에 오탈자 7건이므로 0점 감점, 전체 글자 수 476자이므로 0점 추가, B등급 3개이므로 5점 추가하여 총 80+5=85점이다.
- C : 기본 점수 80점에 오탈자 28건이므로 4점 감점, 전체 글자 수 332자이므로 10점 감점, B등급 2개와 C등급 1개이므로 0점 추가하여 총 80−4−10=66점이다.
- D : 기본 점수 80점에 오탈자 25건이므로 4점 감점, 전체 글자 수가 572자이므로 0점 추가, A등급 3개이므로 25점 추가하여 총 80−4+25=101점이다.

따라서 D학생의 점수가 110점으로 가장 높다.

04

정답 ④

예산이 가장 많이 드는 B사업과 E사업은 사업기간이 3년이므로 최소 1년은 겹쳐야 한다. 이를 바탕으로 정리하면 다음과 같다.

구분	1차	2차	3차	4차	5차
	20조 원	24조 원	28.8조 원	34.5조 원	41.5조 원
A사업	−	1조 원	4조 원	−	−
B사업	−	15조 원	18조 원	21조 원	−
C사업	−	−	−	−	15조 원
D사업	15조 원	8조 원	−	−	−
E사업	−	−	6조 원	12조 원	24조 원
실질 사용 예산 합계	15조 원	24조 원	28조 원	33조 원	39조 원

따라서 A씨는 D사업을 첫해에 시작해야 한다고 생각할 것이다.

05

정답 ④

글피는 모레의 다음 날로 15일이다. 15일은 비가 내리지 않으며 최저기온은 영하이다.

오답분석

① 12 ~ 15일의 일교차를 구하면 다음과 같다.
- 12일 : 11−0=11℃
- 13일 : 12−3=9℃
- 14일 : 3−(−5)=8℃
- 15일 : 8−(−4)=12℃

따라서 일교차가 가장 큰 날은 15일이다.

② 제시된 자료에서 미세먼지에 대한 내용은 확인할 수 없다.

③ 14일의 경우 비가 예보되어 있지만 낙뢰에 대한 예보는 확인할 수 없다.

대표기출유형 03 기출응용문제

01

정답 ①

조건에 따라 소괄호 안에 있는 부분을 순서대로 풀이하면 다음과 같다.

'1 A 5'에서 A는 좌우의 두 수를 더하는 것이지만, 더한 값이 10 미만이면 좌우에 있는 두 수를 곱해야 한다. 1+5=6으로 10 미만이므로 두 수를 곱하여 5가 된다.

'3 C 4'에서 C는 좌우의 두 수를 곱하는 것이지만 곱한 값이 10 미만일 경우 좌우에 있는 두 수를 더한다. 이 경우 3×4=12로 10 이상이므로 12가 된다.

중괄호를 풀어보면 '5 B 12'이다. B는 좌우에 있는 두 수 가운데 큰 수에서 작은 수를 빼는 것이지만, 두 수가 같거나 뺀 값이 10 미만이면 두 수를 곱한다. 12−5=7로 10 미만이므로 두 수를 곱해야 하므로 12×5=60이 된다.

'60 D 6'에서 D는 좌우에 있는 두 수 가운데 큰 수를 작은 수로 나누는 것이지만, 두 수가 같거나 나눈 값이 10 미만이면 두 수를 곱해야 한다. 이 경우 나눈 값이 10이 된다. 따라서 보기를 계산한 값은 10이다.

02

정답 ②

n번째에 배열하는 전체 바둑돌의 개수를 a_n개(단, n은 자연수)라고 하자.

제시된 규칙에 의하여 $a_1=1$, $a_2=1+2=3$, $a_3=1+2+3=6$, $\cdots$, $a_n=1+2+3+\cdots+n=\sum_{k=1}^{n} k=\frac{n(n+1)}{2}$

즉, 37번째에 배열하는 전체 바둑돌의 개수는 $a_{37}=\frac{37\times 38}{2}=703$개이다.

제시된 검은색 바둑돌은 홀수 번째에 배열된다. 홀수 번째에 있는 검은색 바둑돌의 개수를 b_{2m-1}개(단, m은 자연수)라고 하자. 제시된 규칙에 의하여 계산하면 다음과 같다.

m	$2m-1$	b_{2m-1}
1	1	1
2	3	1+3=4
3	5	1+3+5=9
…	…	…
m	$2m-1$	$\sum_{k=1}^{m}(2k-1)=m^2$

즉, $2m-1=37$에서 $m=19$이므로 $b_{37}=19^2=361$개이다. 따라서 37번째에 배열된 흰색 바둑돌의 개수는 703−361=342개이므로 검은색 바둑돌이 흰색 바둑돌보다 361−342=19개 많다.

03

정답 ①

모든 암호는 각 자릿수의 합이 21이 되도록 구성되어 있다.

- K팀 : $9+0+2+3+x=21$ → $x=7$
- L팀 : $7+y+3+5+2=21$ → $y=4$

$\therefore x+y=7+4=11$

04

정답 ④

• 1단계 : 주민등록번호 앞 12자리 숫자에 가중치를 곱하면 다음과 같다.

숫자	2	4	0	2	0	2	8	0	3	7	0	1
가중치	2	3	4	5	6	7	8	9	2	3	4	5
결과	4	12	0	10	0	14	64	0	6	21	0	5

• 2단계 : 1단계에서 구한 값의 합을 계산한다.
4+12+0+10+0+14+64+0+6+21+0+5=136

• 3단계 : 2단계에서 구한 값을 11로 나누어 나머지를 구한다.
136÷11=12…4

• 4단계 : 11에서 3단계의 나머지를 뺀 수를 10으로 나누어 나머지를 구한다.
(11−4)÷10=0…7

따라서 빈칸에 들어갈 수는 7이다.

05

정답 ④

게임 규칙과 결과를 토대로 경우의 수를 따져보면 다음과 같다.

(단위 : 개)

구분	벌칙 제외	총 퀴즈 개수
3라운드	A	15
4라운드	B	19
5라운드	C	21
	D	
	C	22
	E	
	D	22
	E	

ㄴ. 총 22개의 퀴즈가 출제되었다면, E가 정답을 맞혀 벌칙에서 제외된 것이다.

ㄷ. 게임이 종료될 때까지 총 21개의 퀴즈가 출제되었다면 C, D가 벌칙에서 제외된 경우로 5라운드에서 E에게는 정답을 맞힐 기회가 주어지지 않았다. 따라서 퀴즈를 푸는 순서가 벌칙을 받을 사람 선정에 영향을 미친 것을 알 수 있다.

오답분석

ㄱ. 5라운드까지 4명의 참가자가 벌칙에서 제외되었으므로 정답을 맞힌 퀴즈는 8개, 벌칙을 받을 사람이 5라운드까지 정답을 맞힌 퀴즈는 0개나 1개이므로 총 정답을 맞힌 퀴즈는 8개나 9개이다.

대표기출유형 04 기출응용문제

01

정답 ④

전략적 사고란 현재 당면하고 있는 문제와 그 해결 방법에만 집착하지 않고, 그 문제와 해결 방안이 상위 시스템과 어떻게 연결되어 있는지를 생각하는 것을 의미한다.

오답분석

① 분석적 사고 : 전체를 각각의 요소로 나누어 그 요소의 의미를 도출한 다음 우선순위를 부여하여 구체적인 문제해결 방법을 실행하는 것을 의미한다.

② 발상의 전환 : 사물과 세상을 바라보는 기존의 인식 틀을 전환하여 새로운 관점에서 바라보는 것을 의미한다.

③ 내・외부자원의 활용 : 문제해결 시 기술, 재료, 방법, 사람 등 필요한 자원 확보 계획을 수립하고 내・외부자원을 효과적으로 활용한다.

02

정답 ④

(가) 하드 어프로치 : 하드 어프로치에 의한 문제해결 방법은 상이한 문화적 토양을 가지고 있는 구성원을 가정하고, 서로의 생각을 직설적으로 주장하고 논쟁이나 협상을 통해 서로의 의견을 조정해 가는 방법이다.

(나) 퍼실리테이션 : 퍼실리테이션이란 '촉진'을 의미하며, 어떤 그룹이나 집단이 의사결정을 잘 하도록 도와주는 일을 의미한다. 퍼실리테이션에 의한 문제해결 방법은 깊이 있는 커뮤니케이션을 통해 서로의 문제점을 이해하고 공감함으로써 창조적인 문제해결을 도모한다.

(다) 소프트 어프로치 : 소프트 어프로치에 의한 문제해결 방법은 대부분의 기업에서 볼 수 있는 전형적인 스타일로 조직 구성원들을 같은 문화적 토양을 가지고 이심전심으로 서로를 이해하는 상황을 가정한다.

03

정답 ①

분석적 사고

- 성과 지향의 문제 : 기대하는 결과를 명시하고 효과적으로 달성하는 방법을 사전에 구상하고 실행에 옮긴다.
- 가설 지향의 문제 : 현상 및 원인분석 전에 지식과 경험을 바탕으로 일의 과정이나 결과, 결론을 가정한 다음 검증 후 사실일 경우 다음 단계의 일을 수행한다.
- 사실 지향의 문제 : 일상 업무에서 일어나는 상식, 편견을 타파하여 사고와 행동을 객관적 사실로부터 시작한다.

04

정답 ①

설득은 논쟁이 아니라 논증을 통해 더욱 정교해지며, 공감을 필요로 한다. 나의 주장을 다른 사람에게 이해시켜 납득시키고 그 사람이 내가 원하는 행동을 하게 만드는 것이며, 이해는 머리로 하고 납득은 머리와 가슴이 동시에 공감되는 것을 말하고 이 공감은 논리적 사고가 기본이 된다. 따라서 ①의 내용은 상대방이 했던 이야기를 이해하도록 노력하면서 공감하려는 태도가 보이므로 제시문에서 설명하는 '설득'임을 알 수 있다.

오답분석

② 상대의 생각을 모두 부정하지 않고, 상황에 따른 생각을 이해함으로써 새로운 지식이 생길 가능성이 있으므로 논리적 사고 구성요소 중 '타인에 대한 이해'에 해당한다.

③ 상대가 말하는 것을 잘 알 수 없어 구체적인 사례를 들어 이해하려는 것으로, 논리적 사고 구성요소 중 '구체적인 생각'에 해당한다.

④ 상대 주장에 대한 이해가 부족하다는 것을 인식해 상대의 논리를 구조화하려는 것으로, 논리적 사고 구성요소 중 '상대 논리의 구조화'에 해당한다.

05

정답 ④

㉠은 Logic Tree 방법에 대한 설명으로 문제 도출 단계에서 사용되며, ㉡은 3C 분석 방법에 대한 설명으로 문제 인식 단계의 환경 분석 과정에서 사용된다. ㉢은 Pilot Test에 대한 설명으로 실행 및 평가 단계에서 사용된다. 마지막으로 ㉣은 해결안을 그룹화하는 방법으로 해결안을 도출하는 해결안 개발 단계에서 사용된다. 따라서 문제해결절차에 따라 사용되는 문제해결방법을 나열하면 ㉡－㉠－㉣－㉢의 순서가 된다.

PART 2

직무능력검사(사무)

CHAPTER

01 수리능력

대표기출유형 01 기출응용문제

01

정답 ④

A와 B가 서로 반대 방향으로 돌면, 둘이 만났을 때 A가 걸은 거리와 B가 걸은 거리의 합이 운동장의 둘레와 같으므로 다음과 같은 식이 성립한다.

$100\times12+80\times12=1,200+960=2,160$

따라서 운동장의 둘레는 2,160m이다.

02

정답 ②

240, 400의 최대공약수가 80이므로, 구역 한 변의 길이는 80m가 된다.

그러므로 가로로는 3개의 구역, 세로로는 5개의 구역으로 나눌 수 있다.

따라서 나뉜 구역은 총 15개이다.

03

정답 ③

K랜드 이용 횟수를 x회라고 하자. 이를 토대로 K랜드 이용 금액을 구하면 다음과 같다.

• 비회원 이용 금액 : $20,000\times x$원

• 회원 이용 금액 : $50,000+20,000\times\left(1-\frac{20}{100}\right)\times x$원

회원 가입한 것이 이익이 되려면 비회원 이용 금액이 회원 이용 금액보다 더 많아야 하므로 다음과 같은 식이 성립한다.

$20,000\times x>50,000+20,000\times\left(1-\frac{20}{100}\right)\times x$

$\rightarrow 20,000x>50,000+16,000x$

$\rightarrow 4,000x>50,000$

$\therefore x>12.5$

따라서 K랜드를 최소 13번 이용해야 회원 가입한 것이 이익이다.

04

정답 ④

농도 11%의 오렌지 주스의 양을 xg이라 하면 다음과 같은 식이 성립한다.

$\frac{5}{100}\times(400-x)+\frac{11}{100}\times x=\frac{8}{100}\times 400$

→ $2,000-5x+11x=3,200$

∴ $x=200$

따라서 농도 11%의 오렌지 주스는 200g을 섞어야 한다.

05

정답 ③

더 넣어야 하는 깨끗한 물의 양을 $x$kg이라고 하면 다음과 같은 식이 성립한다.

$\frac{5}{100}\times 20=\frac{4}{100}\times(20+x)$

→ $100=80+4x$

∴ $x=5$

따라서 더 넣어야 하는 깨끗한 물은 5kg이다.

06

정답 ②

5명이 노란색 원피스 2벌, 파란색 원피스 2벌, 초록색 원피스 1벌 중 1벌씩 선택하여 사는 경우의 수를 구하기 위해 5명을 2명, 2명, 1명으로 이루어진 3개의 팀으로 나누어 구하면 ${}_5C_2\times{}_3C_2\times{}_1C_1\times\frac{1}{2!}=\frac{5\times 4}{2}\times 3\times 1\times\frac{1}{2}=15$가지이다.

이때 원피스 색깔 중 2벌인 색은 노란색과 파란색 2가지이므로 선택할 수 있는 경우의 수는 모두 $15\times 2=30$가지이다.

07

정답 ④

644와 476을 소인수분해하면 다음과 같다.

- $644=2^2\times 7\times 23$
- $476=2^2\times 7\times 17$

즉, 644와 476의 최대공약수는 $2^2\times 7=28$이다. 이때, 직사각형의 가로에 설치할 수 있는 조명의 개수를 구하면 $(644\div 28)+1=23+1=24$개이고, 직사각형의 세로에 설치할 수 있는 조명의 개수를 구하면 $(476\div 28)+1=17+1=18$개이다.

따라서 필요한 조명의 최소 개수를 구하면 $(24+18)\times 2-4=84-4=80$개이다.

08

정답 ③

제품의 원가를 x원이라고 하자.

제품의 정가는 $(1+0.2)x=1.2x$원이고, 판매가는 $1.2x(1-0.15)=1.02x$원이다.

50개를 판매한 금액이 127,500원이므로 식은 다음과 같다.

$1.02x\times 50=127,500$

→ $1.02x=2,550$

∴ $x=2,500$

따라서 제품의 원가는 2,500원이다.

09

정답 ④

등산복 판매량을 x벌, 등산화 판매량을 y켤레라고 하자.

$x+y=40 \rightarrow x=40-y \cdots$ ㉠

$2,000x+5,000y=110,000 \cdots$ ㉡

㉠과 ㉡을 연립하면 다음과 같은 식이 성립한다.

$2(40-y)+5y=110$

$\rightarrow 80+3y=110$

$\rightarrow 3y=30$

$\therefore\ y=10$

따라서 등산화는 10켤레를 팔았으며, 등산화 판매로 얻은 이익은 $10\times5,000=50,000$원이다.

10

정답 ①

2일 후 B씨와 C씨의 자산의 차액은 A씨의 2일 후의 자산과 동일하다.

$2y+2\times3-(y+2\times5)=5+2\times2 \rightarrow y=13$이므로 B씨의 잔고는 13달러, C씨는 26달러이다.

또한 x일 후의 B씨의 자산은 $(13+5x)$원, C씨는 $(26+3x)$원이 되므로 B씨의 자산이 C씨의 자산보다 같거나 많게 되는 날에 대한 부등식을 세우면 다음과 같다.

$13+5x\geq26+3x$

$\rightarrow 2x\geq13$

$\therefore\ x\geq6.5$

따라서 7일 후에 B씨의 자산이 C씨의 자산보다 많게 된다.

대표기출유형 02 기출응용문제

01

정답 ④

A씨가 이번 달에 내야 하는 전기료는 $200\times100+150\times200=50,000$원이다.

B씨는 A씨가 내는 전기료의 2배인 10만 원이므로 전기 사용량은 400kWh초과임을 알 수 있다.

B씨가 사용한 전기량을 $(400+x)$kWh라고 하고 전기료에 대한 식을 구하면 다음과 같다.

$200\times100+200\times200+x\times400=100,000$

$\rightarrow x\times400=100,000-60,000$

$\therefore\ x=100$

따라서 B씨가 사용한 전기량은 총 $400+100=500$kWh이다.

02

정답 ④

- 올리브 통조림 주문량 : $15\div3=5$캔
  → 올리브 통조림 구입 비용 : $5,200\times5=26,000$원
- 메추리알 주문량 : $7\div1=7$봉지
  → 메추리알 구입 비용 : $4,400\times7=30,800$원
- 방울토마토 주문량 : $25\div5=5$박스
  → 방울토마토 구입 비용 : $21,800\times5=109,000$원
- 옥수수 통조림 주문량 : $18\div3=6$캔
  → 옥수수 통조림 구입 비용 : $6,300\times6=37,800$원

• 베이비 채소 주문량 : 4÷0.5=8박스
→ 베이비 채소 구입 비용 : 8,000×8=64,000원

따라서 B지점의 재료 구입 비용의 총합은 26,000+30,800+109,000+37,800+64,000=267,600원이다.

03

정답 ③

자기계발 과목에 따라 해당되는 지원 금액과 신청 인원은 다음과 같다.

구분	영어회화	컴퓨터 활용	세무회계
지원 금액	70,000원×0.5=35,000원	50,000원×0.4=20,000원	60,000원×0.8=48,000원
신청 인원	3명	3명	3명

따라서 교육프로그램마다 3명씩 지원했으므로, 총 지원비는 (35,000+20,000+48,000)×3=309,000원이다.

04

정답 ①

• S전자 : 8대 구매 시 2대를 무료로 증정하기 때문에 32대를 사면 8개를 무료로 증정받아 32대 가격으로 총 40대를 살 수 있다. 32대의 가격은 80,000×32=2,560,000원이고, 구매금액 100만 원당 2만 원이 할인되므로 구매가격은 2,560,000−40,000=2,520,000원이다.

• B마트 : 40대 구매금액인 90,000×40=3,600,000원에서 40대 이상 구매 시 7% 할인혜택을 적용하면 3,600,000×0.93=3,348,000원이다. 1,000원 단위는 절사하므로 구매가격은 3,340,000원이다.

따라서 B마트에 비해 S전자가 3,340,000−2,520,000=82만 원 더 저렴하다.

05

정답 ③

상품별 고객 만족도 1점당 비용을 구하면 다음과 같다.

• 차량용 방향제 : 7,000÷5=1,400원
• 식용유 세트 : 10,000÷4=2,500원
• 유리용기 세트 : 6,000÷6=1,000원
• 32GB USB : 5,000÷4=1,250원
• 머그컵 세트 : 10,000÷5=2,000원
• 육아 관련 도서 : 8,800÷4=2,200원
• 핸드폰 충전기 : 7,500÷3=2,500원

할당받은 예산을 고려하여 고객 만족도 1점당 비용이 가장 낮은 상품부터 구매비용을 구하면 다음과 같다.

• 유리용기 세트 : 6,000×200=1,200,000원
→ 남은 예산 : 5,000,000−1,200,000=3,800,000원
• 32GB USB : 5,000×180=900,000원
→ 남은 예산 : 3,800,000−900,000=2,900,000원
• 차량용 방향제 : 7,000×300=2,100,000원
→ 남은 예산 : 2,900,000−2,100,000=800,000원
• 머그컵 세트 : 10,000×80=800,000원
→ 남은 예산 : 800,000−800,000=0원

즉, 확보 가능한 상품의 개수는 200+180+300+80=760개이고, 사은품 상자에는 2개의 상품이 들어가므로 사은품을 나누어 줄 수 있는 고객의 수는 760÷2=380명이다.

대표기출유형 03 기출응용문제

01

정답 ①

2022년의 휴대폰 / 스마트폰 성인 사용자 수는 $0.128\times47≒6$명으로, 2023년의 태블릿 PC 성인 사용자 수인 $0.027\times112≒3$명보다 많다.

오답분석

② 개인휴대단말기 학생 사용자 수는 2023년에 $1,304\times0.023≒30$명, 2024년에 $1,473\times0.002≒3$명으로 전년 대비 감소하였다. 사용비율의 분모가 되는 학생의 수는 1배 미만 증가하였으나, 분자인 개인휴대단말기 사용비율은 약 $\frac{1}{10}$로 감소하였다. 따라서 계산을 하지 않아도 감소한 것을 알 수 있다.

③ 2024년의 전자책 전용단말기 사용자 수는 $(338\times0.005)+(1,473\times0.004)≒2+6=8$명이다. 따라서 20명 미만이다.

④ 2023년의 컴퓨터 사용자 수는 성인의 경우 $112\times0.67≒75$명으로, 학생의 컴퓨터 사용자 수인 $1,304\times0.432≒563$명의 20%($563\times0.2≒112$명) 미만이다.

02

정답 ②

㉠ 근로자가 총 90명이고 전체에게 지급된 임금의 총액이 2억 원이므로 근로자당 평균 월 급여액은 $\frac{2억\ 원}{90명}≒222$만 원이다. 따라서 평균 월 급여액은 230만 원 이하이다.

㉡ 월 210만 원 이상 급여를 받는 근로자 수는 $26+12+8+4=50$명이다. 따라서 총 90명의 절반인 45명보다 많으므로 옳다.

오답분석

㉢ 월 180만 원 미만의 급여를 받는 근로자 수는 $6+4=10$명이다. 따라서 전체에서 $\frac{10}{90}≒11\%$의 비율을 차지하고 있으므로 옳지 않다.

㉣ '월 240만 원 이상 월 270만 원 미만'의 구간에서 월 250만 원 이상 받는 근로자의 수는 제시된 자료만으로는 확인할 수 없다.

03

정답 ④

조건을 분석하면 다음과 같다.

- 첫 번째 조건에 의해 ㉠ ~ ㉣ 국가 중 연도별로 8위를 두 번 한 두 나라는 ㉠과 ㉣이므로 둘 중 한 곳이 한국, 나머지 한 곳이 캐나다임을 알 수 있다.
- 두 번째 조건에 의해 2020년 대비 2024년의 이산화탄소 배출량 증가율은 ㉡과 ㉢이 각각 $\frac{556-535}{535}\times100≒3.93\%$와 $\frac{507-471}{471}\times100≒7.64\%$이므로 ㉢은 사우디아라비아가 되며, 따라서 ㉡은 이란이 된다.
- 마지막 조건에 의해 이란의 수치는 고정값으로 놓았을 때 2015년을 기점으로 ㉠이 ㉣보다 배출량이 커지고 있으므로 ㉠이 한국, ㉣이 캐나다임을 알 수 있다.

따라서 ㉠ ~ ㉣에 해당하는 국가를 순서대로 나열하면 한국 – 이란 – 사우디아라비아 – 캐나다이다.

04

정답 ④

㉡ B국의 대미무역수지와 GDP 대비 경상수지 비중은 각각 742억 달러, 8.5%로 X요건과 Y요건을 충족한다.

㉢ 세 가지 요건 중 두 가지 요건만 충족하면 관찰대상국으로 지정된다.

- X요건과 Y요건을 충족하는 국가 : A국, B국, C국, E국
- X요건과 Z요건을 충족하는 국가 : C국
- Y요건과 Z요건을 충족하는 국가 : C국, J국

C국가는 X, Y, Z요건을 모두 충족한다.

따라서 관찰대상국으로 지정되는 국가는 A국, B국, E국, J국으로 4곳이다.

㉣ X요건의 판단기준을 '대미무역수지 150억 달러 초과'로 변경할 때, 새로 X요건을 충족하는 국가는 H국이다. 그러나 H국은 Y요건과 Z요건을 모두 충족하지 않으므로 환율조작국이나 관찰대상국으로 지정될 수 없으므로 옳다.

오답분석

㉠ X, Y, Z요건을 모두 충족하면 환율조작국으로 지정된다. 각 요건을 충족하는 국가를 나열하면 다음과 같다.

- X요건을 충족하는 국가 : A국, B국, C국, D국, E국, F국, G국
- Y요건을 충족하는 국가 : A국, B국, C국, E국, J국
- Z요건을 충족하는 국가 : C국, J국

따라서 환율조작국으로 지정되는 국가는 C국이다.

05

정답 ②

그래프상에서 중소기업의 검색 건수는 2021년을 시작으로 매년 바깥쪽으로 이동하고 있으므로 옳다.

오답분석

ㄱ. 상대적으로 그래프의 크기가 작은 2021년과 2022년의 검색 건수를 비교해 보면 외국인, 개인, 중소기업에서는 모두 2021년의 검색 건수가 적고, 대기업의 경우만 2024년이 크다. 이때 대기업의 검색 건수의 차이보다 외국인, 개인, 중소기업의 검색 건수 합의 차이가 더 크므로 전체 검색 건수는 2021년이 더 적다.

ㄷ. 2023년에는 외국인과 개인의 검색 건수가 가장 적었고, 대기업의 검색 건수가 가장 많았으므로 옳지 않다.

CHAPTER

02 정보능력

대표기출유형 01 기출응용문제

01

정답 ②

정보 내에 포함되어 있는 키워드나 단락과 같은 세부적인 요소나 정보의 주제, 사용했던 용도로 정보를 찾고자 할 때는 목록을 가지고서 쉽게 찾을 수가 없다. 이런 문제를 해결하기 위해 주요 키워드나 주제어를 가지고 소장하고 있는 정보원을 관리하는 방식이 색인을 이용한 정보관리이다. 목록은 한 정보원에 하나만 만드는 것이지만 색인은 여러 개를 추출하여 한 정보원에 여러 색인어를 부여할 수 있다.

오답분석

㉠ 정보목록은 정보에서 중요한 항목을 찾아 기술한 후 정리하면서 만들어진다. 한번 '정보목록'을 만들기 시작한 다음 한글이나 워드, 엑셀 같은 프로그램을 이용해서 목록파일을 저장해 놓으면, 후에 다른 정보를 찾았을 때 기존 목록에 추가하는 작업이 간단해 진다.
㉢ 색인은 정보를 찾을 때 쓸 수 있는 키워드인 색인어와 색인어의 출처인 위치정보로 구성된다.

02

정답 ④

제시문에서 '응용프로그램과 데이터베이스를 독립시킴으로써 데이터를 변경시키더라도 응용프로그램은 변경되지 않는다.'고 하였다. 따라서 데이터 논리적 의존성이 아닌, 데이터 논리적 독립성이 데이터베이스의 특징으로 적절할 것이다.

오답분석

① 제시문의 '다량의 데이터는 사용자의 질의에 대한 신속한 응답 처리를 가능하게 한다.'라는 내용이 실시간 접근성에 해당한다.
② 제시문의 '삽입, 삭제, 수정, 갱신 등을 통하여 항상 최신의 데이터를 유동적으로 유지할 수 있으며'라는 내용을 통해 데이터베이스는 그 내용을 변화시키면서 계속적인 진화를 하고 있음을 알 수 있다.
③ 제시문의 '여러 명의 사용자가 동시에 공유가 가능하고'라는 부분에서 동시 공유가 가능함을 알 수 있다.

03

정답 ②

ㄱ. 반복적인 작업을 간단히 실행키에 기억시켜 두고 필요할 때 빠르게 바꾸어 사용하는 기능은 매크로이다.
ㄷ. 같은 내용의 편지나 안내문 등을 여러 사람에게 보낼 때 쓰이는 기능은 메일 머지이다.

04

정답 ④

RFID 태그의 종류에 따라 반복적으로 데이터를 기록하는 것이 가능하며, 물리적인 손상이 없는 한 반영구적으로 이용할 수 있다.

RFID
무선 주파수(RF; Radio Frequency)를 이용하여 대상을 식별(IDentification)하는 기술로, 정보가 저장된 RFID 태그를 대상에 부착한 뒤 RFID 리더를 통하여 정보를 인식한다. 기존의 바코드를 읽는 것과 비슷한 방식으로 이용되나, 바코드와 달리 물체에 직접 접촉하지 않고도 데이터를 인식할 수 있으며, 여러 개의 정보를 동시에 인식하거나 수정할 수 있다. 또한, 바코드에 비해 많은 양의 데이터를 허용함에도 데이터를 읽는 속도가 매우 빠르며 데이터의 신뢰도 또한 높다.

05

정답 ③

바이오스란 컴퓨터에서 전원을 켜면 맨 처음 컴퓨터의 제어를 맡아 가장 기본적인 기능을 처리해 주는 프로그램으로, 모든 소프트웨어는 바이오스를 기반으로 움직인다.

오답분석

① ROM(Read Only Memory)에 대한 설명이다.
② RAM(Random Access Memory)에 대한 설명이다.
④ 스풀링(Spooling)에 대한 설명이다.

06

정답 ③

ㄴ. 제3자에 대한 정보 제공이 이루어지더라도, 해당 내용이 조항에 명시되어 있고, 이용자가 동의한다면 개인정보를 제공하여도 된다. 번거롭지 않게 서비스를 제공받기 위해 정보 제공이 필요한 제3자에게 정보를 제공하는 것이 유용할 수도 있다. 따라서 단언적으로 개인정보를 제공하지 않아야 한다는 설명은 옳지 않다.
ㄹ. 비밀번호는 주기적으로 변경하여야 하며, 관리의 수월성보다도 보안을 더 고려하여 동일하지 않은 비밀번호를 사용하는 것이 좋다.

오답분석

ㄱ. 개인정보 제공 전 관련 조항을 상세히 읽는 것은 필수적 요소이다.
ㄷ. 정보수집 및 이용목적의 적합성 여부는 꼭 확인하여야 한다.
ㅁ. 정보 파기 여부와 시점도 확인하여야 한다.

대표기출유형 02 기출응용문제

01

정답 ④

[틀 고정] 기능은 선택한 셀을 기준으로 좌측과 상단의 모든 셀을 고정하게 된다. 따라서 A열과 1행을 고정하기 위해서는 [B2] 셀을 클릭한 후 틀 고정을 해야 한다.

02

정답 ④

UPPER 함수는 알파벳 소문자를 대문자로 변경하며, TRIM 함수는 불필요한 공백을 제거하므로 'MNG-002KR'이 결괏값으로 출력된다.

03

정답 ②

ISNONTEXT 함수는 값이 텍스트가 아닐 경우 논리값 'TRUE'를 반환한다. [A2] 셀의 값은 텍스트이므로 함수의 결괏값으로 'FALSE'가 산출된다.

오답분석

① ISNUMBER 함수 : 값이 숫자일 경우 논리값 'TRUE'를 반환한다.
③ ISTEXT 함수 : 값이 텍스트일 경우 논리값 'TRUE'를 반환한다.
④ ISEVEN 함수 : 값이 짝수이면 논리값 'TRUE'를 반환한다.

04

정답 ②

VLOOKUP은 목록 범위의 첫 번째 열에서 세로 방향으로 검색하면서 원하는 값을 추출하는 함수이고, HLOOKUP은 목록 범위의 첫 번째 행에서 가로 방향으로 검색하면서 원하는 값을 추출하는 함수이다. 즉, 첫 번째 열에 있는 '박지성'의 결석값을 찾아야 하므로 VLOOKUP 함수를 이용해야 한다. VLOOKUP 함수의 형식은 「=VLOOKUP(찾을 값, 범위, 열 번호, 찾기 옵션)」이다. 범위는 절대참조로 지정해줘야 하며, 근사값을 찾고자 할 경우 찾기 옵션에 1 또는 TRUE를 입력하고 정확히 일치하는 값을 찾고자 할 경우 0 또는 FALSE를 입력해야 한다. 따라서 '박지성'의 결석 값을 찾기 위한 함수식은 「=VLOOKUP("박지성", $A$3:$D$5, 4, 0)」이다.

05

정답 ②

- [D11] 셀에 입력된 COUNTA 함수는 범위에서 비어있지 않은 셀의 개수를 구하는 함수이다. [B3:D9] 범위에서 비어있지 않은 셀의 개수는 숫자 '1' 10개와 '재제출 요망'으로 입력된 텍스트 2개로, 「=COUNTA(B3:D9)」의 결괏값은 12이다.
- [D12] 셀에 입력된 COUNT 함수는 범위에서 숫자가 포함된 셀의 개수를 구하는 함수이다. [B3:D9] 범위에서 숫자가 포함된 셀의 개수는 숫자 '1' 10개로, 「=COUNT(B3:D9)」의 결괏값은 10이다.
- [D13] 셀에 입력된 COUNTBLANK 함수는 범위에서 비어있는 셀의 개수를 구하는 함수이다. [B3:D9] 범위에서 비어있는 셀의 개수는 9개로, 「=COUNTBLANK(B3:D9)」의 결괏값은 9이다.

06

정답 ②

주어진 자료에서 원하는 항목만을 골라 해당하는 금액의 합계를 구하기 위해서는 SUMIF 함수를 사용해야 한다. SUMIF 함수는 「=SUMIF(범위, 조건, 합계를 구할 범위)」 형식으로 작성한다. 따라서 「=SUMIF(C3:C22, "외식비", D3:D22)」 함수식을 입력하면 외식비로 지출된 금액의 총액을 구할 수 있다.

PART 3

직무능력검사(기술)

적중예상문제

01	02	03	04	05	06	07	08	09	10	11	12	13	14	15	16	17	18	19	20
③	①	②	③	①	①	③	③	④	④	①	①	③	①	①	③	①	②	①	①
21	22	23	24	25															
③	②	②	②	④															

01

정답 ③

파인블랭킹은 한 번의 블랭킹 공정으로 제품의 전 두께의 고운 전단면과 양호한 정밀도의 제품을 얻는 프레스가공법이다.

오답분석

① 슬리팅(Slitting) : 슬리터라고 하는 전용기로 넓은 판재강인 Sheet Metal을 일정 간격의 폭으로 연속해서 자르는 가공법이다.
② 스피닝(Spinning) : 선반의 주축에 제품과 같은 형상의 다이를 장착한 후 심압대로 소재를 다이와 밀착시킨 후 함께 회전시키면서 강체공구나 롤러로 소재의 외부를 강하게 눌러서 축에 대칭인 원형의 제품 만드는 박판(얇은 판) 성형가공법이다. 탄소강 판재로 이음매 없는 국그릇이나 알루미늄 주방용품을 소량 생산할 때 사용하는 가공법으로 보통 선반과 작업방법이 비슷하다.

02

정답 ①

파인세라믹은 세라믹이 가진 중요한 특성인 내열성, 내식성, 전기절연성 등을 더욱 향상시키기 위해 만들어진 차세대 세라믹으로, 가볍고 금속보다 훨씬 단단한 특성을 지닌 신소재이다. 1,000°C 이상의 온도에서도 잘 견디며 강도가 잘 변하지 않는 장점이 있으나 부서지기 쉬워 가공이 어렵다는 단점이 있다. 흙이나 모래 등의 무기질 재료를 높은 온도로 가열하여 만든 것으로 특수 타일, 인공뼈, 자동차엔진 등에 사용하며 고온에도 잘 견디고 내마멸성이 큰 소재이다.

오답분석

② 형상기억합금 : 일반적으로 항복점을 넘어서 소성변형된 재료는 외력을 제거해도 원래의 상태로 복원이 불가능하지만, 고온에서 일정시간 유지함으로써 원하는 형상으로 기억시키면 상온에서 외력에 의해 변형되어도 기억시킨 온도로 가열만 하면 변형 전 형상으로 되돌아오는 합금이다. 그 종류에는 Ni-Ti계, Ni-Ti-Cu계, Cu-Al-Ni계 합금이 있으며, 니티놀이 대표적인 제품이다.
③ 두랄루민 : Al에 Cu+Mg+Mn이 합금된 가공용 알루미늄합금으로, 기계적 성질이 탄소강과 비슷하며 강도가 커서 항공기나 자동차용 재료로 사용된다.
④ 초전도합금 : 순금속이나 합금을 극저온으로 냉각시키면 전기저항이 0에 근접하는 합금으로, 전동기나 변압기용 재료로 사용된다.

03

정답 ②

테이블의 이송속도를 구하기 위해 회전수(n)를 구하면 다음과 같다.

$$n=\frac{1{,}000v}{\pi d}=\frac{1{,}000\times628}{3.14\times100}=2{,}000\text{rpm}$$

테이블 이송속도(f)를 구하는 식에 대입하면(f : 테이블의 이송 속도, f_z : 밀링 커터날 1개의 이송, z : 밀링 커터날의 수, n : 밀링 커터의 회전수)

$$f=f_z\times z\times n=0.1\text{mm}\times10\times2{,}000\text{rpm}=2{,}000\text{mm/min}$$

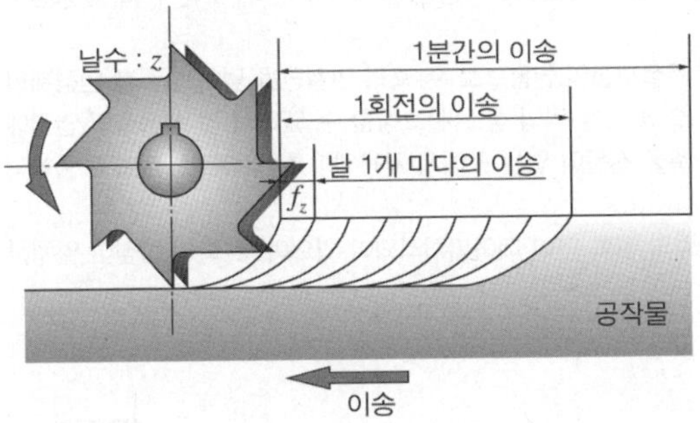

04

정답 ③

방전가공법(EDM; Electric Discharge Machining)은 절연성 있는 가공액 내에서 전극과 공작물 사이에서 일어나는 불꽃방전에 의하여 재료를 조금씩 용해시켜 원하는 형상의 제품을 얻는 가공법으로, 가공속도가 느린 것이 특징이다. 주로 높은 경도의 금형가공에 사용하는데 콘덴서의 용량을 크게 하면 가공시간은 빨라지나 가공면과 치수정밀도가 좋지 않다.

05

정답 ①

축의 위험회전속도(n_c)를 구하기 위해서는 각속도(ω) 구하는 식을 응용해야 한다.

$$\omega=\frac{2\pi n}{60}$$

위 식에 ω 대신 위험각속도(ω_c), 회전수 n 대신 축의 위험 회전수(n_c)를 대입하면 다음과 같다.

$$[\text{위험각속도}(\omega_c)]=\frac{2\pi n_c}{60}$$

$$n_c=\frac{60\omega_c}{2\pi}=\frac{30}{\pi}w_c=\frac{30}{\pi}\sqrt{\frac{k}{m}}$$

한편, $[\text{고유진동수}(f)]=\frac{1}{2\pi}\sqrt{\frac{k}{m}}$ 이다.

따라서 n_c와 f 모두 $\sqrt{\frac{k}{m}}$ 와 연관이 있으므로 축의 위험속도(n_c)는 고유진동수(f)와 관련이 크다.

고유진동수(f)

단위시간당 진동하는 횟수로, 구조물의 동적 특성을 표현하는 가장 대표적인 개념으로 단위는 [Hz]를 사용한다.

$f=\frac{1}{2\pi}\sqrt{\frac{k}{m}}$ (k : 강성, m : 질량)

06

정답 ①

올덤 커플링(Oldham's Coupling)

두 축이 평행하면서도 중심선의 위치가 다소 어긋나서 편심이 된 경우 각속도의 변동 없이 토크를 전달하는 데 적합한 축이음용 기계요소이다. 윤활이 어렵고 원심력에 의해 진동이 발생하므로 고속회전에는 적합하지 않다.

오답분석

② 머프 커플링(Muff Coupling) : 주철재질의 원통 속에 두 축을 맞대고 키(Key)로 고정한 축이음으로 축지름과 하중이 매우 작을 때 주로 사용한다. 그러나 인장력이 작용하는 곳은 축이 빠질 우려가 있으므로 사용을 자제해야 한다. 또한 두 축의 중심이 일치하는 경우에 사용한다.

③ 마찰 원통 커플링(Friction Clip Coupling) : 바깥둘레가 분할된 주철재질의 원통으로 두 축의 연결단을 덮어씌운 후 연강재의 링으로 양 끝을 때려 박아 고정시키는 축이음으로 설치와 분해가 쉽고 축을 임의 장소에 고정할 수 있어서 긴 전동축의 연결에 유용하다. 그러나 큰 토크의 전달은 하지 못하며 150mm 이하의 축을 진동이 없는 곳에서 사용해야 한다. 또한 두 축의 중심이 일치하는 경우에 사용한다.

④ 셀러 커플링(Seller Coupling) : 테이퍼 슬리브 커플링으로, 커플링의 안쪽 면이 테이퍼처리되어 있으며 두 축의 중심이 일치하는 경우 사용한다. 원뿔과 축 사이는 패터키로 연결한다.

07

정답 ③

리벳 이음에서 강판의 효율(η)을 구하므로, d=(리벳의 구멍 지름)을 적용한다.

이때, 리벳의 구멍 지름이 따로 주어졌으므로 주어진 구멍 지름을 강판의 효율을 구하는 식에 대입해야 한다.

$$\eta=\left(1-\frac{d}{p}\right)\times100=\left(1-\frac{17}{64}\right)\times100\fallingdotseq73.4\%$$

08

정답 ③

나사를 푸는 힘 $P'=Q\tan(p-\alpha)$에서

- P'가 0보다 크면, $p-\alpha>0$이므로 나사를 풀 때 힘이 든다. 따라서 나사는 풀리지 않는다.
- P'가 0이면, $p-\alpha=0$이므로 나사가 풀리다가 정지한다. 따라서 나사는 풀리지 않는다.
- P'가 0보다 작으면, $p-\alpha<0$이므로 나사를 풀 때 힘이 안 든다. 따라서 나사는 스스로 풀린다.

09

정답 ④

구성인선(Built Up Edge)은 재질이 연하고 공구재료와 친화력이 큰 재료를 절삭가공할 때, 칩과 공구의 윗면 사이의 경사면에 발생되는 높은 압력과 마찰열로 인해 칩의 일부가 공구의 날 끝에 달라붙어 마치 절삭날과 같이 공작물을 절삭하는 현상이다. 이러한 구성인선을 방지하기 위해서 절삭깊이를 작게 하고 절삭속도는 빠르게 하며, 윤활성이 높은 절삭유를 사용하고, 마찰계수가 작고 피가공물과 친화력이 작은 절삭공구를 사용한다.

10

정답 ④

- 탄성계수 : $E=2G(1+\mu)$
- 전단탄성계수 : $G=\frac{E}{2(1+\mu)}$

11

정답 ①

수격현상은 관내를 흐르는 유체의 유속이 급히 바뀌면 유체의 운동에너지가 압력에너지로 변하면서 관내 압력이 비정상적으로 상승하여 배관이나 펌프에 손상을 주는 현상이다. 송출량과 송출압력이 주기적으로 변하는 현상은 맥동현상이다.

> **맥동현상(Surging : 서징현상)**
> 펌프 운전 중 압력계의 눈금이 주기적이며 큰 진폭으로 흔들림과 동시에 토출량도 변하면서 흡입과 토출배관에서 주기적으로 진동과 소음을 동반하는 현상이며, 영어로는 서징(Surging)현상이라고 한다.
>
> **캐비테이션(Cavitation : 공동현상)**
> 유동하는 유체의 속도 변화에 의해 압력이 낮아지면 포화증기압도 함께 낮아지면서 유체 속에 녹아 있던 기체가 분리되어 유체 내부에 기포가 발생하는 현상으로, 이 기포가 관 벽이나 날개에 부딪치면서 소음과 진동이 발생하는 현상이다. 유체의 증기압보다 낮은 압력이 발생하는 펌프 주위에서 주로 발생한다.

12

정답 ①

공기스프링은 작동유체인 Air의 특성으로 2축이나 3축을 동시에 제어하기 힘들다.

13

정답 ③

$$\delta=\frac{PL^3}{3EI}=\frac{PL^3}{3E}\times\frac{12}{bh^3}=\frac{8\times10^3\times1.5^3}{3\times200\times10^9}\times\frac{12}{0.3\times0.1^3}=0.18\times10^{-2}\text{m}=1.8\text{mm}$$

14

정답 ①

밀폐된 공간 속에서는 어느 지점에서 압력은 일정하다는 파스칼의 원리를 바탕으로 유압프레스를 작동시킨다.

15

정답 ①

냉동 사이클의 성적계수 $\epsilon_r=\frac{(\text{증발온도})}{(\text{응축온도})-(\text{증발온도})}=\frac{(\text{저온체에서 흡수한 열량})}{(\text{공급열량})}$이다.

이때, 10냉동톤의 흡수열량은 3.85×10=38.5kW이며 필요한 이론동력은 공급열량이므로,

$(\text{공급열량})=(\text{흡수열량})\times\frac{(\text{응축온도})-(\text{증발온도})}{(\text{증발온도})}$이다.

따라서 필요한 이론동력은 $38.5\times\frac{(273+25)-(273-20)}{273-20}\fallingdotseq6.85\text{kW}$이다.

> **냉동톤**
> 0℃의 물 1톤을 24시간 동안 모두 0℃의 얼음으로 바꾸는 데 필요한 능력으로, 1시간당 소요되는 열량으로 나타내며, 단위는 RT이다(1RT=3,320kcal/hr).

PART 3

16

정답 ③

CBN공구라고도 불리는 입방정 질화붕소는 다이아몬드와 비슷한 성질을 가지고 있으며, 내열성과 내마모성이 뛰어나 철계금속이나 내열합금의 절삭에 사용한다.

오답분석

① 세라믹(Ceramic) : 무기질의 비금속재료를 고온(1,200℃)에서 소결한 것이다.
② 초경합금(Carbide) : 고속, 고온절삭에서 높은 경도를 유지할 수 있는 공구재료로, WC, TiC, TaC 분말에 Co를 첨가하여 만든다. 그러나 진동이나 충격을 받으면 쉽게 깨지는 재료이다.
④ 고속도강(High Speed Steel) : W(18%), Cr(4%), V(1%)이 합금되어 약 600℃까지 견딜 수 있다. 탄소강보다 2배의 속도로 절삭가공이 가능하며, 강력 절삭바이트나 밀링커터에 사용된다.

17

정답 ①

스피닝은 탄소강 판재로 국그릇이나 알루미늄 주방용품을 소량 생산할 때 사용하는 가공법(원뿔형 용기 또는 용기의 입구를 오므라들게 만드는 가공법)으로, 보통 선반과 작업 방법이 비슷하다.

오답분석

② 컬링 : 얇은 판재나 드로잉 가공한 용기의 테두리를 프레스나 선반 등으로 둥그렇게 굽히는 가공법이다.
③ 비딩 : 판재의 편편한 부분에 다이를 이용해 일정하게 생긴 줄 모양으로 돌기부를 만드는 가공법이다.
④ 플랜징 : 금속판재의 모서리를 굽혀 테두리를 만드는 가공법이다.

18

정답 ②

한계게이지는 허용할 수 있는 부품의 오차범위의 최대・최소를 설정하고 제품의 치수가 그 범위 내에 드는지 검사하는 기기이다.

오답분석

① 블록게이지 : 길이 측정의 표준이 되는 측정기기로, 공장용 측정기들 중에서 가장 정확한 기기이다.
③ 간극게이지 : 작은 틈새나 간극을 측정하는 기기로, 필러게이지라고도 불린다.
④ 다이얼게이지 : 측정자의 직선 또는 원호운동을 기계적으로 확대하여 그 움직임을 회전 지침으로 변환시켜 눈금을 읽을 수 있도록 한 측정기이다.

19

정답 ①

단조가공은 기계나 다이를 이용하여 재료에 충격을 가해 제품을 만드는 가공법으로, 비행기 착륙기어나 크랭크축 등 응력을 크게 받는 제품의 제작에 사용한다.

오답분석

② 압연가공에 대한 설명이다.
③ 프레스가공에 대한 설명이다.
④ 인발가공에 대한 설명이다.

20

정답 ①

눈메움이나 무딤 발생 시 절삭성 향상을 위해 연삭숫돌 표면의 숫돌 입자를 제거하고, 새로운 절삭날을 숫돌 표면에 생성시켜 절삭성을 회복시키는 작업을 한다. 이때 사용하는 공구를 드레서, 방법을 드레싱이라고 한다.

오답분석

② 알루미나 등의 연마입자가 부착된 연마벨트로 제품 표면의 이물질을 제거하여 제품의 표면을 매끈하게 만든다.
③・④ 눈메움이나 무딤의 발생을 방지하기 위한 작업이다.

21

정답 ③

다이캐스팅이란 용융금속을 금형(다이)에 고속으로 충진한 뒤 응고 시까지 고압을 계속 가해 주물을 얻는 주조법이다.

오답분석

① 스퀴즈캐스팅(Squeeze Casting) : 단조가공과 주조를 혼합한 주조법으로, 먼저 용탕을 주형에 주입한 후 금형으로 압력을 가하여 제품에 기공을 없애고 기계적 성질을 좋게 한다.

② 원심주조법(Centrifugal Casting) : 고속 회전하는 사형이나 금형주형에 용탕을 주입한 후 약 300 ~ 3,000rpm으로 회전시켜 원심력에 의해 주형의 내벽에 용탕이 압착된 상태에서 응고시켜 주물을 얻는 주조법이다.

④ 인베스트먼트주조법(Investment Casting) : 제품과 동일한 형상의 모형을 왁스(양초)나 파라핀으로 만든 다음 그 주변을 슬러리상태의 내화재료로 도포한다. 그리고 가열하면 주형이 경화되면서 왁스로 만들어진 내부 모형이 용융되어 밖으로 빠지고 주형이 완성되는 주조법이다.

22

정답 ②

금속을 비중의 크기에 따라 구분할 때 비중이 4.5인 티타늄보다 가벼운 금속을 경금속이라 하며, 일반적으로 마그네슘(1.74)과 알루미늄(2.7), 티타늄(4.5) 등이 경금속에 해당한다. 반면 중금속은 비중의 크기가 4 이상인 금속으로, 주석(5.8), 철(7.8), 니켈(8.9) 등이 있다.

ⓛ Mg(마그네슘) - 1.74

ⓒ Al(알루미늄) - 2.7

오답분석

㉠ Sn(주석) - 5.8

㉣ Fe(철) - 7.8

㉤ Ni(니켈) - 8.9

23

정답 ②

절삭속도 공식을 이용하여 주축의 회전수를 구하면 다음과 같다[v=절삭속도(m/min), d=공작물의 지름(mm), n=주축회전수(rpm)].

$v=\frac{\pi dn}{1,000}$

$\rightarrow 314=\frac{3.14\times 50\times n}{1,000}$

$\rightarrow 314,000=157n$

$\therefore\ n=2,000\text{rpm}$

24

정답 ②

키의 전달강도가 큰 순서는 '스플라인>경사키>평키>안장키(새들키)'이다.

25

정답 ④

• δ(변형량)=1일 때 스프링상수 $k=\frac{P}{\delta}$(P : 응력)

• $\delta=\frac{1}{3}$일 때 스프링상수 $k=\frac{P}{\frac{1}{3}\delta}=\frac{3P}{\delta}=3k$

CHAPTER

02 전기
적중예상문제

01	02	03	04	05	06	07	08	09	10	11	12	13	14	15	16	17	18	19	20
③	②	③	③	③	②	②	①	②	④	②	②	②	③	④	③	③	③	②	④
21	22	23	24	25															
③	②	④	①	③															

01

정답 ③

C형 전선접속기 등에 의한 접속은 동전선의 종단접속 방법에 해당하지 않는다. 종단접속 방법에는 비틀어 꽂는 형의 전선접속기, 종단 겹침용 슬리브, S형 슬리브, 트위스트형 전선접속기, 동선압착단자 등을 이용하는 것이 해당한다.

02

정답 ②

$$I_r = \frac{0.838 \times \sqrt{2}\, V}{R}$$

$$I_d = \frac{0.827 \times \sqrt{2}\, V}{R}$$

$$\therefore\ v = \sqrt{\left(\frac{0.838}{0.827}\right)^2 - 1} \times 100 \fallingdotseq 16\%$$

03

정답 ③

$$E = \frac{\pi}{\sqrt{2}}(E_d + e_a) = \frac{\pi}{\sqrt{2}}(200+10) \fallingdotseq 467\text{V}$$

04

정답 ③

권수비는 무부하 시의 전압비이므로 $\frac{V_1}{V_{20}}=12$, $\frac{V_1}{V_{2n}}=13.5$이다.

식을 정리하면 $V_{20} = \frac{13.5\, V_{2n}}{12} = 1.125\, V_{2n}$ 이다.

따라서 전압 변동률 $\epsilon = \frac{V_{20} - V_{2n}}{V_{2n}} \times 100 = \frac{1.125\, V_{2n} - V_{2n}}{V_{2n}} \times 100 = 12.5\%$이다.

05

정답 ③

전위계수는 $+1$[C]이 만드는 전위로, $P=\frac{V}{Q}$[V/C], [1/F]이다. 반면, 정전용량의 단위는 [F]이므로 옳지 않다.

06

정답 ②

전원의 중성극에 접속된 전선은 중성선이며, 다상교류의 전원 중성점에서 꺼낸 전선이다.

07

정답 ②

직류 발전기의 철심을 규소 강판으로 성층하는 주된 이유는 철손을 감소시키기 위함이며, 이때 철손은 와류손(맴돌이전류손)과 히스테리시스손의 합을 말한다.

08

정답 ①

- 외부 $H=\frac{I}{2\pi r}$[AT/m] $\left(H\propto\frac{I}{r}\right)$: r에 반비례
- 내부 $H=\frac{rI}{2\pi a^2}$[AT/m] $(H\propto r)$: r에 비례

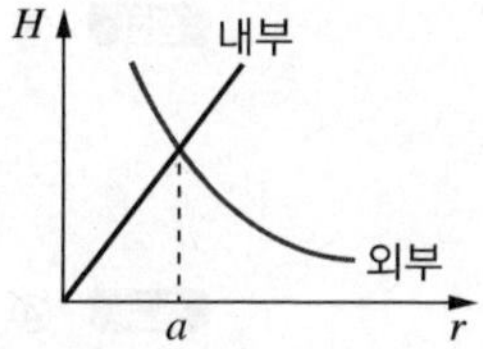

09

정답 ②

송전선 안정도 향상 방법

- 전압변동률을 줄인다(속응여자방식, 중간 조상방식 등).
- 직렬 리액턴스를 작게 한다(병행 2회선 방식, 직렬 콘덴서 채택 등).
- 계통에 주는 충격을 작게 한다(고속차단기, 소속도 재폐로 방식 등).
- 고장이 나면 발전기 입·출력의 불평형을 작게 한다.

10

정답 ④

발전기의 기전력보다 90° 뒤진 전기자 전류가 흐르면 감자 작용 또는 직축 반작용을 한다.

11

정답 ②

용량 $C=\frac{Q}{V}=\frac{5\times10^{-3}\text{C}}{1{,}000\text{V}}=5\times10^{-6}\text{F}=5\mu\text{F}$

PART 3

12

정답 ②

부동 충전은 정류기와 축전지를 부하에 병렬로 접속하고, 축전지의 방전을 계속 보충하면서 부하에 전력을 공급하는 방식이다. 부동기로서는 일반적으로 상용 전원에 의한 정류기가 사용되고, 부하에는 주로 부동기에서 전력이 공급된다.

오답분석

① 초충전에 대한 설명이다.
③ 세류 충전에 대한 설명이다.
④ 보충 충전에 대한 설명이다.

13

정답 ②

구분	단상 반파	단상 전파	3상 반파	3상 전파
직류전압	$E_d=0.45E$	$E_d=0.9E$	$E_d=1.17E$	$E_d=1.35E$
맥동 주파수	f	$2f$	$3f$	$6f$
맥동률	121%	48%	17%	4%

단상 반파의 직류전압은 $E_d=0.45\mathrm{E}$이고 $I_d=\frac{E_d}{R}$이므로, $I_d=\frac{0.45\times100}{10\sqrt{2}}\fallingdotseq3.2\mathrm{A}$이다.

14

정답 ③

소형은 5 ~ 10%의 슬립을 사용하며, 중대형은 2.5 ~ 5%의 슬립을 사용한다.

15

정답 ④

알칼리축전지는 열악한 사용 조건에서도 장기간 사용이 가능하여 중요한 예비 전원 등에 사용되고 있으며, 저온에서도 안정적이므로 전기차나 하이브리드 자동차에 사용되기도 한다.

오답분석

① 납축전지는 방전되면 황산의 농도가 묽어져 수명이 단축되고 충전이 어려워지므로 완전히 방전되기 전에 충전하여야 한다.
② 납축전지는 다른 2차 전지에 비해 경제적이지만, 전지의 용량에 비해 무거운 것이 단점이다.
③ 알칼리전지는 납축전지에 비해 가격이 비싸지만, 충전시간이 짧고 진동에 강하다.

16

정답 ③

케이블 공사에서 전선을 조영재의 아랫면 또는 옆면에 따라 붙이는 경우 전선의 지지점 간의 거리를 케이블은 2.0m 이하로 한다. 단, 사람이 접촉할 우려가 없는 곳에서 수직으로 붙이는 경우는 6.0m 이하로 한다(KEC 232.51).

17

정답 ③

전기자 반작용에서 감자작용이 발생할 경우 지상 전류 상태에서 리액턴스는 증가하여 유도되는 전류가 주자속을 감소시킨다.

18

정답 ③

$P=VI$에서 $I=\frac{P}{V}=50\mathrm{A}$이므로

발전기에서는 $E=V+R_aI_a=207.5\mathrm{V}$, 전동기에서는 $V=E+R_aI_a=215\mathrm{V}$(회전수가 같으므로 E도 같음)이다.

19

정답 ②

정격 전류가 30A 이하인 저압 전로의 과전류 차단기를 배선용 차단기로 사용하는 경우 정격 전류의 2배의 전류가 통과하였을 때 2분 이내에 자동으로 동작하여야 한다.

20

정답 ④

동기 전동기를 무부하 운전하고 그 계자전류를 조정하면 역률이 0에 가까운 전기자 전류의 크기를 바꿀 수 있는데, 동기 조상기는 이것을 이용해서 회로로부터 얻는 진상 또는 지상 무효전력을 조정하여 역률 조정에 사용한다.

오답분석

① 댐퍼 : 진동 에너지를 흡수하는 장치로 제진기, 흡진기라고도 한다.
③ 제동 권선 : 동기기 자극편의 전기자에 상대하는 면의 슬롯 안에 설치한 권선이다.

21

정답 ③

- 13개 직렬연결 시
  - 최저 전압 : 25×13=325V
  - 최고 전압 : 45×13=585V

  → 파워컨디셔너의 동작범위 초과
- 12개 직렬연결 시
  - 최저 전압 : 25×12=300V
  - 최고 전압 : 45×12=540V

따라서 파워컨디셔너의 동작범위 이내이므로 12장까지 직렬연결이 가능하다.

22

정답 ②

평행판 콘덴서 전극 사이에 유리판 삽입 : 콘덴서 직렬 구조

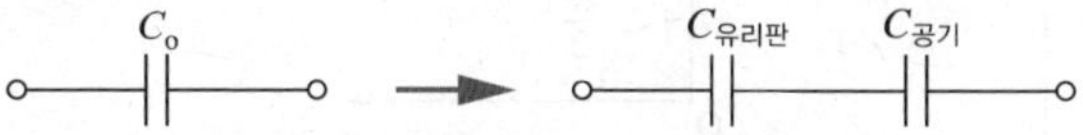

- 공기 $C=\frac{\varepsilon S}{d}$ 에서 $d=\frac{1}{2}=\frac{\varepsilon S}{\frac{1}{2}d}=\frac{\varepsilon S}{d}\times 2$

  C는 2배의 용량이 된다.

  $\therefore\ C_0=2\times C=2\times 2\mu\text{F}=4\mu\text{F}$

- 유리판 $C=\frac{\varepsilon S}{d}$ 에서 $d=\frac{1}{2}$, $\varepsilon=9\varepsilon=\frac{9\varepsilon S}{\frac{1}{2}d}=\frac{\varepsilon S}{d}\times 18$

  C는 18배의 용량이 된다.

  $\therefore\ C_0=18\times C=18\times 2=36\mu\text{F}$

등가회로에서

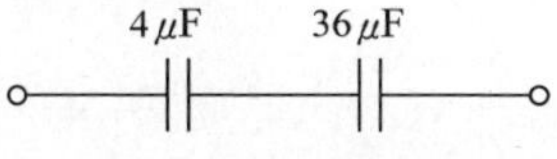

$\therefore\ C_0=\frac{4\times 36}{4+36}=\frac{144}{40}=3.6\mu\text{F}$

23

정답 ④

$E_S = AE_R + BI_R$, $I_S = CE_R + DI_R$에서 부하 단락 시 $E_R = 0$이다.

따라서 $E_S = BI_R = \frac{B}{D}E_S$이다.

24

정답 ①

양성자는 (+)전하이며, 전자는 (−)전하를 띠므로 양성자와 전자의 극성은 반대이다.

25

정답 ③

ㄱ. $R-L-C$ 병렬이므로 전압은 모두 같다.
ㄷ. 공진 시 전류는 저항 R에만 흐른다.
ㅁ. 공진 시 에너지는 저항 R에서만 소비된다.

오답분석

ㄴ. 어드미턴스 $Y = \frac{1}{R} + j\left(\omega C - \frac{1}{\omega L}\right)$[℧]

$$Y = \frac{1}{R} + j\frac{1}{X_c} - j\frac{1}{X_L}[℧] = \frac{1}{R} + j\left(\frac{1}{X_c} - \frac{1}{X_L}\right),\ X_c = \frac{1}{\omega C},\ X_L = \omega L \text{ 대입}$$

$$= \frac{1}{R} + j\left(\frac{1}{\frac{1}{\omega C}} - \frac{1}{\omega L}\right) = \frac{1}{R} + j\left(\omega C - \frac{1}{\omega L}\right)[℧]$$

ㄹ. L과 C의 전류 위상차 : $-90°$와 $+90°$, 즉 $180°$ 위상차 발생

L[H]	C[F]
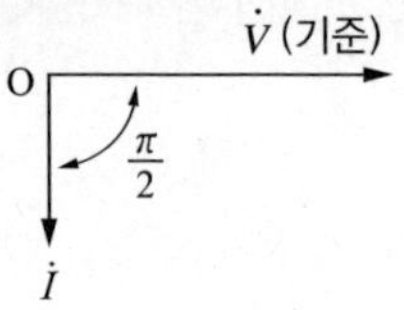 $v > I\left(\frac{\pi}{2}\right)$	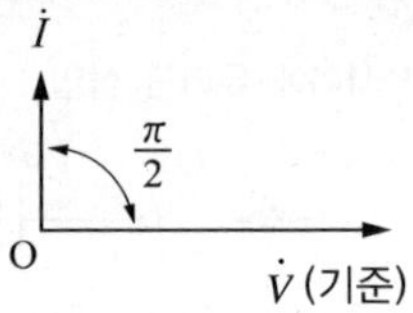 $v < I\left(\frac{\pi}{2}\right)$

화학 적중예상문제

01	02	03	04	05	06	07	08	09	10	11	12	13	14	15	16	17	18	19	20
④	③	④	④	④	②	①	②	④	②	④	③	③	③	④	②	①	②	④	②
21	22	23	24	25															
①	③	②	②	③															

01

정답 ④

$q=mC_Pdt=mC_P\Delta t=(30)(0.24)(120-25)=684\text{kcal}$

02

정답 ③

$R=\frac{l}{kA}=\frac{0.5}{3.5\times1}\fallingdotseq 0.14℃\cdot\text{hr/kcal}$

03

정답 ④

유로가 원형이 아닌 경우 직경 대신 상당 직경을 사용한다.

$(\text{상당 직경})=\frac{(\text{유로의 단면적})}{(\text{유체가 접한 총길이})}$

04

정답 ④

암모니아 산화법에는 Pt−Rh(10%)가 가장 많이 사용되고 있으므로 옳지 않다.

05

정답 ④

$C+O_2\rightarrow CO_2$

$(\text{산소의 양})=\frac{24}{12}\times32=64\text{kg}$

06

정답 ②

- 기상 에탄올(Ethanol)의 몰 분율 : $\frac{3.3}{3.3+1.7}=0.66$
- 기상 수증기(H2O)의 몰 분율 : $1-0.66=0.34$

$\therefore\ \alpha=\frac{0.66/0.34}{0.52/0.48}\fallingdotseq 1.79$

PART 3

07

정답 ①

분리된 추제의 양 Vkg/hr와 남은 추제의 양 $v$kg/hr과의 비 αV/v를 추제비라고 한다.
따라서 추제의 양은 $V=\alpha\cdot v=5\times10=50$kg/hr이다.

08

정답 ②

표면식 응축기는 증기와 냉각수가 금속벽을 사이에 두고 간접적으로 접촉하는 것으로 다관식의 것을 많이 사용한다.

09

정답 ④

휘발도가 이상적으로 낮을 경우에는 최고 비점을 가지는 최고 공비 혼합물을 얻게 된다. 즉, 휘발도가 이상적으로 낮은 것은 다른 종류의 분자 간의 친화력이 큰 경우이다.

10

정답 ②

$$\rho=\frac{M}{22.4}\times\frac{T_0}{T}=\left(\frac{29}{22.4}\right)\times\left(\frac{273}{300}\right)\fallingdotseq 1.18\text{kg/m}^3$$

11

정답 ④

비료용은 보통 20.6～20.8% N을 함유하는 산성 비료이다. 또한 황산기(SO_4)는 강산이다.

12

정답 ③

기초 대사량은 심장 박동, 혈액 순환, 호흡 운동, 체온 유지 등 생명을 유지하는 데 필요한 최소한의 에너지량이다.

13

정답 ③

기존의 생물체 속에 다른 생물체의 유전자를 끼워 넣음으로써 기존의 생물체에 존재하지 않던 새로운 성질을 갖도록 하는 생물체를 유전자 변형 생물이라고 한다. 이를 위해 유전자 재조합 기술이 사용된다.

14

정답 ③

$$N_{Re}=\frac{D\bar{u}\rho}{\mu}$$

D : 내경
$\bar{u}$: 유체의 평균 속도
ρ : 유체의 밀도
μ : 점도

$$\therefore f=\frac{16}{N_{Re}}=\frac{16}{\frac{10\times4\times1}{0.01}}=\frac{16}{4,000}=0.004$$

15
정답 ④

증발관의 용량

$q = UA\Delta t = 800 \times 1 \times (130 - 20) = 88,000\text{kcal/hr}$

16
정답 ②

(몰분율)=(압력분율)

$$\frac{P_{H_2O}}{P} = \frac{5/18}{(200/29 + 5/18)} \fallingdotseq 0.039$$

$\therefore\ P_{H_2O} = P \times 0.039 = 1 \times 0.039 = 0.039\text{atm} = 0.039 \times 760 = 29.64\text{mmHg}$

17
정답 ①

추제의 선택 조건

- 선택도 또는 선택성이 커야 한다.
- 회수가 용이해야 한다.
- 값이 싸고 화학적으로 안정해야 한다.
- 비점 및 응고점이 낮으며, 부식성과 유동성이 적고 추질과 비중차가 클수록 좋다.

18
정답 ②

절대습도는 몰습도라고도 하며, H[kg−H_2O/kg−dry gas] 또는 H_m[kg−mol H_2O/kg mol−dry gas]로 표현된다.

19
정답 ④

고립된 전체계의 엔트로피는 언제나 증가하지만 그 안에 속해 있는 개방계(바깥세계와 에너지와 물질을 모두 교환하는 계)의 경우 엔트로피가 감소할 수 있다(생물의 엔트로피). 이때 엔트로피의 개념은 열역학 제2법칙과 관련된다.

20
정답 ②

(용액 중 80%의 수분의 양)$= \frac{x}{10+x} \times 100 = 80\%$

$\therefore\ x = 40$

따라서 제거될 물의 양은 90−40=50kg이다.

21
정답 ①

이상기체의 법칙

$$P = \frac{nRT}{V} = \frac{W}{M}RT$$

[P : 압력, T : 온도, n : 몰수, W : 기체의 무게, M : 분자량, R : 기체상수(≒0.082)]

$$\therefore\ P = \frac{nRT}{V} = \frac{2 \times 0.082 \times 300}{50} = 0.984$$

22

정답 ③

(CO$_2$로 변한 C의 양)$=66\text{kg}\times\frac{12}{44}=18\text{kg}$

(CO로 변한 C의 양)$=24\text{kg}-18\text{kg}=6\text{kg}$

$\therefore$ (CO의 양)$=6\text{kg}\times\frac{28}{12}=14\text{kg}$

23

정답 ②

유체의 속도

$\bar{\mu}=\frac{Q}{A}\times\frac{Q}{\frac{\pi D^2}{4}}=\frac{W}{\rho\frac{\pi}{4}D^2}$에서 $\bar{\mu}=\frac{W}{\rho\frac{\pi}{4}D^2}=\frac{31.4}{(0.75\times1,000)\frac{\pi}{4}\times(4\times10^{-2})^2}\fallingdotseq33.33\text{m/min}$

24

정답 ②

- 층류 : $N_{Re}<2,100$
- 임계영역 : $2,100<N_{Re}<400$
- 난류 : $N_{Re}>4,000$
- Plug Flow : 유속의 분포가 항상 일정($\bar{\mu}=\mu_{max}$ =일정)

25

정답 ③

건식 인산 제조법의 특징

- 저품위 인광석을 처리할 수 있다.
- 인의 기화와 산화를 따로 할 수 있다.
- 고순도·고농도의 인산을 제조한다.
- Slag는 시멘트의 원료가 된다.
- 습식법과 달리 황산을 요하지 않는다.

PART 4

최종점검 모의고사

제1회	최종점검 모의고사
제2회	최종점검 모의고사

제1회 최종점검 모의고사

01 NCS 공통영역

01	02	03	04	05	06	07	08	09	10	11	12	13	14	15	16	17	18	19	20
④	①	③	①	④	③	②	④	④	④	③	①	③	①	①	④	④	③	④	①
21	22	23	24	25	26	27	28	29	30										
④	①	④	②	④	④	④	②	④	②										

01 문서 내용 이해

정답 ④

시집을 간 공주는 궁에 함부로 드나들 수 없었기 때문에 어머니인 순원왕후는 덕원공주의 안부를 묻기 위해 편지를 했으며, 그 수신자를 주로 사위 윤의선으로 하였다.

02 내용 추론

정답 ①

리플리 증후군 환자와 사기범죄자의 차이는 자신이 거짓말을 말하고 있는지 아닌지를 인지하고 있는가 그리고 그 거짓말이 들키는 것을 두려워하는가이다. 따라서 거짓말 탐지기나 취조, 증거물 제시 등의 방법으로 둘의 차이를 구분할 수 있을 것이다.

오답분석

② 세 번째 문단을 통해 현재까지 리플리 증후군의 정확한 원인은 밝혀지지 않았으며, 여러 가설만이 존재한다는 사실을 확인할 수 있다. 따라서 원인이 복합적일 가능성을 배제할 수 없다.
③ 제시된 가설의 경우 스트레스와 좌절감, 학대와 뇌 질환 등 다양한 정신적·육체적 문제를 그 원인으로 지목하고 있다.
④ 첫 번째 문단을 통해 소설 속 리플리와 같은 증상이 나타나면서 20세기 후반부터 정신병리학자들의 본격적인 연구 대상이 되었다는 사실을 알 수 있다. 따라서 소설 이전에는 별다른 연구 대상이 되지 않았음을 추론할 수 있다.

03 빈칸 삽입

정답 ③

- (가) : 빈칸 뒤의 '박연의 의견'을 통해 빈칸에는 음악에 대한 박연의 입장에 대한 내용이 있어야 함을 알 수 있다. 따라서 박연이 음악을 양성음과 음성음의 대응과 조화로 이해하였다는 내용의 ㉡이 들어가는 것이 적절하다.
- (나) : 빈칸 뒤의 우리나라 사람들이 오례 때 중국의 성음으로 이루어진 아악을 듣는 것에 대한 의문이 제기되었다는 내용을 통해 빈칸에는 이러한 의문이 제기된 원인이 와야 함을 알 수 있다. 따라서 중국에서 들어온 아악은 우리에게 익숙한 음악이 아니었다는 내용의 ㉢이 들어가는 것이 자연스럽다.
- (다) : 빈칸 앞의 향악을 예악과 어떻게 조화시킬 것인가에 대한 문제가 공론화되었다는 내용을 통해 빈칸에는 이러한 문제에 대한 해결 방법 또는 그 해결 결과가 나와야 함을 알 수 있다. 따라서 이후 여러 논의를 통해 향악을 반드시 연주하게 되었다는 내용의 ㉠이 들어가는 것이 적절하다.

04 문서 내용 이해

정답 ①

일반 시민들이 SNS를 통해 문제를 제기하면서 전통적 언론에서 뒤늦게 그 문제에 대해 보도하는 현상이 생기게 된 것이다.

오답분석

㉠·㉢ 현대의 전통적 언론도 의제설정기능을 수행할 수는 있지만, 과거 언론에 비해 의제설정기능의 역할이 약화되었다.
㉣ SNS로 인해 역의제설정 현상이 강해지고 있다.

05 빈칸 삽입

정답 ④

제시문에서는 뛰어난 잠재력이 있는 인재만이 좋은 인재로 성장하는 것이 아니라, 리더의 기대와 격려, 관심에 따라 인재가 성장하는 것이라고 말하고 있다. 따라서 모든 구성원을 차별하지 말고 잠재력을 믿자는 내용의 ④가 빈칸에 들어갈 내용으로 가장 적절하다.

06 글의 제목

정답 ③

제시문은 타인에 대한 기대가 그 사람의 성취에 크게 영향을 미친다는 실험 결과를 통해 리더의 역할에 대해 말하고 있다. 따라서 잠재력 있는 인재가 더 성장한다는 내용보다는 리더의 역할에 따라 구성원의 역량이 발휘된다는 내용이 나와야 하므로 ③은 글의 제목으로 적절하지 않다.

07 글의 주제

정답 ②

제시문은 '탈원전·탈석탄 공약에 맞는 제8차 전력공급기본계획(안) 수립 → 분산형 에너지 생산시스템으로의 정책 방향 전환 → 분산형 에너지 생산시스템에 대한 대통령의 강한 의지 → 중앙집중형 에너지 생산시스템의 문제점 노출 → 중앙집중형 에너지 생산시스템의 비효율성'의 내용으로 전개되고 있다. 즉, 제시문은 일관되게 '에너지 분권의 필요성과 나아갈 방향을 모색해야 한다.'라는 점을 말하고 있다. 따라서 글의 주제로 가장 적절한 것은 '에너지 분권의 필요성과 방향'이다.

오답분석

①·③ 제시문에서 언급되지 않았다.
④ 제시문은 다양한 사회적 문제점들과 기후, 천재지변 등에 의한 문제점들을 언급하고 있으나 글의 주제를 뒷받침하기 위한 이슈이므로 글 전체의 주제로 보기에는 어렵다.

08 빈칸 삽입

정답 ④

제시문을 통해 4세대 신냉매는 온실가스를 많이 배출하는 기존 3세대 냉매의 대체 물질로 사용되어 지구 온난화 문제를 해결하는 열쇠가 될 것임을 알 수 있다. 따라서 빈칸에 들어갈 내용으로 ④가 가장 적절하다.

09 경청

정답 ④

경청의 5단계

㉠ 무시(0%)
㉡ 듣는 척하기(30%)
㉢ 선택적 듣기(50%)
㉣ 적극적 듣기(70%)
㉤ 공감적 듣기(100%)

PART 4

10 어휘

정답 ④

'신기롭다'와 '신기스럽다' 중 '신기롭다'만을 표준어로 인정한다.

오답분석

한글 맞춤법에 따르면 똑같은 형태의 의미가 몇 가지 있을 경우, 그중 어느 하나가 압도적으로 널리 쓰이면 그 단어만을 표준어로 삼는다.

① '–지만서도'는 방언형일 가능성이 높다고 보아 표준어에서 제외되었으며, '–지만'이 표준어이다.
② '길잡이', '길라잡이'가 표준어이다.
③ '쏜살같이'가 표준어이다.

11 인원 선발

정답 ③

C대리의 인사평가 점수는 2024년 업무평가 점수인 89점에서 지각 1회에 따른 5점, 결근 1회에 따른 10점을 제한 74점이다. 따라서 승진 대상에 포함되지 못하므로 2025년 4월에 직급은 그대로 대리일 것이다.

오답분석

① A사원은 근속연수가 3년 미만이므로 승진 대상이 아니다.
② B주임은 출산휴가 35일을 제외하면 근속연수가 3년 미만이므로 승진 대상이 아니다.
④ 제시된 자료는 승진 대상에 대한 자료이므로 D과장은 대리가 될 수 없다.

12 품목 확정

정답 ①

각 자동차의 경비를 구하면 다음과 같다.

[A자동차]
- (연료비)=150,000km÷12km/L×1,400원/L=1,750만 원
- (경비)=1,750만 원+2,000만 원=3,750만 원

[B자동차]
- (연료비)=150,000km÷8km/L×900원/L=1,687.5만 원
- (경비)=1,687.5만 원+2,200만 원=3,887.5만 원

[C자동차]
- (연료비)=150,000km÷15km/L×1,150원/L=1,150만 원
- (경비)=1,150만 원+2,700만 원=3,850만 원

[D자동차]
- (연료비)=150,000km÷20km/L×1,150원/L=862.5만 원
- (경비)=862.5만 원+3,300만 원=4,162.5만 원

따라서 경비가 가장 적게 들어가는 차량은 A자동차이다.

13 비용 계산

정답 ③

면당 추가료를 x원, 청구항당 심사청구료를 y원이라고 하자.

- 대기업 : (기본료)$+20x+2y=70,000$ …… ㉠
- 중소기업 : (기본료)$+20x+3y=90,000$ …… ㉡
  (∵ 중소기업은 50% 감면 후 수수료가 45,000원)

따라서 ㉡−㉠을 계산하면 $y=20,000$이므로 청구항당 심사청구료는 20,000원이다.

14 비용 계산

정답 ①

면당 추가료를 x원, 청구항당 심사청구료를 y원이라고 하자.

- 대기업 : (기본료)$+20x+2y=70,000$ …… ㉠
- 개인 : (기본료)$+40x+2y=90,000$ …… ㉡

(∵ 개인은 70% 감면 후 수수료가 27,000원)

따라서 ㉡－㉠을 계산하면 $x=1,000$이므로 면당 추가료는 1,000원이다.

15 비용 계산

정답 ①

면당 추가료는 1,000원, 청구항당 심사청구료는 20,000원이다.

대기업 특허출원 수수료는 70,000원으로 (기본료)$+20\times1,000+2\times20,000$이므로 기본료는 10,000원이다.

16 인원 선발

정답 ④

승진시험 성적은 100점 만점이므로 제시된 점수를 그대로 반영하고 영어 성적은 5를 나누어서 반영한다. 성과 평가의 경우는 2를 나누어서 합산점수를 구하면 다음과 같다.

(단위 : 점)

구분	A	B	C	D	E	F	G	H	I	J	K
합산점수	220	225	225	200	277.5	235	245	220	260	225	230

이때, 합산점수가 높은 E와 I는 동료평가에서 하를 받았으므로 승진 대상에서 제외된다. 따라서 다음 순위자인 F, G 2명이 승진 대상자가 된다.

17 품목 확정

정답 ④

한 달을 기준으로 S씨가 지출하게 될 자취방 월세와 자취방에서 대학교까지 왕복 시 거리비용을 합산하면 다음과 같다.

- A자취방 : $330,000+(1.8\times2,000\times2\times15)=438,000$원
- B자취방 : $310,000+(2.3\times2,000\times2\times15)=448,000$원
- C자취방 : $350,000+(1.3\times2,000\times2\times15)=428,000$원
- D자취방 : $320,000+(1.6\times2,000\times2\times15)=416,000$원

따라서 S씨가 선택할 수 있는 가장 저렴한 비용의 자취방은 D자취방이다.

18 시간 계획

정답 ③

엘리베이터는 한 번에 최대 세 개 층을 이동할 수 있으며, 올라간 다음에는 반드시 내려와야 한다는 조건에 따라 청원경찰이 최소 시간으로 6층을 순찰하고, 1층으로 돌아올 수 있는 방법은 다음과 같다.

1층 → 3층 → 2층 → 5층 → 4층 → 6층 → 3층 → 4층 → 1층

이때, 이동에만 소요되는 시간은 총 $2+1+3+1+2+3+1+3=16$분이다.

따라서 청원경찰이 6층을 모두 순찰하고 1층으로 돌아오기까지 소요되는 시간은 총 60(=10분×6층)+16=76분=1시간 16분이다.

19 시간 계획

정답 ④

다른 직원들의 휴가 일정이 겹치지 않고, 주말과 공휴일이 아닌 평일이며, 전체 일정도 없는 21 ~ 22일이 김대리의 휴가 일정으로 적절하다.

오답분석

① 3월 1일은 공휴일이므로 휴가일로 적절하지 않다.
② 3월 5일은 K공사 전체회의 일정이 있어 휴가를 사용하지 않는다.
③ 3월 10일은 주말이므로 휴가일로 적절하지 않다.

20 시간 계획

정답 ①

전체회의 일정과 공휴일(삼일절), 주말을 제외하면 3월에 휴가를 사용할 수 있는 날은 총 20일이다. 직원이 총 12명이므로 한 명당 1일을 초과하여 휴가를 쓸 수 없다.

21 명제 추론

정답 ④

두 번째 조건에 의해 B가 2023년에 독일에서 가이드를 하였고, 첫 번째 조건에 의해 2023년에는 네덜란드에서 가이드를 하였다. 또한 세 번째 조건에 의해 C는 2022년에 프랑스 가이드를 하였으며 네 번째 조건에 의해 2024년에 독일 가이드를 하지 않았으므로 C는 2023년에 네덜란드에서 가이드를 하지 않았다. 그러므로 2023년에 C가 갈 수 있는 곳은 네덜란드를 제외한 영국, 프랑스, 독일이다. 하지만 첫 번째・마지막 조건에 의해 C는 독일과 프랑스를 갈 수 없으므로 2023년에 C는 영국에서 가이드를 하였다. 그리고 2024년에 C가 갈 수 있는 곳은 독일과 네덜란드이며 첫 번째 조건에 의해 독일은 제외되므로 2024년에 C는 네덜란드 가이드를 하였다.
다섯 번째 조건에서 2023년 B와 2022년 D는 같은 곳에서 가이드를 하였음을 알 수 있다. 그러므로 2022년 D는 독일에서 가이드를 하였으므로 마지막 조건에 의해 A는 2022년에 영국 가이드를 하였다.
2023년 A와 D가 갈 수 있는 곳은 네덜란드와 프랑스이다. D가 네덜란드를 갈 경우 2024년에 반드시 독일을 가야 한다. 그러면 같은 곳은 다시 가지 않는다는 마지막 조건에 부합하지 않으므로 2023년에 A는 네덜란드, D는 프랑스 가이드를 하였고, 이에 따라 2024년에 A는 독일, D는 영국 가이드를 하였다. 2024년에 B와 C가 갈 수 있는 곳은 프랑스와 네덜란드인데 마지막 조건에 의해 C가 프랑스에 갈 수 없으므로, B가 프랑스, C는 네덜란드에 가이드를 한다.
이를 표로 정리하면 다음과 같다.

구분	2022년	2023년	2024년
A	영국	네덜란드	독일
B	네덜란드	독일	프랑스
C	프랑스	영국	네덜란드
D	독일	프랑스	영국

따라서 2024년에 네덜란드 가이드를 한 C는 첫 번째 조건에 의해 2025년에는 독일 가이드를 한다.

오답분석

① 2023년 A와 2022년 B는 네덜란드에서 가이드를 하였으므로 옳지 않다.
② 2024년 B는 프랑스에서 가이드를 하였으므로 옳지 않다.
③ 2022 ~ 2024년 동안 A는 영국, 네덜란드, 독일에서 가이드를 하였고, D는 독일, 프랑스, 영국에서 가이드를 하였으므로 동일하지 않다.

22 명제 추론

정답 ①

'물을 녹색으로 만든다.'를 p, '냄새 물질을 배출한다.'를 q, '독소 물질을 배출한다.'를 r, '물을 황색으로 만든다.'를 s라고 하면 $p \rightarrow q$, $r \rightarrow \sim q$, $s \rightarrow \sim p$가 성립한다. 첫 번째 명제의 대우인 $\sim q \rightarrow \sim p$가 성립함에 따라 $r \rightarrow \sim q \rightarrow \sim p$가 성립한다. 따라서 '독소 물질을 배출하는 조류는 물을 녹색으로 만들지 않는다.'는 반드시 참이 된다.

23 자료 해석

정답 ④

행사장 방문객은 시계 반대 방향으로 돌면서 전시관을 관람한다. 400명의 방문객이 출입하여 제1전시관에서 100명이 관람한다면 나머지 300명은 관람하지 않고 지나치게 된다. 따라서 A에서 홍보판촉물을 나눠 줄 수 있는 대상자는 300명이 된다. 그리고 B는 A를 거쳐서 오는 300명과 제1전시관을 관람하고 나온 100명의 인원이 합쳐지는 장소이므로 총 400명을 대상으로 홍보판촉물을 나눠 줄 수 있다. 이러한 개념으로 모든 장소를 고려해 보면 각 전시관과의 출입구가 합류되는 B, D, F에서 가장 많은 사람들에게 홍보판촉물을 나눠 줄 수 있다.

24 자료 해석

정답 ②

㉡ 화장품은 할인 혜택에 포함되지 않는다.
㉢ 이불은 가구가 아니므로 할인 혜택에 포함되지 않는다.

25 규칙 적용

정답 ④

- 형태 : HX(육각)
- 허용압력 : L(18kg/cm^2)
- 직경 : 014(14mm)
- 재질 : SS(스테인리스)
- 용도 : M110(자동차)

PART 4

26 자료 해석

정답 ④

각 펀드의 총점을 통해 비교 결과를 유추하면 다음과 같다.

- A펀드 : 한 번은 우수(5점), 한 번은 우수 아님(2점)
- B펀드 : 한 번은 우수(5점), 한 번은 우수 아님(2점)
- C펀드 : 두 번 모두 우수 아님(2점+2점)
- D펀드 : 두 번 모두 우수(5점+5점)

각 펀드의 비교 대상은 다른 펀드 중 두 개이며, 총 4번의 비교를 했다고 하였으므로 다음과 같은 경우를 고려할 수 있다.

i)

A		B		C		D	
B	D	A	C	B	D	A	C
5	2	2	5	2	2	5	5

표의 결과를 정리하면 D>A>B, A>B>C, B·D>C, D>A·C이므로 D>A>B>C이다.

ii)

A		B		C		D	
B	C	A	D	A	D	C	B
2	5	5	2	2	2	5	5

표의 결과를 정리하면 B>A>C, D>B>A, A·D>C, D>C·B이므로 D>B>A>C이다.

iii)

A		B		C		D	
D	C	C	D	A	B	A	B
2	5	5	2	2	2	5	5

표의 결과를 정리하면 D>A>C, D>B>C, A·B>C, D>A·B이므로 D>A·B>C이다.

ㄱ. 세 가지 경우에서 모두 D펀드는 C펀드보다 우수하다.
ㄴ. 세 가지 경우에서 모두 B펀드보다 D펀드가 우수하다.
ㄷ. 마지막 경우에서 A펀드와 B펀드의 우열을 가릴 수 있으면 A～D까지 우열 순위를 매길 수 있다.

27 명제 추론

정답 ④

모든 조건을 고려해 두 가지 경우로 정리하면 다음과 같다.

구분	B 우세	C 우세
경우 1	D, F	E, F
경우 2	E, F	D, F

따라서 보기의 ㉡과 ㉢이 옳은 추론임을 알 수 있다.

오답분석

㉠ C는 E에게 우세할 수도 있지만 열세일 수도 있으므로 옳지 않다.

28 창의적 사고

정답 ②

- A : 비판적 사고의 목적은 단순히 주장의 단점을 찾아내는 것이 아니라, 종합적인 분석과 검토를 통해 그 주장이 타당한지 아닌지를 밝혀내는 것이다.
- D : 비판적 사고는 논증, 추론에 대한 문제의 핵심을 파악하는 방법을 통해 배울 수 있으며, 타고난 것이라고 할 수 없다.

29 자료 해석

정답 ④

- 갑이 화장품 세트를 구매하는 데 든 비용
  - 화장품 세트 : 29,900원
  - 배송비 : 3,000원(일반배송상품이지만 화장품 상품은 30,000원 미만 주문 시 배송비 3,000원 부담)
- 을이 책 3권을 구매하는 데 든 비용
  - 책 3권 : 30,000원(각각 10,000원)
  - 배송비 : 무료(일반배송상품＋도서상품은 배송비 무료)

따라서 물건을 구매하는 데 배송비를 포함한 가격으로 갑은 32,900원, 을은 30,000원이다.

30 자료 해석

정답 ②

- 사과 한 박스의 가격 : 32,000×0.75(25% 할인)＝24,000원
- 배송비 : 무료(일반배송상품, 도서지역에 해당되지 않음)
- 최대 배송 날짜 : 일반배송상품은 결제완료 후 평균 2～4일 이내 배송되므로(공휴일 및 연휴 제외) 금요일 결제완료 후 토요일, 일요일을 제외하고 늦어도 목요일까지 배송될 예정이다.

02 사무

31	32	33	34	35	36	37	38	39	40	41	42	43	44	45	46	47	48	49	50
②	①	②	③	③	①	③	②	①	④	③	①	③	②	④	③	④	③	④	①

31 응용 수리

정답 ②

전체 일의 양을 1이라 하면 민수와 아버지가 1분 동안 하는 일의 양은 각각 $\frac{1}{60}$, $\frac{1}{15}$이다.

민수가 아버지와 함께 일한 시간을 x분이라 하면 식은 다음과 같다.

$\frac{1}{60}\times 30+\left(\frac{1}{60}+\frac{1}{15}\right)\times x=1$

$\therefore\ x=6$

따라서 민수와 아버지가 함께 일한 시간은 6분이다.

32 응용 수리

정답 ①

서로 다른 8명 중 순서를 고려하지 않고 3명을 선택하는 방법은 다음과 같다.

${}_8C_3=\frac{8!}{(8-3)!\times 3!}=56$

따라서 8명의 후보 중 3명을 선출하는 경우는 총 56가지이다.

33 응용 수리

정답 ②

더 넣은 소금의 양을 xg이라고 하면 다음과 같은 식이 성립한다.

$\frac{4}{100}\times 450+x=\frac{10}{100}(450+x)$

$\rightarrow 1{,}800+100x=4{,}500+10x$

$\rightarrow 90x=2{,}700$

$\therefore\ x=30$

따라서 더 넣은 소금의 양은 30g이다.

34 응용 수리

정답 ③

지하철의 이동거리를 $x$km라고 하자.

이상이 생겼을 때 지하철의 속력은 $60\times 0.4=24$km/h이다.

평소보다 45분 늦게 도착하였으므로 다음과 같은 식이 성립한다.

$\frac{x}{24}-\frac{x}{60}=\frac{45}{60}$

$\rightarrow 5x-2x=90$

$\rightarrow 3x=90$

$\therefore\ x=30$

따라서 P사원이 출발하는 역부터 도착하는 역까지 지하철의 이동 거리는 30km이다.

35 자료 이해

정답 ③

예식장 사업 형태에 따른 수익률을 구하면 다음과 같다.

구분	개인경영	회사법인	회사 이외의 법인	비법인 단체
수익률(%)	$\left(\frac{270}{150}-1\right)\times100=80$	$\left(\frac{40}{25}-1\right)\times100=60$	$\left(\frac{17}{10}-1\right)\times100=70$	$\left(\frac{3}{2}-1\right)\times100=50$

따라서 수익률이 가장 높은 예식장 사업 형태는 개인경영이다.

오답분석

① 제시된 자료의 사업체 수는 다른 사업 형태보다 개인경영 사업체 수가 많은 것을 확인할 수 있다.

② 사업체 1개당 매출액을 구하면 다음과 같다.

- 개인경영 : $\frac{270}{900}$=0.3십억 원=3억 원
- 회사법인 : $\frac{40}{50}$=0.8십억 원=8억 원
- 회사 이외의 법인 : $\frac{17}{85}$=0.2십억 원=2억 원
- 비법인 단체 : $\frac{3}{15}$=0.2십억 원=2억 원

따라서 사업체 1개당 매출액이 가장 큰 예식장 사업 형태는 회사법인이다.

④ 개인경영 형태의 예식장 수익률은 80%로 비법인 단체 형태의 예식장 수익률인 50%의 2배인 100% 미만이다.

36 자료 이해

정답 ①

제시된 자료는 비율을 나타내기 때문에 실업자의 수는 알 수 없다.

오답분석

② 실업자 비율은 2%p 증가하였다.

③ 경제활동인구 비율은 80%에서 70%로 감소하지만, 제시된 자료는 비율을 나타내기 때문에 경제활동인구의 수는 알 수 없다.

④ 취업자 비율은 12%p 감소했지만, 실업자 비율은 2%p 증가하였기 때문에 취업자 비율의 증감폭이 더 크다.

37 자료 계산

정답 ③

- 1인 1일 사용량에서 영업용 사용량이 차지하는 비중 : $\frac{80}{282}\times100 \fallingdotseq 28.37\%$
- 1인 1일 가정용 사용량의 하위 두 항목이 차지하는 비중 : $\frac{20+13}{180}\times100 \fallingdotseq 18.33\%$

38 자료 이해

정답 ②

수도권은 서울과 인천·경기를 합한 지역을 의미한다. 따라서 전체 마약류 단속 건수 중 수도권의 마약류 단속 건수의 비중은 22.1+35.8=57.9%로 50% 이상이다.

오답분석

① • 대마 단속 전체 건수 : 167건
• 코카인 단속 전체 건수 : 65건
65×3=195>167이므로 옳지 않다.

③ 코카인 단속 건수가 없는 지역은 강원, 충북, 제주로 3곳이다.

④ • 대구·경북 지역의 향정신성의약품 단속 건수 : 138건
• 광주·전남 지역의 향정신성의약품 단속 건수 : 38건
38×4=152>138이므로 옳지 않다.

39 자료 계산

정답 ①

광역시 저소득층 점유형태별 구성비는 나열된 항목인 자가, 전세, 보증부 월세, 월세, 사글세, 무상 순으로 $\frac{1}{2}$씩 수치가 감소하고 있다. 따라서 빈칸에 들어갈 수치는 $6.4\times\frac{1}{2}=3.2$이다.

40 자료 이해

정답 ④

같은 물질에 대한 각 기관의 실험오차율의 크기 비교는 실험오차의 크기 비교로 할 수 있다.
물질 2에 대한 각 기관의 실험오차를 구하면 다음과 같다.

- A기관 : $|26-11.5|=14.5$
- B기관 : $|7-11.5|=4.5$
- C기관 : $|7-11.5|=4.5$
- D기관 : $|6-11.5|=5.5$

B, C, D기관의 실험오차의 합은 $4.5+4.5+5.5=14.5$이다.
따라서 물질 2에 대한 A기관의 실험오차율은 물질 2에 대한 나머지 기관의 실험오차율의 합과 같으므로 ④는 이해한 내용으로 옳지 않다.

오답분석

① • 물질 1에 대한 B기관의 실험오차 : $|7-4.5|=2.5$
  • 물질 1에 대한 D기관의 실험오차 : $|2-4.5|=2.5$
  즉, 두 기관의 실험오차와 유효농도가 동일하므로 실험오차율도 동일하다.

② 실험오차율이 크려면 실험오차가 커야 한다. 물질 3에 대한 각 기관의 실험오차를 구하면 다음과 같다.
  • A기관 : $|109-39.5|=69.5$
  • B기관 : $|15-39.5|=24.5$
  • C기관 : $|16-39.5|=23.5$
  • D기관 : $|18-39.5|=21.5$
  따라서 물질 3에 대한 실험오차율은 A기관이 가장 크다.

③ • 물질 1에 대한 B기관의 실험오차 : $|7-4.5|=2.5$
  • 물질 1에 대한 B기관의 실험오차율 : $\frac{2.5}{4.5}\times100 \fallingdotseq 55.56\%$
  • 물질 2에 대한 A기관의 실험오차 : $|26-11.5|=14.5$
  • 물질 2에 대한 A기관의 실험오차율 : $\frac{14.5}{11.5}\times100 \fallingdotseq 126.09\%$
  따라서 물질 1에 대한 B기관의 실험오차율은 물질 2에 대한 A기관의 실험오차율보다 작다.

41 정보 이해

정답 ③

세탁기 신상품의 컨셉이 중년층을 대상으로 하기 때문에 성별이 아닌 연령에 따라 자료를 분류하여 중년층의 세탁기 선호 디자인에 대한 정보가 필요함을 알 수 있다.

42 엑셀 함수

정답 ①

오른쪽 워크시트를 보면 데이터는 '김'과 '철수'로 구분이 되어 있다. 왼쪽 워크시트의 데이터는 '김'과 '철수' 사이에 기호나 탭, 공백 등이 없으므로 각 필드의 너비, 즉 열 구분선을 지정하여 나눈 것이다.

43 정보 이해

정답 ③

고객의 신상 정보의 경우 유출하거나 삭제하는 것 등의 행동을 해서는 안 되며, 거래처에서 빌린 컴퓨터에서 나왔기 때문에 거래처 담당자에게 되돌려주는 것이 가장 적절하다.

44 정보 이해

정답 ②

차트 작성 순서

1단계 : 차트 종류 설정
2단계 : 차트 범위와 계열 설정
3단계 : 차트의 각종 옵션(제목, 범례, 레이블 등) 설정
4단계 : 작성된 차트의 위치 설정

45 정보 이해

정답 ④

윈도에서 현재 사용하고 있는 창을 닫을 때는 〈Ctrl〉+〈W〉를 눌러야 한다.

46 엑셀 함수

정답 ③

〈Alt〉+〈Enter〉는 하나의 셀에 두 줄 이상의 데이터를 입력할 때 사용한다.

47 엑셀 함수

정답 ④

- COUNTIF : 지정한 범위 내에서 조건에 맞는 셀의 개수를 구한다.
- 함수식 : =COUNTIF(D3:D10,">=2024-07-01")

오답분석

① COUNT : 범위에서 숫자가 포함된 셀의 개수를 구한다.
② COUNTA : 범위가 비어 있지 않은 셀의 개수를 구한다.
③ SUMIF : 주어진 조건에 의해 지정된 셀들의 합을 구한다.

48 엑셀 함수

정답 ③

오답분석

①·② AND 함수는 인수의 모든 조건이 참(TRUE)일 경우에 성별을 구분하여 표시할 수 있으므로 적절하지 않다.
④ 함수식에서 "남자"와 "여자"가 바뀌었다.

49 엑셀 함수

정답 ④

오답분석

① 등급은 [G2] 셀에 「=IFS(RANK(E2,$E$2:$E$8)<=2,"A",RANK(E2,$E$2:$E$8)<=5,"B",TRUE,"C")」를 넣고 드래그하면 된다.
② 등수는 [F2] 셀에 「=RANK(E2,$E$2:$E$8)」를 넣고 드래그하면 된다.
③ 최종점수는 [E2] 셀에 「=ROUND(AVERAGE(B2:C2)*0.9+D2*0.1,1)」를 넣고 드래그하면 된다.

50 엑셀 함수

정답 ①

「=VLOOKUP(SMALL(A2:A10,3),A2:E10,4,0)」을 해석해 보면, 우선 SMALL(A2:A10,3)의 함수는 [A2:A10]의 범위에서 3번째로 작은 숫자이므로 그 값은 '3'이 된다. VLOOKUP 함수는 VLOOKUP(첫 번째 열에서 찾으려는 값,찾을 값과 결과로 추출할 값들이 포함된 데이터 범위,값이 입력된 열의 열 번호,일치 기준)으로 구성되므로 VLOOKUP(3,A2:E10,4,0) 함수는 A열에서 값이 3인 4번째 행 그리고 4번째 열에 위치한 '82'가 결괏값으로 출력된다.

03 기술

| 01 | 기계

31	32	33	34	35	36	37	38	39	40	41	42	43	44	45	46	47	48	49	50
④	③	④	②	④	③	②	①	④	①	②	②	①	③	②	①	①	③	③	①
51	52	53	54	55															
①	③	③	③	③															

31

정답 ④

용접 이음은 모재의 열응력에 의해 변형되기 쉬우나 리벳 이음은 용접 이음과는 달리 변형의 우려가 작다.

32

정답 ③

자유도란 자유롭게 이동할 수 있는 지점의 수이다. 다음 탁상 스탠드의 경우에는 4절 링크 2개가 모두 각각 좌우로 이동할 수 있으므로 총 자유도는 2개가 된다.

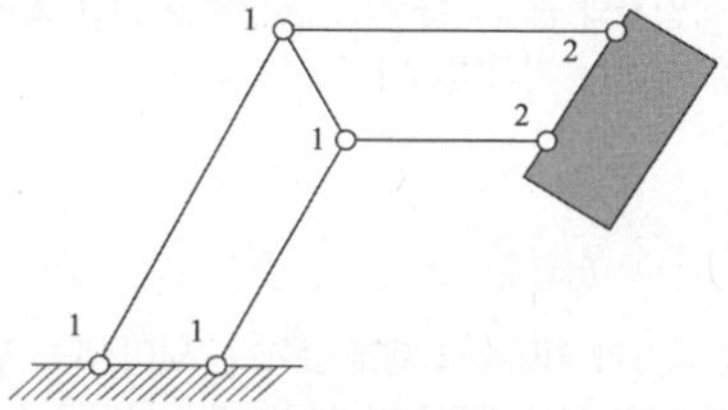

33

정답 ④

슈테판－볼츠만 법칙(Stefan－Boltzmann's Law)에 따르면 흑체의 복사에너지는 절대온도의 네제곱에 비례한다.

$E=\sigma T^4[\sigma=5.67\times10^{-8}\text{W}/(\text{m}^2 \cdot T^4)]$

34

정답 ②

프로판 가스는 석탄 가스와 달리 유독한 일산화탄소가 없다.

오답분석

① 공기보다 1.5배 정도 무겁다.
③ 새어 나오는 가스가 인화되면 폭발할 위험이 있어 주의가 필요하다.
④ 메탄계의 액화 수소 가스이다.

35

정답 ④

영위법은 어떤 주어진 물리량을 측정할 경우, 그것과 크기가 같고 방향이 다른 물리량을 작용시켜 계량기의 눈금이 0이 되도록 한 다음, 작용시킨 물리량에 의하여 주어진 물리량을 측정하는 방법으로 천칭이 대표적인 방법이다.

오답분석

① 편위법(Deflection Method)
② 치환법(Substitution Method)
③ 보상법(Compensation Method)

36

정답 ③

크리프(Creep) 현상은 재료에 일정한 하중 또는 응력을 준 상태에서 시간이 지남에 따라 변형이 증가하는 현상을 말한다.

37

정답 ②

메거는 1메그옴(1MΩ, 106옴) 정도 이상의 높은 저항을 측정하는 데 사용하는 절연 저항계이며 배선이나 전기 기계의 절연저항을 측정하는 데 사용하는 기구이다.

38

정답 ①

전해가공은 공작물을 양극으로 하고 공구를 음극에 연결하여 전기화학적 작용으로 공작물이 전기분해시켜 원하는 부분을 제거하는 가공법이다.

오답분석

② 방전가공 : 절연성의 가공액 내에서 전극과 공작물 사이에서 일어나는 불꽃방전에 의하여 재료를 조금씩 용해시켜 원하는 형상의 제품을 얻는 가공법이다.
③ 전자빔가공 : 진공 속에서 고밀도의 전자빔을 용접물에 고속으로 조사하여 물체에 국부적으로 고열을 발생시켜 구멍을 내거나 절단하는 방법이다. 주로 전자빔용접으로 불린다.
④ 초음파가공 : 공구와 공작물 사이에 연삭입자와 공작액을 섞은 혼합액을 넣고 초음파진동을 주면 공구가 반복적으로 충격을 가하여 공작물의 구멍, 연삭, 절단 등을 행하는 가공법이다.

39

정답 ④

가공도가 클수록, 가열시간이 길수록, 냉간가공도가 커질수록 재결정온도는 낮아진다. 재결정 시 강도가 약해지고 연성은 증가한다. 또한 재결정온도는 일반적으로 약 1시간 안에 95% 이상 재결정이 이루어지는 온도로 정의되며, 금속의 용융온도를 절대온도 T_m이라 할 때, 재결정온도는 대략 $0.3 \sim 0.5\,T_m$ 범위에 있다.

40

정답 ①

용접봉의 심선을 둘러싸고 있는 피복제의 역할이 다양하기는 하나, 원래 수소의 침입을 방지하거나 그로 인해 발생되는 불량을 예방할 수는 없다.

41

정답 ②

키홈의 깊이가 깊어질수록 축의 직경은 작아지고, 직경이 작아지면 받는 힘(압력)은 커지므로 응력집중이 더 잘 일어난다. 따라서 파손의 우려가 커지므로 좋은 체결기구가 될 수 없다.

42

정답 ②

오답분석

① 플래시현상 : 금형의 주입부 이외의 부분에서 용융된 플라스틱이 흘러나와 고화되거나 경화된 얇은 조각의 수지가 생기는 불량현상으로, 금형의 접합부에서 발생하는 성형불량이다. 금형 자체의 밀착성을 크게 하기 위해 체결력을 높여 예방한다.
③ 플로마크현상 : 딥드로잉가공에서 성형품의 측면에 나타나는 외관결함으로, 성형재료의 표면에 유선 모양의 무늬가 있는 불량현상이다.
④ 제팅현상 : 게이트에서 공동부에 분사된 수지가 광택과 색상의 차이를 일으켜 성형품의 표면에 구불거리는 모양으로 나타나는 불량이다.

43

정답 ①

파스칼의 원리에 의해 A, B피스톤이 받는 압력은 동일하다.

따라서 $P_1 = P_2$이므로 $P_1 = \frac{F_1}{A_1} = \frac{F_1}{\pi\left(\frac{D_1}{2}\right)^2} = \frac{4F_1}{\pi D_1^{\ 2}}$이 된다.

44

정답 ③

오토콜리미터는 렌즈를 이용해 점광원에서 나온 빛을 평행 광선으로 만드는 콜리미터와 망원경을 조합한 형태로, 미세한 각도 변화를 측정한다. 망원경 내의 상의 위치가 이동하는 것을 이용하여 미소각도를 측정한다.

오답분석

① 직각자 : 2개의 직선자가 서로 직각으로 고정된 측정용 기구이다.
② 사인바 : 직각 삼각형의 2변 길이로 삼각함수에 의해 각도를 구하는 것으로, 삼각법을 이용하여 측정한다.
④ 각도 게이지 : 일종의 블록 게이지로 서로 조합하여 임의의 각을 만들어 사용한다.

45

정답 ②

와이어 컷 방전가공용 전극재료는 열전도가 좋은 구리, 황동, 흑연을 사용하여 성형성이 쉽지만, 스파크방전에 의해 전극이 소모되므로 재사용은 불가능하다. 사용되는 가공액은 일반적으로 수용성 절삭유를 물에 희석하여 사용하고, 와이어는 장력을 파단력의 $\frac{1}{2}$ 정도로 하며, 복잡하고 미세한 형상가공에 쓰인다.

46

정답 ①

• 카르노 사이클의 열효율

$$\eta=1-\frac{Q_L}{Q_H}=-\frac{T_L}{T_H}=1-\frac{273+27}{273+527}=0.625$$

• 연료 소비량

$$F=\frac{(\text{보일러 용량})}{(\text{저위발열량})\times(\text{효율})}=\frac{100\times10^6\text{J/s}}{20\times10^6\text{J/kg}\times0.625}=8\text{kg/s}$$

47

정답 ①

절대압력(P_{abs})이란 완전 진공상태를 기점인 0으로 하여 측정한 압력이다.

$P_{abs} = P_a(_{=atm}$, 대기압력$) + Pg$(게이지 압력)

$\therefore\ P_{abs} = P_{a(=atm)} + P_g = 100+30=130\text{kPa}$

48

정답 ③

나사의 종류 및 특징

명칭		그림	용도	특징
삼각나사	미터나사		기계조립 (체결용)	• 미터계 나사 • 나사산의 각도 60° • 나사의 지름과 피치를 mm로 표시한다.
	유니파이나사		정밀기계 조립 (체결용)	• 인치계 나사 • 나사산의 각도 60° • 미, 영, 캐나다 협정으로 만들어져 ABC나사라고도 한다.
	관용나사	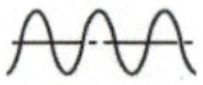	유체기기 결합 (체결용)	• 인치계 나사 • 나사산의 각도 55° • 관용평행나사 : 유체기기 등의 결합에 사용한다. • 관용테이퍼나사 : 기밀 유지가 필요한 곳에 사용한다.
사각나사			동력전달용 (운동용)	• 프레스 등의 동력전달 용으로 사용한다. • 축방향의 큰 하중을 받는 곳에 사용한다.
사다리꼴나사		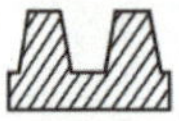	공작기계의 이송용 (운동용)	• 애크미나사라고도 불린다. • 인치계 사다리꼴나사(TW) : 나사산 각도 29° • 미터계 사다리꼴나사(Tr) : 나사산 각도 30°
톱니나사			힘의 전달 (운동용)	• 힘을 한쪽 방향으로만 받는 곳에 사용한다. • 바이스, 압착기 등의 이송용 나사로 사용한다.
둥근나사			전구나 소켓 (운동용, 체결용)	• 나사산이 둥근모양이다. • 너클나사라고도 불린다. • 먼지나 모래가 많은 곳에서 사용한다. • 나사산과 골이 같은 반지름의 원호로 이은 모양이다.
볼나사			정밀공작 기계의 이송장치 (운동용)	• 나사축과 너트 사이에 강재 볼을 넣어 힘을 전달한다. • 백래시를 작게 할 수 있고 높은 정밀도를 오래 유지할 수 있으며 효율이 가장 좋다.

49

정답 ③

응력집중이란 단면이 급격히 변화하는 부분에서 힘의 흐름이 심하게 변화할 때 발생하는 현상을 말하며, 이를 완화하려면 단이 진 부분의 곡률반지름을 크게 하거나 단면을 완만하게 변화하도록 한다. 또한 응력집중계수(k)는 단면부의 평균응력에 대한 최대응력의 비율로 구할 수 있으며, 계수값은 재질을 고려하지 않고 노치부의 존재 여부나 급격한 단면변화와 같은 재료의 형상 변화에 큰 영향을 받는다.

50

정답 ①

STD 11 : 합금공구강(냉간금형)

오답분석

② 탄소강 주강품(SC), 인장강도 360MPa 이상(360)
③ 기계 구조용 탄소강재(SM), 평균탄소함유량 0.42 ~ 0.48%(45C)
④ 일반 구조용 압연강재(SS), 최저인장강도 400N/mm^2(400)

51

정답 ①

가스터빈은 압축, 연소, 팽창의 과정으로 작동되는 내연기관으로, 압축기에서 압축된 공기가 연소실에서 연료와 혼합되어 연소하면서 고온・고압으로 팽창한 힘으로 터빈을 움직여 에너지를 얻는 열기관 사이클이며, 실제 개방 사이클로 이루어진다. 또한 공기가 공급되며 냉각제 역할을 한다.

52

정답 ③

응력 – 변형률선도에서 재료에 작용한 응력이 항복점에 이르게 되면 하중을 제거해도 재료는 변형된다.
강(Steel)재료를 인장시험하면 다음과 같은 응력 – 변형률선도를 얻을 수 있다. 응력 – 변형률 곡선은 작용 힘에 대한 단면적의 적용방식에 따라 공칭응력과 진응력으로 나뉘는데, 일반적으로는 시험편의 최초 단면적을 적용하는 것을 공칭응력 혹은 응력이라고 하며 다음 선도로 표현한다.

- 공칭응력(Tominal Stress) : 시험편의 최초단면적에 대한 하중의 비
- 진응력(True Stress) : 시험 중 변화된 단면적에 대한 하중의 비

〈응력 – 변형률 곡선($\sigma - \varepsilon$ 경선도)〉

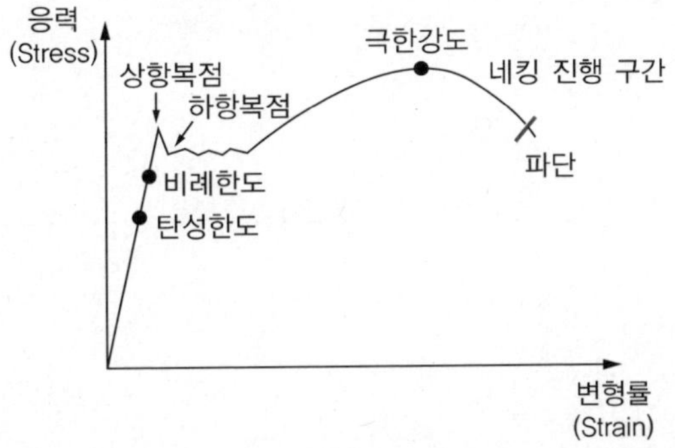

- 탄성한도(Elastic Limit) : 하중을 제거하면 시험편의 원래 치수로 돌아가는 구간으로 후크의 법칙이 적용된다.
- 비례한도(Proportional Limit) : 응력과 변형률 사이에 정비례관계가 성립하는 구간 중 응력이 최대인 점이다.
- 항복점(Yield Point, σ_y) : 인장시험에서 하중이 증가하여 어느 한도에 도달하면 하중을 제거해도 원위치로 돌아가지 않고 변형이 남게 되는 그 순간의 하중이다.
- 극한응력(Ultimate Stress, σ_u) : 재료가 파단되기 전에 외력에 버틸 수 있는 최대의 응력이다.
- 네킹구간(Necking) : 극한 강도를 지나면서 재료의 단면이 줄어들면서 길게 늘어나는 구간이다.
- 파단점 : 재료가 파괴되는 점이다.

53

정답 ③

카운터싱킹은 접시머리나사의 머리가 완전히 묻힐 수 있도록 원뿔(원추형)자리를 만드는 작업이다.

54

정답 ③

베르누이 방정식이 성립하기 위해서는 비압축성 유동의 흐름이 되어야 한다.

오답분석

① 정상 상태로 시간에 대한 속도, 밀도 등의 변화가 없어야 한다.
② 비회전성 유동의 경우를 제외하고는 유선이 겹쳐서는 안 된다.
④ 점성력이 없는 상태, 즉 마찰력이 없어야 한다.

55

정답 ③

스프링의 최대 전단응력(τ)

$T=P\times\frac{D}{2}$, $T=\tau\times Z_p$를 대입하면 $\tau\times Z_p=\frac{PD}{2}$이다.

여기서 다시 $Z_p=\frac{\pi d^3}{16}$을 대입하면 $\tau\times\frac{\pi d^3}{16}=\frac{PD}{2}$이다.

$\tau=\frac{PD}{2}\times\frac{16}{\pi d^3}$ (D : 평균직경, d : 소선의 직경)

$\rightarrow \tau=\frac{8PD}{\pi d^3}$

$$\therefore\ \frac{\tau_2}{\tau_1}=\frac{\frac{8PD}{\pi\left(\frac{d}{2}\right)^3}}{\frac{8PD}{\pi d^3}}=\frac{8PD\pi d^3}{8PD\pi\left(\frac{d}{2}\right)^3}=\frac{d^3}{\left(\frac{d}{2}\right)^3}=\frac{d^3}{\frac{d^3}{8}}=\frac{8d^3}{d^3}=8$$

| 02 | 전기

31	32	33	34	35	36	37	38	39	40	41	42	43	44	45	46	47	48	49	50
②	①	②	②	②	②	②	④	②	③	①	④	②	④	①	③	③	②	②	①
51	52	53	54	55															
③	①	①	④	③															

31

정답 ②

가공지선을 설치하는 목적에는 직격뢰 차폐, 유도뢰 차폐, 통신선에 대한 전자유도장해 경감이 있다. 전압강하가 아닌 뇌해를 방지하기 위해서 사용된다.

오답분석

① 개폐저항기는 개폐서지의 이상전압 발생을 억제하기 위해서 쓰인다.
③ 차폐각이란 가공지선과 전력선이 이루는 각으로 가공지선의 차폐각이 작을수록 차폐효과가 크다. 일반적으로 15~30° 정도로 하고 있다.
④ 철탑의 탑각 접지저항이 커지면 철탑에서 송전선에 섬락을 일으키는 역섬락이 발생하게 된다. 이를 방지하기 위해서 매설지선을 설치한다.

32

정답 ①

시상수 $T=CR\text{sec}$이므로 $T=10\times10^{-6}\times100\times10^{3}=1\text{sec}$이다.

33

정답 ②

$\tau=\frac{1}{9.8}\times\frac{60}{2\pi}\times\frac{P}{N_s}=0.975\times\frac{P}{N_s}$, $N_s=\frac{120f}{p}=\frac{120\times60}{4}=1{,}800$

$\eta=0.9$일 때 토크를 τ'라 하면 다음과 같다.

$\therefore\ \tau'=0.975\times\frac{100\times10^{3}}{1{,}800}\times0.9=48.75\text{kg}\cdot\text{m}$

34

정답 ②

전기자 반작용은 전기자 전류에 의한 자속이 계자 권선의 주자속에 영향을 주는 현상을 말한다.

35

정답 ②

홀소는 분전반이나 배전반의 금속함에 원형 구멍을 뚫기 위해 사용하는 공구이다.

오답분석

① 클리퍼 : 펜치로 절단하기 힘든 굵기 25mm^2 이상의 두꺼운 전선을 절단하는 공구이다.
③ 프레스 툴 : 단자 및 커넥터를 압착하여 고정시키는 공구이다.
④ 드라이브이트 툴 : 화약의 폭발력을 이용하여 콘크리트 벽에 구멍을 뚫는 공구이다.

36

정답 ②

패러데이 법칙에서 유도되는 전압(기전력)은 $e=N\frac{d\varnothing}{dt}$[V]로 자속 변화량과 권수($N$)에 비례함을 알 수 있다.

PART 4

37

정답 ②

$R=10^4\,\Omega$, $P=10^4$W이고, $P=I^2RW$에서

$I=\sqrt{\frac{P}{R}}=\sqrt{\frac{10^4}{10^4}}=1\text{A}$

38

정답 ④

유도 전동기의 고정자 권선은 일반적으로 다층 권선이 사용된다.

39

정답 ②

$I=\frac{V}{R_1+R_2}$[A], $P=I^2R$[W], $H=0.24I^2Rt$[cal] 이므로 R_2는 R_1보다 3배의 열을 발생시킨다.

40

정답 ③

한쪽 발전기의 여자를 늘리면 권선에 전류가 통해서 자속이 늘어나므로 부하 전류는 늘고, 그에 따라 전압도 증가한다.

41

정답 ①

단상 유도 전동기의 기동방법의 기동토크가 큰 순서는 반발 기동형>반발 유도형>콘덴서 기동형>분상 기동형>셰이딩 코일형이다.

42

정답 ④

구리전선과 전기 기계기구 단지를 접속하는 경우에 진동 등으로 인하여 헐거워질 염려가 있는 곳에는 스프링 와셔를 끼워 진동을 방지한다.

43

정답 ②

회전 변류기의 직류측 전압 조정 방법으로는 리액턴스 조정, 동기 승압기 사용, 전압 조정 변압기 사용, 유도 전압 조정기 사용 등이 있다.

44

정답 ④

자체 인덕턴스에 축적되는 에너지 $W=\frac{1}{2}LI^2$[J]이다. 따라서 자체 인덕턴스(L)에 비례하고, 전류(I)의 제곱에 비례한다.

45

정답 ①

분전반 및 배전반은 전기회로를 쉽게 조작할 수 있는 장소에 설치해야 하며, 기구 및 전선을 점검할 수 있도록 시설해야 한다.

46

정답 ③

피시 테이프는 배관에 전선을 삽입하기 위해 사용하는 공구이다.

47

정답 ③

비례 제어는 검출값 편차의 크기에 비례하여 조작부를 제어하는 동작으로, 정상 오차를 수반하고 사이클링은 없으나 잔류 편차(Offset)가 발생한다.

48

정답 ②

동기 발전기의 병렬 운전 시 기전력의 크기는 같아야 하지만 다를 경우 무효순환전류가 흐른다. 이 때문에 전기자 반작용으로 고압 측에 감자작용이 일어나고, 전기자 권선에 저항 손실만 증가하여 권선이 가열된다.

49

정답 ②

전기력선의 성질

- 도체 표면에 존재(도체 내부에는 없음)
- (+) → (−) 이동
- 등전위면과 수직으로 발산
- 전하가 없는 곳에는 전기력선이 없음(발생, 소멸이 없음)
- 전기력선 자신만으로 폐곡선을 이루지 않음
- 전위가 높은 곳에서 낮은 곳으로 이동
- 전기력선은 서로 교차하지 않음
- (전기력선 접선방향)=(그 점의 전계의 방향)
- Q[C]에서 $\frac{Q}{\varepsilon_0}$개의 전기력선이 나옴
- 전기력선의 밀도는 전기장의 세기에 비례

50

정답 ①

전선의 접속 시 전선의 세기를 80% 이상 유지하며, 접속 부분에 전기저항이 증가하지 않도록 주의해야 한다.

51

정답 ③

동기 조상기를 운전할 때 부족여자로 운전하면 동기속도가 되려는 동기 전동기의 특성으로 인해 증자작용이 필요한 리액터처럼 작용한다. 반면 과여자로 운전하면 콘덴서로 작용한다.

52

정답 ①

쿨롱의 법칙에 의해 $F=k\frac{q_1q_2}{r^2}=9\times10^9\times\frac{10\times20}{1^2}=1,800\times10^9\times10^{-6}\times10^{-6}=1.8$N이다.

53

정답 ①

전력안정화장치(PSS; Power System Stabilizer)는 속응 여자 시스템으로 인한 미소 변동을 안정화시켜 전력계통의 안정도를 향상시킨다.

54

정답 ④

주파수 제어법은 인버터를 이용하는 속도 제어법으로, 계통 주파수를 어느 허용 변동폭 범위 내에 일정하게 유지하기 위해 계통 내의 총 발생전력과 총 소비전력 사이에 정해진 평형상태를 유지하도록 해주는 방법이다.

오답분석

① 극수 변환법 : 고정자 권선의 접속 상태를 변경하여 극수를 조절함으로 속도를 제어한다.
② 전압 제어법 : 토크와 전압의 관계를 이용하여 슬립을 변화시켜 속도를 제어한다.
③ 초퍼 제어법 : 반도체 사이리스터를 이용하여 직류 전압을 직접 제어한다.

55

정답 ③

펠티어 효과는 두 종류의 금속으로 하나의 폐회로를 만들고, 전류를 흘리면 양 접속점에서 한쪽은 온도가 올라가고 다른 쪽은 온도가 내려가서 열의 발생 또는 흡수가 생기며, 전류를 반대 방향으로 변화시키면 열의 발생과 흡수했던 곳이 바뀌는 현상이다.

오답분석

① 제백 효과 : 두 종류의 금속 접속면에 온도차를 주면 기전력이 발생하는 현상이다.
② 페란티 효과 : 송전선로가 무부하 또는 경부하로 되었을 때 수전단 전압이 송전단 전압보다 높아지는 현상이다.
④ 초전도 효과 : 금속, 합금, 화합물 등의 전기저항이 어느 온도 이하에서 전기저항이 0에 가까워지는 현상이다.

| 03 | 화학

31	32	33	34	35	36	37	38	39	40	41	42	43	44	45	46	47	48	49	50
④	③	④	④	④	①	①	①	①	④	①	①	③	②	②	①	③	④	②	①
51	52	53	54	55															
③	④	④	③	①															

31

정답 ④

백철광(Marcasite)은 황화철광과 조성이 같다.

FeS_2의 분자량=120, S의 분자량=32이므로 $\frac{(2\times 32)}{120}\times 100 \fallingdotseq 53.33\%$이다.

32

정답 ③

암모니아 합성 반응이다.

오답분석

①·② 황, 황화철광 연소 반응이다.
④ Violet Acid 생성 반응이다.

33

정답 ④

$\frac{1}{K_L}=\frac{1}{k_L}+\frac{H}{k_G}$, $\frac{1}{K_G}=\frac{1}{k_G}+\frac{1}{Hk_L}$

34

정답 ④

$1\text{atm}=1.033\times 10^4\text{kg/m}^2$
$W=P\Delta V=25\times 1.033\times 10^4\times(6-2)=1.033\times 10^6\text{kgf}\cdot\text{m}$

35

정답 ④

소다회 제조 공업에는 Leblanc법, Solvay법이 있으며, Solvay법의 개량법으로 염안 소다법, 액안 소다법 등이 있다. 전해법은 가성소다의 제조 방법이다.

36

정답 ①

염전의 구성은 저수지 – 제1증발지 – 제2증발지 – 결정지로 구성된다. 결정지에서는 해수를 26 ~ 28° Bé 정도 농축하여 NaCl을 석출시킨다.

37

정답 ①

탄소·흑연을 성형해서 푸랄계, 페놀계 수지를 침투시켜 불침투성으로 한 것으로 빛을 투과시키지 않아 안전 작업이 가능하다.

38

정답 ①

진공 증발관은 과즙이나 젤라틴 등과 같이 열에 예민한 물질을 증발할 경우 진공 증발을 하여 저온도에서 증발시킬 수 있으며, 열에 의한 변질을 방지할 수 있다.

39

정답 ①

$$(\text{함수율})=\frac{(\text{수분의 양})}{(\text{건조고체의 무게})}=\frac{10-9.5}{9.5}\fallingdotseq 0.052=0.05(\text{kg}-H_2O/\text{kg}-\text{건조고체})$$

40

정답 ④

교반 소요 동력

(레이놀즈수)$=\left(\dfrac{D^2N\rho}{\mu}\right)$로 변형하여 표시한다.

동력 $P=\left(\dfrac{K}{g_C}\right)(\rho N^3D^5)$: 난류 영역에서 해당

D : 날개의 직경(m)

N : 날개의 속도(rpm)

ρ : 밀도(kg/m^3)

μ : 유체의 점도(kg/m · sec)

P : 동력(kg · m/sec)

K : 상수

직경이 다른 두 날개의 직경과 속도 관계

$$\frac{N_1}{N_2}=\left(\frac{D_1}{D_2}\right)^{-\frac{5}{3}}$$

41

정답 ①

격막식 전해조에서 양극에는 염소의 과전압이 낮고 경제적인 흑연, 금속 전극(DSA)을 사용한다.

42

정답 ①

1HP=76kg · m/sec=550ft · lb_f/sec

43

정답 ③

니쉬(Nash) 펌프는 물이나 다른 액체를 넣은 타원형 용기를 회전하고, 그 용적 변화를 이용하여 기체를 수송하는 장치로, 유독성 기체를 수송하는 데 사용한다.

44

정답 ②

비말 동반은 증발관에서 비등하여 증발할 때 액체 중에 용질이 포함된 액체 방울이 증기와 함께 배출되는 현상을 말한다. 이는 증발할 때 용액 중에 용질이 섞여 나와 용질의 손실이 있으므로 코스트에 막대한 영향을 준다. 또한 증기와 함께 배출된 액체 방울에 용질이 포함되어 있으므로 응축액을 더럽히는 원인이 된다.

45

정답 ②

Miscella는 유지를 용제로 추출할 때 얻는 추제와 추질의 혼합물을 의미한다.

오답분석

① Cossette : 사탕수수의 얇은 조각을 말한다.
③ Half Miscella : Miscella에 고체가 섞인 것을 말한다.
④ Raffinate : 용제 추출 또는 분자체 등에 의한 흡착으로 추출 또는 흡착되지 않은 추잔상을 의미한다.

46

정답 ①

난류 확산(Eddy Diffusion)은 교반이나 빠른 유속 등에 의한 난류 상태에서 일어나는 확산이다. 난류 영역에서의 물질의 이동은 강한 난류 운동 때문에 층류 영역에서의 물질 이동보다 속도가 빠르다.

47

정답 ③

비교 습도(Percentage Humidity)는 절대 습도 H와 포화 절대 습도 H_S와의 비이다.

$$H_P = \frac{H}{H_S} \times 100$$
$$= \frac{H_m}{H_{ms}} \times 100$$
$$= \frac{\frac{p}{P-p}}{\frac{p_S}{P-p_S}} \times 100$$
$$= H_R \times \frac{P-p_S}{P-p} \times 100$$

48

정답 ④

결정의 모양은 결정이 성장하는 조건에 따라 변화한다.

49

정답 ②

$$[\text{기공도}(\varepsilon)] = 1 - \frac{(\text{겉보기 밀도})}{(\text{진밀도})} = 1 - \frac{1.5}{2} = 0.25$$

50

정답 ①

몰랄 농도는 용매 1,000g 중에 들어 있는 용질의 몰수이므로 다음과 같은 식이 성립한다.

$$\therefore m = \frac{1{,}000 \times [\text{용질의 무게(g)}]}{(\text{용질의 분자량}) \times [\text{용매의 무게(g)}]} = \frac{1{,}000 \times 100}{192 \times 1{,}000} \fallingdotseq 0.52$$

따라서 몰랄 농도는 0.52이다.

51

정답 ③

인산은 인안, 황인안, 황가인안, 중과인산석회 등 인산비료로 가장 많이 사용되고 있다.

52

정답 ④

$u = \sqrt{2gz} = \sqrt{2 \times 9.8 \times 10} = \sqrt{196} = 14\text{m/sec}$

53

정답 ④

휘거나 금이 가기 쉬운 물질 혹은 굳은 표면층이 생기기 쉬운 물질은 때로 습윤 공기를 사용하여 건조시킬 필요가 있다. 이 경우 건조 속도를 낮추기 위하여 공기와 고체 표면 사이의 습도차를 고의로 감소시킨다. 이에 따라 고체 내부로부터 외부로의 함수율 구배는 작아지고 수축의 영향이 감소된다.

54

정답 ③

Mixer Setter형 추출기는 액 – 액 추출 장치이다.

액체 추출 장치

기계적 교반을 하는 형식과 유체 자신의 흐름에 의하여 교반하는 것이 있다. 액체 추출의 가장 간단한 것은 교반기가 붙어 있는 교반조에 추료와 추체를 넣어서 교반한 후 정치하여 양 액층을 분리하는 것이다. 이상적인 평형 조작을 할 수 있지만 정치시키는 데 시간이 많이 걸리므로 원료의 양이 많거나 몇 차례 접촉을 요구할 경우에는 사용하기 힘들다.

55

정답 ①

환류비 $R = \frac{L}{D}$

L : 환류액량(kg–mol/h)

D : 유출액량(kg–mol/h)

따라서 환류비를 크게 하면 제품의 순도는 높아지나 유출액량은 작아진다.

제2회 최종점검 모의고사

01 NCS 공통영역

01	02	03	04	05	06	07	08	09	10	11	12	13	14	15	16	17	18	19	20
④	②	④	④	①	④	②	②	③	①	①	④	②	③	④	①	③	②	③	④
21	22	23	24	25	26	27	28	29	30										
④	④	④	②	③	②	④	③	②	③										

01 글의 주제

정답 ④

마지막 문단의 '기다리지 못함도 삼가고 아무것도 안함도 삼가야 한다. 작동 중에 있는 자연스런 성향이 발휘되도록 기다리면서도 전력을 다할 수 있도록 돕는 노력도 멈추지 말아야 한다.'를 통해 '잠재력을 발휘하도록 하려면 의도적 개입과 방관적 태도 모두를 경계해야 한다'가 이 글의 주제로 적절함을 알 수 있다.

오답분석

① 인위적 노력을 가하는 것은 일을 '조장(助長)'하지 말라고 한 맹자의 말과 반대된다.
② 싹이 성장하도록 기다리는 것도 중요하지만 '전력을 다할 수 있도록 돕는 노력'도 해야 한다.
③ 명확한 목적성을 강조하는 부분은 이 글에 나와 있지 않다.

02 문서 내용 이해

정답 ②

두 번째 문단에서 강이 구불구불하고 바닥이 얕아 홍수가 잦았다고 언급되어 있으므로 ②는 적절하지 않다.

오답분석

① 영산강은 깊은 산 맑은 물에서 터를 잡고 있다가 때가 되면 승천하는 용이 사는 곳처럼 맑은 물줄기를 가지고 있다.
③ 영산강은 수질을 개선할 수 있는 능력이 있는 다목적댐이 없었다.
④ 영산강의 수질을 빠르게 개선하고 앞으로도 계속 맑은 물이 흐를 수 있도록 하는 것이 통합물관리를 통해 이루고자 하는 목표라고 말하고 있다.

03 내용 추론

정답 ④

김씨에게 탁구를 가르쳐 준 사람에 대한 정보는 말로 표현할 수 있는 서술 정보에 해당하며, 이는 뇌의 내측두엽에 있는 해마에 저장된다.

오답분석

① 운동 기술은 대뇌의 선조체나 소뇌에 저장되는데, 김씨는 수술 후 탁구 기술을 배우는 데 문제가 없으므로 대뇌의 선조체는 손상되지 않았음을 알 수 있다.
② 김씨는 내측두엽의 해마가 손상된 것일 뿐 감정이나 공포와 관련된 기억이 저장되는 편도체의 손상 여부는 알 수 없다.
③ 대뇌피질에 저장된 수술 전의 기존 휴대폰 번호는 말로 표현할 수 있는 서술 정보에 해당한다.

04 글의 제목

정답 ④

제시문은 혈관 건강에 좋지 않은 LDL 콜레스테롤을 높이는 포화지방과 LDL 콜레스테롤의 분해를 돕고 HDL 콜레스테롤을 상승하게 하는 불포화지방에 대해 설명하고 있다. 따라서 글의 제목으로 '몸에 좋은 지방과 좋지 않은 지방'이 가장 적절하다.

05 의사 표현

정답 ①

상대방의 잘못을 지적할 때는 모호한 표현은 설득력을 약화시키기 때문에 상대방이 알 수 있도록 확실하게 지적해야 한다.

06 어휘

정답 ④

포상(褒賞) : 1. 칭찬하고 장려하여 상을 줌
2. 각 분야에서 나라 발전에 뚜렷한 공로가 있는 사람에게 정부가 칭찬하고 장려하여 상을 줌. 또는 그 상

오답분석

① 보훈(報勳) : 공훈에 보답함
② 공훈(功勳) : 나라나 회사를 위하여 두드러지게 세운 공로
③ 공로(功勞) : 일을 마치거나 목적을 이루는 데 들인 노력과 수고. 또는 일을 마치거나 그 목적을 이룬 결과로서의 공적

07 맞춤법

정답 ②

'발(이) 빠르다'는 '알맞은 조치를 신속히 취하다.'는 의미의 관용구로 띄어 쓴다.

오답분석

① 손 쉽게 가꿀 수 있는 → 손쉽게 가꿀 수 있는
'손쉽다'는 '어떤 것을 다루거나 어떤 일을 하기가 퍽 쉽다.'의 의미를 지닌 한 단어이므로 붙여 써야 한다.
③ 겨울한파에 언마음이 → 겨울한파에 언 마음이
'언'은 동사 '얼다'에 관형사형 어미인 '-ㄴ'이 결합한 관형어이므로 '언 마음'과 같이 띄어 써야 한다.
④ 깃발 아래 한 데 뭉치자 → 깃발 아래 한데 뭉치자
'한데'는 '한곳이나 한군데'의 의미를 지닌 한 단어이므로 붙여 써야 한다.

08 글의 주제

정답 ②

제시문의 바다거북에게 장애가 되는 요인(갈증)이 오히려 목표를 이루게 한다(바다로 향하게 함)는 내용을 통해 이어질 내용의 주제로 ②가 가장 적절하다.

09 빈칸 삽입

정답 ③

오래된 물건은 실용성으로 따질 수 없는 가치를 지니고 있지만, 그 가치가 보편성을 지닌 것은 아니다. 사람들의 손때가 묻은 오래된 물건들은 보편적이라기보다는 개별적이고 특수한 가치를 지니고 있다고 할 수 있다.

10 빈칸 삽입

정답 ①

- ㉠ : (가) 이후 '다시 말해서'가 이어지는 것으로 보아 앞에 비슷한 내용을 언급하고 있는 문장이 와야 한다. ㉠은 우주 안에서 일어나는 사건이라는 측면에서 과학에서 말하는 현상과 현상학에서 말하는 현상은 다를 바가 없음을 말하고, (가)에서는 현상학적 측면에서 볼 때, 철학의 구조와 과학적 지식의 구조가 다를 바가 없음을 말하고 있음으로 (가)에 들어가는 것이 가장 적절하다.
- ㉡ : 언어학의 특징을 설명하고 있다. (나)의 앞에서 철학과 언어학의 차이를 언급하고 있으며, 뒤 문장에서는 언어학에 대한 설명이 이어지고 있으므로 (나)에 들어가는 것이 자연스럽다.

11 시간 계획

정답 ①

오전 심층면접은 9시 10분에 시작하므로 오후 12시까지 170분의 시간이 있다. 1명당 15분씩 면접을 볼 때, 가능한 면접 인원은 170÷15≒11명이다. 오후 심층면접은 1시부터 바로 진행할 수 있으므로 종료 시간인 오후 5시까지 240분의 시간이 있다. 1명당 15분씩 면접을 볼 때 가능한 인원은 240÷15=16명이다. 즉, 심층면접을 할 수 있는 최대 인원수는 11+16=27명이다.
27번째 면접자의 기본면접이 끝나기까지 걸리는 시간은 10분×27명+60분(점심·휴식 시간)=330분이다. 따라서 마지막 심층면접자의 기본면접 종료 시각은 오전 9시+330분=오후 2시 30분이다.

12 비용 계산

정답 ④

주어진 조건을 정리하면 다음과 같다.

- (B+C+D)×0.2=A → B+C+D=5A … ⓐ
- (A+B)×0.4=C → A+B=2.5C … ⓑ
- A+B=C+D … ⓒ
- D−16,000=A … ⓓ

ⓑ를 ⓒ에 대입하면 C+D=2.5C → D=1.5C … ㉠
㉠을 ⓓ에 대입하면 A=1.5C−16,000 … ㉡
㉠을 ⓒ에 대입하면 B=2.5C−A, 여기에 ㉡을 대입하면 B=2.5C−1.5C+16,000=C+16,000 … ㉢
㉠, ㉡, ㉢을 이용해 ⓐ를 C에 대한 식으로 정리하면 다음과 같다.
C+16,000+C+1.5C=7.5C−80,000
→ 3.5C+16,000=7.5C−80,000
→ 16,000+80,000=7.5C−3.5C
→ 96,000=4C
∴ C=24,000
따라서 C가 낸 금액은 24,000원이다.

13 시간 계획

정답 ②

i) K기사가 거쳐야 할 경로는 'A도시 → E도시 → C도시 → A도시'이다. A도시에서 E도시로 바로 갈 수 없으므로 다른 도시를 거쳐야 하는데, 가장 짧은 시간 내에 A도시에서 E도시로 갈 수 있는 경로는 B도시를 경유하는 것이다. 따라서 K기사의 운송경로는 'A도시 → B도시 → E도시 → C도시 → A도시'이며, 이동시간은 1.0+0.5+2.5+0.5=4.5시간이다.

ii) P기사는 A도시에서 출발하여 모든 도시를 한 번씩 거친 뒤 다시 A도시로 돌아와야 한다. 해당 조건이 성립하는 운송경로의 경우는 다음과 같다.

- A도시 → B도시 → D도시 → E도시 → C도시 → A도시
  - 이동시간 : 1.0+1.0+0.5+2.5+0.5=5.5시간
- A도시 → C도시 → B도시 → E도시 → D도시 → A도시
  - 이동시간 : 0.5+2.0+0.5+0.5+1.5=5시간

따라서 P기사가 운행할 최소 이동시간은 5시간이다.

14 시간 계획

정답 ③

7월 19~20일에 연차를 쓴다면 작년투자현황 조사를 1, 4일에, 잠재력 심층조사를 6, 7일에, 1차 심사를 11~13일에, 2차 심사를 15, 18, 21일에 하더라도, 최종결정과 선정결과 발표 사이에 두어야 하는 간격 하루가 부족하므로 신규투자처 선정 일정에 지장이 가게 된다. 따라서 A대리는 19~20일에 연차 사용이 불가능하다.

PART 4

15 시간 계획

정답 ④

최대한 일정을 당겨서 작년투자현황 조사를 1, 4일에, 잠재력 심층조사를 6, 7일에, 1차 심사를 11 ~ 13일에, 2차 심사를 15, 18, 19일에 해야만 신규투자처 선정 일정에 지장이 가지 않는다. 그러므로 19일까지는 연차를 쓸 수 없다. 따라서 A대리가 19일까지 2차 심사를 마치고 20 ~ 21일에 연차를 사용한다면 22일에 최종결정, 25일 혹은 26일에 발표를 할 수 있다.

16 품목 확정

정답 ①

과목별 의무 교육이수 시간은 다음과 같다.

구분	글로벌 경영	해외사무영어	국제회계
의무 교육 시간	$\frac{15점}{1점/h}=15시간$	$\frac{60점}{1점/h}=60시간$	$\frac{20점}{2점/h}=10시간$

지금까지 B과장이 이수한 시간을 계산해 보면, 글로벌 경영과 국제회계의 초과 이수 시간은 2+14=16시간이며, 해외사무영어의 부족한 이수 시간은 10시간이다. 초과 이수 시간을 점수로 환산하여 부족한 해외사무영어 점수 10점에서 16×0.2=3.2점을 제외하면 6.8점이 부족하다.

따라서 미달인 과목은 해외사무영어이며, 부족한 점수는 6.8점임을 알 수 있다.

17 비용 계산

정답 ③

영희는 누적방수액의 유무와 상관없이 재충전 횟수가 200회 이상이면 충분하다고 하였으므로 100회 이상 300회 미만으로 충전이 가능한 리튬이온배터리를 구매한다. 이때 누적방수액을 바르지 않은 것이 더 저렴하므로 영희가 가장 저렴하게 구매하는 가격은 5,000원이다.

오답분석

① • 철수가 가장 저렴하게 구매하는 가격 : 20,000원
  • 영희가 가장 저렴하게 구매하는 가격 : 5,000원
  • 상수가 가장 저렴하게 구매하는 가격 : 5,000원
  따라서 철수, 영희, 상수가 리튬이온배터리를 가장 저렴하게 구매하는 가격의 합은 20,000+5,000+5,000=30,000원이다.

② • 철수가 가장 비싸게 구매하는 가격 : 50,000원
  • 영희가 가장 비싸게 구매하는 가격 : 10,000원
  • 상수가 가장 비싸게 구매하는 가격 : 50,000원
  따라서 철수, 영희, 상수가 리튬이온배터리를 가장 비싸게 구매하는 가격의 합은 50,000+10,000+50,000=110,000원이다.

④ 영희가 가장 비싸게 구매하는 가격은 10,000원, 상수가 가장 비싸게 구매하는 가격은 50,000원이다. 두 가격의 차이는 40,000원으로 30,000원 이상이다.

18 품목 확정

정답 ②

프린터 성능 점수표를 이용하여 제품별 프린터의 점수를 정리하면 다음과 같다.

(단위 : 점)

구분	출력 가능 용지 장수	출력 속도	인쇄 해상도
A프린터	80	70	70
B프린터	100	60	90
C프린터	70	90	70
D프린터	100	70	60

가중치를 적용하여 제품별 프린터의 성능 점수를 구하면 다음과 같다.

- A프린터 : (80×0.5)+(70×0.3)+(70×0.2)=75점
- B프린터 : (100×0.5)+(60×0.3)+(90×0.2)=86점
- C프린터 : (70×0.5)+(90×0.3)+(70×0.2)=76점

• D프린터 : (100×0.5)+(70×0.3)+(60×0.2)=83점
따라서 A사원이 구매할 프린트는 성능 점수가 가장 높은 B프린터이다.

19 비용 계산

정답 ③

甲대리의 성과평가 등급을 통해 개인 성과평가 점수에 가중치를 적용하여 점수로 나타내면 다음과 같다.

(단위 : 점)

실적	난이도 평가	중요도 평가	신속성	총점
30×1=30	20×0.8=16	30×0.4=12	20×0.8=16	74

따라서 甲대리는 80만 원의 성과급을 받게 된다.

20 인원 선발

정답 ④

기타의 자격조건에 부합하는 사람을 찾아보면, 1961년 이전 출생자로 신용부서에서 10년 이상 근무하였고, 채용공고일을 기준으로 퇴직일로부터 2년을 초과하지 않은 홍도경 지원자가 가장 적합하다.

오답분석

① 퇴직일로부터 최근 3년 이내 1개월 감봉 처분을 받았다.
②·③ 신용부문 근무경력이 없다.

21 자료 해석

정답 ④

먼저 층이 정해진 부서를 배치하고, 나머지 부서들의 층수를 결정해야 한다.
변경 사항에서 연구팀은 기존 5층보다 아래층으로 내려가고, 영업팀은 기존 6층보다 아래층으로 내려간다. 또한 생산팀은 연구팀보다 위층에 배치돼야 하지만 인사팀과의 사이에는 하나의 부서만 가능하므로 6층 총무팀을 기준으로 5층 또는 7층 배치가 가능하다. 그러므로 다음과 같이 4가지의 경우가 나올 수 있다.

구분	경우 1	경우 2	경우 3	경우 4
7층	인사팀	인사팀	생산팀	생산팀
6층	총무팀	총무팀	총무팀	총무팀
5층	생산팀	생산팀	인사팀	인사팀
4층	탕비실	탕비실	탕비실	탕비실
3층	연구팀	영업팀	연구팀	영업팀
2층	전산팀	전산팀	전산팀	전산팀
1층	영업팀	연구팀	영업팀	연구팀

따라서 생산팀은 어느 경우에도 3층에 배치될 수 없다.

22 자료 해석

정답 ④

조건에 따라 각 프로그램의 점수와 선정 여부를 정리하면 다음과 같다.

(단위 : 점)

구분	프로그램명	가중치 반영 인기 점수	가중치 반영 필요성 점수	수요도 점수	비고
운동	강변 자전거 타기	12	5	–	탈락
진로	나만의 책 쓰기	10	7+2	19	
여가	자수 교실	8	2	–	탈락
운동	필라테스	14	6	20	선정
교양	독서 토론	12	4+2	18	
여가	볼링 모임	16	3	19	선정

수요도 점수는 '나만의 책 쓰기'와 '볼링 모임'이 19점으로 같지만, 인기 점수가 더 높은 '볼링 모임'이 선정된다. 따라서 하반기 동안 운영될 프로그램은 '필라테스'와 '볼링 모임'이다.

23 자료 해석

정답 ④

정규직의 주당 근무시간을 비정규직 1과 같이 줄여 근무 여건을 개선하고, 퇴사율이 가장 높은 비정규직 2에게 직무교육을 시행하여 퇴사율을 줄이는 것이 적절하다.

오답분석

① 설문조사 결과에서 연봉보다는 일과 삶의 균형을 더 중요시한다고 하였으므로 연봉이 상승하는 것은 퇴사율에 영향을 미치지 않음을 알 수 있다.

② 정규직을 비정규직으로 전환하면 고용의 안정성을 낮추어 퇴사율을 더욱 높일 수 있다.

③ 직무교육을 하지 않는 비정규직 2보다 직무교육을 하는 정규직과 비정규직 1의 퇴사율이 더 낮기 때문에 적절하지 않다.

24 명제 추론

정답 ②

세 번째 조건에 따라 파란색을 각각 왼쪽에서 두 번째, 세 번째, 네 번째에 칠할 때로 나눈다.

i) 파란색을 왼쪽에서 두 번째에 칠할 때
- 노랑 – 파랑 – 초록 – 주황 – 빨강

ii) 파란색을 왼쪽에서 세 번째에 칠할 때
- 주황 – 초록 – 파랑 – 노랑 – 빨강
- 초록 – 주황 – 파랑 – 노랑 – 빨강

iii) 파란색을 왼쪽에서 네 번째에 칠할 때
- 빨강 – 주황 – 초록 – 파랑 – 노랑

따라서 항상 옳은 것은 ②이다.

25 자료 해석

정답 ③

세 사람의 판단 기준을 정리해 보면 다음과 같다.

- 갑 : 인지의 발달이나 외형의 수리(복원, 변형) 등은 동일개체로 보지만 복제에 대해서는 동일개체로 보지 않는다.
- 을 : 부품을 교체하거나 정신(소프트웨어)을 업그레이드한 종류는 원래 있던 원형과는 다른 것으로 보고 있다.
- 병 : 소프트웨어(정신)를 업그레이드하거나 복제한 제품은 신체적 손상이나 결함을 수리하거나 부품을 교체한 경우와 다르게 보고 있다.

따라서 위 판단 기준으로 보기를 추론해 보면 다음과 같다.

ㄱ. 을은 '왕자의 정신과 거지의 몸이 결합'되었다면 원래 거지와는 다르긴 해도 신체적 특징에 의해 거지라고 할 것이며, 병은 '왕자의 정신과 거지의 몸이 결합'되었다면 정신적 특징이 바뀌었으므로 거지가 아닌 왕자로 볼 것이다.

ㄷ. 병은 정신이 동일하면 같은 대상이라고 보기 때문에 옳은 판단이며, 갑은 복제된(t5) 것은 원래의 대상과 다르다고 생각하므로 역시 옳은 추론이다.

오답분석

ㄴ. 갑은 '두뇌와 신체를 일부 교체'했더라도(t2, t3) 원래의 철수(t1)와 같다고 생각할 것이며, 을은 (t2, t3)가 (t1)과 다르다고 생각할 것이므로 을의 입장은 옳지만 갑의 입장은 틀리게 판단한 것이다.

26 규칙 적용

정답 ②

발급방식에 따르면 뒤 네 자리는 아이디가 아닌 개인정보와 관련이 있다. 따라서 아이디를 구하기 위해서는 뒤 네 자리를 제외한 문자를 통해 구해야 한다.

- 'HW688'에서 방식 1의 역순을 적용하면 HW688 → hw688이다.
- 'hw688'에서 방식 2의 역순을 적용하면 hw688 → hwaii이다.

따라서 직원 A의 아이디는 'hwaii'임을 알 수 있다.

27 규칙 적용

정답 ④

1. 아이디의 알파벳 자음 대문자는 소문자로, 알파벳 자음 소문자는 대문자로 치환한다.
   - JAsmIN → jASMIn
2. 아이디의 알파벳 중 모음 A, E, I, O, U, a, e, i, o, u를 각각 1, 2, 3, 4, 5, 6, 7, 8, 9, 0으로 치환한다.
   - jASMIn → j1SM3n

3・4. 1・2번 내용 뒤에 덧붙여 본인 성명 중 앞 두 자리와 본인 생일 중 일자를 덧붙여 입력한다.
   - j1SM3n → j1SM3n김리01

28 규칙 적용

정답 ③

발급방식에 따르면 알파벳 모음만 숫자로 치환되므로 홀수가 몇 개인지 구하기 위해서는 전체를 치환하는 것보다 모음만 치환하는 것이 효율적이다. 제시된 문장에서 모음을 정리하면 IE i oo O o e IE이다. 이어서 방식 2를 적용하면 IE i oo O o e IE → 32 8 99 4 9 7 32이다. 따라서 홀수는 모두 6개이다.

29 창의적 사고

정답 ②

창의적 사고는 선천적으로 타고날 수도 있지만, 후천적 노력에 의해 개발이 가능하다.

오답분석

① 새로운 경험을 찾아 나서는 사람은 적극적이고 모험심과 호기심 등을 가진 사람으로, 창의력 교육훈련에 필요한 요소를 가지고 있는 사람이다.
③ 창의적인 사고는 창의력 교육훈련을 통해 후천적 노력에 의해서도 개발이 가능하다.
④ 창의력은 본인 스스로 자신의 틀에서 벗어나도록 노력하는 것으로, 통상적인 사고가 아니라 기발하고 독창적인 것을 말한다.

30 창의적 사고

정답 ③

비판적 사고를 발휘하는 데에는 개방성, 융통성 등이 필요하다. 개방성은 다양한 여러 신념들이 진실일 수 있다는 것을 받아들이는 태도로, 편견이나 선입견에 의하여 결정을 내려서는 안 된다. 융통성은 개인의 신념이나 탐구 방법을 변경할 수 있는 태도로, 비판적 사고를 위해서는 특정한 신념의 지배를 받는 고정성, 독단적 태도 등을 배제해야 한다. 따라서 비판적 평가에서 가장 낮은 평가를 받게 될 지원자는 본인의 신념을 갖고 상대를 끝까지 설득하겠다는 C지원자이다.

02 사무

31	32	33	34	35	36	37	38	39	40	41	42	43	44	45	46	47	48	49	50
④	②	①	①	①	②	④	②	①	④	③	③	③	④	①	①	④	①	④	①

31 응용 수리

정답 ④

더 넣어야 하는 녹차가루의 양을 xg이라 하면 다음과 같은 식이 성립한다.

$$\frac{30+x}{120+30+x}\times 100 \geq 40$$

$\rightarrow 3{,}000+100x \geq 6{,}000+40x$

$\rightarrow 60x \geq 3{,}000$

$\therefore\ x \geq 50$

따라서 더 넣어야 하는 녹차가루의 양은 최소 50g이다.

32 응용 수리

정답 ②

현재 철수의 나이를 x세라고 하자.
철수와 아버지의 나이 차는 25세이므로 아버지의 나이는 $(x+25)$세이다.
3년 후 아버지의 나이가 철수 나이의 2배가 되므로 다음과 같은 식이 성립한다.

$2(x+3)=(x+25)+3$

$\therefore\ x=22$

따라서 현재 철수의 나이는 22세이다.

33 응용 수리

정답 ①

A가 합격할 확률은 $\frac{1}{3}$이고 B가 합격할 확률은 $\frac{3}{5}$이다.

따라서 A, B 둘 다 합격할 확률은 $\frac{1}{3}\times\frac{3}{5}=\frac{3}{15}=\frac{1}{5}=20\%$이다.

34 응용 수리

정답 ①

경서의 속력은 0.6m/s이고, 슬기가 6초 후에 따라잡았으므로, 경서가 이동한 거리는 3.6m이다.
슬기는 경서보다 1.2m 뒤에 있었으므로 슬기가 이동한 총거리는 3.6+1.2=4.8m이다.

따라서 출발한지 6초 만에 경서를 따라잡았으므로 슬기의 속력은 $\frac{4.8}{6}=0.8$m/s이다.

35 자료 계산

정답 ①

- 키가 큰 순서 : 수인 – 연준 – 재성 – 다인 – 한별 – 유진
- 몸무게가 가벼운 순서 : 한별 – 다인 – 유진 – 연준 – 재성 – 수인

따라서 키가 두 번째로 큰 사람은 연준이며, 연준이의 몸무게는 4번째로 가볍다.

36 자료 이해

정답 ②

(B빌라 월세)+(한 달 교통비)=250,000+(2.1×2×20×1,000)=334,000원
따라서 B빌라에서 33만 4천 원으로 살 수 있다.

오답분석

① A빌라는 392,000원, B빌라는 334,000원, C아파트는 372,800원으로 모두 40만 원으로 가능하다.
③ C아파트가 편도 거리 1.82km로 교통비가 가장 적게 든다.
④ C아파트는 372,800원으로 A빌라보다 19,200원 덜 든다.

37 자료 이해

정답 ④

사망자가 30명 이상인 사고를 제외한 나머지 사고는 A, C, D, F이다. 네 사고를 화재규모가 큰 순, 복구비용이 많은 순으로 각각 나열하면 다음과 같다.

- 화재규모 : A－D－C－F
- 복구비용 : A－D－C－F

따라서 30명 이상인 사고를 제외하면 화재규모가 클수록 복구비용이 많다.

오답분석

① 터널길이가 긴 순, 사망자가 많은 순으로 사고를 각각 나열하면 다음과 같다.
  - 터널길이 : A－D－B－C－F－E
  - 사망자 수 : E－B－C－D－A－F

  따라서 터널길이와 사망자 수는 관계가 없다.
② 화재규모가 큰 순, 복구기간이 긴 순으로 사고를 각각 나열하면 다음과 같다.
  - 화재규모 : A－D－C－E－B－F
  - 복구기간 : B－E－F－A－C－D

  따라서 화재규모와 복구기간의 길이는 관계가 없다.
③ 사고 A를 제외하고 복구기간이 긴 순, 복구비용이 많은 순으로 사고를 각각 나열하면 다음과 같다.
  - 복구기간 : B－E－F－C－D
  - 복구비용 : B－E－D－C－F

  따라서 옳지 않은 설명이다.

38 자료 이해

정답 ②

기원이의 체중이 11kg 증가하면 71+11=82kg이다. 이 경우 비만도는 $\frac{82}{73.8}\times100 \fallingdotseq 111\%$이므로 과체중에 도달한다.
따라서 기원이가 과체중이 되기 위해서는 11kg 이상 체중이 증량해야 한다.

오답분석

① • 혜지의 표준체중 : (158－100)×0.9=52.2kg
  • 기원이의 표준체중 : (182－100)×0.9=73.8kg

③ • 혜지의 비만도 : $\frac{58}{52.2}\times100 \fallingdotseq 111\%$
  • 기원이의 비만도 : $\frac{71}{73.8}\times100 \fallingdotseq 96\%$
  • 용준이의 표준체중 : (175－100)×0.9=67.5kg
  • 용준이의 비만도 : $\frac{96}{67.5}\times100 \fallingdotseq 142\%$

  90% 이상 110% 이하면 정상체중이므로 3명의 학생 중 정상체중인 학생은 기원이뿐이다.
④ 용준이가 정상체중 범주에 속하려면 비만도 110% 이하여야 한다.

  $\frac{x}{67.5}\times100 \le 110\% \rightarrow x \le 74.25$

  즉, 현재 96kg에서 정상체중이 되기 위해서는 약 22kg 이상 감량을 해야 한다.

PART 4

39 자료 이해

정답 ①

ㄱ. 자녀가 1인인 가구의 경우 가구별 총급여액이 800만 원부터 1,300만 원까지의 구간에서 근로장려금은 140만 원이다.
ㄷ. 총급여액이 2,200만 원이고 자녀가 3인 이상인 가구의 근로장려금은 약 70만 원인데 비해, 총급여액이 600만 원이고 자녀가 1인인 가구의 근로장려금은 70만 원보다 많다.

오답분석

ㄴ. 무자녀 가구의 경우는 가구별 총급여액이 600만 원부터 900만 원까지의 구간에서 근로장려금이 70만 원으로 동일하다.
ㄹ. 총급여액이 2,000만 원인 가구라고 할 지라도, 무자녀인 경우와 자녀가 1인인 경우는 근로장려금이 지급되지 않는다.

40 자료 이해

정답 ④

제시된 자료를 토대로 각국의 청년층 정부신뢰율을 구하면 A는 7.6%, B는 49.1%, C는 57.1%, D는 80%이다. 우선 첫 번째 조건에 따라 두 국가 간의 수치가 10배 이상이 될 수 있는 것은 그리스와 스위스이므로, A는 그리스, D는 스위스임을 알 수 있다. 또한 마지막 조건을 확인해 보면 D보다 30%p 이상 낮은 것은 B밖에 없으므로 B가 미국이 되며, 남은 C는 자동적으로 영국임을 알 수 있다.

41 정보 이해

정답 ③

〈Shift〉+〈Insert〉는 선택한 항목을 붙여 넣는다.

42 정보 이해

정답 ③

오답분석

① 〈Shift〉+〈Delete〉 : 선택한 항목을 휴지통으로 먼저 이동하지 않은 상태에서 삭제한다.
② 〈Shift〉+〈F10〉 : 선택한 항목에 대한 바로가기 메뉴를 표시한다.
④ 〈Ctrl〉+스페이스바 : 외국어입력기를 켜거나 끈다.

43 엑셀 함수

정답 ③

PROPER 함수는 단어 앞의 첫 글자만 대문자로 나타내고 나머지는 소문자로 나타내주는 함수이다. 따라서 'Republic Of Korea'로 나와야 한다.

44 정보 이해

정답 ④

World Wide Web(WWW)에 대한 설명으로, 웹은 3차 산업혁명에 큰 영향을 미쳤다.

오답분석

① 스마트 팜에 대한 설명이다.
② 3D프린팅에 대한 설명이다.
③ 클라우드 컴퓨팅에 대한 설명이다.

45 엑셀 함수

정답 ①

[수식] 탭－[수식 분석] 그룹－[수식 표시]를 클릭하면 함수의 결괏값이 아닌 수식 자체가 출력된다.

46 엑셀 함수

정답 ①

오답분석

② 결괏값에 출근과 지각이 바뀌어 나타난다.
③·④ 9시 정각에 출근한 손수민이 지각으로 표시된다.

47 정보 이해

정답 ④

- (가) 자료(Data) : 정보 작성을 위하여 필요한 데이터를 말하는 것으로, 이는 '아직 특정의 목적에 대하여 평가되지 않은 상태의 숫자나 문자들의 단순한 나열'을 뜻한다.
- (나) 정보(Information) : 자료를 일정한 프로그램에 따라 처리·가공함으로써 '특정한 목적을 달성하는 데 필요하거나 특정한 의미를 가진 것으로 다시 생산된 것'을 뜻한다.
- (다) 지식(Knowledge) : '특정한 목적을 달성하기 위해 과학적 또는 이론적으로 추상화되거나 정립되어 있는 일반화된 정보'를 뜻하는 것으로, 어떤 대상에 대하여 원리적·통일적으로 조직되어 객관적 타당성을 요구할 수 있는 판단의 체계를 제시한다.

48 엑셀 함수

정답 ①

'AVERAGE(B3:E3)'는 [B3:E3] 범위의 평균을 나타낸다. 또한, IF 함수는 논리 검사를 수행하여 TRUE나 FALSE에 해당하는 값을 반환해 주는 함수이다. 즉, 「=IF(AVERAGE(B3:E3)>=90,"합격","불합격")」 함수는 [B3:E3] 범위의 평균이 90 이상일 경우 '합격'이, 그렇지 않을 경우 '불합격'이 입력된다. 따라서 [F3]~[F6]의 각 셀에 나타나는 [B3:E3], [B4:E4], [B5:E5], [B6:E6]의 평균값이 83, 87, 91, 92.5이므로 [F3]~[F6] 셀에 나타나는 결괏값으로 옳은 것은 ①이다.

49 엑셀 함수

정답 ④

LARGE 함수는 데이터 집합에서 N번째로 큰 값을 구하는 함수이다. 따라서 ④를 입력하면 [D2:D9] 범위에서 두 번째로 큰 값인 20,000이 산출된다.

오답분석

① MAX 함수는 최댓값을 구하는 함수이다.
② MIN 함수는 최솟값을 구하는 함수이다.
③ MID 함수는 문자열의 지정 위치에서 문자를 지정한 개수만큼 돌려주는 함수이다.

50 엑셀 함수

정답 ①

SUMIF 함수는 주어진 조건에 의해 지정된 셀들의 합을 구하는 함수이며, 「=SUMIF(조건 범위,조건,계산할 범위)」로 구성된다. 따라서 ①을 입력하면 계산할 범위 [C2:C9] 안에서 [A2:A9] 범위 안의 조건인 [A2](의류)로 지정된 셀들의 합인 42가 산출된다.

오답분석

② COUNTIF 함수는 지정한 범위 내에서 조건에 맞는 셀의 개수를 구하는 함수이다.
③ VLOOKUP 함수는 목록 범위의 첫 번째 열에서 세로방향으로 검색하면서 원하는 값을 추출하는 함수이다.
④ HLOOKUP 함수는 목록 범위의 첫 번째 행에서 가로방향으로 검색하면서 원하는 값을 추출하는 함수이다.

03 기술

| 01 | 기계

31	32	33	34	35	36	37	38	39	40	41	42	43	44	45	46	47	48	49	50
②	②	②	④	③	③	②	④	③	②	③	④	③	①	③	①	③	④	①	①
51	52	53	54	55															
③	③	①	③	④															

31

정답 ②

재료의 늘어난 길이인 변형량(δ)을 구하는 식을 이용한다.

$$[\text{변형량}(\delta)] = \frac{PL}{AE}$$

$$E = \frac{500 \times 10^3 \times 0.25}{250 \times 10^{-6} \times 0.005} = 100 \times 10^9 \text{N/m}^2 = 100\text{GPa}$$

32

정답 ②

Fe–C 상변화도

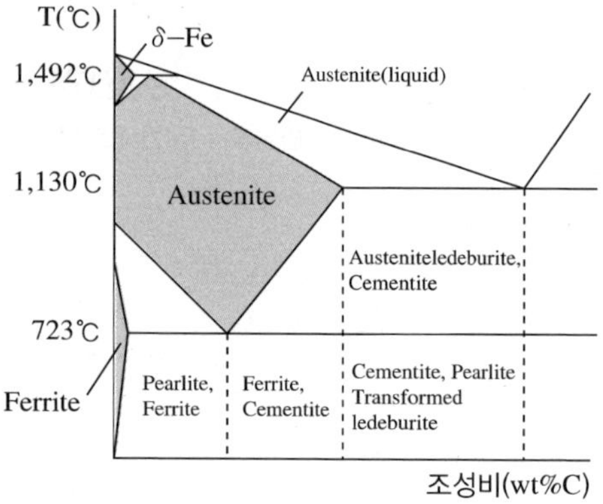

33

정답 ②

오답분석

ㄴ · ㄷ. 기화기와 점화 플러그는 가솔린과 LPG 연료 장치와 관련된 장치이다.

34

정답 ④

열간가공은 재결정온도 이상의 온도에서 하는 가공으로, 가공 경화가 발생하지 않아 연속하여 가공할 수 있고, 치밀하고 균질한 조직과 안정한 재질을 얻을 수 있다.

냉간가공 특징
- 재결정 온도 이하의 온도에서 가공하는 방법으로, 경량의 형강 제조에 주로 사용된다.
- 열간가공에 비해 표면이 거칠지 않다.
- 열간가공에 비해 가공동력이 많이 든다.
- 가공 경화로 강도가 증가한다.

35

정답 ③

안전율(S)은 외부의 하중에 견딜 수 있는 정도를 수치로 나타낸 것이다.

$$S=\frac{\text{극한강도}(\sigma_u)}{\text{허용응력}(\sigma_a)}=\frac{\text{인장강도}(\sigma_y)}{\text{허용응력}(\sigma_a)}$$

오답분석

① 안전율은 일반적으로 플러스(+)값을 취한다.
② 기준강도가 100MPa이고, 허용응력이 1,000MPa이면 안전율은 0.1이다.
④ 안전율이 1보다 작아지면 안전성은 떨어진다.

36

정답 ③

4행정 사이클 기관의 작동과정은 크랭크축이 2회전할 때 흡입 → 압축 → 폭발 → 배기가 이루어지므로 크랭크축 2회전당 흡기밸브는 1번 열린다. 따라서 크랭크축이 12번 회전하면 흡기밸브는 6번 열리게 된다.

37

정답 ②

절삭유의 역할 및 특징
- 공구와의 마찰을 감소시킨다.
- 다듬질면의 정밀도를 좋게 한다.
- 공구와 가공물의 친화력을 줄인다.
- 냉각작용과 윤활작용을 동시에 한다.
- 절삭된 칩을 제거하여 절삭작업을 쉽게 한다.
- 공구의 마모를 줄이고 윤활 및 세척작용으로 가공표면을 좋게 한다.
- 가공물과 절삭공구를 냉각시켜 공구의 경도저하를 막고 수명을 늘린다.
- 식물성 유제는 윤활성이 다소 떨어지나 냉각성능이 좋은 반면, 광물성유는 윤활성은 좋으나 냉각성능은 떨어진다.

38

정답 ④

아세틸렌 가스는 가연성 가스의 일종으로 화재의 위험이 있다.

39

정답 ③

방사선투과시험은 재료를 파괴하지 않고 용접부 뒷면에 필름을 놓고 용접물 표면에서 X선이나 γ선을 방사하여 용접부를 통과시키면, 금속 내부에 구멍이 있을 경우 그만큼 투과되는 두께가 얇아져서 필름에 방사선의 투과량이 많아지게 되므로 다른 곳보다 검게 됨을 확인함으로써 불량을 검출하는 방법이다.

비파괴시험법의 종류

내부결함	방사선투과시험(RT)
	초음파탐상시험(UT)
표면결함	외관검사(VT)
	누설검사(LT)
	자분탐상검사(MT)
	침투탐상검사(PT)
	와전류탐상검사(ET)

40

정답 ②

GC300의 GC는 회주철의 약자이며, 300N/mm^2는 최저인장강도를 나타낸다.

41

정답 ③

내연기관의 열효율 중 이론적으로 계산된 이론 열효율이 가장 크며, 크랭크축이나 기어의 손실을 반영한 제동 열효율이 가장 작다. 따라서 열효율의 순서대로 나열한다면 제동 열효율<도시 열효율<이론 열효율 순으로 나타낼 수 있다.

내연기관의 효율

종류	계산식
이론 열효율	사이클이 진행될 때 손실이 전혀 없다고 가정했을 때 피스톤이 한 일로 열량을 공급 열량으로 나눈 수이다.
도시 열효율	사이클이 진행될 때 약 24 ~ 28%의 열손실이 발생하며 피스톤에 하는 도시일과 공급된 총열량과의 비이다.
제동 열효율	정미 효율이라고도 불리며 피스톤이나 크랭크축의 마찰손실과 기어의 손실로 일부가 소비되어 실제로 도시 열효율보다도 작다.

42

정답 ④

제시된 설명은 플래시(Flash) 현상이 나타난 성형불량에 대한 대책이다.

오답분석

① 플로마크 현상 : 딥드로잉가공에서 나타나는 외관결함으로, 제품 표면에 성형재료의 줄무늬가 생기는 현상이다.
② 싱크마크 현상 : 냉각속도가 큰 부분의 표면에 오목한 형상이 발생하는 불량이다. 이 결함을 제거하려면 성형품의 두께와 러너와 게이트를 크게 하여 금형 내의 압력을 균일하게 한다.
③ 웰드마크 현상 : 플라스틱 성형 시 흐르는 재료들의 합류점에서 재료의 융착이 불완전하여 나타나는 줄무늬 불량이다.

43

정답 ③

연성파괴는 소성변형을 수반하면서 서서히 끊어지므로 균열도 매우 천천히 진행되면서 갑작스럽게 파괴된다. 또한 취성파괴에 비해 덜 위험하고, 컵 – 원뿔 파괴(Cup and Cone Fracture) 현상이 나타난다.

44

정답 ①

액체호닝은 물과 혼합한 연마제를 압축공기를 이용하여 노즐로 고속으로 분사시켜 공작물의 표면을 곱게 다듬는 가공법이다.

오답분석

② 래핑(Lapping) : 랩(Lap)과 공작물의 다듬질할 면 사이에 랩제를 넣고 압력으로 누르면서 연삭작용으로 표면을 깎아내어 다듬는 가공법이다.
③ 호닝(Honing) : 드릴링, 보링, 리밍 등으로 1차 가공한 재료를 더욱 정밀하게 연삭하는 가공법이다.
④ 슈퍼피니싱(Superfinishing) : 입도와 결합도가 작은 숫돌을 낮은 압력으로 공작물에 접촉하고 가볍게 누르면서 진동으로 왕복 운동하면서 공작물을 회전시켜 제품의 표면을 평평하게 다듬질하는 가공법이다.

45

정답 ③

오답분석

① 윤활유는 압연하중과 토크를 감소시킨다.
② 마찰계수는 냉간가공일 때 더 작아진다.
④ 공작물이 자력으로 압입되려면 롤러의 마찰각이 접촉각보다 커야 한다.

46

정답 ①

오답분석

② 미터보통나사 : 60°
③ 미터계(TM) 사다리꼴나사 : 30°
④ 인치계(TW) 사다리꼴나사 : 29°

47

정답 ③

비소모성 텅스텐봉을 전극으로 사용하고 별도의 용가재를 사용하는 용접법은 TIG(Tungsten Inert Gas)용접이다. MIG용접은 소모성 전극봉을 사용한다.

용극식과 비용극식 아크용접법

용극식 용접법 (소모성 전극)	용가재인 와이어 자체가 전극이 되어 모재와의 사이에서 아크를 발생시키면서 용접 부위를 채워나가는 용접방법으로, 이때 전극의 역할을 하는 와이어는 소모된다. 예 서브머지드 아크용접(SAW), MIG용접, CO_2용접, 피복금속 아크용접(SMAW)
비용극식 용접법 (비소모성 전극)	전극봉을 사용하여 아크를 발생시키고 이 아크열로 용가재인 용접을 녹이면서 용접하는 방법으로, 이때 전극은 소모되지 않고 용가재인 와이어(피복금속 아크용접의 경우 피복 용접봉)는 소모된다. 예 TIG용접

48

정답 ④

코킹(Caulking)은 물이나 가스 저장용 탱크를 리벳팅한 후 밀폐를 유지하기 위해 날 끝이 뭉뚝한 정(코킹용 정)을 사용하여 리벳머리 등을 쪼아서 틈새를 없애는 작업이다.

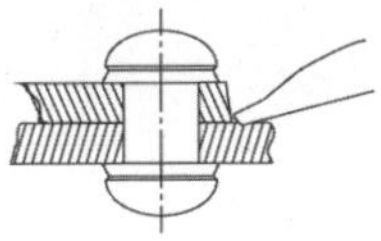

49

정답 ①

오답분석

- 롤러 체인, 웜 기어, 스플라인, 전자 클러치, 원추 마찰자 : 동력전달용 기계요소
- 드럼 브레이크 : 제동용 기계요소
- 공기스프링 : 완충용 기계요소

50

정답 ①

철의 밀도가 탄소의 밀도보다 2 ~ 3배가 더 크기 때문에 동일 체적인 경우 철이 탄소보다 무거운 것을 알 수 있다. 따라서 순수한 철에 탄소의 함유량이 높아질수록 합금되는 탄소강의 비중은 낮아진다.

Fe과 C의 비교

구분	밀도(ρ)	원자량
Fe(철)	$7.87g/cm^3$	55.8g/mol
C(탄소)	$1.8 \sim 3.5g/cm^3$	12g/mol

51

정답 ③

반달키는 홈이 깊게 가공되어 축의 강도가 약해지는 결점이 있으나 가공하기 쉽고, 60mm 이하의 작은 축에 사용되며 특히 테이퍼축에 사용하기 편리하다.

오답분석

① 평행키 : 상하의 면이 평행인 묻힘키이다.

② 경사키 : 보통 $\frac{1}{100}$ 기울기를 가진 키이다.

④ 평키 : 축에 키의 폭만큼 편평하게 깎은 자리를 만들어 보스에 만든 홈에 사용하는 키이다.

52

정답 ③

강의 열처리 조직의 경도는 '페라이트<펄라이트<소르바이트<트루스타이트<마텐자이트' 순서로 높아진다.

53

정답 ①

절탄기는 폐열을 회수하여 보일러의 연도에 흐르는 연소가스의 열을 이용하여 급수를 예열하는 장치로, 보일러의 효율을 향상시킨다.

54

정답 ③

오답분석

① Al : 면심입방격자

② Au : 면심입방격자

④ Mg : 조밀육방격자

금속의 결정 구조

종류	성질	원소	단위 격자	배위 수	원자 충진율
체심입방격자 (BCC; Body Centered Cubic)	• 강도가 크다. • 용융점이 높다. • 전성과 연성이 작다.	W, Cr, Mo, V, Na, K	2개	8	68%
면심입방격자 (FCC; Face Centered Cubic)	• 전기전도도가 크다. • 가공성이 우수하다. • 장신구로 사용된다. • 전성과 연성이 크다. • 연한 성질의 재료이다.	Al, Ag, Au, Cu, Ni, Pb, Pt, Ca	4개	12	74%
조밀육방격자 (HCP; Hexagonal Close Packed lattice)	• 전성과 연성이 작다. • 가공성이 좋지 않다.	Mg, Zn, Ti, Be, Hg, Zr, Cd, Ce	2개	12	74%

55

정답 ④

테르밋용접은 산화철분말과 알루미늄분말을 혼합하여 점화 시 약 2,800℃의 열이 발생되면서 산화철이 환원되어 생긴 철이 녹을 때, 이를 용접부에 주입하면서 용접하는 방법이다.

오답분석

① 플러그용접 : 위아래로 겹쳐진 판을 접합할 때 사용하는 용접법으로, 위에 놓인 판의 한쪽에 구멍을 뚫고 그 구멍 안의 바닥부터 용접하여 용가재로 구멍을 채워 다른쪽 부재와 용접하는 용접법이다.

② 스터드용접 : 점용접의 일종으로 봉재나 볼트와 같은 스터드(막대)를 판이나 프레임과 같은 구조재에 직접 심는 능률적인 용접법이다.

③ TIG용접 : 텅스텐(Tungsten) 재질의 전극봉으로 아크를 발생시킨 후 모재와 같은 성분의 용가재를 녹여가며 용접하는 특수용접법이다.

| 02 | 전기

31	32	33	34	35	36	37	38	39	40	41	42	43	44	45	46	47	48	49	50
②	④	④	④	③	①	②	④	④	③	②	①	②	④	④	②	④	④	③	①
51	52	53	54	55															
①	④	③	①	②															

31

정답 ②

접속 부분은 접속관 기타의 기구를 사용하되 케이블 상호 간, 코드와 케이블, 코드 상호 간은 '코드 접속기'를 사용한다.

32

정답 ④

11 와류손 $= P_e \times \left(\frac{V'}{V}\right)^2 = 720 \times \left(\frac{2,750}{3,300}\right)^2 = 500\text{W}$

33

정답 ④

전선 접속이 불완전할 경우 누전, 화재 위험, 저항 증가, 과열 발생, 아크 발생 등의 현상이 일어난다.

34

정답 ④

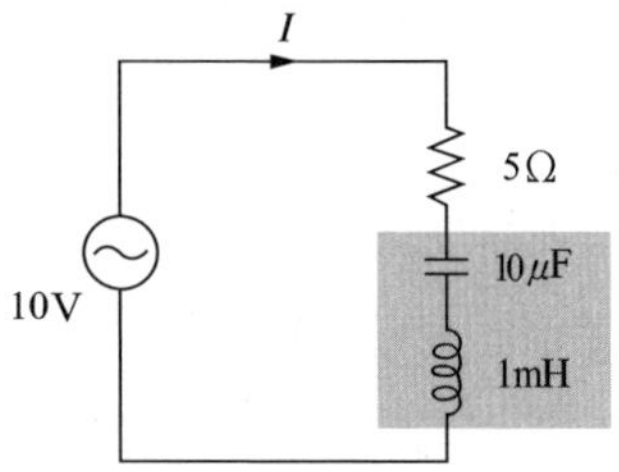

RLC 직렬회로에서 전류 I가 최대일 때 임피던스 Z 최소(허수부$=0$), 즉 공진상태이다.

- 공진상태

  $Z = R + j(X_L - X_c)$

  $X_L - X_c = 0$이므로

  $\therefore Z = R$

- 전류

  $I = \frac{V}{Z} = \frac{10}{5} = 2\text{A}$

35

정답 ③

전류 $i=50\sin\left(\omega t+\frac{\pi}{2}\right)$의 $\frac{\pi}{2}$는 90°를 뜻하고 +이므로, 전류가 전압보다 90° 앞서는 콘덴서회로에 해당하는 용량성회로이다.

용량성 회로의 전압, 전류 및 전하의 순시값
- 전압 $v=V_m\sin\omega t$[V]
- 전류 $i=I_m\sin(\omega t+\pi/2)$[A]
- 전하 $q=CV=CV_m\sin\omega t$[C]

용량성 회로의 특성
- 정전기에서 콘덴서의 전하는 전압에 비례한다.
- 전압과 전류는 동일 주파수의 사인파이다.
- 전류는 전압보다 위상이 90° 앞선다.

36

정답 ①

ACB(기중차단기, Air Circuit Breaker)는 대기 중에서 아크를 길게 해서 소호실에서 냉각 차단한다.

오답분석

② OCB(유입차단기, Oil Circuit Breaker) : 기름 속에 있는 차단기
③ VCB(진공차단기, Vacuum Circuit Breaker) : 진공 상태의 공간에서의 차단기
④ MCB(자기차단기, Magnetic Blow Out Circuit Breaker) : 대기 중의 전자력을 이용하여 아크를 소호실 내로 유도하여 차단

37

정답 ②

전압과 전류가 동위상일 경우는 부하가 순저항일 경우이며, 위상차 $\theta=0°$가 된다. 따라서 역률 $\cos\theta=\cos0°=1$이 된다.

38

정답 ④

유효전력 $P=P_1+P_2$W=150+50=200W

단상전력계로 3상 전력 측정
- 1전력계법 유효전력=$3P$
- 2전력계법 유효전력=(P_1+P_2)
- 2전력계법 무효전력=$\sqrt{3}(P_1-P_2)$
- 3전력계법 유효전력=$(P_1+P_2+P_3)$

39

정답 ④

저항체의 필요 조건
- 저항의 온도 계수가 작을 것
- 구리에 대한 열기전력이 적을 것
- 고유 저항이 클 것
- 내구성이 좋을 것

40
정답 ③

- 감극성 : $L_{eq}=L_1+L_2-2M=8+4-(2\times4)=4\text{H}$
- 코일에 축적되는 자기에너지 : $W=\frac{1}{2}LI^2=\frac{1}{2}\times4\times5^2=50\text{J}$

41
정답 ②

저압 퓨즈의 경우 30A 초과 60A 이하에서 2배의 전류가 통과할 경우 4분 이내에 자동적으로 동작하여야 한다.

42
정답 ①

같은 성질의 전기력선은 반발하며, 도체 내부에는 전기력선이 존재하지 않는다.

43
정답 ②

플로어 덕트 공사에 사용하는 전선은 옥외용 비닐절연전선을 제외한 절연전선을 사용한다.

44
정답 ④

콘크리트에 볼트나 특수못 등을 박아 넣는 공구는 드라이브이트이다.

오답분석

① 파이프 렌치 : 커플링을 이용하여 금속관을 접속할 때 커플링을 고정하는 공구이다.
② 볼트 클리퍼 : 펜치로 절단하기 힘든 굵기 이상의 두꺼운 전선을 절단하는 공구이다.
③ 노크아웃 펀치 : 분전반 및 배전반 금속함에 원형 구멍을 뚫기 위해 사용하는 공구이다.

45
정답 ④

트위스트 접속은 6mm^2 이하의 가는 단선인 경우 두 선을 분기 접속할 때 이용하는 접속법이다.

46
정답 ②

변압기유의 구비조건은 절연내력과 냉각효과가 크고, 절연유는 고온에서 화학적 반응을 일으키면 안 된다. 또한 침식, 침전물이 생기지 않고, 응고점은 낮고, 발화점이 높아야 하며, 산화되지 않아야 한다.

47
정답 ④

역률을 개선하기 위해 일반적으로 콘덴서 등이 활용되며, 진상용 콘덴서는 수변전 설비에서 발생하게 되는 역률을 개선하여 에너지 사용의 효율성을 증가시킨다.

48

정답 ④

[효율 $\eta(\%)$]$=\frac{(출력)}{(입력)}\times 100$이며, 이때 입력은 출력과 손실의 합이다. 발전기는 출력기준으로 효율을 계산한다.

따라서 출력기준으로 효율을 계산하면 $\eta_G=\frac{(출력)}{(출력)+(손실)}\times 100=\frac{Q}{Q+L}\times 100$이 기준이 된다.

49

정답 ③

$\cos\theta=\frac{(유효전력)}{(피상전력)}=\frac{P}{VI}=\frac{1,500}{100\times 20}=0.75$

50

정답 ①

V결선의 부하용량 $P_v=\sqrt{3}\,P_1=\sqrt{3}\times 20 \fallingdotseq 34.64\text{kVA}$이다.

51

정답 ①

자유전자는 (−)전하를 가지므로 자유전자가 과잉된 상태는 음전하로 대전된 상태를 말한다.

오답분석

② (+)대전상태 : 전자가 다른 곳으로 이동하여 전자가 있던 자리에 양전하를 갖는 양공이 생성되어 양공으로 채워진 상태이다.
③ 중성상태 : 음전하와 양전하의 양이 같아 물체의 전하 합이 0인 상태이다.
④ 발열상태 : 화학반응 등에 의해 물체가 열이 나는 상태이다.

52

정답 ④

오답분석

① 전압의 실효값 $V=200\text{V}\left[\because (실효값)=\frac{V_m}{\sqrt{2}}=\frac{200\sqrt{2}}{\sqrt{2}}=200\right]$

② (전압의 파형률)$=\frac{(실효값)}{(평균값)}=\frac{\frac{V_m}{\sqrt{2}}}{\frac{2}{\pi}V_m}=\frac{\pi}{2\sqrt{2}}=1.11$이므로 1보다 크다.

③ (전류의 파고율)$=\frac{(최대값)}{(실효값)}=\frac{I_m}{\frac{I_m}{\sqrt{2}}}=\sqrt{2}$

53

정답 ③

• 동일한 용량의 병렬 합성 용량

: $C_P = C + C + C + C + C = 5C$[F]

• 동일한 용량의 직렬 합성 용량

: $C_S = \dfrac{1}{\frac{1}{C} + \frac{1}{C} + \frac{1}{C} + \frac{1}{C} + \frac{1}{C}} = \dfrac{C}{5}$[F]

따라서 C_P가 C_S의 25배이므로 $C_P = 25C_S$이다.

54

정답 ①

합성수지 전선관공사에서 CD관과 관을 연결할 때 사용하는 부속품은 커플링이다.

오답분석

② 커넥터 : 전기 기구와 코드, 코드와 코드를 연결하여 전기 회로를 구성하는 접속 기구이다.

③ 리머 : 금속관이나 합성 수지관의 끝 부분을 다듬기 위해 사용하는 공구이다.

④ 노멀 밴드 : 직각으로 연장할 때 사용하는 전선관용 부속품이다.

55

정답 ②

ㄴ. RL 직렬회로 임피던스 $Z = R + j\omega L$

$|Z| = \sqrt{(R)^2 + (\omega L)^2}\ \Omega$

ㄹ. 양호도(Quality Factor) $Q = \dfrac{1}{R}\sqrt{\dfrac{L}{C}}$

오답분석

ㄱ. 유도 리액턴스 $X_L = \omega L \Omega$

L소자는 전압이 전류보다 위상이 90° 앞선다.

ㄷ. RC 직렬회로 임피던스 $Z = R - j\dfrac{1}{\omega C}$

$|Z| = \sqrt{(R)^2 + \left(\dfrac{1}{\omega C}\right)^2}\ \Omega$

03 화학

31	32	33	34	35	36	37	38	39	40	41	42	43	44	45	46	47	48	49	50
②	③	②	①	①	①	③	④	①	②	②	④	③	③	②	④	③	①	③	②
51	52	53	54	55															
②	①	③	①	④															

31

정답 ②

$$H_p = \frac{p}{P_s} \times \frac{P-P_s}{P-p} = \frac{745 \times 0.148}{184.8} \times \frac{745-184.8}{745-110} = 0.526(\fallingdotseq 53\%)$$

32

정답 ③

처음에 암모니아를 공기와 혼합하고 백금을 촉매로 하여 산화시켜 질산을 만드는 것으로, Ostwald법으로 통칭된다.

33

정답 ②

노멀헥산은 각종 유지 추출용제 및 중합반응 용제, 이형제 제조 용제로 사용된다.

34

정답 ①

오답분석

② 증류법
③ 유출법
④ 재결정법

35

정답 ①

물을 전기 분해하면 순수한 수소를 얻을 수 있지만 전력비가 많이 든다.

36

정답 ①

냉매의 구비조건

- 비점이 적당히 낮을 것
- 증발잠열이 클 것
- 응축압력이 적당히 낮을 것
- 증기의 비체적이 적을 것
- 압축기 토출가스의 온도가 낮을 것
- 임계온도가 충분히 낮을 것
- 부식성이 적을 것
- 안전성이 높을 것
- 전기절연성이 좋을 것

37
정답 ③

$$R_m = R_1 \sin\alpha = 20\times\sin 30 = 20\times\frac{1}{2} = 10\text{cm}$$

38
정답 ④

직접 염료(Direct Dyes)란 수용성기로서 $-SO_3H$ 또는 $-COOH$기를 가지고 있으며, 수용액에서 Van der Waals 결합이나 수소 결합으로 셀룰로오스에 직접 염착되는 염료이다. 대부분이 아조 염료이며, 분자가 동일 평면 위에 있고, 양 끝에 $-NH_2$나 $-OH$를 갖는 짝이중 결합계가 길게 연결된 가늘고 긴 분자로 되어 있다.

39
정답 ①

관석은 관벽에 침전물이 단단하고 강하게 부착되는 현상이며, 열전도도가 작기 때문에 증발 능력을 감소시키고, 연료 소비가 증가되는 원인이 된다. 대부분의 용질은 온도가 증가함에 따라 용해도가 증가하는 데 반해 $CaCO_3$, $CaSO_4$ 및 Na_2CO_3 Na_2CO_3 등은 온도가 올라가면 오히려 용해도가 떨어진다. 이러한 염류가 포함된 용액을 가열하면 이들이 관벽에 석출하여 관석을 형성하게 되는데 이때 모든 염이 관석을 생성하는 요인이 되는 것은 아니다.

40
정답 ②

공비 증류(Azeotropic Distillation)는 성분의 친화력이 크고 휘발성인 물질을 첨가하여 원료 중의 한 성분과 공비 혼합물을 만들어 고비점 성분을 분리시키고, 다시 새로운 공비 혼합물을 분리시키는 조작(공비제를 첨가제로 사용)이다.
[예] 알코올의 탈수 증류(Benzene 첨가)

41
정답 ②

$$j = \frac{f}{2}$$

$$f = \frac{16}{N_{Re}} = \frac{16}{2,000} = 0.008$$

$$\therefore\ j = \frac{0.008}{2} = 0.004$$

42
정답 ④

기체의 증습 원리

- 기체 중에 발생하는 증기를 혼입시키는 방법
- 기체 중에 고습도의 기체를 혼입시키는 방법
- 기체와 액체의 직접 접촉시키는 방법
  - 가열된 기체를 액체와 접촉
  - 액체를 순환시켜 단열 증습

43
정답 ③

기상조건 등을 고려해 해당 지역의 대기자동측정소 미세먼지(PM－10)의 시간당 평균농도가 $150\mu g/m^3$ 이상 2시간 이상 지속인 때는 미세먼지 주의보를, $300\mu g/m^3$ 이상 2시간 이상 지속인 때는 미세먼지 경보를 발령한다(대기환경보전법 시행규칙 별표 7).

44

정답 ③

황안 비료의 제조 방법

석고법, 아황산법, 중화법(건식법, 습식법), C－A－S(Cyan－Ammon Schwefel)법

45

정답 ②

멘델레예프는 원자량에 따라 원소들을 배열하였다.

46

정답 ④

수산화나트륨(NaOH)

- 성질
  - 흰색의 반투명 고체이며 조해성이 있다.
  - CO_2를 흡수하여 Na_2CO_2가 된다.
  - NaOH 수용액은 Al, Zn 등과 반응하여 수소를 발생한다.
- 용도 : 펄프, 종이, 섬유, 비누 및 연료의 재료와 석유의 정제 등

47

정답 ③

용매에 비휘발성 용질을 첨가하면 용질의 양에 따라 증기압은 용매의 증기압보다 낮아진다. 따라서 용액의 비점은 용매의 비점보다 높아지게 되는데 이러한 현상을 비점 상승(BPR; Boiling Point Raising)이라 한다.

PART 4

48

정답 ①

락카(섬유소 왁스)는 섬유소 에스테르를 알코올 또는 휘발유 등의 휘발성 용제에 용해시켜 놓은 것이다.

49

정답 ③

이슬점(Dew Point)이란 일정한 습도를 가진 증기와 기체 혼합물을 냉각시켜서 포화 상태가 될 때의 온도를 말한다. 이슬점을 찾기 위해서는 포화되지 않은 공기를 냉각시켜 포화 수증기량 곡선과 만나는 지점의 온도를 읽으면 된다.

50

정답 ②

염기의 성질을 띠는 물질로, 이온화한다.

오답분석

①·③·④ 산의 성질이다.

51

정답 ②

$$(\text{평균 반응 속도})=\frac{(\text{기체의 부피 변화})}{(\text{시간 변화})}=\frac{(34-28)}{(90-60)}=\frac{1}{5}=0.2\text{mL/초}$$

52

정답 ①

각 반응에 영향을 끼친 요인은 촉매이다.

53

정답 ③

열전도도(k)의 값은 실험적으로 구해지고, 크기는 물질에 따라 다르며, 같은 물질이라도 온도에 따라 변한다.

54

정답 ①

같은 주기 원소는 전자 껍질 수가 같으므로 A와 B는 같은 주기 원소이다. 같은 족 원소는 원자가 전자수가 같아 화학적 성질이 비슷하므로 A와 C는 같은 족 원소이다. 따라서 (가)는 A, (나)는 B, (다)는 C이다.

55

정답 ④

오답분석

① 그래핀(Graphene) : 흑연은 탄소들이 벌집 모양의 육각형 그물처럼 배열된 평면들이 층으로 쌓여 있는 구조인데, 이 흑연의 한 층을 그래핀이라고 한다. 2004년 영국의 가임(Andre Geim)과 노보셀로프(Konstantin Novoselov) 연구팀이 상온에서 투명테이프를 이용하여 흑연에서 그래핀을 분리하는 데 성공하였고, 이것으로 2010년 노벨 물리학상을 받았다. 그래핀은 두께 0.2mm로 화학적 안정성이 매우 높으며, 구리보다 100배 이상 전기가 잘 통하고 실리콘보다 100배 이상 전자 이동성이 빠르다. 또한, 열전도성이 높고 신축성도 뛰어나다는 장점이 있다. 이는 구부릴 수 있는 디스플레이, 손목에 차는 컴퓨터나 전자 종이 등의 재료가 될 수 있어 미래의 신소재로 주목받고 있다.

② 그라파이트(Graphite) : 흑연을 말하며, 수정과 같은 결정구조를 가지는 육방정계에 속하는 광물이다. 거의 순수한 탄소로 이루어져 있으며, 다이아몬드와 동질 이상이다. 전기의 양도체, 연필심・도가니・전기로・아크 등과 같은 전극 등에 사용되며 활마재로도 사용된다.

③ 탄소강(Carbon Steel) : 철과 탄소의 합금으로 0.05 ~ 2.1%의 탄소를 함유한 강을 말하며, 용도에 따라 적당한 탄소량의 것을 선택하여 사용한다.

한국남동발전(사무) 필기전형 답안카드

성 명

지원 분야

문제지 형별기재란	
(　　　)형	Ⓐ Ⓑ

수 험 번 호						
⓪	⓪	⓪	⓪	⓪	⓪	⓪
①	①	①	①	①	①	①
②	②	②	②	②	②	②
③	③	③	③	③	③	③
④	④	④	④	④	④	④
⑤	⑤	⑤	⑤	⑤	⑤	⑤
⑥	⑥	⑥	⑥	⑥	⑥	⑥
⑦	⑦	⑦	⑦	⑦	⑦	⑦
⑧	⑧	⑧	⑧	⑧	⑧	⑧
⑨	⑨	⑨	⑨	⑨	⑨	⑨

감독위원 확인
㊞ 인

1	①	②	③	④	21	①	②	③	④	41	①	②	③	④
2	①	②	③	④	22	①	②	③	④	42	①	②	③	④
3	①	②	③	④	23	①	②	③	④	43	①	②	③	④
4	①	②	③	④	24	①	②	③	④	44	①	②	③	④
5	①	②	③	④	25	①	②	③	④	45	①	②	③	④
6	①	②	③	④	26	①	②	③	④	46	①	②	③	④
7	①	②	③	④	27	①	②	③	④	47	①	②	③	④
8	①	②	③	④	28	①	②	③	④	48	①	②	③	④
9	①	②	③	④	29	①	②	③	④	49	①	②	③	④
10	①	②	③	④	30	①	②	③	④	50	①	②	③	④
11	①	②	③	④	31	①	②	③	④					
12	①	②	③	④	32	①	②	③	④					
13	①	②	③	④	33	①	②	③	④					
14	①	②	③	④	34	①	②	③	④					
15	①	②	③	④	35	①	②	③	④					
16	①	②	③	④	36	①	②	③	④					
17	①	②	③	④	37	①	②	③	④					
18	①	②	③	④	38	①	②	③	④					
19	①	②	③	④	39	①	②	③	④					
20	①	②	③	④	40	①	②	③	④					

※ 본 답안카드는 마킹연습용 모의 답안카드입니다.

〈절취선〉

한국남동발전(기술) 필기전형 답안카드

성 명

지원 분야

문제지 형별기재란	
( )형	Ⓐ Ⓑ

수 험 번 호						
⓪	⓪	⓪	⓪	⓪	⓪	⓪
①	①	①	①	①	①	①
②	②	②	②	②	②	②
③	③	③	③	③	③	③
④	④	④	④	④	④	④
⑤	⑤	⑤	⑤	⑤	⑤	⑤
⑥	⑥	⑥	⑥	⑥	⑥	⑥
⑦	⑦	⑦	⑦	⑦	⑦	⑦
⑧	⑧	⑧	⑧	⑧	⑧	⑧
⑨	⑨	⑨	⑨	⑨	⑨	⑨

감독위원 확인
인

1	①	②	③	④	21	①	②	③	④	41	①	②	③	④
2	①	②	③	④	22	①	②	③	④	42	①	②	③	④
3	①	②	③	④	23	①	②	③	④	43	①	②	③	④
4	①	②	③	④	24	①	②	③	④	44	①	②	③	④
5	①	②	③	④	25	①	②	③	④	45	①	②	③	④
6	①	②	③	④	26	①	②	③	④	46	①	②	③	④
7	①	②	③	④	27	①	②	③	④	47	①	②	③	④
8	①	②	③	④	28	①	②	③	④	48	①	②	③	④
9	①	②	③	④	29	①	②	③	④	49	①	②	③	④
10	①	②	③	④	30	①	②	③	④	50	①	②	③	④
11	①	②	③	④	31	①	②	③	④	51	①	②	③	④
12	①	②	③	④	32	①	②	③	④	52	①	②	③	④
13	①	②	③	④	33	①	②	③	④	53	①	②	③	④
14	①	②	③	④	34	①	②	③	④	54	①	②	③	④
15	①	②	③	④	35	①	②	③	④	55	①	②	③	④
16	①	②	③	④	36	①	②	③	④					
17	①	②	③	④	37	①	②	③	④					
18	①	②	③	④	38	①	②	③	④					
19	①	②	③	④	39	①	②	③	④					
20	①	②	③	④	40	①	②	③	④					

※ 본 답안카드는 마킹연습용 모의 답안카드입니다.

한국남동발전(사무) 필기전형 답안카드

성 명

지원 분야

문제지 형별기재란	
(　　　)형	Ⓐ Ⓑ

수 험 번 호						
⓪	⓪	⓪	⓪	⓪	⓪	⓪
①	①	①	①	①	①	①
②	②	②	②	②	②	②
③	③	③	③	③	③	③
④	④	④	④	④	④	④
⑤	⑤	⑤	⑤	⑤	⑤	⑤
⑥	⑥	⑥	⑥	⑥	⑥	⑥
⑦	⑦	⑦	⑦	⑦	⑦	⑦
⑧	⑧	⑧	⑧	⑧	⑧	⑧
⑨	⑨	⑨	⑨	⑨	⑨	⑨

감독위원 확인
인

1	①	②	③	④	21	①	②	③	④	41	①	②	③	④
2	①	②	③	④	22	①	②	③	④	42	①	②	③	④
3	①	②	③	④	23	①	②	③	④	43	①	②	③	④
4	①	②	③	④	24	①	②	③	④	44	①	②	③	④
5	①	②	③	④	25	①	②	③	④	45	①	②	③	④
6	①	②	③	④	26	①	②	③	④	46	①	②	③	④
7	①	②	③	④	27	①	②	③	④	47	①	②	③	④
8	①	②	③	④	28	①	②	③	④	48	①	②	③	④
9	①	②	③	④	29	①	②	③	④	49	①	②	③	④
10	①	②	③	④	30	①	②	③	④	50	①	②	③	④
11	①	②	③	④	31	①	②	③	④					
12	①	②	③	④	32	①	②	③	④					
13	①	②	③	④	33	①	②	③	④					
14	①	②	③	④	34	①	②	③	④					
15	①	②	③	④	35	①	②	③	④					
16	①	②	③	④	36	①	②	③	④					
17	①	②	③	④	37	①	②	③	④					
18	①	②	③	④	38	①	②	③	④					
19	①	②	③	④	39	①	②	③	④					
20	①	②	③	④	40	①	②	③	④					

※ 본 답안카드는 마킹연습용 모의 답안카드입니다.

〈절취선〉

한국남동발전(기술) 필기전형 답안카드

성 명

지원 분야

문제지 형별기재란	
(　　　)형	Ⓐ Ⓑ

수 험 번 호						
⓪	⓪	⓪	⓪	⓪	⓪	⓪
①	①	①	①	①	①	①
②	②	②	②	②	②	②
③	③	③	③	③	③	③
④	④	④	④	④	④	④
⑤	⑤	⑤	⑤	⑤	⑤	⑤
⑥	⑥	⑥	⑥	⑥	⑥	⑥
⑦	⑦	⑦	⑦	⑦	⑦	⑦
⑧	⑧	⑧	⑧	⑧	⑧	⑧
⑨	⑨	⑨	⑨	⑨	⑨	⑨

감독위원 확인
ⓘ인

1	①	②	③	④	21	①	②	③	④	41	①	②	③	④
2	①	②	③	④	22	①	②	③	④	42	①	②	③	④
3	①	②	③	④	23	①	②	③	④	43	①	②	③	④
4	①	②	③	④	24	①	②	③	④	44	①	②	③	④
5	①	②	③	④	25	①	②	③	④	45	①	②	③	④
6	①	②	③	④	26	①	②	③	④	46	①	②	③	④
7	①	②	③	④	27	①	②	③	④	47	①	②	③	④
8	①	②	③	④	28	①	②	③	④	48	①	②	③	④
9	①	②	③	④	29	①	②	③	④	49	①	②	③	④
10	①	②	③	④	30	①	②	③	④	50	①	②	③	④
11	①	②	③	④	31	①	②	③	④	51	①	②	③	④
12	①	②	③	④	32	①	②	③	④	52	①	②	③	④
13	①	②	③	④	33	①	②	③	④	53	①	②	③	④
14	①	②	③	④	34	①	②	③	④	54	①	②	③	④
15	①	②	③	④	35	①	②	③	④	55	①	②	③	④
16	①	②	③	④	36	①	②	③	④					
17	①	②	③	④	37	①	②	③	④					
18	①	②	③	④	38	①	②	③	④					
19	①	②	③	④	39	①	②	③	④					
20	①	②	③	④	40	①	②	③	④					

※ 본 답안카드는 마킹연습용 모의 답안카드입니다.

한국남동발전(사무) 필기전형 답안카드

성 명

지원 분야

문제지 형별기재란	
(　　　)형	Ⓐ Ⓑ

수 험 번 호						
⓪	⓪	⓪	⓪	⓪	⓪	⓪
①	①	①	①	①	①	①
②	②	②	②	②	②	②
③	③	③	③	③	③	③
④	④	④	④	④	④	④
⑤	⑤	⑤	⑤	⑤	⑤	⑤
⑥	⑥	⑥	⑥	⑥	⑥	⑥
⑦	⑦	⑦	⑦	⑦	⑦	⑦
⑧	⑧	⑧	⑧	⑧	⑧	⑧
⑨	⑨	⑨	⑨	⑨	⑨	⑨

감독위원 확인
ⓘ인

1	①	②	③	④	21	①	②	③	④	41	①	②	③	④
2	①	②	③	④	22	①	②	③	④	42	①	②	③	④
3	①	②	③	④	23	①	②	③	④	43	①	②	③	④
4	①	②	③	④	24	①	②	③	④	44	①	②	③	④
5	①	②	③	④	25	①	②	③	④	45	①	②	③	④
6	①	②	③	④	26	①	②	③	④	46	①	②	③	④
7	①	②	③	④	27	①	②	③	④	47	①	②	③	④
8	①	②	③	④	28	①	②	③	④	48	①	②	③	④
9	①	②	③	④	29	①	②	③	④	49	①	②	③	④
10	①	②	③	④	30	①	②	③	④	50	①	②	③	④
11	①	②	③	④	31	①	②	③	④					
12	①	②	③	④	32	①	②	③	④					
13	①	②	③	④	33	①	②	③	④					
14	①	②	③	④	34	①	②	③	④					
15	①	②	③	④	35	①	②	③	④					
16	①	②	③	④	36	①	②	③	④					
17	①	②	③	④	37	①	②	③	④					
18	①	②	③	④	38	①	②	③	④					
19	①	②	③	④	39	①	②	③	④					
20	①	②	③	④	40	①	②	③	④					

※ 본 답안카드는 마킹연습용 모의 답안카드입니다.

〈절취선〉

한국남동발전(기출) 필기전형 답안카드

성 명

지원 분야

문제지 형별기재란	
(　　　)형	Ⓐ Ⓑ

수 험 번 호						
⓪	⓪	⓪	⓪	⓪	⓪	⓪
①	①	①	①	①	①	①
②	②	②	②	②	②	②
③	③	③	③	③	③	③
④	④	④	④	④	④	④
⑤	⑤	⑤	⑤	⑤	⑤	⑤
⑥	⑥	⑥	⑥	⑥	⑥	⑥
⑦	⑦	⑦	⑦	⑦	⑦	⑦
⑧	⑧	⑧	⑧	⑧	⑧	⑧
⑨	⑨	⑨	⑨	⑨	⑨	⑨

감독위원 확인
㉧

1	①	②	③	④	21	①	②	③	④	41	①	②	③	④
2	①	②	③	④	22	①	②	③	④	42	①	②	③	④
3	①	②	③	④	23	①	②	③	④	43	①	②	③	④
4	①	②	③	④	24	①	②	③	④	44	①	②	③	④
5	①	②	③	④	25	①	②	③	④	45	①	②	③	④
6	①	②	③	④	26	①	②	③	④	46	①	②	③	④
7	①	②	③	④	27	①	②	③	④	47	①	②	③	④
8	①	②	③	④	28	①	②	③	④	48	①	②	③	④
9	①	②	③	④	29	①	②	③	④	49	①	②	③	④
10	①	②	③	④	30	①	②	③	④	50	①	②	③	④
11	①	②	③	④	31	①	②	③	④	51	①	②	③	④
12	①	②	③	④	32	①	②	③	④	52	①	②	③	④
13	①	②	③	④	33	①	②	③	④	53	①	②	③	④
14	①	②	③	④	34	①	②	③	④	54	①	②	③	④
15	①	②	③	④	35	①	②	③	④	55	①	②	③	④
16	①	②	③	④	36	①	②	③	④					
17	①	②	③	④	37	①	②	③	④					
18	①	②	③	④	38	①	②	③	④					
19	①	②	③	④	39	①	②	③	④					
20	①	②	③	④	40	①	②	③	④					

※ 본 답안카드는 마킹연습용 모의 답안카드입니다.

2026 최신판 시대에듀 한국남동발전 통합기본서

개정10판1쇄 발행	2025년 10월 20일 (인쇄 2025년 09월 04일)
초 판 발 행	2017년 03월 10일 (인쇄 2017년 02월 15일)
발 행 인	박영일
책 임 편 집	이해욱
편 저	SDC(Sidae Data Center)
편 집 진 행	여연주 · 윤지원
표지디자인	김도연
편집디자인	양혜련 · 장성복
발 행 처	(주)시대고시기획
출 판 등 록	제10-1521호
주 소	서울시 마포구 큰우물로 75 [도화동 538 성지 B/D] 9F
전 화	1600-3600
팩 스	02-701-8823
홈 페 이 지	www.sdedu.co.kr

I S B N	979-11-383-9991-3 (13320)
정 가	25,000원